신학고전 20선

신학고전 20선

서울신학대학교 신학과 편

STUP

서울신학대학교출판부

발간사

다섯 수레 분량의 책을 읽어야...

안중근 의사(義士)는 "하루라도 책을 읽지 않으면 입 속에 가시가 돋을 것이다"(一日不讀書口中生荊棘)라는 명언을 남겼다. 민족의 지도자로 길이 추앙을 받는 그가 책의 중요성을 이토록 힘주어 강조했다면, 교회의 지도자로 나서야 할 사람들은 책의 중요성을 어느 정도 깨닫고 있는가? 당나라 시인 두보(杜甫)가 "남자는 모름지기 다섯 수레 분량의 책은 읽어야 한다"(男兒須讀五車書)고 말했다. 그렇다면 목사가 되어야 할 사람은 어느 정도 분량의 책을 읽어야 하겠는가? 마땅히 하루에 한 권 이상을 읽어야 하고, 모름지기 일평생 다섯 수레 이상의 책을 읽어야 하지 않겠는가?

그러나 책을 읽는 젊은이는 점점 더 줄어들고 있고, 신학생도 별반 다르지 않다. 특히 영상 매체의 폭발적인 성장과 하루도 빠짐없이 지참하는 스마트 폰 때문에 그렇지 않아도 다른 선진국에 비해 책을 훨씬 적게 읽는 우리나라 사람들은 책을 점점 더 멀리하고 있다고 한다. 그렇다면 영상 매체가 책의 기능을 완전히 대체할 수 있는가? 많은 사람들은 그렇게 예언하기도 하고, 실제로 많은 사람들은 그런 경향에 기울고 있다. 종이책보다는 전자책이 점점 더 호응을 얻는 사례가 이를 입증한다.

그러나 영상 매체에 빠져들수록 인간의 사고 기능은 점점 더 퇴화한다는 사실이 과학적으로 입증되었다. 만약 뇌가 급속도로 성장하는 어린 시절과 학습과 사고 능력이 가장 왕성하게 자라야 할 젊은 시절에 책을 읽기를 게을리 한다면, 그 결과는 매우 치명적이고 불행할 것임은 불을 보듯이 뻔하다. 비록 전자책을 선호하더라도, 그리고 아무리 바쁘고 힘들더라도,

젊은 신학생들은 책읽기를 결코 소홀히 해서는 안 된다. 이런 사람은 장차 남을 가르치고 남에게 설교할 수 없을 뿐만 아니라, 스스로도 책임적이고 보람된 삶을 영위하기가 매우 어려울 것이다.

이런 점을 고려할 때, 우리 대학이 인문학과 책읽기의 중요성을 강조해 온 것은 매우 의미심장하다고 할 수 있다. 그리고 일찍이 신학과 교과 과정 중에 '고전읽기'가 개설된 것도 무척 감사한 일이 아닐 수 없다. 그러나 신학생들이 읽어야 할 책은 너무 많고, 독서 능력은 점점 더 줄어들고 있는 것이 사실이다. 이런 안타까운 현실에서 이번에 신학과 교수님들이 신학생이 반드시 읽어야 할 신학 명저 20권을 선정하고, 이를 자세히 소개한 것은 참으로 기쁜 일이다.

장차 성결교회와 한국교회, 더 나아가 한국사회를 이끌어갈 신학생들이여, 이 책을 통해 정신적, 영적인 만나를 풍성히 공급받기를 바라며, 이를 계기로 책을 더 사랑하고 책을 더 많이 읽고 그래서 점점 더 훌륭한 지도자로 성장해 가기를 간절히 바란다. 끝으로 이 책을 발간하기 위해 수고하신 신학과장 정병식 교수님과 귀한 옥고를 집필하신 교수님들에게 진심으로 감사의 뜻을 표한다.

2016년 3월 3일

유석성 (서울신학대학교 총장)

엮은이의 글

고전은 오늘도 숨 쉬는 양서

데카르트는 "좋은 책을 읽는 것은 과거 몇 세기의 훌륭한 사람들과 이야기를 나누는 것과 같다"고 했다. 고전예찬이다. 고전은 풍부한 사고의 샘이요, 원천이다. 고전은 옛 시대에 태어났으나 오늘도 살고 있는 양서이다. 그래서 베스트셀러는 잠시 등장하고 사라져도, 고전만은 부동의 자리를 지키고 있다. 독서는 과거를 현재화시키며, 지난 시대의 주역들과의 조우를 가능케 하여 독자의 마음을 풍요롭게 해준다. 인성의 변화와 인격의 도야는 당연한 열매요, 독서의 향기이다. 인간은 책을 통해 다양한 삶과 문화를 보고 만나고 겪는다. 다양한 책이 존재하듯, 다양한 세계가 책 안에 있다. 그래서 윌리엄 워즈워스는 "책은 한 권 한 권이 하나의 세계다"라고 말했다. 전자 매체가 우리의 시대를 지배하고 있고, 책은 점점 설 자리를 잃어가고 있다. 하지만 고전의 가치는 시간이 흐를수록 더욱 선명하고 더욱 강렬해질 것이다.

인문고전은 거대한 숲과 같다. 그래서 그 양과 깊이의 웅장함을 가늠키어려운 것이 사실이다. 분야를 압축하고 연관성을 찾아 산책하는 것이 불가피하다. 신학고전 역시 그 양을 헤아릴 수 없지만 몇 개를 묶어 미미한 결실을 내놓았다. 신학을 공부했다면 한 번쯤은 듣고 읽어 보았을 것이다.

이 책은 신학고전 수업을 위한 학과 교수들의 수고의 산물이다. 각 시대와 분야마다 필요하다고 생각한 고전들을 추천하고 엄선했다. 그리고 우선 20개 고전을 선정하여 일정한 틀에 맞추어 안내서를 집필했다. 저자 소개, 책의 등장 배경, 줄거리, 핵심 주제, 적용, 토의 주제 그리고 연관해서 읽으면 유익한 도서들을 부가적으로 추천했다. 이 책은 고전에 대한 안내서의 역할을 할 것이다. 독자는 이 책을 통해 고전에 쉽게 접근할 수 있을 것이며, 때로는 고전을 탐독하고 느낄 수 있는 유익을 간접적으로 느낄 수도 있을 것이다.

안중근은 "하루라도 책을 읽지 않으면, 입에 가시가 돋친다"고 했다. 신학을 공부하는 이들은 많은 독서량이 요구된다. 이 책을 통해 '고전읽기' 붐이 일었으면 하는 소망이다. 키케로는 "책 없는 방은 영혼 없는 육체와도 같다"고 했다. 이 책이 책장을 장식하는 단순한 종이가 아닌 고전의 가치와 유용성으로 안내하는 이정표가 되었으면 하는 마음이다. 끝으로 수고한 신학과 교수들과 출판을 허락하고 지원해주신 유석성 총장님께 감사를 드린다.

2016년 3월 3일

정병식 (서울신학대학교 신학과 학과장)

목 차

『사도전승』 히폴리투스

『Apostolic Tradition』, Hyppolytus, (3세기 중반?)

이형우 옮김, 분도 출판사, 1992.

김형락 (서울신학대학교, 예배학)

1. 저자 소개

이 문헌의 저자는 3세기경 로마에서 활약한 저술가인 히폴리투스이며 초기 기독교 교부로 영지주의자들을 논박하여 알려진 이레니우스의 제자로 알려졌다. 19세기부터 20세기 중반까지 이 주장에 대부분의 역사학자들과 예배학자들이 동의를 했었다. 그러나 20세기 후반에 들어 일부 역사학자들과 예배학자들은 『사도전승』이 히폴리투스의 저작이 아니라고 주장하기 시작한다.

히폴리투스가 『사도전승』의 저자가 아니라고 주장하는 학자들은 Marcel Metzger, Jean Magne, Alexandre Faivre 등이다. 그렇지만 이들의 주장에 반박하며 히폴리투스 저자론을 다시 부르짖는 학자들도 가세하여 아직도 논쟁을 벌이고 있는 상태이다. 히폴리투스 저자설을 지지하는 대표적인 학자는 Frank C. Senn이다. 이러한 논란에도 불구하고 학계는 별다른 뚜렷한 결론을 내지 못하고 있다. 그렇지만 이 문헌의 저자는 히폴리투스라는 가설이 1970년대까지 일반적인 통념으로 알려져 있었고 또한 이 문헌의 저작이 히폴리투스가 아닌 다른 어떤 사람이라는 뚜렷한 증거도 없기 때문에 아직도 학계에서는 이 문헌을 히폴리투스의 『사도전승』이라고 명하고 있다. 따라서 이 글에서도 『사도전승』이라는 문헌이 히폴리투스의 저작이라는 가정을 전제하고 있음을 밝힌다.

히폴리투스는 약 170년에서 175년 사이에 출생한 학자로 로마교회에서 활약하였고 많은 저작을 남겼다고 알려졌다. 특히 알렉산드리아의 오리게네스가 로마를 방문했을 때(212년경) 히폴리투스의 강론을 들었다는 기록이 전해지는 것을 볼 때 아마도 히폴리투스는 로마교회의 사제로 활약했음을 추론할 수 있다. 또한 그는 비록 로마에서 목회활동과 저술활동을 했지만 그가 저작에 사용한 언어가 라틴어가 아닌 헬라어였던 것을 유추해 볼 때 그는 헬라 문화권에서 태어난 동방 혈통일 것이라고 추측할 수 있다. 어떤 학자들은 그가 로마의 감독이라고 주장하기도 하지만 실제 감독은 아니고 장로(안수 받은 사제)였다는 것이 학계의 정설이다. 또한 그의 스승, 이레니우스처럼 영지주의자들에 대항하여 기독교의 교리를 수호하는데 앞장섰던 인물이다.

이렇게 로마교회에서 많은 일을 하던 히폴리투스도 말년에 로마교회의 분열이라는 문제에 있어서는 논란의 중심에 서 있게 된다. 로마의 주교로 칼릭스투스가 선출되었는데 칼릭스투스는 히폴리투스와 경쟁관계에 있던 사람이었다. 히폴리투스는 그의 신학적 노선을 비판하기 시작한다. 그는 칼릭스투스의 신학을 '성부수난설(Patripassianismus)'을 주장한 사벨리우스의 영향을 받은 이단이라고 정죄하였다. 그리고 히폴리투스는 그의 추종자들과 함께 로마교회를 나와 새롭게 교회를 세웠다. 그후 히폴리투스는 이 분리된 교회에서 그의 추종자들로부터 주교로 선출되었다. 이러한 사태의 결과로 로마교회는 둘로 분열되는데 기존의 로마교회는 주교직이 칼릭스투스 - 우르바누스 - 폰티아누스로 이어졌고 히폴리투스는 계속해서 대립된 교회의 주교직을 수행했다. 그러나 기독교에 대한 로마제국의 박해로 인해 폰티아누스와 히폴리투스 모두 사르디니아 섬으로 유배를 가게 되었는데 이 둘은 여기서 화해를 했다고 알려진다. 폰티아누스는 유배를 떠나기 전 주교직을 사임하였고, 히폴리투스 역시 자신의 교회 주교직을 사임하고 그가 뛰쳐나왔던 로마교회에 귀의하였다. 결국 이로써 분열된 로마교회 사태는 막을 내리게 된다. 결국 히폴리투스는 사르디니아 섬에서 별세하였고, 유해는 로마로 옮겨져 공동묘지에 이장되었다.

그의 저작은 매우 방대하다. 그는 예전, 목회 문서, 설교, 기독교 변증 등의 다양한 분야에서 많은 저작 활동을 하면서 로마의 기독교 공동체를 세우는데 노력했다. 그 중 가장 대표적 저작으로는『철학총론』(Philosophoumena)이라 알려진 이단들을 논박하는 문헌들,『다니엘서 주석』,『잠언서 주석』,『사도전승』등이 있으며 이 중 가장 유명한 저작이 바로『사도전승』이다.

2. 책의 등장 배경

1551년 로마의 아그로 베라노라는 곳에서 상체부분이 훼손된 한 석상이 발견되었다. 상체가 심하게 훼손되어서 이 석상은 누구의 것인지 정확하게 판명되기 어려웠다. 그런데 그 석상의 의자 옆에 석상의 주인공의 저작으로 보이는 책의 제목들이 돌판에 기록되어 있었다. 이 책들의 제목은 3세기 로마에서 활약했던 히폴리투스의 저작들과 일치하는 것이 많았다. 따라서 학자들은 그 석상의 주인공은 히폴리투스일 것이라고 추정하게 되었다.

석상에 기록된 문헌들의 제목들 중에서 ΑΠΟΣΤΟΛΙΚΗ

ΠΑΡΑΔΟΣΙΣ(사도전승: Traditio apostolica)라는 제목이 있었다. 그 당시에는 이 제목이 어떤 문헌을 의미하는지 알 수 없었다. 왜냐하면 그때까지 그런 제목을 지닌 문헌은 발견되지 않았기 때문이다. 그런데 19세기 중엽에 이르러 사도전승이라는 문헌의 제목이 담겨져 있는 문헌들이 발견되기 시작한다. 1848년부터 『사도규정(헬라어)』이라는 제목의 문헌이 출판된 것을 시초로 『사도규정의 요약(헬라어)』, 『히폴리투스의 법규집(아랍어)』, 『이집트 교회의 규정(라틴어 역본 및 여러 역본들)』, 『우리 주 예수 그리스도의 유언(시리아어)』 등의 제목을 가진 서로 비슷한 내용을 지닌 문헌들이 발견되고 출판되기 시작했다. 이렇게 여러 문헌들이 발견 및 출판되자 학자들은 이들 문헌들 간의 관계를 분석하기 시작했다. 그리고 연구를 통해 학자들은 이들 문헌 중에 하나가 원전이고 다른 것들은 이 원전으로부터 나온 종속본들이라고 결론을 내렸다.

여러 문헌들의 관계에 대한 연구를 통해 원전은 여러 역본들이 존재하는 『이집트 교회의 규정』이라고 Eduard Schwartz(1910)와 R. H. Cannolly(1916)가 결론을 내렸다. 이들은 서로 달리 이 연구를 했는데 같은 결론에 도달했다. 그후로 Gregory Dix(1937), Bernard Botte(1963) 등의 학자들이 그들의 저서들을 통해 이 결론에 동의했다. 또한 석상 의자에 새겨져 있는 문헌들 중에 '사도전승'의 이름 앞에 『은사들에 대하여』라는 문헌이 나오는데 『이집트 교회의 규정』의 라틴어 역본 머리말에 '본 문헌은 사도전승을 다루고 있는데 이 문헌 이전에 『은사들에 대하여』(Περὶχαρισμάτων)라는 문헌을 다루었다'는 내용이 나온다. 역사적으로 초기 기독교 저자들 가운데 『은사들에 대하여』라는 저작을 한 사람은 지금까지의 기록에서 아무도 나타나지 않았기에 논리적 추론을 통해 대리석상에 새겨져 있는 『사도전승』이라는 책은 히폴리투스가 썼으며 그 실체는 바로 『이집트 교회의 규정』의 원본일 것이라는 결론에 이르게 되었다.

저자의 문제와 함께 논란이 되는 것이 바로 이 문헌의 원자료 문제이다. 실제로 이 문헌의 원자료는 존재하지 않는다. 다만 이 문헌이라고 여겨지는 여러 가지 역본이 존재한다. 그것이 바로 라틴어 역본(Latin, 5세기)과 함께 두 개의 콥트어 역본들(Sahidic Coptic, 11세기, Bohairic Coptic, 19세기), 아랍어 역본(Arabic, 14세기), 그리고 이디오피아어 역본(Ethipoian, 15세기)들이다. 그렇다면 왜 『사도전승』은 역본들만 존재하는 것일까? 학자들은 대체로 이 원본은 헬라어로 쓰였을 것이라고 추측한다. 그러나 아직까지는 헬라어판 『사도전승』은 나타나지 않고 있다. 게다가 라틴어를 제외한 다른 역본들은 언어 구조 자체가 헬라어와는 다르기 때문에 헬라어 원문을 복구하는 일도 매우 어려운 일이다. 그나마 헬라어와 가장 흡사한 언어 구조를 지닌 최초의 라틴어 역본은 양피지에 쓰여졌는데 『사도전승』의 부분은 총 26면 중 14면만이 판독 가능하고 나머지, 12면은 발견할 때부터 이미 훼손된 채였기에 판독이 불가능하였다. 이런 상황에서 20세기 중반에 일어난 예전운동의 선구자인 Bernard Botte는 위에 언급된 기본적인 4가지의 역본들과 연관된 내용들이 포함되어 있는 문헌들을 중심으로 본문비평과 편집비평을 통한 복원작업으로 『사도전승』이라는 이 고대 문헌을 본문 비판본과 함께 주석본을 만들어 출판하였는데 이것이 지금까지 존재하는 유일한 전문적인 본문 비판본이다.

3. 줄거리

이 책은 앞에서도 잠시 언급했듯이 3세기 기독교 교회의 예배와 직제 그리고 교육체계를 우리에게 알려주고 있다. 이것은 한 사람의 저작이라기 보다는 그 당시에 시행되어지고 있는 예전, 직제 그리고 세례교육과 신앙교육등을 편집해서 기록한 모범적 문헌이며 따라서 신학적이라기보다는 실천적 측면이 더욱 강조된 문헌이다.

『사도전승』은 서론(1장)과 결론(43장)을 포함 총 43장으로 이루어져 있는데 그 중에 1부는 2장부터 14장까지, 2부는 15장에서 21장까지, 그리고 3부는 22장에서 42장까지 구성되어진다. 저자는 서론과 결론에서 이 문헌의 사용 목적을 밝힌다. 그 목적은 '사도들로부터 전해 내려져 오는 올바른 신앙과 전통 그리고 예전들의 전승 안에서 훈련을 하여 이단 사상에 빠지지 않고 하나님의 은혜로 영원한 생명에 이르도록하는 것'이라 밝히고 있다. 『사도전승』은 내용상 크게 3부분으로 나뉘어진다. 첫 번째는 교회의 직제와 성찬예전에 관한 내용으로 이루어져 있으며, 두 번째는 교회의 입문절차와 입문예전에 관한 내용이며, 세 번째는 신자들의 생활에 관한 여러 규정들로 이루어져 있다.

1) 1부: 교회의 직제와 성찬예전

1부에서는 직제와 성찬예전에 대해 자세히 기술하고 있다. 직제는 다음과 같이 9가지 교회의 직책에 관해 기술하고 있다: 감독(2~3장), 장로(7장), 봉사자(8장), 증거자(9장), 과부(10장), 독서자(11장), 동정녀(12장), 부봉사자(13장), 치유자(14장). 이 직제들은 크게 둘로 나눌 수 있는데, 하나는 안수식을 거친 직분들이고, 다른 하나는 서임(임명)에 의한 것이다. 안수는 감독, 장로, 집사의 직분에만 해당하는 예전이고, 서임은 감독이나 장로가 지명(과부와 부봉사자)하거나 책을 넘겨주는 의식(독서자) 혹은 개인의 결단(동정녀)을 통해 이루어진다. 그리고 각 직책에 대한 정의를 하는데 그 직책을 맡을 후보의 자격과 선출 방법 그리고 안수예식에 관한 자세한 기술을 하고 있으며 서임을 하는 직책에 대한 기술과 서임방법에 관해서도 기술하고 있다.

1부에서 가장 중요한 부분은 바로 성찬예전(4장)에 관한 내용이다. 4장에 나오는 성찬예전은 성찬이 어떻게 시작되고 마치는가를 담고 있는 온전한 예문을 담고 있는데 바로 이 예문이 지금까지 현존하는 기독교 역사상 가장 오래된 성찬기도(anaphora) 예문이다. 4장에 나오는 성찬예전에 대한 기술은 다음과 같다. 집사들이 제단에 봉헌물(떡과 포도주)을 가지고 오면 집례를 하는 감독 혹은 장로는 예물에 손을 얹고 감사의 기도를 드린다. 이 기도문의 순서와 내용은 다음과 같다.

① 집례자와 회중의 인사(대화체)

집례자: 주께서 여러분과 함께

회 중: 또한 당신의 영과 함께

집례자: 마음을 드높이(sursum corda)

회 중: 우리는 주님께 마음을 향하고 있습니다.

집례자: 주님께 감사합시다.

회 중: 마땅하고 옳은 일입니다.

② 축성기도:

- 감사기도: 예수 그리스도의 구원 업적에 대해 하나님 아버지께 드리는 감사기도로 하나님의 천지창조, 성육신, 십자가의 고난, 죽음 부활이 요약되어 있어 사도신경의 두번째 성자에 관한 부분과 비슷한 형태를 띤다.

"하나님, 마지막 시대에 당신의 사랑하시는 아들 예수 그리스도를 구원자이며 구속자이고 당신 뜻의 사자로 우리에게 보내주심에 감사드리나이다. 그분은 당신의 불가분의 말씀이며, 당신은 그 말씀을 통하여 만물을 창조하셨고 당신이 가장 기뻐하시는 분이시나이다. 당신은 그분을 하늘로부터 동정녀의 품 안으로 내려 보내시고 그 모태에서 육화되게 하시고 당신의 아드님으로 나타나게 하시고 성령과 동정녀로부터 태어나게 하셨나이다. 그분은 당시의 뜻을 채우시고 당신께 거룩한 백성을 얻어 드리고자 당신을 믿는 이들을 고통에서부터 구원하기 위해 수난을 받으실 때에 손을 펼치셨나이다. 그분은 자신을 스스로 수난에 내부치시고 죽음을 소명하시고 악마의 사슬을 깨뜨리시고 지옥을 몰아내시고 의인들을 비추시고 신앙의 법을 제정하시고 부활을 드러내보이셨나이다."

- 제정사: 성찬 제정에 대한 주님의 말씀으로 누가복음과 고린도전서의 말씀을 중심으로 예수께서 하신 말씀을 직접화법으로 전달하고 있다.

"그분은 빵을 드시고 당신께 감사의 기도를 바치시면서 말씀하셨나이다. "너희는 받아먹으라. 이는 너희를 위해 부서질 내 몸이다."잔에도 같은 모양으로 말씀하셨나이다. "이는 너희를 위해 흘릴 내 피이다. 너희는 이를 행할 때마다 나를 기념하라."

- 기념사: 그리스도의 죽음과 부활에 대한 기념으로 이 신비를 지금 예전에서 기념하여 회중들이 합당한 예배를 드릴 수 있도록 한다.

"그러므로 우리는 그분의 죽음과 부활을 기념하여 당신께 빵과 잔을 드리오며 우리로 하여금 당신 어전에 합당한 자로 서게 하고 봉사 드리게 하신 은혜에 감사하나이다."

- 성령임재의 기도: 성령께서 이 예전 안에 오시도록 하는 초청기도로 떡과 포도주를 위한 기도와 공동체를 위한 기도로 구성된다.

"청하노니 거룩한 교회의 예물에 당신 성령을 보내주소서. 거룩한 신비에 참여한 우리 모든 이를 일치시켜 주시고 진리 안에서 믿음이 굳세어지도록 성령으로 충만케 하시어 우리로 하여금 당신의 아들 예수 그리스도를 통하여 당신께 찬미와 영광을 드리게 하소서."

- 영광송: 기도의 마지막으로 삼위일체 하나님께 영광을 돌리는 것이다.

"그분을 통하여 성령과 함께 당신께 영광과 영예가 성 교회 안에서 지금과 세세에 있으소서. 아멘."

이 기도문의 중요성은 바로 이 기도문이 후대의 동방 정교회와 서방 로마 가톨릭의 성찬예전의 모범이 되었다는 점이며, 이 기도문의 구조적 전통은 지금까지 기독교 대부분의 전통에까지 내려오고 있다. 물론 후대에 들어서 이 순서의 기본적인 구조에 여러 가지 순서들이 첨가되기도 했지만 이 구조는 지금까지도 성찬기도문의 가장 기본적 요소들을 제공하고 있다. 이 기도문은 주요 한국의 개신교단들의 성찬기도문의 기본적 틀을 제공하였다.

2) 2부: 교회 입문절차와 세례

2부에 속하는 15장부터 21장은 복음을 듣고 그리스도인이 되어 교회에 나온 초신자가 기독교 공동체의 일원이 되는 입문의 과정을 기술하고 있다. 2부에서는 삶과 윤리에 관한 심사(15장), 금지하고 있는 직업과 일에 대한 심사(16장)를 거쳐 3년간의 교리교육을 받은 후 (17~19장) 교육을 거친 후보자들을 선별하는 예식과 세례를 준비하는 과정(20장)을 거쳐 세례예전과 견신예식 그리고 첫 성례전을 거행함으로 마침내 정식으로 교회의 세례교인이 되는 전 과정이 비교적 자세히 기술되어 있다.

A. 세례 예비자 등록과 교리교육(15~19장)

『사도전승』에 따르면 교회에 처음 방문한 사람은 그가 왜 신앙을 갖게 되었는지에 대한 질문을 받게 된다. 이 질문의 절차는 단순히 초신자뿐 아니라 그를 교회에 인도한 사람(후견인)의 증언도 듣게 된다. 이렇게 처음 공동체에 방문한 사람이 세례 예비자가 되기 위해서는 이 사람의 직업, 사회적인 신분, 그리고 어떤 삶을 살고 있는가에 대해 세밀하게 조명하고 확인 절차를 거쳐야 비로소 예비자 자격을 얻을 수 있다. 이 심사에서는 당시에 만연하던 일부다처제, 그리스 로마의 퇴폐 문화, 노예제도 등과 같은 상황에서 어떻게 기독교인으로서 정체성을 지키면서 살아가는지에 대해 면밀한 조사를 하게 된다. 이 심사에서 부적격적인 직업을 가진 사람들, 예를 들면 포주, 매춘부, 호색가, 사기꾼, 화폐 위조범, 우상 숭배를 하는 제관이나 이에 속한 직업에 종사하는 사람, 점쟁이, 부적을 만드는 사람들 같은 이들은 세례 후보자가 될 수 없었다. 또한 조각가, 미술가, 연극 연출가들은 미신적 요소와 연관되어 있어서 이 직업을 버리지 않으면 대상에서 배제되었다. 검투사 역시 그 직업을 버리지 않으면 받아들여지지 않았으며 군인들도 사람을 죽이지 말 것을 요청하고 이런 명령에 불복종해야 하며 황제에 대한 숭배를 선서해야 할 때에는 거부하라고 가르친다. 그렇지 않는다면 이들도 세례 후보자의 대상에서 거부되었다.

이런 선발 기준에 따라 예비자로 등록된 사람은 원칙적으로 3년간의 교리교육을 받게 된다. 그렇지만 이 3년이라는 기간을 단순히 지나면 세례를 받는 것이 보장되어 있는 것은 아니었다. 문답을 하여 합격하지 못한 사람들은 다시 교육을 받게 되어 교육기간이 더 늘어났다. 이 교육은 단순히 예비자들만 하는 교육이 아니라 성도들과 같이 교육을 했던 것으로 보인다. 『사도전승』의 몇몇 문헌에서는 이 교육의 대상은 예비자와 신자 모두 거론되고 있다. 그렇지만 이미 예비자 신분으로 교육을 받고 세례를 받은 신자는 의무사항은 아닌 권고사항으로 보인다. 교리를 배우는 날에는 신자와 예비자 모두 같이 교육을 받고 교육이 끝나면 따로 모여 각각 기도모임을 갖게 된다. 기도모임에서는 신자들의 모임이든 예비자들의 모임이든 남자석과 여자석이 따로 구분되어 있었고, 여자들은 이 기도모임에 머리를 천으로 가려야 했다. 그리고 기도모임이 끝나면 예비자들은 교사들에 의해 안수기도를 받고 각자 집으로 돌아갔다.

B. 세례 대상자의 선발과 세례준비(20장)

3년간의 예비 교육이 끝난 때에 예비자들은 세례를 받을 자격이 있는가에 대한 심사를 받게 된다. 이 심사는 예비자 등록을 위한 심사보다 좀 더 엄격하게 시행되었다. 두 가지에 관한 심사가 있었는데, 첫째는 지금까지 배워왔던 교육과정에서 배운 것에 대한 이해였으며, 둘째는 그 교육을 통해 그들의 삶이 전체적으로 어떤 변화가 있었는가에 대한 심사를 하게 된다. 규범을 알려주고 이 규범의 기준에 맞게 살았느냐를 심사하는 것이 아니라 정말 이웃 사랑의 도를 실천했는지에 대한 심사를 한다는 의미이다. 이 심사에서도 그들의 후견인들이 어떻게 예비자들을 지도했는지와 예비자들이 교육을 받으면서 그들의 삶에 어떤 변화가 있었는지를 증언하게 된다. 일단 이 모든 심사가 끝나고 문답에 통과한 사람들은 세례 후보자가 되어 준비과정에 들어가게 된다.

심사에서 통과된 예비자들은 매일같이 모여 마귀를 쫓는 퇴마예식과 안수기도를 받게 된다. 세례일이 가까이 오게 되면 감독이 직접 이들을 위해 퇴마예식과 안수기도를 집례하고, 감독은 마지막으로 후보자들을 심사한다. 만약 이 중에서 '선하지 못한 사람(삶의 태도)이나 깨끗하지 못한 사람(마귀에 얽혀 사는 사람)'으로 밝혀지면 세례 대상에서 제외된다. 실제로 악령을 쫓는 퇴마예식은 실제적으로 악령에 접신된 물리적인 마귀를 내쫓는 의식이라기보다 후보자가 신앙을 갖기 전에 살았던 삶의 자리에서 기독교인으로 합당하지 못한 삶과의 단절을 위한 의식으로 보인다. 앞에서 언급했던 것처럼 그들의 삶은 이방신을 숭배하고 황제에게 충성 맹세를 하며 검투경기, 연극, 음악 등 대부분의 문화적 요소들이 이방의 신들과 연관되었기 때문에 이것들과 단절을 해야했기 때문이다.

이 문헌에서는 후보자들에게 다가오는 '주일'에 세례를 받는데 이 날을 이 당시의 전통에 따라 부활절에 거행했을 가능성이 매우 높다. 이 가설에 대해 Thomas Talley는 그의 『The Origins of Liturgical Year』 174페이지에서 당시 여러 문헌들의 증거로 보아, 사순절 마지막 3주부터 집중 교육에 들어가 있었고 마지막 주에 후보자 심사가 마무리되었고, 부활절에 세례를 준 것으로 예상한다고 주장했고 이에 대해 여러 학자들이 동의를 한다. 선발된 예비자는 세례일인 주일 전 주 목요일에 목욕을 하면서 준비를 하고(성서에서는 이날 예수께서 제자들에게 발을 씻기신 날이다), 금요일(예수께서 돌아가신 날)에는 금식을 하고 토요일에는 감독이 집례하는 퇴마예식에 참여하였다. 그리고 토요일 해가 지는 시간부터(그 당시의 시간으로는 주일이 시작되는 시간) 첫 닭이 우는 시간까지 철야기도를 하면서 세례를 준비했다. 그리고 첫 닭이 울면 모두 세례예식이 거행되는 장소로 이동했다.

C. 세례예전, 견신례, 세례 후 첫 성찬(21장)

21장에서는 후보자가 세례를 받고 기름부음을 받는 도유예식을 받은 후 첫 번째 성찬을 받는 순서가 매우 잘 기술되어 있다. 『사도 전승』은 세례예전과 견신례 그리고 첫 번째 성찬을 받는 이 세 가지 예식의 전 과정을 기록하고 있는 가장 오래된 문헌이다. 세례의 순서는 다음과 같다.

① 세례 물을 위한 축성기도

첫 닭이 울면 가장 먼저 세례를 받을 물을 축성하는 예식을 시작한다. 이 물은 받은 물이 아니라 샘에서 흘러나오는 물이나 위에서부터 흐르는 물을 원칙적으로 사용해야 한다고 명시되어 있다.

② 두 가지 기름의 축성

물 축성이 끝나면 세례가 시행되기 전 감독이 두 가지 기름을 준비하여 축성하는데, 하나는 감사의 기름이고 다른 하나는 마귀를 내쫓는 퇴마의 기름이다.

③ 탈의

당시의 세례는 침수례였기 때문에 세례를 받을 사람들은 모두 탈의를 해야 했다. 여자들은 옷 외에도 모든 장신구들을 벗어야 했다.

④ 악(사탄)을 거부하겠다는 선언

이후에는 악을 끊겠다는 선언을 하게 된다. 세례를 받아야 하는 사람은 누구나 해야 하는데 만약 대답을 할 수 없는 이(어린이)는 부모가 대신 해야 한다고 명시를 한다.

⑤ 기름 도유(악을 쫓는 기름)

악을 끊고 거부하겠다는 선언 후에 장로는 악이 물러났음을 선언한다. 그리고 악을 쫓는 퇴마의 기름을 도유한다.

⑥ 세례

그후에 물에 들어가 세 번의 침수로 거행되는데 침수례를 하기 전에 후보자들은 성부, 성자 그리고 성령과 공동체와 교회 그리고 육신의 부활에 대한 세 가지 질문을 받고 대답해야 한다. 이 질문은 『사도신경』의 내용과 거의 비슷하다고 볼 수 있다. 앞에서 악과의 단절을 선언할 때처럼 신앙고백을 할 수 없는 이들에 대해 부모나 후견인이 대신 해야 한다는 것이 기록되어 있다. 이 기록은 이 시기에 유아세례가 거행되고 있었고 이미 교회의 전통이었다는 유력한 증거라고 할 수 있다.

⑦ 기름 도유(감사의 기름)

세례를 받고 물 밖으로 나오면 장로가 세례를 받은 자들에게 거룩한 기름을 그리스도의 이름으로 도유하게 되는데 이는 그리스도라는 이름의 의미가 기름부음을 받은 자라는 의미에서 온 것이기에 그리스도와 같이 기름부음을 받음으로 세례를 받은 자는 그리스도인이 되었다는 의미이다.

⑧ 다시 옷을 입고 교회로 돌아옴

세례를 받은 곳이 대체적으로 흐르는 물이었기에 세례를 받은 후에는 옷을 입고 다시 교회로 돌아왔다.

⑨ 안수와 도유(견신)

교회에서 감독은 세례를 받은 자들에게 안수기도 하고 거룩한 기름을 손에 바른 후 이마에 십자가 표시를 하며 입맞춤을 하게 된다. 이때의 도유는 견신의 도유이다. 그렇기에 집례자도 감독으로 바뀌었고, 의미 역시 이제 한 사람의 세례교인이 된 사람이 굳건한 신앙을 가지고 교회에서 봉사하고 그리스도인의 삶을 살아가라는 예식이다.

⑩ 기도

이 예식은 감독의 기도와 모든 회중들의 합심 기도로 끝나게 된다.

⑪ 평화의 입맞춤

이 견신예식이 끝난 후 세례를 받은 자들은 성도들과 함께 평화의 입맞춤을 하게 된다,

⑫ 성찬

이 모든 순서가 끝나면 세례를 받은 자들은 비로소 성찬에 참여할 수 있는 자격을 갖추게 되는데 바로 이어지는 첫 성찬 예식에 참여하게 된다.

견신례가 끝나고 나면 바로 성찬이 이어지는데 이 부분에서는 성찬기도문이 나타나지 않는다. 첫 성찬을 받는 수세자들은 성찬의 떡과 포도주 외에도 젖(우유)과 꿀과 물을 더 받는다. 젖과 꿀은 이집트 종살이에서 벗어난 이스라엘 백성들에게 약속된 땅을 상징하는 음식이고 또한 당시의 갓 태어난 신생아들에게 주어지는 음식이었다. 또한 물은 세례의 은혜를 잊지 않도록 주어진다. 이 성찬의 의미들을 참여자들이 성찬 받기 전에 설명할 것을 가르친다. 성찬이 끝나면 감독은 세례를 받

은 자들에게 올바른 신자생활을 위한 심도있는 교리를 가르친다. 이 교리는 세례를 받지 않은 자들에게는 허락되지 않은 성례전에 대한 교리와 윤리생활, 영성생활에 대해 가르치고 있다. 이 가르침은 4세기 이후에는 설교로 발전되어 동방교회와 서방교회 모두 세례 이후에 성례신비설교(mystagogy)를 하게 되는 전통으로 이어진다.

3) 3부: 신자생활에 관한 제반 규정들 (22~42장)

A. 영성체에 관한 규정(22장, 36~38장)

이 당시의 예배에서 성찬은 주일에만 거행되었던 것으로 추측된다. 성찬이 없는 주일, 평일에 신자들은 성찬을 하고 남은 떡과 포도주를 받아서 집에 가져간 후에 먹고 마시는 관습이 있었는데 이를 영성체라고 불렀다. 이 영성체 관습이 보편화되자 떡과 포도주를 어떻게 보관해야 하며 이를 어떤 방법으로 먹고 마시는가에 대한 규정이 필요하게 되었는데 『사도전승』에서는 이를 자세히 기록하여 신자들에게 교육했던 것처럼 보인다. 실제로 영성체를 먹고 마시기 전에는 다른 음식을 먹지 말아야 하고 또한 받아 온 떡과 포도주는 비신자들이나 쥐나 다른 동물들이 먹지 못하도록 보관을 잘 할 것을 당부하기도 한다. 또한 먹고 마실 때 혹은 운반하는 도중에 바닥에 떨어뜨리지 않도록 각별히 조심할 것을 주문하고 있다.

B. 금식에 관한 규정(23장, 33장)

『사도전승』 22장에서는 과부와 동정녀에게는 자주 금식할 것을 권면하고 장로와 일반 평신도의 경우 본인이 원할 경우 자주 금식할 수 있다고 알려준다. 그러나 감독은 단식 의무일에만 금식할 것을 주문하는데 그 이유는 성도들이 공동체 식사를 제안할 때 감독이 금식을 이유로 거절하지 말아야 하기 때문이다. 33장에서는 이런 정기적 단식 외에 교회력에 따른 금식 지침을 기록하고 있다. 여기서 언급된 것은 부활절 전 이틀(성 금요일, 성 토요일) 기간의 금식 규정이다. 이때에는 모든 이들이 금식하는 것을 원칙으로 한다. 또한 임산부와 병자가 이틀 연속 금식을 하기 어려울 경우에는 하루만 할 수 있도록 예외규정을 두었다. 만약 부활절의 날짜를 모르고 지나갔을 경우 (항해를 하는 선원이나 어떤 긴급한 상황일 경우) 오순절이 끝난 후에 나머지 날짜를 잘 계산하여 단식을 해야 한다고 가르친다.

C. 병자들을 위한 선물과 공동체 식사에 관한 규정(24~30장)

24장에서는 병자들이 교회에 오지 못할 경우 이들을 위해 축복받은 빵을 전달할 것을 가르친다. 또한『사도전승』에는 성찬예전과는 구별되게 공동체 식사, 즉 아가페 식사(애찬식이라고도 불린다)에 대한 규정도 성도들에게 제시하고 있다. 이 문헌에서는 이 공동체 식사의 절차를 설명하고 있으며 이 절차를 따를 것을 권면한다. 이 공동체 식사는 주로 저녁에 성도들의 가정에서 거행된다. 그 외형적 모습은 성찬예전과 비슷해 보인다. 일단 집례는 감독이 하며 성찬 때 하는 인사말을 한다. 다만 '마음을 드높이 (sursum corda)'라는 부분은 여기서 빠진다. 그후에 창조주 하나님께 드리는 기도를 한다. 공동체 식사가 성찬과 다른 부분은 바로 기도 후에 드리는 제정사, 기념사, 성령임재의 기도가 빠지고 단지 물을 탄 포도주를 들고 '할렐루야'를 외치면서 시편을 낭송하면 성도들도 할렐루야로 화답을 한다는 점이다. 집례자는 신자들에게 이 공동체 식사에서 먹게 되는 빵은 주님의 몸이 아닌 축복받은 빵을 주었고 세례를 받지 않은 예비자들에게는 퇴마된 빵을 주었다. 집례자는 식사 전에 각각의 구별된 기도를 함으로 두 가지 빵에 대해 구별하게 하였다. 식사 때는 절도 있게 과식이나 과음을 하지 않도록 했으며 식사 때에 감독이 말하는 교훈들을 경청하라고 가르친다. 감독이 참석하지 않았을 경우 장로나 집사가 이 식사를 집례할 수 있었으며 성직자가 없을 경우에는 평신도들끼리 절도 있게 식사를 할 수 있지만 축복을 할 수 없었다. 또한 이 식사 때 연로한 과부가 참석했다면 식사를 마친 후에 일찍 돌려보내거나 빵과 포도주를 주고 돌려보내도록 권면한다.

D. 감독에게 바칠 소출과 축복(5~6장, 31~32장)

31~32장에서는 신자들이 거두어 온 소출에 대한 규정이 기록되어 있다. 31장에서 소출의 첫 열매들은 감독에게 바치라고 규정한다. 그렇지만 소출의 어느 정도를 바치라는 규정은 없기에 아마도 성도들의 성의와 재량에 맡기는 것으로 보인다. 소출을 가져오면 감독은 가져온 사람들의 이름을 하나하나 호명하면서 축복을 해주었다. 그리고 봉헌된 소출들 중에서 축복할 것들과 하지 말아야 할 것들에 대한 구별을 제시하고 있다. 어떤 이유로 이 구분을 하는가에 대한 뚜렷한 이유는 본문을 봐서는 알 수는 없다. 이형우는 이러한 구별이 구약성서에 나오는 정결한 것과 부정한 것을 구분하는 것이 아니라 실용적인 구분이 아니었을까 하고 추측한다. (『사도전승』, 62). 또한 5장과 6장에서는 두 가지 봉헌물(기름, 치즈와 올리브)에 관해 봉헌기도를 어떻게 해야 하는가를 설명하고 있다.

E. 기도시간과 영성생활(35장, 41~42장)

35장과 41장에서는 성도들이 하루 동안 해야 하는 기도의 시간들을 안내하고 그 시간들이 무엇을 의미하는지를 기술하고 있다. 『사도전승』에서 성도들은 하루에 6번씩 기도를 하라고 권면을 하는데 그것들은 아침기도, 3시 기도(오전 9시), 6시 기도(정오), 9시 기도(오후 3시), 저녁기도, 야간기도이다. 성도들은 아침에 일어나 손을 씻고 하나님께 기도하는데 이것이 아침기도이다. 아침기도가 끝나면 교리강습이 있는 날은 교회를 가고 아니면 거룩한 책(성경)을 읽으라고 권면을 한다. 오전 9시에 하는 기도는 예수께서 십자가에 못박히신 그 시간을 기념하여 하는 기도이다. 정오에 하는 기도는 온 세상을 구원하신 그리스도를 본받기 위한 것이며 오후 3시는 예수께서 십자가에서 돌아가신 시간에 그리스도의 죽음과 대속의 의미를 상기하면서 주님을 찬미하고 감사를 드리는 기도이며 저녁기도는 일과를 마치고 잠자리에 들기 전에 한다. 그리고 자다 깨어 기도를 할 수 있는데 이를 야간기도라고 한다. 야간기도는 종말론적인 의미를 가지고 있는데 열 처녀의 비유처럼 한밤중에 오실 그리스도를 맞이하기 위해 온몸을 정화하는 예식을 한 후(손을 씻고 손에 입김을 불고 십자가 성호를 그은 후에) 기도를 하게 된다. 또한 정해진 시간 외에도 유혹을 받았거나 어려움이 있을 때에도 기도를 해야 하고 그 방법에 대해 잘 설명하고 있다. 42장에서는 십자가 표시(성호)에 관해 설명하고 있다. 유혹을 받거나 어려운 일이 있을 때 시행할 것을 가르친다. 이는 성호에 무슨 신비한 힘이 있어서가 아니라 이것으로 말미암아 그리스도의 십자가를 상기하라는 의미이다.

F. 성직자의 직분 그리고 묘지의 관리(34장, 39~40장)

34장과 29장에서는 안수례를 통해 성직자가 된 감독, 장로, 집사는 교회를 섬기는 사람들이라 하면서 그들의 직분에 대해 설명한다. 『사도전승』은 이들 성직자들이 어떤 삶을 살아야 하고 어떤 유대 속에서 일상을 맞이하는가에 대한 규정을 제시한다. 장로와 봉사자는 감독이

지정한 장소와 시간에 모여야 하고 참석해야 하는 것을 의무로 지정한다. 이런 모임의 성격은 교리공부를 위한 모임, 목회 계획을 위한 모임 등이며 이들은 감독이 소집할 경우 의무적으로 참석해야 한다고 규정하고 있다. 또한 문헌을 보면 목회에서 각자가 분담하는 일이 있어서 감독이 지시를 하면 이행해야 하는 것으로 보인다. 또한 40장에는 교회가 교회묘지를 소유하고 있었으며 관리까지 하고 있었음을 추측하게 한다. 묘지의 문제는 성도 누구나 다 연관이 있었기 때문에 특별히 가난한 사람들이 부담을 느끼지 않도록 교회에서 배려가 있었다. 또한 장례의 순서에서 인부들에게 품삯과 여러 가지 장례비용은 개인이 내야하지만 묘지는 교회에서 공동관리를 하며 이를 위한 관리인까지 두었다.

4. 핵심 주제

이 문헌은 하나의 신학적 주제 혹은 내용을 가지고 내용을 기술한 문헌이 아니라 당시의 교회에서 목회자들과 성도들에게 어떻게 바른 예배와 교육 그리고 신앙생활을 해야 하는지를 교육하기 위한 일종의 지침서라고 할 수 있다. 따라서 이 문헌의 핵심 주제를 한마디 혹은 한 문장으로 규정하는 일은 매우 힘들다. 그렇지만 이 문헌에서 우리는 눈여겨 보아야 할 세 가지 요소들이 있다.

첫째, 이 시기에 거행되었던 성찬예전의 구조와 흐름이다. 성찬은 기독교가 시작된 때부터 예배의 중심이었다. 예수 그리스도의 최후의 만찬에서 고린도전서에 기록된 성서에 나타난 성찬, 그리고 『디다케』에 기록된 성찬이 예배에서 정례화되고 난 후 제도화된 교회 내에서 예전

(liturgy) 형성된 모습을 보여주고 있다.

둘째, 처음 교회에 들어온 사람들을 입교시키는 교회입문 예전의 과정 역시 중요한 부분이다. 기독교인이 되기 위하여 이 교회가 실시했던 기초 교리교육과 신자를 만들기 위한 여러 가지 과정과 제도적 장치들은 이들이 얼마나 훌륭하게 기독교인들을 길러냈는가에 대해 알려주고 있다. 특히 문헌 속에 나타난 3년이라는 교육과정과 준비과정은 오늘날 세례를 남발(?)하여 교인수를 늘리려는 교회들에게 경종을 울리고 있다.

셋째, 『사도전승』은 3세기 교회의 직제와 성도들의 신앙생활의 교본을 보여줌으로써 다시 기독교인들이 어떻게 신앙을 위해 헌신했는지를 보여주고 있다. 이 문헌은 당시의 교회의 운영과 바른 신앙생활을 하기 위한 지침을 기록해놓은 규례집이다. 따라서 이 규례들을 살펴보면 교회의 운영에 대한 지침들, 성도들의 기도생활, 봉헌, 단식 그리고 애찬 등에 관한 여러 가지 세세한 지침들이 있었고 이러한 복잡한 지침들은 당시의 교회가 이미 제도적으로 조직화되었던 교회라는 것을 우리에게 증거하고 있다.

결론적으로 이 문헌은 3세기의 로마교회뿐 아니라 이 당시의 대부분의 교회들에게서 사용된 예전과 생활에 대한 교리와 지침서이다. 이 문헌이 비록 히폴리투스의 편저 본이라 하더라도 이 문헌에 나타난 여러 가지 예배의 전통과 목회의 지침들은 당시의 교회에서 실행되었던 것들을 편저자가 취사 선택하여 기록하여 남긴 것이라 생각한다. 따라서 우리는 이러한 관점으로 이 문헌이 비록 로마교회의 문헌이라도 3세기의 전체적인 기독교회들의 전통의 산물임을 조명해야 할 것이다.

5. 이 책에 대한 평가

이 책을 평가한다는 것은 어쩌면 무의미할 수도 있다. 왜냐하면 이 책은 바로 초기 기독교회의 모습들을 그대로 보여주는 사료이기 때문이다. 이 사료는 기독교의 역사를 뒷받침해 줄 증거이며 기독교의 형성 과정의 가장 중요한 부분을 증거하고 있기에 그 가치는 이루 말할 수 없이 소중하다. 이 문헌에서 가장 중요한 부분은 바로 3세기 당시의 성례전과 예배의 형태가 그대로 보존되어 있다는 것이다. 이 문헌을 통해서 우리는 3세기 교회의 세례와 성찬의 모든 모습을 볼 수 있다. 히폴리투스의 『사도전승』은 3세기의 교회와 예전, 즉 동방교회와 서방교회의 분열 이전 보편적 기독교 교회의 예전 형태를 보여주고 있으며 열두 사도들의 가르침인 『디다케』가 보여주는 1세기 말, 2세기 초의 원시 기독교 공동체 교회의 예전과 4세기 공인된 국교로서의 기독교 시대의 예전을 이어주는 가교 역할을 하고 있는 귀중한 문헌이라 할 수 있다.

또한, 이 책의 영향으로 20세기부터 불어온 거의 모든 기독교 전통 교회들이 초기 기독교의 모습을 회복하고자 하는 운동이 일어났다는 사실은 이 책의 중요성을 다시 한 번 방증한다. 이 문헌에 대한 발견과 연구로 20세기 중반부터 로마 가톨릭을 중심으로 하는 초대 교회예전으로의 복귀운동(liturgical movement)이 벌어졌고 개신교의 주류 교단들도 마찬가지로 영향을 받아서 많은 부분을 수용하게 되었다. 또한 로마 가톨릭교회의 세례후보자 교육(catechesis) 역시 바로 이 문헌을 참고하여 체계화시킨 결과물이다. 따라서 기독교의 고전으로 돌아가는 정신을 불러일으킨 중요한 자료라고 할 수 있다.

6. 토의 주제

- 『사도전승』에 나타난 초기 기독교의 성찬예전을 보면서 현재 우리가 시행하고 있는 성찬예전과 어떤 차이가 있는지를 비교하고, 당시의 성찬예전과 비교할 때 우리가 놓치고 있는 부분은 무엇인가?

- 『사도전승』에 나타난 세례준비과정과 세례예식을 보면서 당시에 기독교인이 된다는 것은 어떤 의미가 있었는지를 생각해보고, 지금 현재 한국기독교에서 시행하고 세례와 비교해 보라. 이 비교를 통해 현재 기독교 세례예식은 무엇을 간과하고 있는가 토의하라.

- 『사도전승』은 3세기의 문헌이다. 이 문헌을 읽고 시간과 공간을 넘어 현재 한국기독교회들이 본받아야 할 가장 중요한 부분은 무엇인가 발표하고 토의하라.

『디다케 – 열두 사도들의 가르침』, 저자 미상

ΔΙΔΑΚΗ ΤΩΝ ΔΩΔΕΚΑ ΑΠΟΣΤΩΝ, 80~110 C.E.?

정양모 옮김, 분도출판사, 1993.

김형락(서울신학대학교, 예배학)

1. 저자 소개

1873년, 이스탄불(비잔틴 제국의 수도였던 콘스탄티노플)의 성묘(聖墓)
수도원의 도서관에서 발견된 짧은 문헌이 그리스 정교회의 주교인 필
로테오스 브리엔니오스에 의해 발견되었다. 그 문헌들의 제목은『열두
사도들의 가르침』이라는 제목이었고 부제는「열두 사도들을 통해 백성
들에게 주는 주님의 가르침」이라고 적혀져 있었다. 물론 제목은 열두
사도들이 주는 신앙의 훈련법이라고 보이지만 실제로 이 책의 저자는
예수 그리스도의 열두 사도들이 아닌 것으로 알려져 있다. 왜냐하면 열
두 사도들의 저작이라고 하기엔 내용상 부합되지 않는 부분들이 많기
때문이다. 본서의 옮긴이 정양모는 여러 학자들의 견해를 들어 이 문헌
은 무명의 저자가 당시 유대적 배경에서 많이 유행을 하였던「두 가지
길」이라는 문헌과 함께 당시 초기 기독교회에서 이루어지고 있던 예전
규범, 그리고 생활 규범들을 함께 묶어 편집한 문헌이라고 추론한다.
(『디다케』, 7) 물론 현재까지 이 문헌의 저자에 대해서 밝혀진 것은 전혀
없다. 그렇다고 해서 이 문헌의 중요성까지 의심할 필요는 없다. 왜냐

하면 이 문헌은 성서가 기록된 동시대의 기독교 교회의 생활 규범들과 예배에 대한 기술이 있기 때문이다. 이 문헌은 우리들로 하여금 초기 기독교인들이 어떻게 신앙생활을 했는지, 교회는 어떻게 운영을 했는지, 그리고 예배는 어떻게 드렸는지에 대해 추론을 할 수 있는 귀중한 역사적 사료이다. 그렇기 때문에 필자는 이 문헌의 중요성은 아무리 강조해도 지나치지 않다.

2. 책의 등장 배경

이 책의 저작 연대 역시 정확하게 언제라고 결론지어진 것은 없다. 학자들은 대체적으로 기원 후 110년 이전(약 80~110년)일 것이라고 추측하고 있으나 이 역시 정확하지는 않다. 그 이유로는 이 문헌의 내용 중에 사도들의 예언적인 카리스마에 대한 언급이 자주 나오는데 1세기 이후의 교회는 목회의 삼중직(집사, 장로, 감독)이 자리 잡았고, 그 이전에만 사도들의 예언적 카리스마적 목회가 강조되었기 때문이다. (실제로 목회의 삼중직이 강조되는 문헌은 이그나티우스의 문헌인데 이것은 110년경의 문헌이다., 남호, 『초대 기독교 예배』, 62) 또한 디다케가 마태복음의 텍스트들을 사용한 것으로 보아 마태복음의 저작연대인 80~90년대 이후로 추측할 수 있기에 대략적인 저작 연대는 80~110년경이라고 할 수 있다.

어쨌든 이 문헌은 신약성서가 기록되고 있던 시대의 기독교 공동체의 모습들을 보여주고 있다는 점은 틀림이 없다. 이 문헌이 편집이 되어서 저작이 될 시기라 할지라도 이 문헌의 내용들은 이미 초기 기독교 공동체들이 이미 지키고 있었던 규범이었다는 추측을 할 수 있기에 실제로 이 문헌에 담긴 여러 규범들은 저작 시기보다 훨씬 전부터 존재했을 것이다. 대체적으로 초기 기독교 역사학자들이나 예배학자들은 이 문헌이 쓰지기 이전부터 이미 이 문헌과 비슷한 내용들이 구전으로 내려져왔을 것이라고 주장한다. 따라서 이 문헌에 기록된 여러 가지 훈련에 대한 규범은 사도 시대의 것들이라고 해도 무리는 없을 것이다.

3. 줄거리

본 문헌은 내용으로 분류하면 크게 3부로 나뉜다. 첫 번째 부분은 속칭 두 가지 길로 일컬어지는 유대적 문헌의 기초에서 왔으며 거기에 복음서의 내용을 가미한 기독교 공동체를 위한 금언들이며, 두 번째 부분은 교회의 예배에 관한 규범들이고, 세 번째 부분은 초기 기독교회의 목회에 관한 규범들이다.

제1부 : 두 가지 길 (1~6장)

문헌에서는 생명에 이르는 길과 죽음에 이르는 길에 이르는 방법들을 기술하고 있다. 이 길들은 다음과 같은 행위들의 결과로 인해 이르게 된다. 생명의 길에 이르는 방법은 다음과 같다. 먼저 1장에서는 생명에 이르는 길을 제시한다. 두 가지 계명을 지키는 것(하나님 사랑과 이웃 사랑)을 강조하고 부정의 황금률이라 일컫는 '당신에게 일어나지 않기를 원하는 일을 남에게 하지 말라'는 가르침을 주고 있다. 그리고 원수를 사랑하라고 하면서 저주하는 이들을 축복하고, 원수를 위해 기도하고 박해하는 이들을 위해 단식하라고 권면한다. 그리고 육체적, 신체적 정욕을 멀리할 것을 당부한다. 그리고 마태복음을 인용하면서 오른쪽

뺨을 때리면 왼쪽도 돌릴 것을 권면하며 그러면 완전하게 될 것이라 가르친다. 또한 누가 천 걸음을 가자고 하면 이천 걸음을 가고 겉옷을 달라하면 속옷도 주라는 말씀도 한다. 아울러 준 것을 되돌려 받지 말고 하며 궁핍하지 않는데 도움을 받지 말 것과 도움을 줄 때에도 받는 이들의 처지를 생각해서 줄 것을 당부한다.

2장에서 역시 생명의 길에 대한 기술이다. 여러 가지 가르침이 나오는데 주로 하지 말아야 할 것에 대해 기술하고 있다. 그것들은 살인, 간음, 동성성행위, 음행, 도둑질, 마술. 요술, 낙태, 이웃의 재물을 탐내는 것, 거짓 맹세를 하는 것, 거짓 증언을 하는 것, 욕설을 하는 것, 악을 기억하는 것, 두 마음을 가지거나 두 말을 하는 것들이다. 또한 말은 거짓되지 말고 실천으로 완성되어야 하며 이웃들과의 관계 역시 악심을 품지 말고 타이르고 그들을 위해 기도하고 자신의 목숨보다 더 사랑하라고 가르치고 있다.

3장에서도 악에 대해 설명하면서 이를 피하라고 권면한다. 분노하지 말 것, 열혈한이 되지 말고, 다투지 말고, 흥분하지 말라고 가르치는데 이것들의 결과가 살인으로 이어질 수 있기 때문이라고 설명한다. 또한 정욕에 대해서 금할 것을 권면하는데, 정욕이 음행을 낳기 때문이다. 음담패설과 음흉한 눈길 역시 간음으로 이끌기 때문에 금할 것을 가르친다. 또한 점술을 보지 말 것과 부정한 것을 가시기 위한 정화행위(미신 행위)를 하지 말 것을 권면하는데 이로 인한 결과가 우상숭배라고 주장한다. 또한 거짓과 돈을 멀리하고 허영에 빠지지 말라고 가르친다. 이것들을 하다보면 도적질을 하게 되기 때문이다. 또한 불평에 대한 훈계, 거만한 것과 악심을 삼갈 것을 훈계하는데 이것들의 결과가 중상모략이기 때문이라 주장한다. 그리고 3장의 뒷부분에서는 8복의 한 부분을 인용하면서 온유한 사람이 땅을 상속받을 것이며 인내하고 겸손한 삶, 교만

하지 않는 삶을 살 것을 권면한다.

4장에서는 교회 공동체에서의 관계를 설명한다. 먼저 주님의 말씀을 해주는 사람들을 존경하고 그 말씀들을 사모할 것을 권면한다. 그리고 분열과 다툼을 지양하고 다투는 자들을 화해시키며 잘못된 사람들을 심판할 때 얼굴을 고려하지 말 것을 가르친다. 또한 재물을 나누는 것에 대해 지침을 주는데 이는 남은 것을 주는 기부를 넘어 재화를 공유할 것에 대한 가르침을 주고 있다. 그리고 자녀들을 가르치는 문제에 대해서도 하나님에 대한 두려움을 먼저 가르치라고 권면한다. 하인들 역시 엄격하게 가르치라고 하면서 주인을 하나님의 모상으로 여기고 존경하고 두려워하도록 가르치라고 한다. 마지막으로 위선과 주님에 대한 내키지 않는 마음을 버리고 주님의 계명을 지키고 잘못한 것을 고백하고 언짢은 마음을 가지고 교회에 가지 말 것을 가르친다. 이것이 생명의 길이라고 결론을 맺는다.

5장에서는 죽음의 길에 대해 설명한다. 이 죽음의 길은 악하고 저주에 가득 차 있는데 이것들은 살인, 간음, 정욕, 음행, 도둑질, 우상 숭배, 마술, 요술, 강탈, 위증, 위선, 표리 부동, 교활, 오만, 악행, 거만, 욕심, 음담패설, 질투, 불손, 교만, 자만, (하나님을)두려워하지 않는 것이라고 주장한다. 또한 선한 사람들을 박해하는 자들, 정의의 보수를 모르는 자들, 선을 위해서가 아니라 악을 위해 부지런한 자들, 온유와 인내에서 멀리 있는 자들, 부질없는 것을 좋아하는 자들, 가난한 이를 불쌍히 여기지 않는 자들, 짓눌린 이들을 위해 애쓰지 않는 자들, 하나님을 모르는 자들, 유아 살해자들, 낙태를 하는 자들, 부자를 옹호하는 자들, 빈자들을 불법으로 심판하는 자들이 죄악에 물든 자들이며 이들을 멀리하라고 주장한다.

6장은 두 가지 길의 결론으로 이 가르침을 잘 따르기를 당부한다. 이를 따르는 것이 바로 완전에 이르는 길이라고 주장한다. 그리고 마지막으로 음식에 대한 당부를 하는데 특히 우상에게 바쳐진 고기를 먹지말라고 당부한다. 왜냐하면 이를 먹는 것은 죽은 신을 경배하는 행위이기 때문이다. 이는 이방 출신 기독교인들이 유대계 기독교인들과의 관계를 유지하기 위한 것이라고 정양모는 주장한다.(53) 물론 고린도전서에도 바울이 권면한 것도 있지만 여기에서는 더욱 엄격하게 이를 금기시하고 있다.

제2부 : 예배 규범(7~10장)

『디다케』의 7장부터 10장은 예배에 관한 규범들이 기록되어 있다. 7장에서는 세례에 관한 규범들이 기록되어 있으며, 8장에서는 금식에 관한 규범들 그리고 9~10장에서는 성찬에 관한 규범이 기록되어 있다. 그런데 9~10장에 나타난 식사가 성찬식이었는지 아니면 애찬식이었는지에 대해서는 명확한 증거가 없으며 아직까지 학자들 사이에서 논란이 되고 있다. 그러나 어떤 학자들은 당시에 애찬과 성찬이 시기적으로 완전히 분리된 것이 아니기에 9~10장에 나타난 규범들은 성찬과 애찬 모두에 해당된다고 보기도 한다. 어떤 이들은 이를 성찬에만 해당된다고 주장하기도 한다. 이런 여러 주장들이 있으나 학자들은 대체적으로는 9, 10장의 내용은 성찬과 연관이 있을 것이라고 생각하며 필자도 이에 동의한다.

7장에서는 세례에 관한 규례를 설명하는데 먼저 세례를 받을 사람들에게 모든 것들(전 장에서 설명했던 두 가지의 길)을 설명한 후에 흐르는 물에서 성부, 성자, 성령의 이름으로 세례를 베풀라고 한다. 여기서 세례란 침수례를 의미한다. 만약 흐르는 물이 없다면 고인 물로 침수례를 하고 찬물이 없다면 더운물로 침례를 주고 그마저도 없다면 그저 물을 성부, 성자, 성령의 이름으로 세 번 머리 위에 부으라고 설명한다. 그리고 세례를 베푸는 자와 세례를 받을 자는 반드시 세례 전에 하루 혹은 이틀 정도 금식할 것을 권면한다. 또한 세례에 관련된 사람들뿐 아니라 다른 이도 금식을, 이를 위해 금식할 수 있으면 하라고 요청한다.

8장에서는 금식에 관한 규례를 설명한다. 먼저 금식을 할 때 위선자들과 같이 월요일과 목요일에 금식을 하지 말고 수요일과 금요일에 금식할 것을 권면한다. 여기서 위선자들이란 열성적인 유대인들, 즉 바리새파들을 뜻한다. 그리고 위선자들이 기도하는 것 대신 주님께서 가르쳐주신 기도, 즉 주기도문을 따라 기도할 것을 권면한다. 그리고 마태복음 6장에 나타난 주기도문을 그대로 기록하였다. 그리고 이 기도를 하루에 세 번 드리라고 가르친다.

9장과 10장은 거룩한 식사에 관한 것으로 앞에서도 언급한 바와 같이 성찬에 관한 규례이다. 9장에서는 성찬을 할 때 드리는 감사에 관해 기술하고 있다. 먼저 잔에 대해 다음과 같이 기도한다. '우리의 하나님 아버지의 종 예수 그리스도를 통해 우리에게 알려주신 하나님의 종 다윗의 거룩한 포도나무로 인해 하나님께 감사드리고 하나님께 영광을 돌리라'고 가르친다. 그 다음에는 쪼개진 떡에 대해 기도하는데 '하나님의 종 예수 그리스도를 통해 알려주신 생명과 지식으로 인해 하나님께 감사기도를 하고 하나님께 영광을 돌리라'고 가르친다. 그리고 '부서진 떡이 모여 한 덩어리의 떡이 되듯이 하나님의 교회 역시 이 땅의 끝으로부터 모이게 해달라'는 기도를 한다. 그리고 '송영으로 예수 그리스도를 통한 영광과 권세가 영원히 하나님께 있다고 기도하면서 성찬'이 마무리된다. 그리고 '성찬에 참여하는 자격에 대해 세례를 받은 사람만이 참여할 수 있다'고 주장하면서 거룩한 것을 개에게 주지말라는 주님의 교훈을 상기시킨다.

10장에서는 음식을 배불리 먹은 후에 감사기도를 하라고 권면한다. 감사기도는 다음과 같이 드린다. 이 기도문은 원래 유대식 가정 식사에서 식사 후에 하는 기도문이었고 이를 차용한 것으로 보이나 이 기도문이 도입된 후 성찬식 중으로 들어가서 감사기도가 되었을 것이라, 많은 학자들은 추측한다. 그리고 후에 이것이 히폴리투스의 『사도전승』에서는 감사기도의 형태로 발전하여 기독교 성찬기도의 중요한 역할을 하게 된다. 그리고 10장의 마지막에 예언자들이 감사기도를 드리는 것에 대한 지침이 나오는데 ("여러분들은 예언자들로 하여금 원하는 대로 감사드리도록 허락하시오." 『디다케』, 77) 아마도 떠돌아 다니며 전도를 하는 예언자들이 성찬 집례 시 감사기도를 함에 있어 자신의 마음대로 기도할 수 있도록 허락하라는 말이라고 추측된다.

제3부 : 목회 규범(11장~16장)

11장에서부터 16장은 전체적으로 목회에 관한 규범들을 기술하고 있다. 이 부분을 세분하자면 11~13장은 사도들과 예언자들의 목회에 대하여, 14장은 주일 예배시의 성찬, 15장은 감독과 집사의 직제, 16장은 결론으로 종말론적인 삶에 대한 권면이다.

11장에서는 예언자들에 대한 기술이 나오는데 특별히 찾아오는 예언자들, 즉 교회를 순회하면서 가르침을 주는 예언자들의 가르침을 받아들이라는 권면을 한다. 그렇지만 그 가르침이 공동체를 파괴하려는 가르침이라면 그것을 받아들이지 말 것을 주문한다. 그리고 떠돌아 다니면서 복음을 전하는 사도들과 예언자들에 대해 어떻게 접대를 해야 하는지에 대해 자세히 설명한다. 일단 이들이 와서 교회에 머물 때 하루 혹은 이틀만 머물게 할 것을 권면한다. 만약 사흘이 되면 그는 거짓 예언자라고 규명한다. 그리고 떠날 때에도 다른 곳까지 갈 때까지 필요한 음식 외에는 주지 말고 만약 돈을 요구하는 예언자는 거짓 예언자라고 규명한다. 또한 영으로 말하는 예언자들을 시험하지 말고 받아들이는데 그들의 생활태도를 보고 판단하라고 가르친다. 즉, 영적인 일을 빙자해 사적인 욕심을 채우는 것(식탁을 마련하라고 해놓고 자신이 거기서 먹고 즐기는 일)들은 거짓 예언자들이 하는 일이라고 규명한다. 또한 말로만 진리를 가르치고 그것을 행하지 않는 예언자 역시 거짓 예언자이며 곤궁한 사람들을 위해 재화를 모으는 것은 허락되나 자신의 사욕을 위해 모으는 것은 경계할 것을 가르친다.

12장에서는 교회를 찾아 오는 나그네들에 대한 접대에 관한 규범이 기록되어 있다. 나그네가 찾아올 때 단순한 여행자이면 최장 이틀 정도만 편의를 제공할 것을 제시한다. 만약 이 사람이 기술을 가진 장인이고 이 공동체에서 함께 거주하길 바란다면 일자리를 마련하여 일을 해서 먹고 살 수 있도록 해주고 기술이 없는 사람이라도 적당하게 일자리를 마련해주어 먹고 살 수 있도록 편의를 제공하라고 한다. 만약 일을 하지 않고 계속해서 편의만을 바라는 사람은 그리스도를 팔고 사는 사람이며 경계를 해야 한다고 가르친다.

13장에서는 교회에서 머무는 예언자들과 교사들의 처우 그리고 봉헌에 관한 가르침이 기록되어 있다. 이들은 순회하면서 복음을 전하는 자들이 아닌 교회에 머물러 있으면서 사역을 하는 목회자들로 보인다. 이들 역시 순회하는 예언자들이나 사도들과 같이 동등하게 대우를 해주며 만약 교회에 이들 목회자가 없다면 봉헌한 곡식들을 가난한 자들에게 나눠줄 것을 명하고 있다. 모든 음식을 준비할 때 음식들을 만드는 재료들(밀가루, 올리브유, 포도주 등)의 첫 소산을 떼어 거두고 이를 예언자들에게 주라고 명령한다. 또한 의복과 돈 역시 생각한 대로 떼어서 계명에 따라 예언자들에게 주라고 가르친다.

14장에서는 주일에 대한 가르침이 기록되어 있다. 주일마다 모여 예배를 드릴 때 반드시 모여서 빵을 나누고(성찬을 하고) 감사를 드리라고 명한다. 그러나 성찬을 드리기 전에 반드시 죄의 고백을 하여 이를 드리는 사람들이 깨끗함을 입고 참여해야 한다고 제시한다. 그리고 동료와 다툰 일이 있다면 그와 화해를 하기 전까지 성찬에 참여하지 않기를 권면한다. 즉, 늘 깨끗한 제사(성찬)를 드리기 위해 노력할 것을 요구하고 있다. 왜냐하면 주님께서 이것을 요구하셨기 때문이다.

15장에서는 감독과 집사들을 선출하는 방법에 대해서 그리고 공동체 내의 형제에 대한 충고의 방법에 대해 언급하고 있다. 먼저 감독과 집사의 자격은 주님께 합당하고 온순하며 재물을 멀리하고 진실되며 사람들에게 인정받는 사람을 골라 선출하라고 가르친다. 왜냐하면 이들이 예언자와 교사의 직분을 수행하기 때문이다. 그리고 선출된 감독과 집사들을 무시하지 말고 존경할 것을 주문하고 있다. 그리고 형제들에 대한 충고의 방법으로 화내지 말고 평화롭게 할 것을 권면한다. 어떤 사람이 잘못을 했을 때 그에게 잘못에 대해 정죄하지 말고 그가 회개할 때까지 기다리라고 가르친다. 이 모든 방법은 예수께서 가르치신 복음에 있는 방법으로 할 것을 제시한다.

16장에서는 그리스도인들의 삶에 대한 규범을 가르치는데 이 삶은 한마디로 종말론적 삶을 의미한다. 먼저 그들이 사는 삶은 예수께서 언제 오실지 모르는 종말론적인 삶이라고 규정하는데 그렇기 위해 마지막 때를 준비하라고 가르치고 있다. 마지막 때에 완전한 삶을 살아야 하고 거짓 예언자들과 타락시키는 자들을 경계할 것을 가르친다. 또한 마지막 때에 세상을 유혹하는 자가 하나님의 아들인 양 나타날 것인데 그 사람은 능력과 표징을 행하겠지만 결국 사람들을 멸망으로 인도할 적 그리스도 임을 명시한다. 또한 신앙에 충실히 머무는 사람은 구원을 받을 것이라고 가르치면서 마지막 표징에 대해 기술한다. 마지막 표징은 첫 번째가 펼침의 표징이 하늘로부터 나오고, 다음은 나팔 소리의 표징이며, 세 번째는 죽은 이들의 부활이 있을 것이라고 제시한다. 그러나 이는 모든 이들의 부활이 아니라 말씀대로 주님과 모든 성도들이 그분과 함께 오실 것이며, 그때에 모든 이들이 이 광경을 볼 것이라고 가르친다.

4. 핵심 주제

이 책은 초기 기독교 공동체가 지켜야 할 규범들을 기록한 책이기에 뚜렷한 주제가 있다고 하기는 어렵다. 그러나 이 책에서 중점적으로 보아야 할 몇 가지를 언급하려고 한다. 이 책을 통해 우리는 성서가 기록되어진 시기의 기독교 공동체의 예배와 생활에 관해서 짐작할 수 있다. 특히 예배에 있어서는 초기 기독교 공동체가 어떻게 세례와 성찬을 시행했는지 자세하게 기록이 되어 있다. 여기서는 이것을 중심으로 알아보기로 한다.

1) 초기 기독교 공동체의 세례

일단 이 문헌에서는 세례의 과정에 관해 기술한 것처럼 보이지만 실제는 세례 전 어떻게 교육을 시켜야 하는지에 대해서도 나타나 있다. 일단 교회 공동체에 나와서 세례를 받기 위해 결심한 예비자는 세례를 받기 전에 교육을 받아야 한다. 『디다케』에서는 세례를 기술한 7장 이전, 즉 1~6장까지 기술된 두 가지 길을 가지고 공부를 시키라고 지시한다. 공부를 하고 세례일이 다가오면 세례준비를 위해 금식을 하는 규정이 나오는데 이는 세례를 받을 후보자뿐 아니라 세례를 베풀 집례자도 같이 하는 것이었다. 또한 세례식을 위해 공동체의 일원들도 가능하면 같이 금식에 동참할 것을 권면한다.

『디다케』에서는 세례를 어떻게 집례해야 하는 것에서도 잘 나타나 있다. 세례는 침수례를 우선순위로 하여 흐르는 강이나 샘에서 베풀 것을 권면하지만 만약 사정이 여의치 않을 경우 물을 받아서 침수례 혹은 반침수례(허리까지 잠기는)를 하고 그 역시 사정이 허락하지 않을 경우 물을 받아 머리에 세 번 붓는 약식 세례도 허락하고 있다. 아마도 당시 박해의 상황에서 공개적인 장소에서 공공연하게 세례를 주는 것에 대한 부담이 있었기에 이런 단서 조항들이 나오지 않았나 추측된다. 세례를 마친 후에는 새롭게 세례를 받은 이들은 성찬에 참여하게 된다. 따라서 이 『디다케』에 기록된 세례의 과정은 총 네 가지 단계를 거쳐 다음과 같이 진행된다.

세례 예비 단계	세례 직전 단계	세례	세례 후 단계
• '두 가지 길'에 대한 교육	• 하루 혹은 이틀 동안 금식으로 준비 • 세례 후보자 • 세례 집례자 • 공동체	• 흐르는 물에서 침수례 • 받아 놓은 물에서 침수례 혹은 반침수례 • 찬물 대신 더운물도 가능 • 받은 물로 머리에 세 번 붓는 것도 가능	• 성찬 참여

여기에 기록된 4가지 단계는 이 시기 이후의 세례에도 큰 영향을 끼친다. 물론 많은 문헌들이 존재하지는 않지만 이후 3세기 동방교회의 『디다스칼리아』라는 문헌이나 3세기 중반의 『사도전승』이라는 문헌에

서도 세례는 이 4가지 단계를 기초로 하여 진행되었고 세례식을 좀 더 세분화하여 세례 전 도유예식과 세례식으로 세분화하였다. 그리고 3세기 중반에 기록된『사도전승』에서는 세례 후 첫 번째 성찬을 받는 예식에 도유를 통한 견신예식이 더해져 더욱 세분화되고 발전한 것으로 나타난다. 따라서『디다케』에 기록된 세례에 관한 내용은 성서에 나타난 세례로부터 초기 기독교 공동체의 세례가 어떻게 입교의식으로 정착되었는지를 알려주고 있으며 지금까지 영향을 끼치고 있음을 알 수 있다.

2) 초기 기독교 공동체의 성찬

『디다케』에 나타난 성찬은 세례와 마찬가지로 초기 기독교 공동체가 성서에 기록된 성찬의 내용을 어떻게 발전시켜서 규범화했는지를 우리에게 알려준다. 먼저 성찬은 매 주일 예배마다 시행해야 한다고 규정하고 있다. 이렇게 매 번 모일 때마다 성찬을 거행하는 것은 예수께서 최후의 만찬에서 제자들에게 "나를 기념하여 행하라"라는 말씀을 하신 것을 실행에 옮기는 것이라 생각된다. 또한『디다케』에서는 성찬을 받기 전에 성도들은 먼저 자신들의 죄를 고백하고 사함을 받아 깨끗한 상태로 성찬을 받으라고 가르친다. 또한 교인들끼리 혹은 다른 사람들과 다툼이나 문제가 있었을 경우 먼저 그들과 화해하고 성찬을 받을 것을 주문한다. 물론 이것은 예수께서 말씀하신 명령이다. 그러나 이것이 규범화되면서『디다케』에는 나오지 않지만 그후 성찬에 관한 문헌들을 보면 성찬을 거행하기 전에 죄의 고백 – 사죄의 선언 – 평화의 인사 등의 순서를 거쳐 성찬에 참여한 것을 알 수 있다. 따라서 이 규범들이『디다케』이후의 예배와 성찬의 순서에 영향을 끼쳤음을 알 수 있다.

『디다케』에서는 또한 세례를 받지 않은 사람들에게 성찬을 주지 말라고 규정한다. 이것은 성서에 나타난 규정은 아니지만 이를 통해 어떻게 고린도전서에 나타난 성찬과 이 시기의 성찬이 다른가를 알려주고 있다. 즉, 세례를 받지 않은 자들에게 성찬을 주지 않는다는 의미는 이미 성찬이 예배의식으로 자리잡았고, 이것에 대한 의미를 모르는 사람들에게는 베풀지 않는다는 다소 폐쇄적인 입장을 견지하게 된다. 왜냐하면 성찬은 예수께서 그리스도인들에게 주시는 신비로운 식탁으로 여겨졌고 이것에 대한 충분한 의미를 모르는 사람이 먹는 것은 이 성스러운 식탁을 오용하는 것으로 여겨졌기 때문이다. 즉, 성찬은 이미 공동체 식사의 성격을 벗어나 예배의 한 부분으로 자리 잡은 것으로 여겨진다.

『디다케』에 나타난 성찬의 특징은 성찬을 하는 동안 하게 되는 세 가지 기도들이다. 첫째는 잔을 위한 기도이고, 둘째는 떡을 위한 기도이며, 셋째는 먹고 나서의 감사기도이다. 이 세 가지 기도문은 예수께서 최후의 만찬에서 성찬을 제정하실 때 하신 모습과 비슷하다. 예수께서는 떡을 집고 축사하신 이후에 떼어 나눠주시고 "이것은 나의 몸이다"라고 하셨고 잔을 들고 축사하신 후에 나눠주시며 "이것은 나의 피다"라고 말씀하셨다. 이것에 기초해서 『디다케』에서도 잔과 떡을 들고 기도를 하는데 이 기도는 떡과 포도주가 어떤 의미인지를 알려주는 역할과 함께 이것을 받게하심을 감사드리는 기도로 구성되어 있다. 먼저 잔을 위한 기도를 보면 다음과 같다.

"우리 아버지, 당신 종 예수를 통해 우리에게 알려 주신 대로 당신 종 다윗의 거룩한 포도나무에 대해 우리는 당신께 감사드립니다. 당신께 영광이 영원히." (67)

대부분의 예배학자들은 이 기도문이 유대 가정에서 식사 때 하는 기도문인 「케두쉬」의 형태에서 따온 것이라고 추측한다. 왜냐하면 이 기도문은 「케두쉬」의 기도문과 많이 흡사하기 때문이다. 그렇지만 이 기도가 유대 가정 식사기도와 다른 점은 바로 다윗의 거룩한 포도나무를 언급한 것이라는 점이다. 원래 「케두쉬」에는 포도나무의 열매에 대해 감사한다고 기도하는데 『디다케』에서는 다윗의 거룩한 포도나무로 표현함으로 이 포도주는 예수 그리스도의 피를 상징하고 있다.

포도주를 위한 기도를 마친 후에 드리는 떡을 위한 기도는 다음과 같다.

"우리 아버지, 당신 종 예수를 통해 우리에게 알려주신 생명의 지식에 대해 우리는 당신께 감사드립니다. 당신께 영광이 영원히. 이 빵 조각이 산들 위에 흩어졌다가 모여 하나가 된 것처럼, 당신 교회도 땅 끝들에서부터 당신 나라로 모여들게 하소서. 영광과 권능이 예수 그리스도로 말미암아 영원히 당신 것이기 때문입니다." (67~68)

떡을 위한 기도 역시 몇 몇 유대 문헌들과 비슷한 점을 보인다. 그러나 그 문헌들은 이스라엘 백성들이 사방에서 하나로 모이는 회복을 기도하는 것에 반해 이 기도문에서는 성찬에서 받게 되는 떡(성찬)으로 인해 (산들에 있는 밀이 모여 떡이 되듯) 사방에 있는 이들이, 하나님의 백성들이 교회로 모이게 됨을 감사하는 기도를 하고 있다. 그리고 이 기도는 모든 영광과 권능이 예수 그리스도를 통해 하나님의 것이라는 송영으로 끝을 맺는다.

10장에서는 식사를 마친 후 드리는 감사기도를 언급한다. 이 기도는 다른 기도에 비해 길게 나타나는데 내용은 다음과 같다.

"거룩하신 아버지 우리 마음에 머무르게 하신 당신의 거룩하신 이름에 대해 또 당신의 종 예수를 통해 우리에게 알려주신 지식과 믿음과 불멸에 대해 우리는 당신께 감사드립니다. 당신께 영광이 영원히. 전능하신 주재자님 당신은 당신 이름 때문에 만물을 창조하시고 사람들에게 양식과 음료를 주시어 즐기게 하시고 당신께 감사드리도록 바쳤습니다. 그리고 당신 종을 통하여 우리에게 영적 양식과 음료와 영생을 베풀어 주셨습니다. 무엇보다 우리가 당신께 감사드리는 것은 당신이 능하시기 때문입니다. 당신께 영광이 영원히. 주님 당신의 교회를 기억하시어 악에서 교회를 구하시고 교회를 당신 사람으로 완전케 하소서. 또한 교회를 사방에서 모으소서. 거룩하신 교회를 그를 위해 마련하신 당신 나라로 모으소서. 권능과 영광이 영원히 당신 것이기 때문입니다. 은총은 오고 이 세상은 물러가라! 다윗의 하나님 호산나 어느 누가 거룩하면 오고 거룩하지 못하면 회개하라. 마라나타! 아멘."
(71~76)

이 기도문 역시 유대 가정에서 식사 후에 하는 기도인 비르캇 하 마존에서 유래했을 것이라고 추측된다. 왜냐하면 형태가 매우 유사하게 나타나기 때문이다.(Frank Senn, Christian Liturgy, 64~65) 그러나 이 기도문에서는 유대적 전통이 아닌 기독교의 핵심적인 신학적 주제들을 재배열하여 사용하였다. 이 기도에서는 예수 그리스도로부터 오는 구원과 영생에 대해, 하나님의 창조와 예수 그리스도의 연결, 영생을 제공하는 식탁으로써 성찬, 하나님의 교회와 공동체에 대한 기도, 송영 등이 이 기도에 포함되어 있다. 이 기도문은 역사적으로 매우 중요한 자료이다. 왜냐하면 앞에서 언급한 것과 같이 나중에는 이 기도문에 있는 형식이 성찬의 도입부분으로 재배치되어 예비기도의 형태로 나타나며 이 예비기도는 후에 나타나는 성찬기도문(anaphora)의 핵심이 되기 때문이다. 3세기 중반의 히폴리투스의 『사도전승』의 기도문에서도 『디다케』에서 언급하는 예수 그리스도의 구원과 대속, 하나님의 창조 행위가 다루어진다. 4세기 이후에 나타난 여러 지역 교회들의 기도문은 이 기도문에 나타난 내용들의 기본적인 틀 위에 절기에 맞는 내용들이 추가됨으로 절기별 혹은 교회의 신학에 맞는 성찬기도문으로 탄생하게 된다.

『디다케』에서 나타난 성찬은 아직 완성된 형태를 갖추지는 않은 것으로 보이나 성찬을 하기 위한 여러 규범들과 기도문들을 통해 당시의 성찬이 어떻게 이루어졌는지를 추론하게 한다. 당시 성찬의 진행은 다음과 같이 생각할 수 있다.

성찬전	잔을 위한 기도	떡을 위한 기도	식사후 기도	단서조항
• 죄의 회개 • 사죄로 인한 정화 • 다툼이 있는 사람들과 화해	• 포도주에 대한 감사기도	• 쪼개진 떡에 대한 감사기도 • 떡으로 인해 교회 공동체가 함께 모이기를 기원	• 예수 그리스도께 감사 • 창조에 대한 감사 • 영생을 제공하는 떡과 포도주에 대한 감사 • 하나님의 능력에 감사 • 교회를 위한 기도 • 송영	• 성찬은 매 예배마다 거행할 것 • 세례를 받지 않은 사람에게 성찬을 주지 말 것

5. 이 책에 대한 평가

『디다케』가 발견된 19세기 말부터 기독교 학자들은 끊임없이 이 문헌을 연구해 왔다. 지금도 이 문헌에 대한 계속적인 연구가 활발하게 진행되고 있다. 물론 이 문헌은 성서만큼의 권위를 갖지는 않는다. 또한 저작한 사람이 누구인지도 알 수는 없다. 이 문헌은 한 사람의 신학적 사유를 담은 저서가 아니다. 그럼에도 불구하고 이 문헌의 연구가 계속 이루어지고 있는 이유는『디다케』가 당시 교회에서 다루어야 하는 교육, 예배, 직제, 훈련 등의 규범을 담은 일종의 실천적 교재이기 때문이다. 이 책이 가지고 있는 가장 큰 의의는 바로 신약 성서의 문서들이 기록되고 있던 그 무렵의 기독교 공동체의 모습을 우리에게 보여주고 있다는 점이다. 즉, 초기 기독교 공동체가 어떻게 형성되었는지를 추측하게 하는 귀중한 역사적 원자료(primary source)라는 점이다.

또한 이 문헌은 그 당시의 모습들뿐 아니라 그후에 나타나는 기독교 공동체의 여러 가지 규범들(예배, 성찬, 세례, 직제 및 생활 규범 등)을 연결시키는 징검다리 역할을 하고 있다.『디다케』이후 기독교 공동체에 대해 기술한 자료들은 2세기의 순교자 유스티누스의 문헌들 그리고 초대 교부인 이그나티우스의 문헌 등에 나타나는데『디다케』가 존재하지 않는다면 성서에 기술된 기록과 2세기 이후의 변화 발전의 과정을 알아내기에는 상당히 어려움에 봉착할 수 있다. 또한 3세기의『사도전승』에서 나타나는 예전문들이 어떻게 어디서 구성되었는지도 추론하게 하는 자료라는 점에서 이 문헌의 가치를 평가할 수 있다.

6. 적용

이 문헌의 여러 가지 규범들을 현대 기독교에 그대로 적용한다는 것은 조금 무리가 있을 수 있다. 왜냐하면 이 문헌에 기록된 규범들은 적어도 2,000여 년 그리스 로마의 영향을 받은 시대에서 살아가고 있던 기독교 공동체의 규범들이기에 시간과 공간 그리고 문화적인 차이를 감안하지 않고 무조건적으로 수용할 수는 없기 때문이다. 그렇지만 우리는 이 문헌에서 기독교 공동체는 어떻게 이웃을 섬기고 예배를 드렸으며 기독교인이 되기 위해 어떤 과정을 거쳤는지를 보면서 그들이 지녔던 하나님과 이웃들에 대한 사랑의 열정들을 배울 수 있을 것이라 생각한다. 오늘날 한국 기독교는 성장에 목마른 괴물이 되어버렸다. 예수가 가르친 교훈은 교회가 커지고 재물이 많아지고 사람들이 많아지는 것이 아니라 교회가 어떻게 예수 그리스도의 복음을 전하고 이 세상에 예수 그리스도의 사랑으로 하나님의 나라를 세우는 것이다. 그렇기에 『디다케』에 기록된 초기 기독교인들이 모습들은 현대를 살아가는 기독교인들에게 큰 경종을 울리고 있다. 적어도 『디다케』에 나타난 여러 가지 규범들을 다시 한 번 곱씹으면서 그 정신들을 계승하고 여러 규범들을 현대에 알맞게 맞춰서 기독교 공동체의 삶의 표준으로 삼는 것은 어떤가 생각한다. 개신교에서 가장 많이 쓰는 슬로건 중에 하나가 "초대 교회로 돌아가자!"라는 것이다. 물론 이 슬로건은 성서의 시대, 순수한 복음의 열정을 가졌던 시대로 돌아가자는 뜻일 것이다. 잃어버린 열정을 찾기 위해서 한국의 기독교는 『디다케』에 눈을 돌려야 할 것이다. 왜냐하면 『디다케』는 우리에게 성서가 기록된 시대의 기독교인들이 주님을 향한 열정과 이웃을 위한 사랑을 전해주는 표준을 제공하기 때문이다.

7. 토의 주제

• 『디다케』는 처음 그리스도인들이 된 사람들에게 두 가지 길을 가르쳤다. 물론 이 두 가지 길은 1세기의 정황에서 나온 것들이다. 지금 21세기에 사는 기독교인들에게 두 가지 길을 가르친다면 어떤 것들

로 이야기해야 하는지 토론하라.

• 『디다케』에 기록되어진 성례전(세례와 성찬)을 보면서 현재 우리가 거행하는 성례전과 어떤 점이 다르고, 어떤 점이 비슷한지 설명하고 『디다케』의 성례전에서 어떤 것들을 배울 수 있는가 토론하라.

• 『디다케』의 내용을 보면서 초기 기독교인들의 삶은 어떠했을까 상상해보고 현재 우리의 삶에서 배워야 할 점은 무엇인가 토론하라.

『고백록』 아우구스티누스

『Confessiones』, Aurelius Augustinus,
김기찬 옮김, 크리스챤 다이제스트, 2014

문병구 (서울신학대학교, 신약학)

1. 저자 소개

아우구스티누스는 354년 11월 13일 로마제국의 속령인 북아프리카 스미디아의 타가스테(오늘날 알제리의 Souk Ahras)에서 아버지 파트리키우스와 어머니 모니카 사이에서 태어났다. 이교도인 아버지 파트리키우스는 로마 황제속령에 속한 도시의 세도 가문 출신이고, 사망 직전에 (370년) 그리스도교에 귀의하였다. 어머니 모니카는 아들의 소년 시절부터 그리스도교의 교리를 가르칠 정도로 신실한 그리스도교인이었다.

그러나 그는 어머니의 이러한 바람도 무색하게 무절제한 청년시절을 보낸다.(3권에서 고백함) 그가 카르타고에서 수사학공부를 시작한 다음부터(370년, 16세) 이름을 남기지 않은 한 소녀와 동거에 들어가고, 이 둘 사이에서 계획하지 않은 아들 아데오다투스가 태어난다.(372년) 아우구스티누스는 이듬해 373년에 당시 상당한 지적 영향력을 끼치던 키케로의 저작『호르텐시우스』(이 책은 전해지지 않음)를 읽고 철학에 관심을 기울이기 시작한다. 책의 내용은 철학에 전념하라는 내용이었다고 전해진다.

아우구스티누스는 『고백록』가 3권에서 이 책을 읽은 소감을 다음과 같이 고백한다. "나의 모든 태도를 아주 분명히 바꾸고, 주여, 나의 기도를 주님께로 향하게 하였고 내게 새로운 소망과 욕망을 주었던 것은 바로 이 책이었나이다. 갑자기 모든 헛된 소망이 내게 무가치해졌고, 나는 마음이 믿을 수 없이 따뜻해지면서 지혜의 불멸성을 염원하였고, 이제 일어나 주님께로 돌이키려고 시작하였나이다. 내가 그 책을 읽은 것은 혀 놀림을 좀 더 유연하게 하려 함이 아니었나이다. 그때 나는 19살이 되었나이다. 아버지는 2년 전에 죽었고, 어머니는 나의 수사학 공부를 위한 돈을 마련하고 있었나이다. 그 책에서 나를 사로잡은 것은 문체가 아니라 내용이었나이다. ... 이는 주님께 지혜가 있음이니이다. 그리스어에서 지혜의 사랑은 '철학'이라고 불리는데, 그 책은 이 사랑으로 내게 불질렀나이다."(위의 책, 73~74쪽)

아우구스티누스는 이렇게 후르텐시우스를 통하여 품게 된 지혜를 향한 관심을 통하여 한편으로는 성경을 가까이 하게 되고, 삶의 풍요함과는 멀리하고 정결 등의 고귀한 가치를 흠모하게 된다. 다른 한편으로는 그는 권위에 대한 순종을 명령하던 가톨릭교회보다는 가르치는 마니교에 호감을 느끼며 빠져들어 간다. 그는 9년 동안 마니교의 사상에 깊이 심취하다가, 결국에는 마니교의 감독 파우스투스에게 실망하고 마니교와 서서히 결별하게 된다.(383년)

375년경에 그는 타가스테와 카르타고에서 웅변교사로 자리를 잡았다. 383년에는 로마로 옮겨가고 거기서 이듬해에 당시 황제의 집무지가 있던 밀라노의 도시 웅변교사가 되어, 직업세계에서 승승장구를 한다.(384년) 그는 이 시기에 플라톤주의자들의 글들을 접하게 되면서, 비로소 마니교에서 강조하던 물질의 세계 이외의 관념의 세계에 대하여 눈을 뜨게 된다. 그는 더욱이 이 시기에 밀라노의 감독 암브로시우스를 만나게 되는데, 이 만남은 그의 인생에 중요한 사건이 된다. 아우구스티누스는 그 주교의 구약 해석과 그의 금욕적인 삶에 큰 감동을 받는다.

이 무렵 그의 어머니 모니카는 자신의 아들을 위해 내연녀이자 아데오다투스의 어머니인 동거녀를 고향으로 보내고, 자신의 아들의 앞길을 위해 새 여인과 약혼을 시킨다. 이 시기에 신(新)플라톤주의자들의 책과 성경을 읽어가는 중에 그의 생각이 조금씩 바뀌어간다. 그는 세상을 포기하고 결혼과 성생활을 포기하는 것이 하나님의 뜻이라고 생각하게 된다.(『고백록』8권에서 드러남) 이 시기에 그는 밀라노의 집 정원에서 어린이들의 목소리를 듣는다. 펴서 읽어라! 펴서 읽어라!(tolle lege, tolle lege) 이때에 그가 펴서 읽은 성경이 바로 로마서 13장 13~14절이다: "낮에와 같이 단정히 행하고 방탕하거나 술 취하지 말며 음란하거나 호색하지 말며 다투거나 시기하지 말고 오직 주 예수 그리스도로 옷 입고 정욕을 위하여 육신의 일을 도모하지 말라." 이 말씀을 통하여 그는 결정적으로 지혜에 대한 사랑으로부터 돌아서서 주님께 돌아오게 된다. 이 날이 386년 8월 1일이다. 그리고 이듬해인 387년 부활절에 암브로시우스에게서 세례를 받는다. 그의 어머니 모니카는 오스티아에서 387년 가을에 세상을 떠나는데, 아마도 아들이 다시 주님의 품으로 돌아왔다는 소식을 들었을 것이다.

아우구스티누스는 카르타고를 거쳐 고향 타가스테로 돌아와서(388년) 친구들과 함께 공동생활을 시작한다. 그리고 항구도시 히포 레기우스(Hippo Regius)에서 영혼을 돌보는 사역을 하는 동안 그는 자신의 뜻과 상관없이 성직서품을 받고(391년), 감독이 된다.(부감독 395년, 감독 397년) 감독사역에 대한 내용은 그의 서간들과 설교들에 담겨 있다. 이 시기에 많은 저술들을 남긴다. 「자유의지와 악의 근원에 관하여」(De libero arbitrio)를 비롯하여 성서학, 신학 및 철학의 여러 문제들을 광범위 하게 다룬 「문제론집」(De diversis quaestionibus) 그리고 가르치는 것과 배우는 것에 관하여 다룬 「교사론」(De magistro)과 참된 종교, 특히 신앙과 지식에 관한 논문인 「참된 종교」(De vera religione) 등이 있다.

히포의 감독 아우구스티누스는 많은 시간을 도서관에서 보내며, 4년여 시간에 걸쳐서 그의 위대한 책 『고백록』을 집필한다.(397~401년) 이 책에서 그는 자신이 어떻게 가톨릭교회로 돌아오게 되었는지를 상세하게 고백하고 있다. 그리고 이성과 계시에 관한 대(大) 저작이며 동시에 인간 정신의 내면을 꿰뚫어 봄으로써 삼위의 하나님을 고찰하는 『삼위일체론』(De trinitate)과 하나님의 나라에 관한 그의 주저서로서 총 22권으로 된 『신국론』(De civitate) 등이 이 시기에 집필된다. 429년 반달족이 지브롤터 해협을 통과하여 북아프리카 연안에 위치한 히포를 공격해 올 때, 그는 중병에 걸린 채 히포에 머물고 있었다. 그는 평소에 벽에 써 붙여놓은 네 편의 참회의 시편을 바라보며, 430년 8월 28일 76세로 생을 마친다.

2. 아우구스티누스의 회심

독일의 교회사가 슈미트는 아우구스티누스의 회심을 괴테의 파우스트와 비교한 적이 있다. 파우스트가 자신의 삶의 궁극적 문제에 대한 질문을 던지면서 지적, 육적인 쾌락뿐만 아니라 미적, 신비적 호기심을 갖고 마침내는 노동을 통한 행복까지 추구했는데, 아우구스티누스도 모든 지적인 노력을 통하여 삶의 문제를 진지하게 성찰했으며, 더 나아가 오랜 기간 동안 감각적 쾌락을 추구했다는 면에서 매우 흡사하다는 것이다. 그러나 파우스트가 행동하는 인간에 대한 절망을 발견한다면,

아우구스티누스는 삶과 진리의 문제에 질문을 던지면서 하나님을 찾았다는 점에서는 차이가 있다는 것이다.(K.D. 슈미트, 정병식 역, 『교회사』 125~26)

아우구스티누스는 마니교에 심취하는 가운데서 자신 안에서 끓어오르는 삶의 근원에 대한 해답을 찾으려 했다. 아마도 그는 당시의 교회의 가르침보다는 마니교에서 이 문제에 대한 해답을 얻을 수 있다고 생각했을 것이다. 마니교는 선과 악의 이원론적 세계관을 갖고, 합리성과 금욕적 삶을 강조했다. 그러나 아우구스티누스는 하나님과 악의 싸움의 이원론으로 세계를 설명하는 마니교에 동의하지 못하고, 회의주의에 빠지게 된다.

아우구스티누스는 신플라톤 철학을 접하게 되면서부터 회의주의에서 벗어나게 된다. 신과 악을 모두 물질적 개념으로 설명하던 마니교와는 달리 신플라톤 철학의 관념의 세계는 그에게 영적 존재의 가능성을 열어주었다. 그후에 그는 비로소 교회의 권위를 받아들일 수 있는 용기를 갖게 되었다. 이 시기에 만난 암브로시우스는 황제를 향하여도 공개적으로 참회를 요구할 정도로 진정한 교회의 권위적인 인물이었다. 이러한 교회의 권위가 아우구스티누스의 회의주의적 태도를 바꿔놓게 되었다. 왜냐하면 영적인 세계는 이성의 세계가 아니라 권위 있는 선포에 복종하는 것을 통해서만 깨달을 수 있기 때문이다. 그러나 이러한 신플라톤 철학과 교회의 권위가 아우구스티누스를 결정적으로 돌이키게 만들기에는 여전히 한계성을 지니고 있었다. 왜냐하면 아우구스티누스는 세속적 가치를 버리는 것으로부터는 자유할 수 있었지만, 아직까지는 감각적 쾌락을 극복할 내적인 능력이 없었기 때문이었다.

이 시기에 그는 바울의 로마서 13장 13~14절을 통하여 자신의 내적 장애물을 몰아내고 진정한 평안을 찾게 되는 결정적 계기를 얻게 되었다. 그는 『고백록』 8권에서 다음과 같이 술회하고 있다. "나는 더 읽고 싶지 않았으며, 그럴 필요도 없었나이다. 그 문장이 끝나자마자 즉시 충만한 확신의 빛 같은 것이 내 마음에 들어왔고, 의심의 모든 어둠이 사라졌나이다." 그는 곧이어 아들과 함께 암브로시우스로부터 세례를 받는다. 그의 세례는 고대의 이상주의적 관념주의 세계가 그리스도교와 결합되는 사건이 되었다. 이러한 의미에서 그는 마지막 고대 세계에 속한 중세 사람이라고 말할 수 있다.

아우구스티누스의 회심에 영향을 준 것들을 정리해보면, "① 삶에 대한 진지한 추구, ② 삶을 통해 겪었던 만남의 사건들, ③ 지극히 작은 사도 바울의 겸손한 고백, ④ 무엇보다 중요한 것으로서 어머니 모니카의 신앙적 배려, ⑤ 개인적 삶의 쓰라린 비극의 경험" 등으로 정리해 볼 수 있을 것이다. 『초대교회 집중탐구』,(주승민241)

3. 책의 등장 배경

476년에 일어난 서로마 제국의 멸망은 일반적으로 고대 시대의 마침이라고 일컬어진다. 그리고 이어지는 중세는 오스만 제국의 콘스탄티노플 함락(1453년)이나 종교개혁(1517년)까지의 시대, 즉 근대의 시작 전까지의 시대를 의미한다. 사람들은 중세 철학을 스콜라 철학이라고 말하지만, 사실 스콜라 철학은 9세기에 이르러서 비로소 시작된다. 그러므로 스콜라 철학이 대두되기 전까지의 시기는 교부들의 가르침이 스콜라 철학을 준비하고 있던 시기라고 볼 수 있다. 이 시기에 활동한 아우구스티누스는 고대와 중세의 그리스도교의 세계를 연결하고 있다.

로마는 313년에 기독교를 공인하고 380년에 테오도시우스 칙령을 반포하여 기독교를 국교로 받아들였지만, 마니교를 비롯한 이단들과 도나투스파와 같은 분파주의자들이 여전히 가톨릭교회를 비판하고 있었다. 이러한 상황에서 아우구스티누스는 자신이 주님의 품에 돌아오기까지의 구도자의 삶의 여정을 반추함으로써 그리스도교 신앙을 옹호하려는 목적으로 『고백록』을 쓰게 되었다.

그러나 이 책이 등장한 더 직접적인 배경을 선한용은 다음과 같이 두 가지로 요약한다. 첫째, 히포의 감독 아우구스티누스는 자신의 명성이 퍼져나갈 때, 자신이 어떤 사람인지를 알릴 목적을 품고 있었을 것이다. 그는 자기를 찬양하지 말고 하나님만을 찬양하라고 사람들을 권면하고 싶었을 것이다. 그는 자신의 죄와 부족함을 폭로하면서, 사람들이 자기에게 영광을 돌리지 말고 하나님의 사랑과 정의를 노래하기를 기원했을 것이다. 둘째, 아우구스티누스는 그리스도인이 하나님 앞에서 어떻게 살아가야 하는지를 말하고 싶었을 것이다. 당시에는 내면적 신앙이 없이 오직 이름뿐인 교인들이 많았다. 죄, 의심, 왜곡 등이 그리스도교에 최대 걸림돌이 되었다. 그러므로 아우구스티누스에게 중요한 것은 초기 그리스도인들과는 달리 순교가 아니라 회개, 즉 고민과 눈물을 통한 참회였다. "아우구스티누스는 자기 과거의 생활을 이야기함으로써 사람들을 하나님께로 전향하도록 하였을 뿐 아니라 전향한 사람들을 가르쳐 자기들이 믿는 내용이 무엇임을 알게 하는 노력을 아끼지 않았다. 『시간과 영원』,(선한용,249~53)

4. 줄거리

고백록은 모두 13권으로 구성되어 있다. 이것은 크게 세 부분으로 구분된다. 첫째 부분은 제1~9권까지로서 아우구스티누스가 자신의 출생부터 어머니의 죽음까지의 시기를 정리하면서, 지금까지 자신을 인도하신 하나님의 은혜와 섭리를 찬양한다. 둘째 부분은 제10권에 수록되어있는데, 여기에서 아우구스티누스가 고백록을 쓰고 있던 당시 자신의 현재의 모습을 성찰하고 있다. 그리고 셋째 부분은 11~13권으로서 여기서는 창세기 1장을 다룸으로써 창조자의 섭리 가운데 있는 인간의 궁극적인 의미 실현을 기대하고 있다. 아울러 11권에서는 시간론을 다루는데, 아우구스티누스의 시간 이해는 물리적 시간이 아니라 인간의 내면에서 의식된 체험의 시간이다. 그래서 그는 시간을 혼의 팽창이라고도 한다. 그래서 시간의 세 양상인 과거, 현재, 미래는 기억, 직관, 기대로 파악된다고 했다.

이렇게 과거, 현재, 미래라는 구조를 가진 『고백록』에서 아우구스티누스는 자신의 과거의 삶을 고백함으로써 사람들을 하나님께로 돌아오도록 하였을 뿐만 아니라 이렇게 돌아온 사람들을 가르쳐 자기들이 믿는 내용이 무엇임을 가르쳤다. 각 권별 줄거리는 다음과 같이 정리할 수 있다.

제1권

아우구스티누스는 먼저 하나님께 기도하고 나서, 과거에 대한 기억과 회상 속에서 삶의 첫 순간과 유아 시절과 소년 시절, 15세 때까지 일어난 일을 자세히 이야기한다. 15세에 그는 학문의 초보를 공부하기보다는 젊은 날에 온갖 쾌락과 악덕에 기울어 있었음을 솔직한 표현과 고백으로 시인한다.

아우구스티누스는 1권에서 하나님의 위대하심을 찬양하는 말로『고백록』을 시작한다. 여기서 그는 하나님에 의하여 깨어나서 하나님을 찾고 하나님께 올바로 기도하기를 소원한다. 하나님은 우리 안에 계시고, 우리는 하나님 안에 있다. 이렇게 하나님을 찬양한 다음에 그는 하나님 안에서 안식을 찾기를 바라며, 과거의 회상 속에서 죄사함을 구한다. 아우구스티누스는 유아 시절을 서술하며, 어머니와 유모들을 통하여 공급하신 주님의 사랑과 보호와 영원한 섭리를 찬미한다. 그러면서 그는 유아 시절에도 죄를 짓기 쉬움을 예시하며, 소년시절의 교육에 대하여 언급한다.

아우구스티누스가 병에 걸리자 그의 어머니는 괴로워한다. 그가 간절히 세례를 청하였으나, 세례는 병에서 회복된 다음으로 연기되었다. 그의 아버지는 아직 그리스도를 믿지 않았다. 어쩔 수 없이 등을 떠밀려 저자는 공부에 관심을 쏟았다. 강제로 하는 공부가 싫었지만, 이것도 결국 하나님의 뜻이었음을 인정한다. 아우구스티누스는 라틴어 공부와 시인의 공허한 신화는 좋아했으나, 문학의 기초와 희랍어는 싫어했다. 그는 소년 시절에 배운 모든 유익한 것이 하나님께 드려질 수 있기를 간구한다. 사람들이 학문의 규칙을 지키고자 하나 영원한 안전의 영원한 규칙은 무시한다고 말한다. 그는 다시 한 번 어릴 때 지은 잘못을 고백하고, 인간의 죄와 그를 도우시는 하나님의 은총과 관용에 관한 내용을 고백하고, 어렸을 때 받은 하나님의 은혜에 감사한다.

제2권

아우구스티누스는 사춘기, 즉 16세 전반기를 이야기하는데, 이 시기에 그는 학업을 내팽개치고 정욕적 쾌락에 몰두하며 친구들과 함께 도둑질한 것도 술회한다. 아우구스티누스는 회상 속에서 젊은 날의 불의함을 후회하며, 주님 앞으로 나온다. 지독한 슬픔에 짓눌린 채, 저자는 16살 때 몰두하던 방탕한 정념을 기억한다. 그리고 타가스테의 자유인이며 아들의 공부를 지원하는 저자의 아버지에 관하여 그리고 순결을 보존하라는 저자의 어머니의 훈계에 관하여 서술한다.

아우구스티누스는 동무들과 함께 도둑질하는데, 가난해서 어쩔 수 없어서 한 게 아니라 선행을 미워하는 마음에서 저질렀다고 고백한다. 죄를 짓는 동기에 관하여서는 그것이 악을 사랑하는 데 있지 않고, 다른 사람들의 재산을 얻으려는 욕망에 있다고 술회한다. 아우구스티누스는 죄사함에 관하여 하나님께 감사하며 지극히 높으신 하나님이 우리를 더 큰 죄에서 보존하셨음을 모든 사람에게 일깨운다. 그는 도둑질하면서 같이 범죄하던 자들과의 교제를 사랑했다. 남을 속일 때 웃는 것도 그에게 기쁨이었다. 이러한 인생의 얽힌 매듭을 풀 수 있는 자는 하나님이시고, 그분께 있는 완전한 안식과 변함없는 생명을 갈망한다고 고백한다.

제3권

3장에서는 아우구스티누스는 카르타고에서 학업을 마치고 방탕의 올가미에 걸리고 마니교의 오류에 빠진 17~19세 때의 생활에 대하여 고백한다. 이 시기에 아우구스티누스는 광기어린 사랑에 몰두하고 어리석고 망신스러운 삶을 살면서도, 사람들에게 자신이 격조 있고 세련된 사람으로 인식되기를 바란다. 교회에 갔을 때도 그는 자신의 욕망을 누르지 못했다고 술회한다. 그러다가 아우구스티누스는 19세에 키케로의 『호르텐시우스』를 통해 철학과 신과 좀 더 나은 사유 방식에 대하여 관심을 갖는다. 그는 성경을 아주 단순한 것으로, 그리고 툴리우스의 위엄에 비교될 수 없는 것으로 거부한다.

그는 잘못에 속아서 마니교의 오류에 빠진다. 마니교는 참된 신지식과 사물의 철저한 검토를 자랑했다. 그러나 9년 동안 마니교에 심취한 후에 그는 악과 신과 족장들의 의에 대한 마니교의 교리를 공격하며 마니교를 반박한다. 아우구스티누스는 하나님이 어머니에게 허락하신 아들을 위한 눈물과 기억할 만한 꿈을 언급한다. 마니교에 빠져 있는 아들의 회개에 관하여 문의하는 어머니에게 사제는 "그를 잠시 홀로 지내게 하시고, 다만 그를 위하여 하나님께 기도하시오. 그가 마음 내켜서 책을 읽고는 그것이 어떤 잘못이며 얼마나 불경한 것인지를 발견하게 될 것이오"라고 대답했다. 그럼에도 불구하고 끈질기게 질문하는 어머니에게 난색해 하며 "나를 떠나시오, 그대가 살아 있는 한, 이렇게 흘리는 눈물의 자식은 망할 리 없습니다"라고 대답했다고 그는 밝힌다.

제4권

19세 때부터 28세까지의 세월 속에서 아우구스티누스는 그의 친구를 잃는다. 그는 마니교를 따랐으며, 아름다움과 적합함에 관한 책을 썼고, 자유학예와 아리스토텔레스의 범주론에 관한 한 작품을 출판한다. 그리고 그는 다양한 정욕적인 계획에 따라서 속임을 당하면서 또한 다른 사람들을 속였던 불행한 시기에 관해서도 서술한다. 이러한 무절제한 욕망과 허영에 따라서 종교의 거짓 가면을 쓰고 은밀히 그러했다고 고백한다. 우정을 나누던 친구가 열병으로 죽은 후에 눈물을 흘리며 몹시 괴로워할 때, 아우구스티누스는 스스로 하나님 바라기를 충고하면서 겨우 위로를 얻는다. 친구를 사별한 그는 자기가 이제 반쪽으로 존재한다고 상상한다.

불안함과 비탄으로 괴로워하던 그는 고향을 떠나 카르타고에 간다. 친구들의 위로를 통하여 그의 슬픔의 시간이 그쳤고, 자신을 위로하던 친구들과 함께 슬픔이 다시 쾌락으로 변질되고 있음을 고백한다. 인간은 늘 사랑하고 사랑받지만, 인간의 사랑은 사라지지만, 하나님을 사랑하는 자는 친구를 결코 잃지 않는다. 모든 것이 사멸하려고 존재하며, 하나님이 우리를 지키시지 않으면 우리는 안전하지 못하다. 세상의 것들은 사랑하지 말아야 하나, 그것들의 조물주이신 하나님은 변하시지 않고, 그의 말씀은 영원하다. 사랑해도 좋으나, 예수 그리스도로 말미암아 안식이 있는 하나님 안에서 드러내는 사랑을 선호해야 한다고 고백한다.

사람을 매료하는 은혜와 아름다움에서 나오는 사랑을 알게 되었다고 고백하며, 이 주제로 두세 권의 책을 썼다고 고백한다. 그는 아름다움과 적합함에 관한 책과 하에리우스에게 헌정한 책에 관하여 언급한다. 물질적 심상에 눈이 멀어 글을 쓰는 동안 그는 하나님의 영적 본성을 깨닫지 못했고, 자유학예와 아리스토텔레스의 범주론을 아주 쉽게 이해했지만 그로부터 진정한 열매를 얻을 수 없었다고 고백한다.

제5권

여기서 아우구스티누스는 그의 나이가 29살이 되었을 때를 서술한다. 이때 그는 마니교의 허위를 발견하고, 로마와 밀라노에서 수사학 교수가 된다. 그는 암브로시우스의 설교를 듣고 정신을 차린다. 5권~8권은 아우구스티누스의 회심의 단계를 자세히 설명한다. 여기서 그는 하나님을 찬양하고, 그분께 영혼으로 고백한다.

카르타고에서 마니교에 박식한 주교 파우스투스의 말을 듣고, 거짓 교훈을 집요하게 가르치며 오만하게 자신을 성령이라고 사칭하는 마니교에 관하여 실망했다고 고백한다. 파우스투스는 실로 유창한 연사였지만, 자유학예에 관해서는 전혀 알지 못했다. 아우구스티누스는 마니교의 오류를 보면서 마니교를 떠나게 된다. 그리고 그가 비록 마니교를 떠났지만, 죄와 구원의 주님의 기원에 관한 자신의 타락한 견해를 여전히 지니고 있었다. 저자는 이윽고 어머니의 만류에도 불구하고 어머니의 간섭을 피하여 로마를 향하여 카르타고를 떠난다.

그러나 그는 로마에서 열병에 걸려 큰 위험에 처한다. 아우구스티누스는 회복된 후에 로마에서 수사학 교수로 지냈다. 학생들의 사기 행각을 발견했을 때, 그 자신은 그와 같지 않았음을 고백한다. 그는 수사학을 가르칠 작정으로 밀라노로 가서 수사학 교사가 된다. 그리고 그곳에서 암브로시우스를 알게 된다. 그는 그 주교 암브로시우스의 말을 듣고 그리스도교 신앙의 힘을 파악하지만, 당대 신플라톤주의 아카데미 학파의 방식을 따라서 그리스도교 신앙을 의심한다.

제6권

아우구스티누스는 30세가 되어 암브로시우스의 강론의 권고를 받아들이면서, 서서히 그리스도교 교리의 진리를 향하여 가까이 다가간다. 그리고 좀 더 나은 규칙에 관하여 숙고한다. 어머니 모니카는 아우구스티누스가 있는 밀라노로 가며, 아들이 그리스도교 신앙을 받아들이기 전에는 죽지 않겠다고 천명한다. 그는 자신의 견해가 그릇됨을 시인하며, 암브로시우스의 말을 기억하기를 힘쓴다. 믿음은 인간 생활의 기초이다. 사람은 성경이 계시하는 진리를 발견할 수 없다. 그리고 밀라노의 거리에서 만난 즐거운 거지를 통하여 자신의 그릇된 추구를 깨닫게 된다.

아우구스티누스는 서커스 놀이를 광적으로 좋아하고 원형극장에서 검투사 경기에 탐닉한 친구 알리피우스를 개심시킨다. 아우구스티누스는 아내를 얻으라는 어머니의 권고를 받고 옛 동거녀이자 아들 아데오다투스의 어머니를 버리고 자기를 기쁘게 하는 처녀를 찾는다. 이 와중에서도 아우구스티누스는 또 다른 정부(情婦)를 택한다. 그는 당시에 자신이 정욕의 종이었음을 고백한다. 죽음과 심판의 공포 때문에 영혼 불멸을 믿었던 그는 예전에 에피쿠로스의 견해를 믿었던 불의함에서 돌이키게 된다.

제7권

제7권에서 아우구스티누스는 젊은 시절, 즉 그의 나이 31세 때를 회상한다. 그때 하나님의 본질과 악의 기원에 관한 매우 심각한 오류를 구분하고 성경을 좀 더 정확하게 알게 되자, 그는 결국 하나님에 대한 명확한 지식에 도달했지만, 예수 그리스도를 정확하게 깨닫지는 못했다.

그는 하나님을 참으로 인간 육체의 형태 아래 계시는 분이 아니라 공간에 두루 퍼져 있는 신체적 실체로서 파악했다. 악의 원인이 의지의 자유로운 판단이라고 생각한다. 하나님은 부패하시지 않으며, 만일 부패하신다면 전혀 하나님이 아닐 것이다. 하나님은 최고선이시므로 악의 원인일 수 없다. 그러므로 그는 악의 기원 문제에 대하여 고민한다. 하나님의 도우심으로 저자는 점차 진리에 도달한다. 그는 로고스에 관한 플라톤주의자들의 교리와 그리스도교의 훨씬 뛰어난 교리를 비판한다. 하늘과 땅에 만들어진 선한 것으로 인하여 창조주를 찬송하는 것은 합당하다. 아우구스티누스는 자신의 변할 수 있는 지성을 넘어서 진리의 변할 수 없는 창시자를 발견한다. 중보자 예수 그리스도는 안전의 유일한 길이시다. 그러나 그는 말씀이 육신이 되셨다는 요한의 말을 완전히 깨닫지 못한다. 아우구스티누스는 플라톤에게서 발견하지 못하고 성경에서 발견한 주님의 말씀과 사도의 서신에 담긴 것을 기록한다.

제8권

아우구스티누스는 마침내 밀라노에서 보낸 전 생애에 가장 기념할 만한 때인 32세 때를 서술한다. 이때 그는 사제 심플리키아누스로부터 다른 사람들의 회심과 행동 방식에 관한 교훈을 듣고, 심한 몸부림을 친 후에 온 마음이 새롭게 되고 하나님께 회개한다. 아우구스티누스는 하나님의 일에 관하여 몰입하였지만, 여전히 사랑의 정욕에 매인 상태에서 자기 마음의 새로워짐에 관하여 심플리키아누스와 상의한다. 경건한 노인은 플라톤과 성경을 읽는 것을 좋아하며, 수사학자 빅토리누스가 성경읽기를 통하여 신앙으로 돌아선 일을 그에게 말해준다. 또한 수도원의 창시자 안토니우스와 그를 본받았던 사람들에 대한 폰티키아누스의 이야기도 말해 준다.

마침내 아구수스티누스는 밀라노의 주택의 한 정원에서 한 목소리에 이끌려 성경을 펴서 로마서 13:13의 말씀을 읽게 된다. 그는 하나님께 기도한 다음에 한바탕 눈물을 쏟아 내며, 영혼이 헛됨의 속박에서 자유로워지려고 육신과 어떤 방식으로 싸우는지에 관하여 고백한다. 그는 온 영혼이 변화되어 친구와 어머니에게 하나님의 사랑을 전한다.

제9권

여기서 아우구스티누스는 수사학 직업을 버릴 계획, 친구인 네브리

디우스와 베레쿤두스의 죽음, 그의 나이 33살에 세례를 받은 것, 어머니 모니카의 덕과 죽음에 대하여 서술한다. 아우구스티누스는 자신의 불의함을 인정하면서, 안전의 조성자 하나님과 구속주 예수 그리스도를 찬양한다.

간이 손상되자, 그는 공적인 활동에서 물러날 생각을 한다. 그는 아직 그리스도인이 아닌 친구 베레쿤두스의 저택에 가서 쉬면서, 네브리디우스와 자신의 회개와 죽음을 언급한다. 시골에서 그는 문학에 관심을 보이며, 알리피우스의 행복한 회심과 관련하여 시편 4편을 설명한다. 아우구스티누스는 그의 아들 아데오다투스 및 알리피우스와 더불어 밀라노에서 세례를 받는다.

회개한 에보디우스와 함께 아프리카로 돌아갈 때, 그는 죽은 어머니의 죽음에 관하여, 그리고 그녀의 교육을 다정다감하게 이야기한다. 아우구스티누스는 어머니의 칭송할 만한 습관과 남편과 아들들에 대한 어머니의 친절함을 서술한다. 열병에 걸린 그의 어머니는 오스티아에서 죽게 된다. 아우구스티누스는 죽은 어머니를 애도하며 어머니의 죄를 위하여 하나님께 간구하며, 독자들에게 어머니를 독실한 사람으로 기억해 달라고 말한다.

제10권

아우구스티누스는 예전의 자신과 현재의 자신을 밝히면서, 자신의 고백의 커다란 열매를 보여준다. 그리고 그는 어떻게 하나님과 함께하는 복된 삶을 발견할 수 있는지를 살피기 위하여 기억의 본질과 능력에 대하여 상술한다. 그런 다음 그는 세 가지 시험을 구분하여 자신의 행동과 생각과 성정을 그것에 따라 살핀다. 그리고 하나님과 사람의 유일한 중보자이신 주님을 기린다.

오직 하나님께만 사람의 소망과 기쁨이 있다. 만물이 하나님께 분명히 드러난다. 하나님께 대한 고백은 육신의 말로 이루어지지 않고 영혼의 말과 반성의 외침에 의하여 이루어진다. 그래서 하나님께 올바르게 고백하는 자는 자신을 가장 잘 알 수 있다. 기억의 본질과 놀라운 능력에 관하여 살펴보면, 사물들뿐만 아니라 문학과 심상도 기억에서 취해지며 기억 작용에 의하여 나온다.

우리는 하나님과 복된 삶을 찾지 않는다. 복된 삶은 어떻게 기억에 보존되겠는가? 복된 삶은 하나님 안에서 하나님을 위하여 즐거워하는 것이다. 하나님은 어디서든 자신의 권고를 받는 자들에게 응답하신다. 아우구스티누스는 육신의 정욕의 유혹에 대하여 이야기를 꺼내면서, 먼저 먹고 마시는 정욕에 관하여 불평한다. 그는 여러 종류의 정욕, 즉 청각, 시각, 마음의 유혹을 이겨낸 것들을 고백한다. 그는 자신의 삼중적 욕망을 이긴 후에 구원에 도달하였음을 고백한다. 그리고 하나님이시면서 동시에 사람이신 예수 그리스도는 참되며 가장 유효한 중보자이심을 고백한다.

제11권

아우구스티누스는 자신의 고백의 계획을 천명한 후에 창세기 1장 1절의 말씀을 상세히 설명한다. "세상을 창조하시기 전에 하나님은 무엇을 하셨는가?" 하는 무모한 논쟁자들의 물음을 논박하고서, 시간에 관하여 상당한 탐구를 덧붙인다. 이제 존재의 시작인 창조와 시간을 상세히 논하면서, "하나님이 천지를 창조하시기 전에는 무엇을 하고 계셨는가?"라는 질문에 대답한다. 그에 의하면 하나님은 시간 안에서 창조하시지 않고 시간과 함께 창조하셨으므로 창조 이전의 시간은 물을 수 없다고 말한다. 하나님의 창조의 계획과 목적으로 비추어 볼 때, 인생의 궁극적 의미에 관해 미래지향적으로 기록하는데, 11~13권은 창세기 서론에 관한 명상이다. 특별히 11권에는 아우구스티누스의 시간론이 나온다.

그는 이렇게 세상의 창조부터 시작한다. 하나님이 하늘과 땅을 창조하시기 전에 무엇을 하셨는지 묻는 자들은 하나님의 영원성을 알지 못했으며, 하나님의 영원성은 시간의 관계를 벗어난다. 과거의 시간이나 장차의 시간이 아니라 현재만이 참으로 존재한다. 현재 시간의 순간만이 존재한다. 시간은 지나가는 동안에만 지각되거나 측정될 수 있다. 그럼에도 과거의 시간과 장래의 시간이 있다. 과거의 시간과 장래의 시간은 현재의 시간으로가 아니면 사유될 수 없다. 시간은 우리가 시간으로 측정하는 물체의 운동이 아니라고 생각한다. 그는 자기의 마음에 빛을 비춰 주시기를 하나님께 구한다.

제12권

아우구스티누스는 70인 역 성경으로 창세기 1장을 읽으며, 특별히 두 개의 하늘, 전체 세계를 창조할 수 있었던 무형의 질료를 생각한다. 그후에 다른 사람들의 해석들을 허용하면서 성경의 뜻을 아주 길게 설명한다. 진리의 발견은 힘들지만, 하나님은 찾는 자가 발견할 것이라고 약속하셨다.

가시적 하늘과 하늘들의 하늘, 즉 깊음 위의 어둠, 불가시적이며 무형적인 땅은 질료의 무형적인 것으로서 아름다운 세상은 여기로부터 나왔다. 하나님은 무로부터 하늘과 땅을 만드셨다. "주님은 영원하고 요동치 않는 불변성이 과거의 시간과 미래의 시간을 초월하는 것을 보시며, 또한 주님이 만드시지 않은 시간적 피조물이 없음을 보시나이다. 주님의 존재와 동일한 의지로 만물을 만드셨지, 의지의 무슨 변경이나 예전에 존재하지 않았던 의지에 의하여 만물을 창조하시지 않았나이다." 이렇게 아우구스티누스는 창조의 근원에 대하여 사유하고, 이를 다르게 이해하는 사람들을 주님 앞에 고한다.

제13권

아우구스티누스는 사물들의 창조에서 설명된 하나님의 선하심과 창세기의 처음 말씀에 나타난 삼위일체에 대하여 고백하며, 세계의 기원에 관한 이야기(창1장)를 풍유적으로 해석한다. 그리고 그는 이것을 하나님이 거룩하게 되고 복을 받은 사람을 위하여 행하시는 일이라고 말한다. 마지막으로 그는 주님으로부터 오는 영원한 안식을 간청하고 나서, 이 작품을 매듭짓는다.

만물은 하나님의 은혜로 창조되었고, 하나님은 창조된 사물이 필요하셨던 것이 아니다. 아우구스티누스는 창세기의 처음 두 절에서 삼위일체를 인정한다. 그리고 그는 교회와 예배의 기원에 대하여, 성례에 대하여 성찰한다. 그리고 그는 창세기의 풍유적 해석(1장)을 짧게 반복하며, 우리가 하나님의 신(神)에 의하여 그것을 본다고 고백한다. 그는 밤이 없는 저 안식의 평안을 위하여 하나님께 기도한다.

결국 이 책의 각 권들은 각기 독특한 개성을 지니며, 동시에 전반적으로 일치된 조화를 유지하고 있다. 단편적으로는 아우구스티누스의 개인적인 삶에 얽힌 시련과 승리에 대한 이야기이지만, 전체적으로는 하나님의 피조물로서 그리스도인이 걸어가야 할 삶의 여정이라는 교훈을 주고 있다.

5. 핵심 주제

아우구스티누스의 고백록에 담긴 근본 주제는 우선 인간의 타락성과 죄성의 고발 그리고 하나님의 은혜와 구원에 대한 찬양이다. 그것은 하나님 앞에서 죄인으로서 과거 자신의 죄악에 대한 참회와 자아의 부정을 통해 하나님께 나아가는 고백이며, 하나님의 은총에 대한 찬양이다. 그는 회심 이후에도 계속해서 자기 내면의 병들고 추한 모습을 고백한다. 헬라의 철학에서는 인간의 내면적 자아가 하나의 신적 요소로 간주되지만, 아우구스티누스에게서 인간의 내면적 자아는 불안과 갈등의 요소로 남아 있음을 적나라하게 묘사되고 있다. 아울러 고백록은 그리스도를 통한 구속의 은혜를 사모하고 찬양하는 주제를 담고 있다.

더욱이 11장에는 창조자 하나님 인식에 대한 사색과 아울러 마니교와 구별되는 그리스도교의 시간론에 대한 그의 통찰을 담고 있다. 이 사실은 그가 고백록을 마무리 지을 즈음에 『삼위일체론』의 집필을 시작했다는 사실을 통해서도 알 수 있다. 마지막 12~13권에서는 인간이 하나님의 형상에 따라 지음을 받았음을 고백하며, 영원한 안식을 기도함으로써 책을 마친다.

6. 평가

아우구스티누스의 『고백록』은 아우구스티누스의 수많은 저서 가운데 가장 많이 알려지고 가장 많이 읽히는 기독교의 고전 중의 하나다. 그의 고백록에는 그가 오랫동안 고민하던 문제, 즉 "악이란 무엇이며,

어디에서 오는가? 인간은 어떻게 해야 악을 극복하고 행복에 이를 수 있는가?"라는 질문에 대한 대답이 들어 있다. 이 문제는 인간에 대한 내면적 이해를 통해 해소된다. 그에 따르면 악이란 인간의 자유의지를 남용한 것이며, 사랑의 왜곡이다. 인간은 마니교가 말하는 것처럼 악의 신에게 조종당하는 것이 아니라, 인간이 자유의지를 남용하여 스스로 죄짓는 존재임을 깨닫는다. 그의 내면의 참모습을 통해 이 사실을 발견했을 때, 그는 악에 대한 그 자신의 오해와 왜곡을 벗어던질 수 있었다.

그는 이러한 사실을 하나님의 은총으로 확인하고 그때마다 기도를 드리며, 하나님의 은총을 찬양한다. 그러므로 이 책은 그의 고백적 자서전이 아니라 하나님의 은총의 임재 아래에서 중요한 사건들을 회상하는 책이다. 더욱이 그는 이 책 제11~13권에서 그의 인간론, 시간론, 성경해석 방법론 등을 언급하고 있기 때문에 그의 신학 사상과 철학 사상을 이해하는 매우 중요한 자료로도 평가된다.

이 주제들은 후대에 종교개혁자들에게도 영향을 주었다. 무엇보다도『고백록』에 담긴 신학적 주제들은 마르틴 루터(Martin Luther)의 종교개혁의 튼튼한 뿌리가 되었으며, 아울러 종교개혁의 기본사상에 큰 영향을 미쳤다.

7. 적용

- 세상과 악의 근원 등에 대한 신학적 질문과 더불어 창조신앙에 대한 확고한 답변을 얻는다.
- 시간과 영원의 대비를 통하여 인간의 제한적 존재에 대한 성찰에 도움을 준다.

- 시간의 문제를 물리적 시간만이 아니라 인간의 의식의 문제로 설명하는 통찰을 제공한다.
- 죄로 갈등하는 신앙인들의 내면적 성찰에 도움을 준다.
- 신앙인의 경건한 삶을 위한 큰 도전을 얻는다.

『신학대전』 토마스 아퀴나스

『Summa Theologia』 Thomas von Aquin (1224/1225~1274)

정병식(서울신학대학교, 교회사)

1. 저자 소개

토마스 아퀴나스(Thomas von Aquin)는 1224년 혹은 1225년경 로마와 나폴리 사이 아퀴노 근교의 로카세카성에서 출생했다. 이탈리아 사람으로 태어났으나, 외가는 노르만족이며, 친가는 게르만의 일종인 랑고바르덴이다. 당시 그 지역은 독일 슈바벤 지방을 거점으로 하는 호헨슈타우펜 황제의 영향권에 들어 있었고, 아버지와 형제들이 호헨슈타우펜 황가의 프리드리히 2세(Friedrich II) 휘하에 있던 궁중 귀족이었다.

아퀴나스는 다섯 살 때 소위 '옵라텐'(Oblaten)으로서 몬테카시노(Monte Cassino) 대수도원에 입교했다. 옵라텐은 '서원자' 혹은 '헌신자'(Dargebrachter)라는 뜻으로 후에 수도사를 만들려는 의도로 어린 아이 혹은 소년을 이른 시기에 수도원에 보내는 것이다. 당시 수도사는 사회적 명성이 높았고, 아퀴나스의 부모는 그를 장차 몬테카시노의 대수도원장으로 만들고자 꿈꾸었다. 그러나 1239년 황제와 교황사이에서 일어난 전쟁으로 8명을 제외한 모든 수도사가 이곳에서 추방을 당했고, 아퀴나스는 대수도원장의 권고에 의해 나폴리로 가게 되었다.

그는 나폴리에서 자유예과(Artes liberales)를 공부했고, 논리학과 아리스토텔레스의 자연철학을 뛰어난 아리스토텔렉커인 페트루스 폰 히베르니아(Petrus von Hibernia)에게서 배웠다. 그러나 나폴리 시절의 정점은 설교형제단과의 교제였으며, 그 결과 1244년 19살의 나이에 도미니크회에 가입했다. 도미니크 수도회 가입은 가족도 몰랐다. 귀족 가문이던 부모와 형제들은 이 일로 분노했다. 특히 모친과 누이들은 이해하려 하지 않았다. 구걸승단은 사회적 명예도 경제적인 보장도 없었기에 가문의 명예를 실추시키는 일로 여겼다. 아퀴나스의 동료들은 그를 파리로 보내려 했다. 그러나 어머니 돈나 테오도라(Donna Theodora)와 두 형에 의해 이 계획은 좌초되었다. 형들은 아퀴나스를 체포하여 아버지의 성인 로카세카에 구금시켜 버렸다. 형들은 그가 입고 있던 구걸승복을 벗기기 위해 한 소녀를 전라의 몸으로 방에 들여 보았으나, 아퀴나스는 불타고 있는 장작을 들어 소녀를 쫓아 버렸고, 형들의 의도는 실패로 돌아갔다. 1년 후 1245년 아퀴나스는 변함없는 결심으로 결국 파리대학에 입학하게 되었다. 같은 해 알베르투스 마그누스(Albertus Magnus, 1193~1280)가 파리대학에서 가르치기 시작했다. 이때부터 이 두 사람은 운명 공동체처럼 같이 동행했다. 1248년 여름에 아퀴나스는 알베르투스 마그누스와 함께 도미니크 수도원 내에 대학을 설립할 목적으로 독일 쾰른으로 왔다. 알베르투스는 1280년 죽기까지 쾰른대학에서 연구와 교육에 힘썼으며, 이것이 오늘날 쾰른대학의 전신이 되었다. 쾰른대학 본부 앞 광장에는 지금도 '만학박사/보편적 박사'(doctor universalis)라 이름 붙인 '초대총장' 알베르투스의 동상이 세워져 있다.

아퀴나스는 알베르투스의 지도로 성서조교와 조직신학사로 활동하며, 교수 경력을 쌓아 1252년 도미니크회의 분교인 생 자크 수도원에서 페트루스 롬바르두스의 명제집을 강의했다. 이것은 정식대학에서의 강의활동은 아니지만, 대학 강의를 위한 첫발이었다. 그후 1256년 파리대학 교수자격을 취득하고 신학부교수로서 활동했다.

아퀴나스는 1259년 봄에 이탈리아로 왔다. 교황 우르반 4세(Ur-banus IV)가 『희랍인들의 오류를 반박함』(Contra errores graeco-rum), 후에 '황금의 고리'(Catena Aurea)로 알려진 『4복음서 주석』, 『성체축일 기도』와 『성무일도』 등의 저술을 요청했기 때문이다. 1265년에는 신학교육 센터를 설립하기 위해 로마로 와서 1267년부터 『신학대전』을 집필하기 시작했다. 한다. 1268년 가을 아퀴나스는 도미니크회의 요청에 의해 파리대학으로 다시 왔다. 그것은 제라드디니의 탁발수도회 거부와 아베로에스파에 적절히 대응하고자 함이었다. 더불어 보수성을 지닌 프란시스코회도 견제해야 할 필요성이 있었다. 아퀴나스는 1272년 나폴리에 자신의 수도원 학교를 설립하고자 귀환한 후, 1274년 제2차 리옹공의회에 참석하기 위해 가던 중 3월 7일 병으로 세상을 떠났다. 『신학대전』은 여전히 미완성이 상태였다.

아퀴나스는 사후에 남다른 대접을 받았다. 1323년 "성인", 1567년 "교회의 스승"(Doctor ecclesiae), 1918년에는 "교회법전"(codex Iuris Canonici)에 등재되었다. 이것은 가톨릭교회의 성직자는 앞으로 토마스 아퀴나스의 탐구 방법, 가르침 그리고 원리에 따라 교육되어야 함을 의미했다. 중세의 중요한 다른 스승들처럼 그도 역시 사후에 '보편적 박사'(Doctor communis seu universalis)가 되었다.

2. 책의 등장 배경

『신학대전』은 1267년 혹은 1268년 시작하여 죽기 3개월 전인

1273년 12월까지 집필했으며, 미완성의 작품으로 알려져 있다. 숨마(summa/대전)라는 저작 형식은 당시에 흔한 문학의 한 장르였으며, 보통 세 가지 의도를 가지고 기획되었다. 첫째는 특정한 영역의 학문이 지닌 모든 것을 요약 방식으로 제시하는 것이다. 둘째는 분석으로 끝나는 것이 아니고, 종합적으로 조직화하는 것이다. 마지막 세 번째는 효율적인 교육을 위해 적합한 순서로 배치하는 것이다. 그 시대의 '대전'(summa)는 일종의 백과사전과 같았다.

이 책의 집필 동기는 무엇일까? 아퀴나스는 무엇 때문에 그리고 누구를 위해 방대한 『신학대전』을 구상했을까? 첫째는 지난 10년간의 파리대학 교수생활이 그에게 자극을 주었다고 볼 수 있다. 1267년 아퀴나스는 파리대학에서 활동한 지난 10년의 경험을 바탕으로 기독교입문서의 필요성을 느꼈다. 당시 대학에서 사용된 조직신학적 교과서는 페트루스 롬바르두스의 『네 권으로 된 교의학』(libri quattuor sententiarum)이었다. 이 책은 1150년 나왔다. 기독교의 주요교리에 대해 교부, 특히 아우구스티누스의 견해에 그 자신의 해석을 가하면서 편집했다. 삼위일체, 창조, 그리스도, 성사를 주제로 구성되어 있다. 저자는 사물과 표지(res et signa), '사용하다'와 '향유하다'(uti et frui)라는 한 쌍의 아우구스티누스의 개념으로 이 책을 구성하고 있다. 아퀴나스 역시 이 책을 읽고 배우고 조직신학사로서 이 책을 가르쳤다. 그러나 아퀴나스가 보기에 이 책은 신앙 일변도의 책이며, 논리적 해석과 설명은 결여된 듯이 보였다. 그는 보완된 교과서의 필요성을 느꼈다. 그는 『대이교대전』에서 밝혔듯이, 하나님에 대해서만 말하고 생각하는 것을 가장 중요한 삶의 임무로 여겼다. 그러나 그는 여기서 멈추지 않았다. "단지 빛나기만 하는 것보다 비추어 주는 것이 더 위대한 것처럼, 단지 관상(contemplari)하기만 하는 것보다 관상한 것을 다른 이들에게 전해

주는 것이 더 위대하다"(Sth, II,II,q188,6,c)는 판단으로 관상을 통해 깨우친 것들을 가르침을 통해 알리는데 심혈을 기울였다. 둘째는 신앙의 기본원리가 이성적으로 설명 가능하다는 스콜라신학에 기초한 논리적인 신앙교본이 필요했다. 그는 이성적으로도 설명 가능한 학으로서의 신학인 기독교입문서를 필요로 했고, 이러한 동기가 『신학대전』의 집필로 이어졌다. 그와 더불어 스콜라 시대는 전성기를 맞이하게 되고, 전통적인 신학의 프레임은 이성적으로 이해 가능하다는 새로운 옷을 입게 된다. 십자군을 통한 동·서문물의 교환으로 서방에 들어온 아리스토텔레스 철학은 아퀴나스가 가진 신학적 틀에 기름 역할을 했다. 그는 신앙 위주의 전통적 수용 태도에 이성적 이해를 덧붙였고, 그로 인하여 더 이상 신학과 철학은 대립이 아닌, 조화와 융화 속에서 이해와 수용의 새로운 길을 열어 나갔다.

3. 줄거리

아퀴나스는 『신학대전』의 목적을 이렇게 서술했다. "이 거룩한 가르침의 주요 의도는 하나님 인식을 전수하는 것이다. 하나님 자신에 대한 인식뿐만 아니라 사물들, 특히 이성적 피조물의 원리와 목적으로서의 하나님에 대한 인식을 전수하는 것이다. 이 가르침을 설명하기 위해 우리는 첫째, 하나님에 관해(De Deo), 둘째, 이성적 피조물이 하나님께로 향하는 운동에 관해, 셋째, 우리를 하나님께로 이끄는 길이신 예수 그리스도가 인간이라는 점을 다룰 것이다."(Sth I, q. 2. prol.) 아퀴나스가 서두에서 밝히듯이, 『신학대전』은 전체가 3부와 보론(보충)으로 구성되어 있다. 『신학대전』은 미완성의 작품이다. 제자들은 이 책을 완성해야 한다며 아퀴나스에게 삶의 용기를 주고 생의 애착을 갖도록 자극하려 했다. 그러나 "내가 집필한 모든 것이 지푸라기처럼 느껴진다"며 아퀴나스는 50세의 나이로 세상을 떠났다.

『신학대전』은 중세문화의 진수인 고딕대성당에 비유되곤 했다. 오랜 집필기간과 갑작스러운 아퀴나스의 죽음으로 제3부 성례전에서 집필은 더 진전되지 못했다. 제자들이 후에 아퀴나스의 다른 저서들에서 연관된 것들을 발췌하여 미완성된 부분을 보충했다.『신학대전』은 모두 512개의 문제와 2,669개의 항목으로 이루어져 있다. 특히 공덕과 덕목을 논하여 「윤리대전」이라고 말하는 제2부는 303개의 질문으로 구성되어『신학대전』의 가장 큰 부분을 이루고 있다. 이것은 전체의 절반을 넘는 분량이다. 신을 주제로 하는 저서의 절반을 윤리적 문제로 채워 당시로서는 매우 혁신적인 시도를 한 책으로 평가되고 있다. 제1부는 이탈리아에서, 제2부는 파리에서, 그리고 미완으로 끝난 제3부는 나폴리에서 집필되었다. 초보자를 위한 신학 입문서로 쓰여진『신학대전』은 점차 롬바르두스의『교의학』에 버금가는 권위 있는 저작으로 평가받아 16세기와 17세기 이후에 많은 주석서가 나왔다.『신학대전』의 구성은 아래와 같다.

서론: 신학과 이 글의 개념에 대하여(q.1)

I. 1부(자연대전, summa naturalis): De Deo - 신론과 창조론
  A. 하나님의 존재(q.2~26)
    1. 신존재증명: 하나님이 존재하는지(q.2)
    2. 무엇이 하나님이고 무엇이 아닌지(q.3~13)
    3. 어떤 것이 하나님의 활동인지: 섭리와 예정(q.14~26)

B. 삼위일체(q.27~43)

C. 창조(q.44~119)

　1. 피조물의 창조(q.44~49)

　2. 창조의 영역(천사 q.50~64, 육의 세계, 인간)

　3. 보존과 세상의 통치

II. 2부(도덕): De motu rationalis creaturae in Deum 이성적 피조물이 하나님께로 향함에 대하여(인간이 하나님께로 향하는 길)

　A. 1/II "보편적 또는 일반적 윤리대전": 보편적인 인간행위 - 존재론적인 문제

　　1. 인간의 마지막 목표와 목적: 영원한 행복(aeterna beatitudo, q.1~5)

　　2. 인간행위의 내적원리(principia intrinseca)

　　　a. 보편적 공덕론(q.6~48)

　　　b. 특별한 공덕론(q.49~70)

　　　c. 보편적 죄론(q.71~89)

　　3. 인간행위의 외적원리(principia extrinseca):율법과 은총 (q.90~114)

　　　a. 율법의 보편적 개념(q.90~92)

　　　b. 영원한 법(q.93)

　　　c. 인간의 법: 적극적인 율법(q.95~97)

　　　d. 옛 율법: 구약의 율법 - 옛 계약(q.98~105)

　　　e. 복음의 법: 새 계약과 은총(q.106~114)

B. 2/II "특별한 도덕": 인간의 특별한 윤리적 행동들

  1. 모든 인간에게 해당되는: 특별한 공덕론과 죄론

    a. 신학적 공덕론: 신앙, 희망, 사랑

    b. 도덕적 공덕론: 인내, 의, 용기, 양선

  2. 단지 특정한 사람에게만 해당되는:

    a. 특별한 영적인 은사(예언, 이적, 관조적 삶, 적극적 삶)

    b. 직임론: 일종의 '사회윤리'

III. 3부(성례전)

  A. 구원에 관하여: 기독론과 마리아 경배

    1. 성육신의 비밀

    2. 생명, 고통, 죽음과 예수 그리스도의 영광

  B. 성례전에 대하여: 참회의 성례전까지(미완성)

    성만찬

    세례

    종유

    참회(미완성)

보충: 토마스가 죽은 후, 그의 『교의학 비평』에서

1. 성례론 결론: 참회와 교황의 죄사하는 권세, 마지막 종유

2. 육의 부활

3. 영생의 마지막에 대하여: 마지막 일

부록 : 연옥에 대하여

    서론에 이어 제1부는 하나님의 존재의 문제와 하나님의 본질을 다루는 신론과 신학의 학문성, 창조와 피조물의 세계를 다룬다. 거룩한 가르침, 유일신, 삼위일체, 창조(악에 대한 고찰도 포함), 천사, 인간, 만물의 통치에 대한 논증이 들어있다. 제2부는 두 개의 장으로 구성되어 있다. 1장에서 인간의 행복, 윤리, 덕, 악덕과 죄, 법, 은총을 다루고, 2장에서는 믿음, 소망, 사랑이라는 3개의 덕목과 지혜, 용기, 절제, 정의와 같은 4덕목을 다루며 사회생활 문제와 신비생활에 대해서도 서술하고 있다.

    제2부 서두에서 아퀴나스는 2부의 주제를 '하나님의 형상'(Imago Dei)인 인간이라고 말한다. 그는 형상을 원형과 비교해서 이해하지 않는다. 즉, 어떤 원래의 모양을 가정해 놓고 이와 닮게 만든것이라는 수동적이고 정적인 의미에서 보지 않는다. 그가 보기에 인간은 자유의지와 자기행위에 대한 책임적 존재이다. 다시 말하면 인간은 스스로의 세계를 만들어 내는 자인 것이다. 아퀴나스에 의하면 인간이 하나님의 형상대로 지음 받았다고 할 때에 그 형상은 능동적이고 동적인 의미의 형상이었다.

    제2부는 인간의 칭의와 연관된 중요한 내용이 담겨 있어서 가톨릭 신학을 엿볼 수 있는 특별한 장이기도 하다. 13세기에 이르기까지 칭의론은 중세신학에서 거의 다루어지지 않았다. 롬바르두스의 교의학을 비평하면서 그 자체가 독자성을 가진 주제로 재발견한 것은 거의 우연에 가깝다. 물론 하나님의 은총을 통한 죄의 극복을 논할 때마다 칭의론의 중요성은 항상 의식되어 왔다. 그럼에도 불구하고 라틴교부 신학에서 칭의는 중심적 개념이 아니었다. 객관적으로 보면 바울이 인용되는 곳에서 칭의는 은총과 죄의 용서와 바꿔 쓸 수 있는 어휘이다. 중

세에 깊이 빠져들어 갈 때에도 이러한 상황은 변함이 없었다. 12세기의 유명한 신학자인 빅토르 위고(Hugo von St. Victor)도『기독교신앙의 신비에 대하여』(De sacramentis christianae fidei)라는 그의 교의학에서 '칭의'의 문제를 독자적인 항으로 다룰 필요가 없다고 생각했다. 그러나 그로부터 20년 이후, 1150년 페트루스 롬바르두스는 참회의 성례전에 대한 글에서 '칭의'(iustificatio)라는 어휘를 암브로시우스를 인용하여 '죄의 용서'(remissio peccati)와 동일한 의미로 사용했다. 롬바르두스의 이 작은 표기는 참회의 성례전이라는 틀 안에서 죄인의 칭의라는 주제로 제한된 채 독자적인 신학적 주제로 관심을 받게 되었다. 12세기 말엽부터 롬바르두스의 조직신학이 스콜라에서 논의되기 시작한 이후로, 참회론은 많든 적든 죄인의 칭의에 대하여 논하는 논문들에서 고전적인 장소가 되고 있다. 이것은 아퀴나스보다 앞서서 롬바르두스의 조직신학을 비평한 선배나 동료, 무엇보다도 보나벤투라와 알베르투스에게도 마찬가지이다.

'죄인의 칭의'(iustificatio impii)에 대한 문제를 아퀴나스는『신학대전』제113번째 조항, 즉 제2권의 제1부 마지막에서 다루고 있다. 그는 '은총'을 '인간의 영혼 안에 있는 피조물의 현실이자, 외부로부터 알려진 인간에게 내적으로 주입된 원리'라고 이해한다. 하나님은 이 원리를 통해서 인간의 행동을 이끄신다는 것이다.

제3부는 성례전을 다룬다. 그리스도론, 마리아론, 성사론 등을 다루고 있다. 성만찬은 가벼운 죄들을 사해준다. 세례는 원죄를 사해준다. 참회는 공적참회와 사적참회(고해성사)로 나누며, 사망에 이르는 죄(죽음의 죄)를 사해준다. 고해성사는 두 가지로 구성되어 있다. 죄인은 고백(Confessio)을 하고, 사제는 용서(Absolutio)해준다. 아리스토텔레스의 형상과 질료라는 사고의 틀에서 보면, 죄인이 고백하는 회개의 행위

(actus poenitentis)는 질료(materia)에 속하고, 사제가 하는 용서의 말은 형식(forma)에 속한다. 전통에서 볼 때, 고해성사에서 죄인의 회개는 두 가지 동기에 의해서 이루어진다. 첫째는 사랑이 동기가 되어 행하는 회개이다. 하나님을 사랑하기에 회개하는 것이다. 이것은 콘트리치오(contritio, 통회)로서 은총의 한 산물이며 그 자체가 공로가 된다. 다른 하나는 형벌에 대한 두려움에서 하는 회개이며, 이 경우를 아트리치오(attritio), 즉 불완전한 통회라고 한다. 대부분의 인간은 형벌에 대한 노예적인 두려움에서 불완전한 통회를 한다. 죄인이 불완전한 통회를 해도 사제는 사면을 하게 되는데, 그와 동시에 그 사면은 은총을 가져오고, 그 은총이 하나님께 대한 사랑을 만들어내어 불완전한 통회(attritio)가 사랑이 동기가 되어 행하는 통회(contritio)로 바뀌는 것이다. 이것은 아퀴나스에게 있어서 새로운 것이다. 참회자의 행위는 성례에서 질료에 해당하며, 사제의 사면은 성례에서 형식에 속한다. 아퀴나스에 의하면 성례에서 아트리치오(불완전한 통회)는 은총의 힘에 의하여 콘트리치오(완전한 통회)로 변화된다.

『신학대전』의 구조는 아래와 같은 형식으로 짜여져 있다.

먼저 질문(Quaestio)을 제기한다. 이 질문은 라틴어 의문사인 우트룸(Utrum)으로 시작한다. 각각의 항은 '...인가?' 하는 물음의 형태를 띠고 있다. 두 번째는 앞에서 제기한 질문에 대한 답변으로 세가지로 일련의 논제(Ad Primum 1.2.3)를 부연하고 있다. 하지만 이것은 부정적인 논제로서 성경, 교부 그리고 아리스토텔레스의 글에서 인용하여 앞의 질문에 답변을 하고 있다. 여기서 끝나는 것은 아니다, 곧이어 앞서 제기한 부정적인 답변을 즉각 반박(Sed Contra)한다. 이 부분은 『신학대전』의 핵심 부분으로 위에서 제기한 질문에 긍정적으로 답하며, 동시에 위의 부정적 논제를 반박한다. '나는 답한다'(Respondeo)라는 말로 시작하는 부분은 답변이다. 이것은 결론으로서 위의 반박을 논리적으로 보충한다.

실례)

Sth. III q 84, 1

❶ Utrum poenitentia sit sacramentum (Ist die Buße ein Sacrament?)

❷ Ad Primum - 참회는 성례전이 아니다.

    1. 부정의 논지

    2. Praeterea   ..

    3. Praeterea   ..

❸ Sed Contra - 참회는 성례전이다

❹ RESPONDEO 논리적인 보충설명

    1. Ad Primum

    2. Ad Secundum

    3. Ad Tertium

4. 핵심 주제

『신학대전』은 그 주제를 하나로만 한정할 수 없다. 이 책은 교의학이자 조직신학으로서 신학 전반에 대해서 다루기 때문이다. 다만 이전까지 신앙적으로 수용해야만 했던 신학적 주제들에 대해 이성적 접근을 가능하게 했다는 점에서 무엇보다는 아퀴나스의 신존재증명은 신학대전에 담긴 특별한 주제라고 볼 수 있다. 그는 하나님이 '존재한다는 사실'(daß Gott ist)을 보여주어야 하나, '그가 무엇인지는'(was er ist) 말할 수 없다고 말한다. 이성도 이것을 말할 수는 없으며, 그것은 계시의 영역에 속하는 것이다. 그러나 두 가지를 서로 다른 방식으로 파악할 수 있는 방법은 있다. 하나는 부정의 길(der negative Weg)이며, 다른 하나는 유비의 길(der analogische Weg)이다. 부정의 길은 우리가 가지고 있는 개념들이 가변적인 존재로부터 형성되었다는 데서 출발한다. 따라서 가능태와 현실태 사이에 긴장이 항상 존재한다. 그러나 하나님은 순수한 현실태이다. 그는 변하는 개념이 아니며, 변하는 존재도 아니다. 따라서 피조물과 우리가 가진 불완전한 개념과 하나님과의 연관성을 부정해야 한다. 가령 물질(materie)은 가능성이며, 형상(form)과 결합할 때 비로소 현실태가 된다. 그러나 하나님은 물질적인 요소를 가진 분이 아니다. 그는 형체(Körper)가 없다. 존재의 유비에 대한 가르침인 유비의 길(der analogische Weg)은 자연신학의 근거라고 말할 수 있다. 창조주와 창조 사이의 끝없는 틈에도 불구하고 부정신학의 진술들은 공허한 말은 아니라고 설명한다.

유비사상으로 아퀴나스는 조명설에서 시작하는 전통과 완전히 단절한다. 조명설에 의하면 우리에게 주어진 가령 존재, 진리, 선과 같은 개념들이 중요하다. 먼저는 하나님이 그리고 피조물이 창조를 인식할 수 있다. 그러나 아퀴나스는 다르다. 그는 감각세계에서 출발하기 때문이다. 인간의 모든 개념은 우선 만들어진 것에서 나온다. 하나님에 관해서도 유비일 뿐이며 단지 이차적이다. 유비의 전제는 우연성이다. 하나님은 피조물의 원인이기 때문에 하나 혹은 여러 가지 방식으로 작용을 해주어야 한다. 그러나 우리가 알 수 있는 단어가 없기에 하나님에게는 전혀 적용할 수가 없다. 하나님은 가변성을 가지고 있지 않기 때문이다. 그러나 우리가 가진 개념은 모두 가변적인 것이다. 따라서 하나님과 창조에 대해서 완벽하고 딱 맞는 표현이나 말은 없다. 그러나 아퀴나스는 완전히 틀렸다고 말할 수는 없는 서술어가 있다고 주장한다. 그렇지 않으면 우리는 하나님에 대해서 전혀 알 수가 없기 때문이다. 이러한 말들은 유비의 성격을 가지고 있다. 우리는 우선 피조물에게 적용할 수 있는 개념들을 하나님에게 사용할 수 있다. 물론 하나님은 그 말들이 본래 뜻하는 바와 비교할 수 없을 정도의 존재이다. 이러한 말들은 절대적으로 불필요한 것들은 아니나, 하나님 존재를 정확히 표현해주는 것은 아니다. 하나님에 관한 정확한 인식은 계시만이 우리에게 가져다 줄 수 있다.

아퀴나스는 제1부 2문 3항에서 다섯 가지 "신 존재 증명"(quinquae viae)을 말한다. 첫째는 운동에 의한 증명(via es mortu)이다. 최초의 부동의 동자가 하나님이다. 세상은 움직인다. 이러한 움직임은 스스로 움직일 수는 없다. 누군가 다른 존재가 움직여 주어야 한다. 이렇게 거슬러 올라가면 끝이 있다. 그 끝은 자신은 움직이지 않으면서 다른 것을 움직이도록 하는 부동의 동자이다. 이분이 하나님이다. 둘째는 인과관계에 의한 증명(via ex causa efficientis)이다. 이 세상에 무엇이 존재하기 위해서는 원인이 있어야 하는데, 역시 원인에서 원인으로 거슬러 올라가면 끝이 있다. 그 끝이 바로 제일 원인이다. 자기 안에 원인을 가지고 있는 이분이 바로 하나님이다. 셋째는 개연성과 필연성에 의한 증명(via ex possibilii et necessario)이다. 이 세상의 모든 존재들은 다 개연적이다. 인간이란 존재는 없다가 있다가, 있다가 없어지는 존재이다. 이 세상의 존재가 모두 개연적이라면 이 세상 끝까지 거슬러 올라가면 아무것도 없었을 때가 있었을 것이다. 그러나 아무것도 없는 상태에서 무엇인가가 나오는 것은 말이 되지 않는다. 그 결과 필연적 존재가 하나 있어야 한다. 바로 그 필연적인 존재가 하나님이다. 넷째는 등급에 의한 증명(via ex grau rei)이다. 등급을 매기기 위해서는 최상의 선이나 최상의 미가 있어야 한다. 인간사회에 등급이 있다는 것은 최선의 선이나 미를 전제로 하는 것이다. 이러한 최선의 선이나 미가 하나님이다. 다섯째는 우주의 질서에 의한 증명(via ex fine sive ex gubernatione rerum)이다. 이 세상에는 해나 달과 같은 의식이 없는 존재들도 많이 있다. 이러한 의식이 없는 존재들도 잘 조화롭게 운영되고 있다. 이것으로 보아서 이 우주에는 이것들을 지배하는 존재가 있다. 이분이 바로 하나님이다. 우주의 질서로부터 증명하는 방법이다. 아퀴나스의 다섯 가지 신 존재증명 가운데서 처음의 세 가지를 우주론적 증명이라고 부른다. 왜냐하면 그것은 우주 내지 세계의 몇몇 경험된 속성들에서 출발하고 있기 때문이다. 물론 이것은 아리스토텔레스적인 철학적 영향을 받은 것이다. 그리고 네 번째는 플라톤의 이데아론을 받아들인 것이다. 아퀴나스의 다섯 번째 논증을 목적론적 신존재증명이라고 부른다. 왜냐하면 세계 안에 존재하는 모든 사물은 목적을 가지고 운동 혹은 존재하기 때문이다. 생각하는 일이 없는 자연적 물체들도 여러 가지 목적을 가지고 활동하는 것이요, 바로 그런 목적들은 우연적으로 진행되는 것이 아니라 계획에 따라 진행되는 것이다. "마치 화살이 궁수에 의하여 어떤 방향으로 겨누어지고 있듯이" 이것들도 지성을 가진 어떤 존재에 의하여 겨누어지고 있는 것이다. 그리고 이러한 지성적인 존재가 바로 신이다.

5. 이 책에 대한 평가

이 책에 대한 평가는 긍정과 부정이 교차되고 있다. 독자가 서 있는 신앙적 기반에 따라 호불호가 나뉘고 있다. 전통적인 아우구스티누스의 입장과 아리스토텔레스의 입장을 적절히 썩어 묶어 놓은 것일 뿐이라고 말하는 이가 있는가 하면, 기독교 2천 년 역사에 다시 없었던 기념비적인 대작이라고 평하는 사람도 있다. 전자가 개신교에서 바라본 시각이라면, 후자는 가톨릭의 입장일 수도 있다. 일본의 아퀴나스 연구의 권위자인 이나가키 료스케는 『신학대전』을 "도전의 책"이라고 평가했다.(이나가키 료스케,『토마스 아퀴나스 신학대전 새로 알기』, 가톨릭출판사, 2011) 『신학대전』의 시도는 신 이해에 대한 새로운 도전이며, 행복 추구에 대한 새로운 도전이다. 그러나 아퀴나스는 이 책의 집필을 통해 인간의 나약함과 신을 알려는 신학적 시도가 무의미함을 깨달은 사람이다. 신을 알고자 하는 욕망과 갈증이 인간에게 있지만, 이성과 철학적 노력만으로는 이것을 해결할 수 없다는 것을 아퀴나스는 얻게 되었고, 말년에 집필을 계속하지 않으려 한 이유도 여기에 있다. 하나님에 대해 서술한다는 것이 그만큼 난업임을 터득했다는 점에서 아퀴나스의 탁월함과 『신학대전』의 가치를 찾을 수 있다.

　『신학대전』은 간결성, 논리성, 짜임새 있는 구성 등으로 스콜라 철학의 바이블로 인정받고 있다. 하지만 방대한 분량 때문에 "이런 책을 처음부터 끝까지 다 읽는 사람은 전문가나 요약본을 만드는 사람들 뿐이다"고 기호학의 대가인 움베르트 에코는 평했다. 프랑스 철학자 자끄 마리땡(Jacques Maritain, 1882~1973)은 신토마스주의자로 알려져 있다. 처음 『신학대전』을 읽었을 때에 그는 스콜라신학이 미세한 먼지로 뒤덮인 폐허라고 생각했다고 한다. 하지만 서두 부분을 다 읽은 후 자신의 생각을 완전히 바꾸었다. 자신의 처음 생각이 무의미하고 유치했음을 인정하면서 "신학대전에 있는 것은 정신의 자유, 신앙의 순수성, 학문성과 천재성으로 빛나는 순수한 지성 그 자체였다"(『목회와 신학』, 2010.7)고 평가했다고 한다.

6. 적용

중세기 스콜라신학의 꽃이라 할 수 있는 『신학대전』을 오늘 이 시대에 어떻게 적용할 수 있는가? 역사적 시대와 환경이 다름에도 분명하고 오늘을 사는 현대인 혹은 신학을 공부하는 이들에게 이 책이 지닌 적용 가치는 무엇인가를 물어야 한다.

먼저 독자층의 영역을 규정하는데 있어서 적용의 문제를 생각해 볼 수 있다. 이 책은 신학을 공부하거나 신학과 연관 있는 독자만이 읽어야 하고 읽기에 적합한 책인가? 결론적으로 말하자면, 반드시 그런 것은 아니다. 다시 말하면 교회의 출석 여부와 상관없이 그리고 연구의 분야와 상관없이 사람이라면 누구나 읽어야 할 필요성이 있다. 그것은 이 책에서 아퀴나스가 의도하는 바는 궁극적으로 신과 인간의 관계 그리고 인간이 행복을 얻기 위해 추구하거나 추구해야 할 것에 대한 탐구의 기록이기 때문이다. 인간이라는 존재와 본질에 대한 깊은 고민은 불가피하게 신 존재의 문제와 조우한다. 인간을 파악하는 지름길은 신의 존재에 대한 지식과 맞닿아 있다.

또한 중세기의 산물이라는 것과 스콜라시대의 이성적 탐구의 산물이라는 점에서 개신교적 적용가치를 물을 수 있다. 스콜라 시대는 개신교 시작 이전의 시기이다. 개신교는 종교개혁을 통해서 중세 신학과는 다른 강조점과 정체성을 가지고 출발했다. 하지만 삼위일체, 신론, 기독론 등 기독교신학의 근본 요체는 2천 년 역사 속에서 중단없이 계속 이어져 오고 있다. 아퀴나스는 중세기의 한 길목에서 기독교신학의 요체를 더 분명하게 이해시키고자 이 책을 기록했고, 그 정신에서 본다면 그 가치를 높이 평가할 수 있다. 하지만 신학적 방법론에서 이성과 신앙의 조화, 다시 말해서 철학과 신학의 조화를 열었다는 점에서는 개신교의 신학적 방법론과 배치되기도 한다. 이성을 통한 신존재 증명은 철학의 한 방법일 뿐 신학적으로 수용키 어려우며, 구원의 문제와 관련하여 공덕을 통한 인간의 윤리적 노력은 더더욱 종교개혁자들의 사상과 어울리지 않는다. 이런 점에서 본다면, 아퀴나스가 쓴 『신학대전』의 개신교적 적용 가능성은 매우 희박해진다. 더더욱 16세기 칼빈의 『기독교강요』의 등장은 적어도 개신교내에서 아퀴나스의 『신학대전』에 버금가는 역작으로 평가되며, 현재까지도 그 중요성이 인정되고 있기 때문이다.

7. 토의 주제

1) 스콜라 철학의 가장 중요한 학문적 도구는 무엇인가?
2) 철학과 신학은 궁극적으로 조화될 수 있는 것인가?
3) 아퀴나스의 신존재 증명은 기독교의 신존재 증명과 얼마나 부합하는가?

8. 연관해서 읽으면 유익한 참고도서

㉠ 체스터톤(Chesterton), 『성 토마스 아퀴나스』(Heidelberg, 1956)에서 독일어로 번역됨, 박갑성 역, 홍성사, 1984. -학술서라기 보다는 보도에 가까운 것이다..

㉡ Martin Grabmann, 『Thomas von Aquin. Persönlichkeit und

Gedankenwelt』/토마스 아퀴나스의 인성과 사상세계, München 81949. 1949년 뮌헨에서 생을 마친 그라프만은 세계적인 스콜라 철학연구의 대가이다.

ⓒ Marie-Dominique Chenu, 『토마스 아퀴나스 작품입문』(파리, 1950), 독일어번역판 『Das Werk des heiligen Thomas von Aquin』(Heidelberg 1960). 두 부분으로 나누어진 이 책에서 체누는 앞에서는 토마스의 업적을, 뒤에서는 작품을 상세히 서술하고 있다. 아퀴나스에 대한 역사적이고 조직적인 입문서로 추천할 만한 책이다.

ⓓ Marie-Dominique Chenu, 『Thomas von Aquin mit Selbstzeugnissen und Bilddokumenten』, Übez. von Otto M. Pesch. (Rowolhlt Taschenbuch 50045) 81998.

『그리스도를 본받아』 토마스 아 켐피스

『De imitatione Christi』 Thomas à Kempis(1418~1427경).

Heinrich Brewer편. De Imitatione Christi Apologia, Köln, Kinckius, 1683.

유재덕 옮김, 브니엘, 2016(개정판) / 박동순 옮김, 두란노, 2010.

1. 저자 소개

『그리스도를 본받아』의 저자는 확실하지는 않지만, 대개는 토마스
아 켐피스(Thomas à Kempis, c. 1380~1471)를 저자로서 인정하고 있
다. 1441년 현존하는 최고의 필사본에 있는 '형제 토마스 켐피스의 손
에 의해 완성됨'이라는 문구가 아 켐피스 저작의 근거로서 주장되는데,
이는 저작이 아니라 필사로 해석될 수도 있다. 아 켐피스 이외에도 프
랑스의 신비주의 신학자 장 샤를리에 게르송(Jean Charlier Gerson),[1]
가공의 이탈리아 베네딕트 수도원의 원장 지오반니 게르센(Giovanni
Gersen), '새로운 경건'(devotio moderna) 운동의 창시자 헤르트 흐로
테(Geert Groote) 등이 저자로서 언급되기도 한다.

---

1) 그는 그리스도께서 교회를 성도들의 공동체로 건설하였으며, 교황은 단지 교회의 대변자에
   불과하다는 견해를 지녔다. 그는 유명론자였고, 스콜라 철학에 대한 신비주의의 우위를 주장
   하였다.

『그리스도를 본받아』- 토마스 아 켐피스 95

토마스 아 켐피스의 출생 연대는 분명하지 않지만, 1379.9.29~
1380.7.24 사이에 출생한 것으로 추정된다. 그는 현재의 네덜란드에
인접한 독일의 니더라인(Niederrhein) 지방의 한 마을인 켐펜(Kempen,
Kempis)에서 수공업자 가정의 아들로 출생하였다. 13세 무렵 그는 빈
데스하임(Windesheim) 수도회의 수사인 형 요하네스(Johannes)의 영
향으로 드벤터(Deventer: 네덜란드 유트레히트 주교령의 도시)의 공동생
활 형제단(CRVC: Canonici Regulares Sancti Augustini Fratrum a Vita
Communi)의 학교에 들어간 것으로 전해진다. 공동생활 형제단과 빈데
스하임 수도회는 당시 유행하였던 '새로운 경건' 운동의 중심 단체들이
었다. 이 '새로운 경건' 운동에 대하여는 이 책의 등장 배경 부분에서 좀
더 상세히 기술할 것이다.

이후 토마스 아 켐피스는 1399년의 순례 도중, (빈데스하임 부근 현
재의 네덜란드에 위치한) 츠볼레(Zwolle) 부근에 있는 (역시 빈데스하임
수도회에 속하였던) 아우구스티누스(Augustinus) 파 아그네텐베르크
(Agnetenberg) 수도회를 알게 되어, 청원자로 가입하게 된다. 1407년
에는 수도서원을 하고, 이어 1413/14년에는 사제 서품을 받게 된다.
1448년에는 수도원의 부원장으로 수련수사의 지도 신부가 되어, 수련
수사들을 위한 많은 영성 수련 교재를 편찬한다. 그의 지도 아래 이 수
도원은 '새로운 경건' 운동의 중심지로 자리잡게 된다. 그는 1471.5.1
~7.25 사이에 아그네텐베르크에서 사망한 것으로 전해진다. 그는 『그
리스도를 본받아』 외에도, '새로운 경건' 운동의 역사, 『아그네텐베르
크 수도원 연대기』 등의 저술을 남겼다.

2. 책의 등장 배경

본서를 이해하기 위해서는 먼저 저자인 토마스 아 켐피스에게 중대한 영향을 미친 '새로운 경건' 운동에 대해 알 필요가 있다. '새로운 경건' 운동은 초대교회, 광야 수도사들, 교부들의 경건성을 현재에 되살리는 것을 목표로, 13~14세기 네덜란드와 독일의 접경지역에서 발전하였다. 그리스도 중심적인 영성과 깊은 내면성을 지닌 성경 묵상이 특징이며, 교리적 정확성과 교훈적인 잠언 및 삶과 관련된 신비주의 전승의 유포에도 힘썼다.

이 운동이 발생하기 이전부터, 특히 13세기 이래 네덜란드 지역은 신비주의가 매우 발달하였다. 그 중 초기 네덜란드 신비주의의 대표자인 베긴느 하데뷔치(Begine Hadewijch)의 저술은 흐로엔엔달(Groenendaal)의 수도원을 거쳐 '새로운 경건' 운동의 실질적인 창시자인 헤르트 흐로테에게 전달된다. 흐로테는 앞서 언급한 빈데스하임의 수도회를 중심으로 이 운동을 일으켰으며(1412년 공동생활 형제단 Groenendaal 지부와 통합됨), 공동생활 형제단은 이 운동의 중심이 되었다. 이 운동은 플랑드르의 신비주의 신학자 얀 판 뤼스브록스(Jan van Ruysbrocks)와 독일의 신비주의자들에게도 영향을 끼쳤고, 이는『독일신학』(Deutsche Theologie)[2]의 저술을 통하여 루터에게도 영향을 주었다.

'새로운 경건' 운동의 중심단체인 '공동생활 형제단'은 1374년 드벤터에 있는 헤르트 흐로테의 부모님의 집에서 시작되었다. 최초의 지부는 네덜란드, 벨기에, 북서 독일 지역에 걸쳐 약 70채의 가정을 포함하

---

2) 이 책은 14세기의 작품으로 추정되며, 당시의 이단적인 신비주의와 구분하여, 인간 구원을 위한 예수 그리스도의 중요성과 복종의 필요성을 강조하였다. 이 책은 루터에게 많은 영향을 미쳤으며, 그의 편찬에 의해 오늘날까지도 많은 판본이 전해진다.

였다. 이들은 특별한 규칙 없이 책을 서로 주고받는 가운데 공동생활을 하다가, 후에는 일체의 개인적 소유와 수입을 포기하기에 이르렀고, 생계는 이전의 개인적 재산과 기부 및 책의 저술 등에 의존하였다. 이 단체는 초대교회를 삶의 표준으로 삼아 일체의 종단적 요소, 즉 규칙, 서원, 수도복, 수도원 건물 등을 거부하였으며, 상호 간의 충고, 명상을 위한 잠언록, 문자화된 내면의 탐구 등을 통해 개인적 경건과 교회 구조의 개혁을 위한 영성을 발전시켜 나갔다. 또한 모범과 교육, 그리고 신앙심을 고취시키는 문헌 등을 통해 폭넓은 영향을 미쳤는데, 본서『그리스도를 본받아』도 이러한 맥락에서 탄생한 것으로 여겨진다. 15세기 말에는 약 60개의 지부를 성립하는 정도로 성장하게 된다(그 중 25개는 독일 지역). 이들이 주장하는 수도원과 세상의 중간적인 삶의 형태는[3] 끊임없이 교회법에 대해 의심을 환기시켰고, 결국 콘스탄츠 공의회(Konstazer Konzil 1414~18)에서 그 정당성이 논의되기에 이르른다. 1439년에는 교황 에우제니오 4세(Eugenius IV)에 의해 세속수도회로 승격하였으나, 이후 점차로 쇠퇴하여, 종교개혁 이후 17세기에는 완전히 모습을 감춘다. 그러나, 20세기 들어 스위스에서 동일한 이름을 가진 평신도 생활 공동체가 세워지기도 하였다.

　『그리스도를 본받아』(De imitatione Christi)는 '새로운 경건' 운동에서 즐겨 사용하던 라피아리움(Rapiarium, 일종의 명문선집)에 속한다. 당시 독일-네덜란드 지역에서는, 특히 신비주의 전통의 영향 하에서 명

---

3) 당시에는 이와 유사한 세속적 종교단체들이 많이 발생하였는데, 이 중 대표적인 하나가 베긴과 베가르드(Beginen und Begarden) 운동이다. 베긴은 여성구성원을, 베가르드는 남성 구성원을 의미하며, '공동생활 형제단'처럼 수도원적 가정공동체를 결성하여, 경건하고 금욕적인 생활을 하였다. 이 운동은 13세기 초 벨기에와 플랑드르 지방에서 성행하였으나, 1215년 제 4차 라테란공의회에서 새로운 공동체 건설이 금지되었다. 이후 이 단체는 교회 안으로 흡수되거나, 종교개혁 운동으로 이어지기도 하였다.

상을 위한 그리스도의 생애와 수난에 대한 설교, 저술 등이 많이 나타나는데, 본서도 이러한 저술 중의 하나라고 볼 수 있다. 본서의 성공은 수도회 및 국가 간의 경쟁과 맞물려 17세기 이래 저작권에 많은 논쟁을 낳기도 하였다. 15세기 경에 이미 약 800개의 필사본이 존재하였고(그 중 150개 정도가 번역본), 1800년까지는 약 2,300개의 인쇄본이 출간되었다.[4] 현재의 판본은 토마스 아 켐피스에 의해 완성되었으며, 책의 성격상 저자라기보다는 편자로서 취급하는 것이 일반적이다. 본서는 성경 외에도 (12세기 시토(Cîteaux) 수도회의 창립자이며, 실천적 신비주의자로 불리는) 클레르보의 베르나르(Bernard de Clairvaux, 1090 or 91~1153), (새로운 경건 운동에 영향을 미친 카르투시오(Kartause) 수도회의 인물로서, 4복음서로부터 『그리스도의 삶』(Vita Christi)을 편찬하였던) 작센의 루돌프(Ludolf von Sachsen, 1300~77 or 78) 등의 영향을 받았으며, '새로운 경건' 운동의 여러 인물들 또한 중요한 영향을 미쳤다.

3. 줄거리

본서는 총 4부로 구성되어 있다. 1부는 수도원과 세상에서의 초심자를 위한 종교적 생활 안내의 내용을, 2부는 내적 생활과 기도 속에 신과 만나기 위한 전제조건들로서 겸손, 화평, 단순함, 고난에 대한 준비 등을 다루고 있다. 3부에서는 겸손, 순종, 신뢰, 십자가를 따름 등 성도의 올바른 태도 가운데 그리스도와의 일상적인 교제로부터 나오는 내적 위로를 기술하고 있으며, 책에서 가장 많은 부분을 차지한다. 4부는

---

4) 성경을 제외하고는 가장 많은 언어로 번역된 책이라고 언급된다.

성찬과 기도에 관한 내용으로, 내용면에서 책의 다른 부분과 구별된다. 『그리스도를 본받아』의 주제는 1부의 표어(요 8:12)로부터 계속 반복되어 나타나지만, 책 전반을 지배하는 것은 아니다. 오히려 성직자 및 평신도를 위한 종교적인 지시들의 모음집이라고 할 수 있다.

본서에서 어떤 체계화된 사상을 발견하는 것은 매우 힘들기에 줄거리를 요약하는 것도 매우 어렵다. 다만 독자들이 주의해서 읽어볼 가치가 있는 경구들을 나열하여 연결하는 수준에 만족할 수밖에 없다. 먼저 제1부는 '영적 생활에 대한 권면'을 제시하는데, 가장 먼저 해야 할 것으로 "예수 그리스도의 삶에 대해 생각하는 것"을 들고 있다. 성도들이 복음을 들으면서도 따르지 않는 것은 그리스도의 영이 없기 때문이며,(1장) 자신의 구원을 이루는 것 이외의 것들에 마음을 빼앗기는 자는 어리석다고 주장한다. "자신을 바르게 이해하고 겸손하게 평가하는 것이야말로 가장 고상하고 가치 있는 지혜"이며, "자신이 다른 사람보다 더 선하다고 여기지 말라. 왜냐하면 당신 자신도 은혜의 상태 안에 얼마나 오래 머무를지 알 수 없기 때문이다. 우리는 모두 연약하다. 그리고 당신 자신이 누구보다도 더 연약하다는 것을 기억하라"고 권면한다.(2장)

본서의 저자는 "오직 주님께서만 말씀하십시오"라고 기도하며, "자신을 다스리고자 애쓰는 것보다 힘든 싸움이 어디 있겠는가?"라고 질문한다.(3장) "사랑이 아니라 필요 때문에 순종하는 경우"에 대해 경고하며,(9장) 가능한 한 공적인 모임을 피할 것을 권면한다. 또한 "말하기를 좋아하는 이유는 그렇게 함으로써 위안을 얻고 여러 가지 근심들로 지친 마음을 회복할 수 있으리라고 생각하기 때문"이라고 지적하는데,(10장) 이는 욕망의 억제와 함께 적절한 분출을 권하는 현대의(특히,

정신분석)의 경향과도 부합한다.

자신의 결점들을 일 년에 하나씩 뽑아냄으로써, 달성할 수 있는 의로움에 대해 권면하며,(11장) "하나님을 완전히 신뢰하는 자에게는 사람의 위로가 필요 없다"고도 주장한다.(12장) 한편, "아무런 문제나 시험도 없을 만큼 거룩한 수도원이나 은밀한 장소는 존재하지 않는다"고 말하며, "도망치는 것으로는 아무도 승리할 수 없음"을 알려 준다. 또한 "시험에 빠진 자들을 엄하게 다루지 말며, 당신 자신을 소중히 여기는 것과 똑같이 그들을 격려해 주라"고 권면하며, 한편 이러한 "시험은 우리의 참 모습을 드러내게 한다"고 고백한다.(13장)

"당신 자신을 자신이 바라는 대로 만들 수 없으면서, 어떻게 다른 사람이 당신이 원하는 만큼 완전해지기를 바라는가?"고 질문을 제기하며,(16장) "더욱 성장하기를 바란다면, 우리는 참으로 부지런해질 필요가 있다. 우리가 늘 자신을 되돌아볼 수는 없지만, 아침이나 저녁에 적어도 한 번은 그런 시간을 가져야 한다"고 주장한다. 나아가 읽고 쓰고 기도하고 묵상할 뿐 아니라 공공의 이익을 위한 일에도 참여하라고 권면한다. 또한 영적 훈련의 방법은 저마다 자신에게 맞는 방법이 있다고 기술한다.(19장)

"하나님의 사랑과 인자하심에 대해 자주 묵상하라"고 권면하며, "사람들로부터 좋은 평가를 받는 사람은 때때로 시험을 받는 편이 더 유익하다"고 말한다. 또한 "경건한 영혼은 침묵과 고요 속에서 성장한다"고 기술하고 있다.(20장) 회개하는 마음은 항상 자신을 살피며,(21장) "지금 살아가는 일에 전념"하면 "죽음의 순간에 두려워하지 않고 기뻐할 수 있을 것"이라고 말한다.(23장) 나아가 "공의로운 심판자 앞에 어떻게 설 것인지 늘 생각"하면서, "지금 올바르게 살라"고 주장한다.(24장)

1부의 마지막인 25장에서는 "하나님의 선하시고 기뻐하시고 완전하신 뜻이 무엇인지 분별"할 것을 요구하며, 여기에는 "죄악의 거부와 필요한 은혜의 추구"와 "좋은 모범들의 모방"이 도움이 될 것이라고 말하면서도, "예수님 외에는 다른 모델을 찾을 필요가 없을 것"이라고 주장한다. 무엇보다도 "기도에 힘쓰라"고 권면하며, "좀처럼 외출하지 말고, 조용히 지내며, 가장 맛없는 음식을 먹고, 열심히 일하라. 말은 적게하고, 멀리 보며, 일찍 일어나고, 많은 시간을 기도에 쏟으라. 많이 공부하고, 항상 자신을 훈련하는데 주의하라"고 권면한다. 특히, "저녁시간에 자기 자신을 살피고 분발하고 훈계"함이 중요함을 언급한다.(25장)

제2부는 '내면 생활에 대한 권면'이라는 표제를 지니며, "하나님의 나라는 너희 가운데 있다"는 누가복음 17:21과 "당신의 마음 안에 그 분이 거하실 처소가 준비되면, 그리스도는 당신에게 오셔서 위로를 베푸실 것이다"는 요한복음 14:23의 성경구절 인용으로 시작한다. 저자는, '참된 가치'는 예수의 시각에서 나옴을 지적하며, "내면의 빛을 따라 걸으며 눈에 보이는 것들에 너무 영향을 받지 않는 사람은 기도를 위한 특별한 시간이나 장소가 필요하지 않다. 당신의 내면 생활이 올바르게 정돈되고 마음이 깨끗하다면, '모든 일이 서로 협력해서 선을 이룰'(롬 8:28) 것"이라고 주장한다.(1장) 또한 "사람이 겸손하게 자신의 결점을 인정할 때, 그는 곧 다른 사람을 진정시키고 자신의 감정을 상하게 했던 사람들과 화목하게 될 것"임을 제시하면서,(2장) "무엇보다 자신이 평화로워야 다른 사람에게도 평화를 줄 수 있다. 만족이 없고 안식이 없는 사람은 자신 안에 평화가 없을 뿐만 아니라, 다른 사람에게도 평화를 허용하지 않는다. 다른 사람이 당신을 참아주기 바란다면, 당신도 그들을 참아 주어야 한다"고 갈라디아서 6:2을 인용하면서 제시한다. 또한 "다루기 어렵고 완고하며 제멋대로인 사람들 그리고 자기를 반대하는 사람과 함께 평화롭

게 지내는 것이야말로 큰 은혜이며 가장 훌륭하고도 용감한 성취"라고 주장한다.(3장)

"사람이 영적으로 나태하고 미지근해지기 시작하면, 가장 쉬운 수고조차 힘들게 느껴지고, 세상적인 위로나 간절히 원하게 된다. 하지만 자신의 자아를 이기고 하나님의 방식으로 담대하게 나가기 시작하면, 전에는 무거운 짐으로 여겨졌던 일들까지도 아무것도 아닌 것으로 여기게 된다."(4장) 또한, "자신이 다른 사람들로부터 고통 받을 때는 재빨리 깨닫고 분노하면서도, 다른 사람들이 우리로 인해 얼마나 괴로워하고 있는지에 대해서는 생각하지 않는다."(5장)

"악인들에게는 평화가 없다"는 이사야 48:22의 말씀과 관련하여 말하기를, "당신이 사람들에게 칭찬을 받는다고 해서 거룩한 것도 아니고, 비난을 받는다고 해서 악한 것도 아니다. 당신은 당신 자체로 남아 있고, 하나님께 당신의 존재 자체보다 더 훌륭하게 평가될 수 없다"고 주장한다. 그리고 "사람이 자신 외에 어떤 다른 증인을 찾지 않을 때, 그는 자신이 모든 신뢰를 하나님께 두고 있음을 보여 주는 것"이라고 말한다.(6장) 또한 "모든 피조물들을 향한 마음을 비울 수 있다면, 모든 것에서 예수님을 찾고 구한다면, 당신은 반드시 그분을 만나게 될 것"이라고 주장한다.(7장)

"영적인 기쁨, 그것은 덕행으로부터 나오며, 하나님은 그것을 깨끗한 마음 안에만 주입시켜 주시기 때문"이라고 얘기하지만, 이어서 "아무도 이러한 천국의 위로를 마음껏 누릴 수는 없다. 곧 유혹이 뒤따르기 때문"이라고 현실적인 상황을 지적한다.(10장) 또한, "천국에 있는 예수님의 왕국을 사랑하는 이들은 많지만, 그분의 십자가를 지려는 사람은 거의 없다. 그분에게 위로를 받으려는 사람은 많지만, 고난을 바라는 사람은 적다. 위로를 얻기 위해서가 아니라 진정으로 예수님 자신 때문에 그분을 사랑하는 사람들"을 구하며, "언제나 자신이 받을 이익과 소득만을 생각하는 사람들은 그리스도가 아니라 자신을 사랑하는 사람"이라고 주장한다.(11장) 하지만, "사람은 본래 십자가를 지거나, 그것을 사랑하거나, '몸을 쳐서 굴복시키'(고전 9:27)려는 성향을 갖고 있지 않음"을 인정하며, "만약 당신이 자신의 힘을 의지한다면, 당신은 이런 것들 중 아무 것도 이루지 못할 것"이라고 말한다.(12장)

제3부 "내적 위로에 대한 권면"은 본서에서 가장 긴 부분으로, 2부와 비슷하게 내적 위로를 다루고 있는데, 대화체의 방식으로 쓰여졌다. 저자는 "자격도 없는 사람에게 은혜가 주어졌음을 두려워하라. 이런 느낌들은 곧 정반대로 돌변할 수 있으므로 그 느낌을 너무 믿어서는 안 된다. 영적 생활에서의 성장은 위로의 은혜를 누리는 데 있는 것이 아니다. 오히려 은혜가 거두어지더라도, 겸손과 포기와 인내로써 그것을 견디는 데 있다"고 말한다.(7장) 또한 그리스도의 입을 빌어 "내가 너에게 원하는 것은 네가 유혹과 고난이 없는 곳을 찾으려고 애쓰지 않는 것이다. 오히려 나는 네가 여러 가지 유혹에 휩싸이고 수많은 고난들로 인해 시험을 당할 때에도 그것들을 이겨낼 수 있는 평화를 얻길 바란다"고 권면한다.(12장) "수고 없이는 안식을 얻을 수 없고, 싸움 없이는 승리도 있을 수 없다"고 주장하며,(19장) "너의 내면생활이 건강하다면, 너는 사람들의 덧없는 말 따위에 관심을 두지 않을 것"이라고 언급한다.(28장)

또한 평안을 얻기 위해서는 무절제한 욕망을 버려야 한다고 말한다. "순전히 자기의 이익만을 추구하는 자들, 자기 자신만을 사랑하는 자들, 욕심이 많은 자들, 호기심이 많은 자들, 방랑자들, 예수 그리스도에 관한 것을 찾지 않고 언제나 세상적인 것을 찾으며 감당하지 못할 것을 꾸미고 만들어 내기 일쑤인 사람들은 모두 속박에서 벗어나지 못한다"

고 주장하며,(32장) 또한 느낌은 순간적이기 때문에, 자신의 느낌을 전적으로 의지하지 말라고 권면한다. 대신 자신의 마음을 주님께 맡기고, "하나님을 두려워해야 한다. 그러면 사람들이 만들어 내는 공포 따위는 조금도 두렵지 않게 된다"고 제언한다.(36장)

또한 마음의 평안을 얻기 위해서 사람은 "자신을 포기해야 한다. 그러면 그리스도를 얻게 될 것"이라고 말한다. "모든 것을 얻으려면, 모든 것을 주어라. 어떤 것도 구하지 말고 어떤 것도 요구하지 말라. 순수한 마음과 확고부동한 신념으로 내 안에 거하라"고 권면하며,(37장) "하나님의 자녀는 비록 세상의 물질을 바탕으로 살아가지만 그래도 언제나 영원한 것을 동경한다"고 말한다.(38장) 또한 세상에서 그는 염려하지 않으며, 모든 염려를 주님께 맡기고, 그래서 그는 진정으로 이 세상을 바라보면서 살아가는 자가 아니라, 영원한 나라를 바라보면서 살아가는 자라고 주장한다.(39장)

저자는 "주님, 주님 보시기에 모든 사람은 그 자신일 뿐 그 이상의 아무것도 아닙니다"(50장)라고 겸손히 인정하며, "너는 덕을 세우려는 열정으로 언제나 불타오를 수도 없고, 변함없이 고상한 묵상만 하며 지낼 수도 없다. 너는 죄 많은 인간의 본성이라는 약함으로 인해 자주 하찮은 일들에 휩쓸리고 현생의 짐들을 슬퍼하며 견뎌내야 한다. 죽을 수밖에 없는 육체를 입고 있는 한, 너는 마음이 피곤하고 슬플 수밖에 없을 것이다. 그럴 때 너는 사소하고 외적인 일들을 수행하고, 선행을 통해 네 자신을 회복시키는 것이 현명하다"고 권면한다.(51장)

"환난 중에 보여주는 인내와 겸손이 평안할 때 보여주는 믿음과 기쁨보다 더 나를 기쁘게 한다. 어떤 작은 문제로 인해 비난을 받을 때 왜 그렇게 낙심하느냐? 그것은 네가 최초로 저지른 잘못도 아니고, 새로운 것도 아니다. 그리고 만약 네가 오래 산다면, 그것이 너의 마지막 잘못이 되지도 않을 것이다. [...] 환난이 찾아올 때 그것을 즐겁게 견디지 못할지라도, 용감하게는 견뎌내라"고 주님의 이름으로 권면한다.(57장)

마지막으로 4부에서는 "인간과 하나님과의 합일을 이루는 신비적인 성례전"이 다루어진다. 올바른 성만찬의 수행은 신앙인의 참된 회개가 전제되어야 하며, 겸손한 마음이 또한 수반되는 것을 전제로 한다. 1장에서 제자(사제)는 성찬식과 관련하여 다음과 같은 생각을 가질 수 있음을 언급한다. "당신의 감미로운 말씀이 나를 격려하지만, 내가 지은 수많은 죄가 나를 억누릅니다. 당신과 함께하고 불멸의 양식을 받고 영원한 생명과 영광을 얻으려면, 당신에게 와서 당신을 전적으로 의지하라고 당신은 나에게 명령하십니다."(1장) 그러나 이 명령은 "사제에게 큰 기쁨의 일이 되어야 하며, 또한 사죄의 죄악이 이에 장애가 되지 않아야 한다". 성례전을 통해서 그리스도는 사제에게 "천국의 양식과 천사들이 먹는 떡을 기꺼이 주시고자 하니, 이 양식과 떡은 천국으로부터 내려와 세상의 생명을 주는 생명의 떡이 된다"고 말하며, 그래서 사제는 "항상 마음을 새롭게 함으로 마음의 준비를 하고, 신비스러운 구원의 성찬식을 신중히 생각해 봐야 한다."(2장) 이 성찬은 많은 유익을 지니며, 성찬에 임재하시는 그리스도는 "영혼을 풍성하고도 배부르게 하는 생명의 양식"이며, 따라서 "당신의 몸을 적당히 먹는 자는 영원한 영광의 동참자요, 상속자가 될 것"이라고 말한다.(3장) 참여하는 자는 그리스도와 연합하며, 영적인 즐거움을 누리는 자가 된다. 그래서 참여자는 거룩한 마음으로 참여해야 한다. 참여자는 "주님, 나는 순수한 마음과 선하고 굳건한 믿음으로 당신의 명령에 따라 소망과 존경심을 가지고 당신에게로 나아갑니다"라고 기도하며,(4장) 주 앞에 나아간다.
성찬에 대한 사제의 이러한 기도에 그리스도는 5장에서 응답한다.

성찬의 거행은 인간의 공로에 의한 것이 아니다. "신비스러운 성찬식은 숭고하고도 아주 중요한 행사이다. 천사들에게도 허락되지 않는 직무가 성직자들에게 부여되니, 성직자들의 권위야말로 참으로 위대하다". 그래서 성찬을 행하는 성직자는 "온갖 은혜를 베풂으로써 다른 이들의 칭송을 받을 만해야 하고, 타의 모범이 될 만큼 선한 생활을 해야 한다." 성직자가 성례를 거행할 때에는 "하나님 앞에 영광을 드리고 천사들을 즐겁게 하고 교인들을 교화하고 살아있는 자들을 돕고 죽은 자들을 추모하여 스스로 모든 선한 일에 참여해야 한다."(5장)

6장에서 제자는 다시 성찬식을 거행하는 올바른 방법을 가르쳐 달라고 그리스도께 간구한다. 그리스도는 무엇보다도 "성직자는 겸손한 마음과 간절한 공경과 독실한 믿음과 또한 하나님의 영광을 중요시하는 마음가짐으로 성례를 거행하고 성체를 받아야 하며", 더불어 "결점들에 대한 통회하는 마음과 개선에 대한 확고한 마음을 가지고, 제자는 그 자신을 완전한 번제물로 먼저 드려야 한다"고 대답한다.(7장) 또한 "온 힘과 정성을 다하여 그대 내부의 능력이 미치는 데까지 성찬식에서 매일같이 그대 자신을 순수하고 성스러운 성찬으로 삼아 기꺼이 나에게 바쳐야 한다"고 말한다.(8장)

9장에서 제자는 그리스도 앞에 회개의 기도를 한다. 이에 그리스도는 10장에서 성찬을 경솔하게 받지 않도록 명령한다. 그러면서 그리스도는 성찬에 참여하는 자들의 마음자세에 대해서 언급한다. 11장에서 제자는 그리스도에게 세상에 거룩한 떡, 즉 그리스도의 고귀한 몸이 놓인 신성한 제단을 주신 것과 다른 또 하나의 상인 하나님의 율법을 주신 것을 감사드린다. 그러면서 "성직자들의 손은 얼마나 깨끗해야 하고, 그들의 입은 얼마나 정결해야 하며, 그들의 몸은 얼마나 거룩해야 하고, 그들의 마음, 즉 정결의 창시자이신 하나님이 너무나 자주 드나

드시는 마음은 얼마나 깨끗해야 할까요?"라고 질문한다.(11장) 이에 대해 그리스도는 12장에서 "나는 순결을 사랑하고, 청결한 마음을 찾는다"고 대답한다.(12장)

13장에서 제자는 다시 "내가 완전히 당신과 결합하고, 모든 피조물에서 내 마음을 끌어내고, 성찬식에 참여함으로써 더욱 많이 배우고, 성찬식을 자주 거행함으로써 거룩하고 영원한 것을 맛보게 하소서," 또한 "주님, 나는 기꺼이 당신과 함께 있고자 하오니, 제발 나와 함께 하소서. 내 마음이 당신과 연합되도록 하는 것이 나의 유일한 소원입니다"라고 기도한다.(13장) 이 기도는 14장에서도 계속되는데, "주님, 나에게 은혜를 베풀어 주소서. 성찬식을 통해서 당신께서 나를 진심으로 사랑하신다는 것을 조금이나마 느끼게 함으로써, 나의 믿음을 한층 더 견고케 하시고 당신의 선의에 대한 나의 소망을 크게 하시며, 천국의 만나를 맛본 후에 완전히 불붙은 사랑의 불이 영원히 꺼지지 않게 하소서"(14장)라고 기도한다. 이에 대해 그리스도는 15장에서 "그대 자신을 진심으로 하나님께 내맡기고, 자신의 쾌락이나 뜻에 따라 이것저것을 함부로 구할 것이 아니라 하나님 안에 거하라. 진심으로 하나님을 찾아 구하고 자기의 영혼을 헛되게 받아들이지 않는 사람은 하나님과 연합되고 평안을 얻게 되리라"고 대답한다.(15장)

이어서 제자는 그리스도께서 임하여서, 자신과 한 몸이 되게 하시고, 이러한 내적 연합의 은총과 뜨거운 사랑으로 녹아지게 해달라고 간구한다.(16장) 그리고 그는 "내 것으로는 아무것도 남겨두지 않고, 나 자신과 내가 가진 모든 것을 자유로이 그리고 아주 즐겁게 당신에게 희생으로 바치고 싶다"고 기도한다.(17장) 마지막으로 그리스도는 18장에서 제자에게 "순전하고 의심나지 않는 믿음을 가지고 나아가라. 간절히 구하는 자가 지니는 존경심으로 성찬식에 참여하라. 그리고 이해할 수 없는 것이 있으면 무엇이든지 전능하신 하나님께 안심하고 맡겨라. 하나님은 그대를 속이지 않으신다. 그러자 자기 자신을 너무 믿는 자는 속임을 당하게 된다"고 대답한다. 왜냐하면 "영원하고 불가사의하며 전능하신 하나님은 하늘과 땅에서 위대하고도 탐구 불가능한 일을 행하시니, 인간은 그분이 행하시는 신비로운 일을 헤아릴 수 없기" 때문이다.(18장)

4/5. 핵심 주제와 책의 평가

본서의 핵심 주제는 그리스도를 따름, 그리스도와 하나됨, 십자가 그리고 영적 경건의 훈련이다. 그리스도를 본받는 삶은 그리스도인다운 태도의 삶을 가져야 하는데, 그리스도가 보인 겸손, 자기 수양, 박애와 순종의 삶을 따라서 살아야 한다고 주장한다. 본서는 세상에서의 삶에 대해서는 많은 내용은 담지 않고, 대신 그리스도를 그리고 하나님과의 직접적인 교제의 가능성을 가장 중요한 핵심사상으로 제시한다. 신비적인 그리스도와의 연합이 그 핵심이라고 할 수 있으며, 이러한 연합의 핵심은 역시 그리스도의 십자가다. 십자가는 그리스도의 모든 능력이 담겨져 있으며, 그리스도를 따르는 삶은 철저하게 고난과 환난의 삶이라고 말하고 있다.

본서에는 이와 같이 '새로운 경건' 운동의 다른 저술들처럼, 수련수사를 위한 교육적인 내용이 많이 포함되어 있으나, 수도원의 영역을 넘어서 세상의 사람들에게도 적용이 가능한 것이 또 하나의 특징이라고 할 수 있다. 이 책은 중세 후기의 경건성과 관련된 '새로운 경건' 운동의 대표적 저작물로서 가치를 가질 뿐 아니라 근대의 카톨릭에도 많은 영향을 미쳤는데, 이는 특히 예수회의 창시자인 이그나티우스 로욜라(Ignatius of Loyola)에게서 두드러져서, 그의 '영성의 훈련'(Exercitia Spiritvalia)의 주요 원천이 되기도 하였다(특히 2~4장). 뿐만 아니라 개신교에서도 일반적으로 높은 평가를 받고 있으며(성만찬을 다룬 4장을 제외하고), 특히 근대 초기의 경건주의 운동에 많은 영향을 미쳤다. 웨슬리(John Wesley)는 자신의 회심에 가장 많은 영향을 준 책으로 본서를 꼽기도 하였다.

6/7. 적용 및 토의 사항

앞서도 언급한 바처럼, 본서는 세상을 등진 사람들, 세상을 경시하는 사람들을 위하여 씌어졌다. 그러나 베버가 『프로테스탄트 윤리와 자본주의 정신』에서 주장하는 바처럼, 개신교의 영성 혹은 윤리는 '세상을 떠난', '세상 밖의' 영성과 윤리가 아니라, '세상 속의' 금욕, '세상 속의' 윤리이다.[5] 이러한 맥락에서 단순한 좋은 권고가 아니라, 현대를 살아가는 지침으로서 본서의 내용을 적용하기 위해서는 많은 고민과 노력이 필요할 것으로 보인다. 실제로 성경에 나타난 하나님의 사랑은 세상을 떠난 명상이 아니라, 이웃과의 사랑 속에서 실천될 수 있다. 그러나 본서는 "만약 당신이 모든 피조물들을 향한 마음을 비울 수 있다면 [...] 당신은 반드시 그분을 만나게 될 것"(7장)이라고 권면한다. 이러한 권면은 일면 타당하지만, 이웃과의 관계, 이웃을 향한 사랑과 모순된 것으로 해석될 수도 있다. 또한 "좀처럼 외출하지 말고, 조용히 지내며, 가

---

5) 본서에 실린 필자의 『프로테스탄트 윤리와 자본주의 정신』 부분 참조.

장 맛없는 음식을 먹고, 열심히 일하라. 말은 적게 하고, 멀리 보며, 일찍 일어나고, 많은 시간을 기도에 쏟으라. 많이 공부하고, 항상 자신을 훈련하는데 주의하라"고 권면하지만, 복잡한 현대생활 속에서 이것이 얼마나 가능할지는 의문이다. 수도원적 혹은 더욱 거슬러 올라가 초대교회적인 이상은 단순한 이상이 아니라, 현실 속에서 적용될 수 있어야 한다. 프랑스의 인류학자 르네 지라르(René Girard)는 "예수는 토마스 아 켐피스적 의미에서, 그의 『그리스도를 본받아』에 나타난 바와 같은 금욕을 제안한 적이 없다"고 주장하기도 한다.[6]

  "하나님을 완전히 신뢰하는 자에게는 사람의 위로가 필요 없다"(12장)는 본서의 주장은 때로는 하나님께서 '사람을 통해 주시는 위로'와 모순된다. "경건한 영혼은 침묵과 고요 속에서 성장"하지만, 이것이 무엇을 위한 성장인지 생각해 볼 필요가 있다. 때로 본서의 경건에 대한 요구(ex. 1부 24장의 '지금 올바르게 살라')는 '믿음으로 인한 구원'의 개신교적 교리와 모순된 것처럼 보이기도 한다. '인내'를 강조하지만,(2부 3장) 이 땅에 사는 우리의 인내함은 한계가 있다. 이러한 불평(?)들은 한편으로는 본서의 요구들을 제대로 따르는 것을 방해할지 모르지만, 참다운 따름은 회의와 고민 가운데, 현재 속에서 실천적인 길을 찾아가는 것인지도 모른다.

8. 연관해서 읽으면 유익한 문헌

---

6) "Neither does Jesus propose an ascetic rule of life in the sense of Thomas à Kempis and his celebrated Imitation of Chrish, as admirable as that work may be." Rene Girard, *I See Satan Fall Like Lightning* (Cambridge University Press, 2001), 13. 한국어판은 약간 다르게 번역되어 있다. 르네 지라르, 『나는 사탄이 번개처럼 떨어지는 것을 본다.』, 김진식 옮김, (문학과 지성사, 2004), 27.

본서의 한국어 번역서는 수십 종에 달한다. 필자가 일일이 점검하지 못한 관계로, 어떤 번역서가 가장 좋은지 확인할 수는 없었지만, 일단 유재덕 교수의 개정판 번역서와 두란노에서 출간된 번역서를 추천해 놓았다.

본서의 정확한 이해를 위해서는 중세 말에서 종교개혁으로 접어드는 시기에 대한 교회사적 이해가 필요하며, 특히 본서의 배경이 된 '새로운 경건' 운동의 배경과 의미를 살펴볼 필요가 있다. '새로운 경건' 운동에 관한 중요 저술들은 아쉽게도 번역되어 있지 않다. 영문서로는 운동의 개요와 전개에 대하여는 Albert Hyma, *The Christian Renaissance: A History of the Devotio Moderna*(Kessinger Publishing, 2008)를, 운동의 주요 저작들은 John H. van Engen, *Devotio Moderna: Basic Writings*(Paulist Press, 1988)을 추천한다.

우리말로 번역된 것으로는 본서와 마틴 루터를 매개한 것으로 얘기되는 '독일신학'(Deutsche Theologie)이 『마틴 루터의 독일신학』, (최대형 옮김; 은성, 2003) 이라는 제목으로 출간되어 있으며, 적용 및 토의사항에서 언급한 지라르의 책이 『나는 사탄이 번개처럼 떨어지는 것을 본다』, (김진식 옮김; 문학과 지성사, 2004)라는 이름으로 출간되어 있다.

『그리스도인의 자유』 마르틴 루터

『Von der Freiheit eines Christenmenschen』 Martin Luther, 1520.

김광채 역편, 좋은 땅, 2013.

정병식(서울신학대학교, 교회사)

1. 저자 소개

마르틴 루터(Martin Luther)는 1483년 11월 10일 만스펠트 공작의 통치지역인 아이슬레벤(Eisleben)에서 태어났다. 태어난 다음날 세례를 받으면서 일일성인의 이름을 따와 마르틴이라고 불렀다. 1484년 온 가족이 만스펠트로 이사했다. 이곳에서 루터의 아버지는 소광산연합회의 노조원으로 일하며 제련기술자가 되었다. 아버지는 만스펠트에서 완전한 시민권을 얻어 시민 대표로 일할 기회도 가졌다. 가정 형편이 좋아지면서 루터는 좋은 교육적 혜택을 받았다. 그는 먼저 7년간 (1490~1497) 만스펠트 공립학교를 다녔다. 그후 마그데부르크로 전학하여 성당학교를 1년 동안 다녔다. 루터는 기숙사에서 공동생활 형제단(네덜란드에서 시작된 경건운동)을 통해 새로운 경건(Devotio moderna)을 소개받을 수 있었다. 그러나 이곳의 비싼 학비는 루터에게 큰 부담을 주었고, 그는 1498년 봄에 아이제나흐(Eisenach)에 있는 성 게오르크 사제학교를 다녔다. 루터의 어머니가 이곳 출신이기에 생활과 학업에 도움이 되었다. 루터는 성가대로 활동했고, 하숙집인 고타와 샬베의 가정에서 과외를 하며 생활비를 충당했다. 루터는 이곳에서 프란시스코적인 경건을 배울 수 있었다.

루터는 1501년 대학에 입학하기 위해 아이제나흐를 떠나 에어푸르트(Erfurt)로 갔다. 에어푸르트 대학은 1392년 설립된 대학으로 아이제나흐에서 가장 가까운 대학이었다. 비텐베르크 대학은 이 시점에는 아직 존재하지 않았다. 중세의 대학은 신학, 법학 그리고 의학이라는 전문 영역을 배우기 이전 단계로서 일반적인 철학 수업을 하는 곳이었다. 교과목은 심리학, 형이상학, 논리, 도덕철학, 자연철학 등이 포함되어 중세 초기의 인문교과목(artes liberales)보다 더 폭이 넓었다. 루터는 인문학부에서 요도쿠스 투르트페터(†1519)와 우징겐의 바톨로메우스 아르놀디(†1532)라는 스승을 만났고, 근대의 길 혹은 유명론적 교육을 경험했다. 중세의 인문 교육은 기독교적 색깔이 강했다. 인문학부 교수들 역시 신학 교육을 받은 사람들이었다. 루터는 1505년 봄 인문석사(Mag.art)로 학업을 끝냈다. 그는 졸업생 17명 중에서 2등으로 석사를 마쳤다. 루터는 석사로서 2년간의 인문학부 의무 교육을 수행했다. 이것은 관례로서 저학년을 가르치면서 고학년 수준의 학업을 계속하는 것이었다. 그는 1505년 봄부터 조교(철학 석사)로 일하면서 부모의 소원이던 법학을 공부하기 시작했다. 하지만 그의 인생을 송두리째 바꾸어버린 사건은 이로부터 몇 주 후 일어나게 된다.

루터는 1505년 방학을 맞아 며칠간 집을 방문했고, 7월 2일 돌아오는 중 스토테른하임(Stotternheim) 마을에서 폭우와 천둥번개로 인해 걷잡을 수 없는 두려움에 빠져들었다. 그는 순간 죽음에 대한 공포를 느낀 나머지 성 안나에게 수도사가 되겠다고 서원했다. 친구들은 그의 서원이 구속력이 없다고 설득했지만, 루터는 약속을 이행하기로 결심했고, 1505년 7월 17일 에어푸르트에 있는 아우구스티누스 엄수파 수도원(Augustiner Eremiten)에 들어갔다. 1517년이 종교적 대변혁의 전환기였다면, 1505년은 루터 개인의 인생의 대전환점이었다. 한 인간의 변혁이 없이 세상의 변혁은 일어나지 않는다. 당시 아우구스티누스 엄수파 수도원은 에어푸르트시뿐만 아니라 대학에서도 영적인 명성을 얻었고, 그러한 이유로 루터는 이곳을 택했다. 루터는 수도원에 입교하여 조교로서의 강의도 중단했다. 원장과 수도원회의는 그를 받아들이기로 결정했고, 루터는 수도사로서 머리중앙부를 삭발한 후 검은색의 수도원 복장을 착용했다. 1년은 예비수련기간이다. 수련생은 규정과 원칙을 철저히 준수해야만 한다. 그는 성무일도에 따라 성서읽기에 매진했다. 1년의 예비수련이 끝난 후, 루터는 수도사 서원식을 엄숙하게 거행했다. 여기서 일생을 하나님, 동정녀 마리아 그리고 수도원 책임자에 대한 복종과 가난 그리고 정결을 서약했다. 서원식 후 수도원 원장은 사제서품을 루터에게 권고했다. 그 결과 루터는 1507년 신부 서품을 받았고, 5월 2일 신임신부의 첫 미사를 수도원에서 드렸다. 수도사의 삶은 처음도 끝도 참회의 삶이었다. 수도사는 보속의 행위 역시 완벽하게 이행해야만 했다. 수도원에서 가장 중요한 일은 제단봉사였다. 매일 대미사가 거행되고, 공동미사도 거행되었다. 개인미사 역시 부정기적으로 수행했다. 루터는 모든 것을 잘 수행했고, 사제로서 미사도 엄숙하게 집행했다.

신부가 되던 해인 1507년 루터는 신학공부를 시작했다. 그는 "성서학사"(Baccalaureus biblicus)와 "조직신학사"(Baccalaureus sententiarius)를 거쳐 1512년 박사학위(Doktor biblicus)를 획득했다. 선임교수인 스타우피츠(Staupitz)는 자신의 자리를 루터에게 물려주었고, 루터는 1513년부터 비텐베르크에서 강의를 시작했다. 1차 시편강의(1513~1515), 로마서 강의(1515~1516), 갈라디아서 강의(1516~1517),

히브리서 강의(1517~1518) 그리고 2차 시편강의(1519~1521) 등은 종교개혁적인 루터신학의 근원지 역할을 하고 있다. 특별히 초기 강의 활동 중 1517년 면죄부 반박 95개 논제를 내걸어 종교개혁을 시작했고, 1520년에는 종교개혁 3대 저서를 집필했다. 여기서 소개하는『그리스도인의 자유』는 1520년에 나온 종교개혁 3대 저서 중의 하나이다.

2. 책의 등장 배경

1520년은 루터의 종교개혁에 있어서 하나의 분수령이 되는 시점이다. 당시 교황 레오 10세(Leo X)는「주여 분기하소서」(Exsurge Domine)라는 교서를 통해 루터가 60일 이내로 자신의 주장을 취소하지 않을 경우, 파문하겠다는 경고장을 보냈다. 루터는 정해진 기한 내에 자신의 주장을 취소하거나 혹은 철회해야만 했지만, 이 경고장은 60일이 훨씬 지난 12월에 수취했고, 게다가 받은 후 곧 불태워 버리고 말았다. 결국 1521년 1월 3일 루터는「교황의 교서」라는 문서를 통해 공식적으로 파문되고 보편적인 가톨릭교회로부터 출교 당한 몸이 되었다.

교황의 경고장과 파문교서가 작성되고 있을 때 루터는 1517년 10월 면죄부 반박 95개 논제로 시작한 교회의 개혁에 대해 좀 더 체계적이고, 구체적이며, 논리성과 호소력을 가진 책을 집필할 필요가 있었다. 이 작업은 대학에서 2차 시편강의를 진행하던 1520년도에 동시에 진행되었다. 위의 저서『그리스도인의 자유』는 1520년 8월에 가장 먼저 집필된『독일 그리스도인 귀족들에게, 기독교의 개선에 대하여』와 같은 해 10월에 나온『교회의 바벨론 포로』라는 저서에 이어 11월 초에 출판되었다. 앞의 두 저서가 한편으로는 귀족들에게 기독교의 개선에 대해 책임과 의무를 가지고 적극적으로 개혁에 앞장 설 것을 종용하고, 다른 한편으로는 로마 가톨릭교회의 성례전에 대해서 비판했다면, 이 책은 회유적인 마음과 태도를 가지고 썼다는 점에서 앞의 두 책과는 성격이 다르다. 앞의 두 책이 객관적인 대상에 대한 개선과 개혁을 서술했다면, 이『그리스도인의 자유』는 신앙의 중요성, 칭의에 있어서 신앙의 의미 그리고 공로와 선행과의 역할에 대해 루터 자신의 적극적이고 솔직하며 유한 진술을 내포하고 있다.

　이 글이 집필된 직접적인 동기는 교황 대사인 밀티츠(Karl von Miltitz, 1490~1529)의 권고 때문이다. 밀티츠는 루터에 대한 적대감을 갖지 않았으며, 루터와 교황 사이에 벌어진 틈을 메우고자 화해적인 차원에서 노력을 기울였다. 이미 1518년 아우구스부르크 심문을 통해서 그리고 1519년 라이프치히 논쟁을 통해서 루터에 대한 증오가 가중되었음에도 불구하고 밀티츠는 1519년 10월 9일 리벤베르다에서 루터를 두 번째 만났다. 그는 루터에게 트리어 대주교에게 자신의 문제를 협의하라고 제안했지만 거절당했다. 1520년 6월 교황의 경고문이 보내진 이후에도 밀티츠는 아이슬레벤에서 열린 아우구스티누스 총회에 참석하여 스타우피츠와 그의 후계자인 벤첼라우스 링크를 만나 순조로운 해결을 제안하며 도움을 요청하기도 했다. 그것은 스타우피츠와 벤첼라우스가 루터를 만나 그로 하여금 교황 레오 10세에게 우호적인 편지를 쓰고 결코 사심을 가지고 교황 개인을 공격하려는 것이 아님을 밝히도록 권고해달라는 요청이었다. 루터는 밀티츠의 직접적인 권고는 거부했으나, 스타우피츠의 요청은 거절하지 않았다. 밀티츠는 루터가 교황에게 보내는 편지가 본인의 의도대로 예의에 적절하게 쓰여진 것인지를 확인하고자 1520년 10월 12일 리히텐베르크에서 루터와 다시 만났다. 루터는 여기서 밀티츠에게 화해의 편지와 더불어 종교적인 책자를 써서 동봉하겠다고 확언해 주었다. 『그리스도인의 자유』는 이렇게 해서 탄생했다. 루터는 교황 레오 10세에게 보내는 공개서한과 더불어 『그리스도인의 자유』(Tractatus de Liberate Christiana)를 라틴어로 작성했다.

3. 줄거리

이 책의 분량은 약 23페이지로 짧은 책이다. 라틴어 원문은 바이마르전집(Weimarer Ausgabe, 7:49~73)에 실려 있다. 독일어로 쓴 것은 바이마르전집 제7권(7:20~38)에 수록되어 있다. 영어로 번역된 것은 미국판 루터선집(Luthers Work) 제31권(343~377)에 수록되어 있다. 한국어 번역은 지원용 교수가 편집한 『루터선집』 제5권(pp. 293~347)에 실려 있다. 라틴어판은 대립관계에 있던 교황 레오 10세에게 보내어졌고, 독일어로 번역된 것은 시장 혹은 지역 영주에게 헌정하는 관례에 따라 당시 츠비카우의 시장인 헤르만 뮐포르트(Hermann Mühlphordt)에게 드렸다. 책은 약 30개의 항으로 구성되어 있다. 1~18항에 속하는 전반부는 그리스도인의 자유에 대해, 19~30항에 속하는 후반부는 그리스도인의 선행에 대해 쓰고 있다.

신앙 혹은 자유의 문제는 그리스도인에게 본질적인 것이며, 내적인간에 속한다. 반면 행위의 문제는 외적인간이 추구하는 것이다. 루터는 이와 같은 기본적인 사고를 바탕으로 크게 두 부분으로 나누어 자신의 생각을 정리하고 있다. 먼저 내적인 것으로 신앙 혹은 자유에 관해 쓰면서 많은 사람이 그리스도인의 신앙을 쉽다거나 혹은 덕행 차원에서 생각하지만, 이것은 신앙을 전혀 체험하지 못하거나 그 힘을 경험치 못한 사람이라고 말한다. 그러면서 매우 역설적인 중요한 명제를 제시한다. "그리스도인이 무엇인지 그리고 그리스도께서 획득하셔서 그에게 주신 자유를 위해 어떻게 행해야 하는지 우리가 잘 인식하고 있음을, 바울도 물론 이에 관하여 많은 것을 썼지만, 나는 다음과 같이 두 가지 결론으로 제시하고자 한다. 그리스도인은 더 할 수 없이 자유로운 만물의 주이며, 아무에게도 예속되지 않는다. 그리스도인은 더 할 수 없이 충실된 만물의 종이며, 모든 사람에게 예속된다."(WA 7, 20,25~21.4). 이 두 명제는 상호 모순처럼 보인다. 그러나 서로 잘 조화시키면 신앙 혹은 자유에 대하여 이해하는데 큰 도움이 된다는 것이 루터의 지론이다. 물론 이것은 둘 다 바울에게 그 출처가 있다. 바울은 고린도전서 9:19에서 "내가 모든 사람에게 자유로우나 스스로 모든 사람에게 종이 된 것은 더 많은 사람을 얻고자 함이라"고 말했다. 로마서 13:8에서는 "피차 사랑의 빛 외에는 아무에게든지 아무 빚도 지지 말라"고 말한다. 사랑은 본질적으로 섬기는 것이며, 사랑을 받는 사람에게 속하는 것이다. 그리스도 역시 만물의 주이셨으나 동시에 율법아래 나셨다(갈4:4). 그는 하나님의 형상을 입은 동시에 종의 형상도 가졌다. 자유자이면서 동시에 종이셨다.

그리스도인이 되는 필수 요건은 하나님의 말씀이다. 하나님의 말씀만 있다면, 그 밖에 다른 모든 것이 없다고 할지라도 영혼은 행동할 수 있으며, 하나님의 말씀이 없는 곳에서는 영혼에 도움이 되는 것이 없다.(김광채 역편, 『크리스챤의 자유』, p. 21) 그리스도는 말씀을 전하는 사명을 수행하고자 세상에 보내심을 받았다. 하나님의 말씀은 무엇인가? 라고 물을 수 있다. 바울에 의하면, 말씀은 육이 되고 고난을 받고 죽음에서 부활하며 또한 거룩하게 하는 성령을 통하여 영광을 받으신 그의 아들에 관한 하나님의 복음이다. 하나님의 말씀의 목적은 인간을 의롭게 하고 자유롭게 하며 구원하려는 것이다. 따라서 의와 구원과 자유를 얻는 것은 신앙을 따르는 길 외에는 없다. 루터는 "하나님의 말씀은 신앙을 따르는 길 외에 다른 어떤 공적에 의해서도 이루어질 수 없다"(상게서, 27)고 말한다. 이 신앙은 공덕과 무관하다. 인간은 신앙에 의해서 새 사람이 되는 것이다. 이 신앙은 내적인간을 만들어 준다. 오직 신앙만이 의롭게 하기에 내적인간은 외적인 공덕이나 행위에 의존하지 않는다. 따라서 그리스도인은 선행을 신뢰하지 말아야 하며, 믿음을 강화시키고 선행에 대한 지식이 아닌 예수 그리스도에 대한 지식 안에서 계속 성장하려는 관심을 가져야 한다.

율법은 공덕을 요구하기에 율법 가운데서는 의롭게 되는 것은 불가능하다. 성경에는 행위와 의식 그리고 율법에 대한 언급이 많이 있지만, 공로 없는 믿음만이 인간을 의롭게 하고 자유하게 하며 구원한다고 루터는 강조한다. 성경은 계명과 약속 두 가지로 구성되어 있다.(상게서, 35) 계명은 선한 것이 무엇인지를 가르쳐주지만, 그것을 행할 힘을 제공하지 못한다. 계명은 탐하지 말라고 가르친다. 그러나 탐할 수 없는 힘을 공급해 주지는 못한다. 인간은 누구나 탐내는 것을 피할 수 없다. 계명과 율법의 요구 앞에서 절망을 느끼는 인간을 돕는 것은 성경의 두 번째 부분인 하나님의 약속이다.(상게서, 39) 율법을 완성하고자 선행에 힘씀에도 불구하고 전혀 이룰 수 없는 것을 신앙으로는 빠르게 성취할 수 있다. 그것은 하나님이 모든 것을 신앙에 의거하도록 해주신 때문이며, 누구나 신앙을 가지면 모든 것을 가질 수 있고, 누구나 신앙을 가지지 않으면 아무것도 가질 수 없게 된다. 이것이 하나님의 약속, 곧 새 약속이며 이것이 바로 신약성서이다.

신앙은 하나님의 말씀과 은총을 연결하는 매개체이다. 루터는 공로

없는 오직 신앙만이 영혼을 하나님의 말씀으로 의롭게 하고, 거룩하게 하며, 참되고 평화롭고 자유롭게 하여 모든 축복에 이르게 하고 하나님의 아들이 되게 한다고 강조한다.(상게서, 41) 요한복음 1:12의 "그 이름을 믿는 자에게는 하나님의 자녀가 되는 권세를 주셨으니"라는 말씀이 이에 부응한다. 하나님의 말씀과 신앙만이 영혼을 다스린다. 뜨거운 쇠는 불과 결합되었기에 불처럼 벌겋게 타듯이, 말씀도 인간의 영혼을 열정으로 타오르게 하는 힘인 불과 같은 것이다. 따라서 말씀과 신앙에 굳게 선 사람은 선행이 필요 없으며, 율법도 필요하지 않다. 그는 당연히 율법에서 해방되어 신앙 안에서 자유한 몸이 된다. "이것이 곧 그리스도인의 자유, 곧 믿음이다. 이것은 우리를 한가한 사람들로 만들지 않는다. 악하게 살도록 만들지도 않는다. 그렇다고 의와 구원에 이르기 위하여 율법이나 행위를 필요로 하는 사람들로 만들지도 않는다."(상게서, 43) 바로 여기에 신앙의 첫째 능력이 있다. 신앙의 두 번째 능력은 신뢰, 즉 하나님의 약속을 굳게 믿게 하는데 있다. 우리가 하나님께 드리는 것 중 이보다 더 좋은 것은 없다. 하나님에게 드리는 가장 고귀한 예배는 진실, 정직 그리고 신뢰이다. 사무엘상 2:30에서 "나를 존중히 여기는 자를 내가 존중히 여기고 나를 멸시하는 자를 내가 경멸히 여기리라"고 했다. 온전한 신뢰는 순종으로 이끌어 준다. 온전한 순종이 이루어지지 않는 곳에서는 계명의 성취도 없다. 철저한 임무 수행은 온전한 순종에 기초하고 있고, 이러한 순종은 선행에서 오는 것이 아니라, 신앙으로만 가능하다. 신앙의 세 번째 능력은 영혼을 그리스도와 하나가 되게 하는데 있다.(상게서, 53) 마치 신부가 신랑과 하나가 되듯이, 즐거운 교환을 통해 그리스도인이 신랑이신 그리스도와 하나가 되는 것이다. 하나됨은 서로가 가진 것에 대해서 기뻐하게 하고 자랑하게 만든다. 신앙은 마치 결혼반지와 같다. 그 결과 그리스도는 죄를 짓지도, 죽지도, 정죄 받지도 않으시나 신부의 것인 죄와 죽음과 지옥의 고통에 동참하는 것이다. 그리스도는 오히려 이 모든 것을 극복하기 위해 고난을 받고, 죽고, 음부에 내려가셨다. 왜냐하면 그리스도의 의는 모든 사람의 죄보다 크고, 그의 생명은 죽음보다 강하며, 그의 구원은 지옥보다 강하기 때문이다.

　　루터는 재차 오직 신앙만이 율법을 완수할 수 있고, 공로와 상관없이 의롭게 될 수 있다고 강조한다. "너는 한 하나님을 섬기라"는 첫째 계명도 신앙에 의해서만 가능하다. 신앙만이 그리스도인의 의와 계명의 완성을 보장한다. 신앙이 없다면 공적도 쌓을 수 없다. 그리스도는 영적인 제사장이며, 그리스도를 믿는 우리도 역시 그리스도 안에서 제사장들이며 왕들이다.(상게서, 69) 왕이라는 것은 모든 그리스도인은 신앙을 통해 모든 만물보다 더 높여졌으며, 성령의 능력으로 모든 만물의 주가 되었음을 의미한다. 이러한 특권은 전능한 능력이며 영적 주권이다. 제사장이라는 것은 왕보다 더 훌륭한 것으로 하나님 앞에 나아가 타인을 위하여 기도하고 거룩한 일을 서로 가르칠 자격을 말한다. 이것은 제사장에게만 주어진 것이며, 불신자에게는 주어질 수 없다. 그리스도는 우리가 믿기만 하면 형제, 상속자, 왕, 제사장이 되게 해주셨고, 믿음으로 아버지 앞에 나아가 기도할 수 있게 했으며, 제사장들의 업무를 수행하고 행할 수 있게 해주셨다. 그러나 교회 안에 있는 모든 사람이 제사장이지만, 구분해야 할 필요가 있다. 성경은 섬기는 자, 종, 청지기를 특별히 구별하지는 않는다. 그러나 비록 우리가 모두 제사장이지만 우리 모두가 다 공로를 염두에 두고 봉사하거나 가르칠 수는 없다. 우리가 할 수 있다고 할지라도 그렇게 해서는 안된다.

　　내적인간, 자유 그리고 신앙에 의한 의로움에 대해서 마무리하면서 루터는 몇 가지를 강조한다. 첫째, 그리스도의 삶과 사역에 대해서 역사적 사실만을 설교하는 것은 적합하지 않다. 둘째, 인간의 율법과 교부들의 교령을 가르치는 것도 불충분하다. 강조해야 할 것은 그리스도에 대한 신앙의 수립이다. 그리스도는 그리스도이며, 우리 모두를 위한 그리스도이고, 우리 안에서 살아 계시는 그리스도가 설교되어야 한다.

두 번째 부분에서는 외적인간, 즉 행위에 의존하는 인간에 대해서 논하고 있다. 여기서는 모든 것이 신앙에 달려 있다면 왜 선행이 명령되어 있는가? 하는 이의에 대하여 답변하고 있다. 모든 것이 신앙으로 족하다면 선행이 필요 없을 것이라는 생각을 루터는 강하게 거부한다. "그렇지 않다. 너희 몽매한 자들아! 그렇지 않다고 나는 대답한다. 만일 우리가 전적으로 내적이고 완전히 영적인 사람이라면, 그것은 참으로 당연한 것이다. 그러나 우리는 다만 마지막 날인 죽은 자들의 부활의 날에만 그러할 것이다. 우리가 육 가운데서 사는 한 오직 미래에 완성될 것에 어느 정도 나아가기 시작한 것뿐이다. 이러한 이유로 사도 바울은 로마서 8:23에서 우리가 이 세상에서 얻은 모든 것을 '성령의 처음 열매'(상게서 91)라고 까지 부르고 있다. 그것은 우리가 미래에 더 큰 부분인 성령의 충만함까지도 받을 것이기 때문이다. 여기서 그리스도인은 모든 사람의 종이며, 모든 사람에게 예속한다는 것을 재확인할 만하다. 자유로운 한 일하지 아니하나, 종으로 있는 한 그는 모든 일을 행한다."(상게서, 91)

루터는 먼저 신앙과 그로인한 풍요로움은 구원에 이르기까지 날마다 자라야 할 필요성이 있음을 강조한다. 인간은 이 세상에서 자신의 몸을 제어해야 하고, 이웃을 도와야 하며, 금식, 절제, 노동 그리고 적절한 훈련을 하여 몸을 성령의 지배하에 두도록 해야 한다. 그렇게 해야 내적인간과 신앙에 순종하게 되고, 욕정과 방종을 극복할 수 있다. 둘째로는 하나님을 기쁘게 하기 위함이다.(상게서, 101) 신앙은 공로를 통해 의를 얻을 수 있다는 생각을 거부한다. 때문에 신앙으로 영혼을 깨끗하게 하고, 의와 무관한 극기와 절제는 그 자체가 하나님을 찬양하는 삶에의 동참이다. 아담의 경우, 그는 하나님에 의하여 의롭고 죄없이 바르게 지음을 받았다. 그가 동산을 경작하고 유지하는 일에 힘을 기울였기에 의롭게 된 것은 아니다. 그를 게으르지 않도록 하기 위해 하나님은 그에게 행할 의무, 곧 동산을 관리하고 보호하라 명한 것이다. 이러한 임무는 하나님을 기쁘게 하기 위한 자유로운 일이다. 셋째는 선한 삶을 영위하는 것은 의롭게 된 그리스도인의 마땅한 행동이다. 믿는 자의 선행 역시 위에 설명한 아담의 일과 같다. 믿음으로 그리스도인은 낙원에 돌아가 새로 지음을 받은 것일 뿐, 의롭게 되거나 혹은 의롭기 위하여 선행을 쌓는 것은 아니다. 또 다른 예로 어느 주교가 성례를 베푼다고 할 경우, 그가 그 직무에 해당하는 의무를 이행하기에 그가 주교가 되는 것은 아니다. 그는 먼저 진정한 주교가 아니라면, 그가 하는 행위는 정당화되지 못한다. 그러므로 신앙에 의하여 성별된 그리스도인이 선을 행하는 것이지, 그가 하는 선행이 그를 더 거룩하게 하거나 혹은 더 좋은 그리스도인을 만들어 주는 것은 아니다.(상게서, 103)

선행이 선한 사람을 만드는 것이 아니다. 선한 사람이 선행에 앞서야 한다. 곧 선한 사람이 선한 일을 하는 것이다. 따라서 행위에 앞서 본질이 먼저다. 사람 자체가 선하면, 그에게서 선한 일이 나온다. 이것은 "좋은 나무가 나쁜 열매를 맺을 수 없고, 못된 나무가 아름다운 열매를 맺을 수 없다"(마 7:18)는 말씀과 일치한다. 모든 수공업도 이와 같은 원리이다. 좋거나 나쁜 집이 좋거나 나쁜 건축가를 만드는 것이 아니라, 좋거나 나쁜 건축가가 좋거나 나쁜 집을 만든다.(상게서, 107) 행위는 사람을 결코 의롭게 만들지 못한다. 인간은 선을 행하기 전에 먼저 의로워야 한다. 그리고 인간을 의롭게 만드는 것은 오직 신앙뿐이다. 신앙이 선인을 만들며, 신앙이 없는 선행은 그 자체가 졸렬할 뿐이다. 공로를 통해 인간이 의롭게 된다는 생각은 그리스도 안에서 얻은 자유와 신앙을 파괴할 것이며, 매우 위험한 생각이다.

　마지막으로 루터는 그리스도인은 이웃을 위해 마땅히 선한 일에 힘써야 함을 강조한다. 인간은 죽을 수밖에 없는 육신 가운데서 그 자신만을 위해서 삶을 영위할 뿐만 아니라 지상에 있는 모든 인류를 위해서도 살아가고 있다. 그리스도인의 삶은 기금을 저축하여 생활이 어려운 이웃을 돕고, 약한 사람을 섬기며, 하나님의 자녀로서 서로서로 돌보고 일하며 다른 사람의 짐을 짊어지는데 있다.(갈 6:2) 여기서 신앙은 사랑을 통해 활동적인 것이 된다. 신앙은 더욱 생생해지고, 보수를 바라지 않으면서, 기꺼이 섬기는 가장 자유로운 봉사의 행위가 되는 것이다. 루터는 바울이 빌립보 교인들에게 한 본문으로 그가 말하고자 하는 대미를 장식한다. "그러므로 그리스도 안에 무슨 권면이나 사랑에 무슨 위로나 성령의 무슨 교제나 긍휼이나 자비가 있거든 마음을 같이 하여 같은 사랑을 가지고 뜻을 합하여 한 마음을 품어 아무 일에든지 다툼이나 허영으로 하지 말고 오직 겸손한 마음으로 각각 자기보다 남을 낫게 여기고 각각 자기 일을 돌아볼뿐더러 또한 각각 다른 사람들의 일을 돌아보아 나의 기쁨을 충만케 하라"(빌 2:1~4)(상게서, 133). 사도바울이 강조하는 것은 그리스도인의 선행은 타인의 복지를 위한 것일 뿐, 구원과 의로움과는 무관하다는 것이다. 더 나아가 "너희 안에 이 마음을 품으라, 곧 그리스도 예수의 마음이니 그는 근본 하나님의 본체시나 하나님과 동등 됨을 취할 것으로 여기지 아니하시고 오히려 자기를 비어 종의 형체를 가져 사람들과 같이 되었고 사람의 모양으로 나타나셨으매 자기를 낮추시고 죽기까지 복종하셨으니, 곧 십자가에 죽으심이라"(빌 2:5~8)는 바울의 말은 "곧 그리스도가 비록 하나님의 모양으로 충만하시고 모든 선한 일로 부유하게 되사 그를 의롭게 하시고 구원하시기 위한 아무 일과 고난도 필요로 하지 않으셨으나, 이런 것들로 교만하지 않고, 그 자신을 우리보다 높이지 않았으며, 우리를 지배하려 하지 않으셨다. 오히려 일하시고 고통당하고 죽으심으로 다른 사람들과 같이 되신 것은 우리를 섬기기 위함이며, 그가 이룬 모든 것이 우리의 것이 되게 하려 한 것이라는 의미이다. 루터는 그리스도는 모든 그리스도인의 귀감이며, 따라서 그리스도인도 머리되신 그리스도와 같이 신앙으로 충만하게 되고, 부유하게 되며, 믿음으로 얻은 자유를 기뻐하고 이 신앙이 완성되기까지 계속 자라가야 한다고 강조하고 있다.(상게서, 137)

그리스도인은 자유로운 사랑에 근거하여 선행에 힘써야 한다. 바울이 로마서 13장에서 주는 교훈도 이와 같다. 그리스도인은 정부에 순종하고 선을 행할 준비를 갖추어야 한다. 이것은 그렇게 행함으로 의롭게 되려는 것이 아니라, 이미 신앙으로 의롭게 되었기 때문에 성령의 자유함 가운데서 정부 당국을 섬기며 자유함과 사랑 안에서 정부의 뜻에 복종하라는 것이다.(상게서, 153) 기독교적인 선행은 사랑에서 우러나오는 행동이다. 육신의 제어와 이웃을 섬길 목적으로 행해지는 행위는 어떤 것이나 선하고 그리스도인다운 것이다. 수도사와 수도원, 제단 및 교회의 의식 등은 신앙과 자유에 대한 무지의 결과에서 비롯된 것이다. 성직자들은 잘못된 이러한 것을 조장하며 면죄부로 사람들을 선동하여 혼란에 빠뜨리고 결코 신앙에 대해서는 가르치지 않고 있다. 후반부로 갈수록 교황과 교회에 대한 충고어린 내용들도 담겨 있다. "만일 당신이 교회 내에서 기도하거나 금식하거나 혹은 기금을 세우려고 한다면, 어떤 유익을 ― 현세의 것이든 영원한 것이든 ― 얻기 위하여 행하지 않도록 조심 할 것을 나는 충고한다."(상게서, 161).

루터는 그리스도인은 그 자신 안에서가 아니라, 그리스도와 그의 이웃 안에서 산다고 결론 맺는다. 그렇지 않을 경우, 그는 그리스도인이 아니라는 것이다. 그는 신앙으로 그리스도 안에 살고, 사랑으로 이웃 안에서 산다. 이 책의 첫 서두에 등장한 역설적인 명제를 이해하는 키를 이 책의 결어에서 찾게 된다. 그리스도인의 자유에서 이 자유는 영적이고 참된 자유이며, 모든 죄, 율법, 계명에서 우리의 마음을 해방시켜주는 자유이다. 믿음과 사랑은 이 글을 이해하는 유일하면서도 가장 확고한 열쇠이다.

4. 핵심 주제

본서의 키워드는 이신칭의, 신앙과 행위, 내적인간과 외적인간, 자유와 종, 즐거운 교환, 이웃과 봉사 등 여러 가지에 해당한다. 그러나 본서의 가장 중요한 핵심주제는 믿음과 행위의 역학관계로 압축할 수 있다. 물론 다른 키워드는 이와 내용적으로 긴밀하게 연결되어 있다. 핵심 키워드는 루터가 서두에 제기한 역설적인 명제에 있다. 즉 "그리스도인은 더 할 수 없이 자유로운 만물의 주이며, 아무에게도 예속되지 않는다. 그리스도인은 더 할 수 없이 충실된 만물의 종이며, 모든 사람에게 예속된다."는 내용이다. 변증법처럼 들리는 이 내용을 이해하기 위해서는 신앙과 사랑을 잘 구분해야 한다. 인간이 의롭게 되는 것은 루터에 의하면 오직 하나의 길, 즉 신앙을 통한 길 이외에는 없다. 신앙을 통해서 인간은 하나님의 자유에 참여하게 되고, 그 결과 그리스도인의 자유를 얻는다. 그리스도인의 자유는 행위나 실천의 결과와 무관하다. 자유는 신앙에 서 있는 자에게 주어지는 하나님의 선물이다. 이러한 자유를 소유한 사람은 내적인간이며, 내적인간은 인격적 자유를 가진 자요, 즐거운 교환을 경험한 자이다.

5. 이 책에 대한 평가

루터의 종교개혁 3대 저서는 많은 극찬을 받아왔다. 특히 이 책은 다른 종교개혁 저서와는 달리 그리스도인의 본질과 정체성에 대한 명확한 해답을 제시하고 있으며, 그러한 이유로 지원용은 루터의 저술 중 "유달리 빛나는 것들", "종교개혁의 위대한 금자탑" 혹은 "영원히 변치 않는 진리를 증거하는 개혁의 종소리"라고 평했다. 나는 이 책을 '신앙의 총화'라고 부르고 싶다. 그만큼 신앙의 본질을 깨우쳐주고, 신앙과 행위에 대해서 명료한 이해를 가져오기 때문이다.

이 책은 1517년 이후로 새롭게 등장한 프로테스탄트의 정체성을 알게 해주는 중요한 책이다. 인간과 세계를 이해하는데 있어서 기본적인 텍스트가 성경이라면, 이 책은 개신교와 그 본질을 이해하는데 있어서 중요한 가교 역할을 해주고 있다. 특히 루터와 개신교의 강조점이 무엇이며, 가톨릭교회와 개신교의 경계선이 무엇인지를 알 수 있게 해준다. 따라서 루터의 종교개혁적 사고와 개신교 내에 흐르는 신앙적 색채가 무엇인지 궁금한 사람은 여기서 좋은 해답을 찾을 수 있을 것이다. 더 나아가 이 책은 현재 우리가 지니고 있는 신앙을 바르게 이해시키고 더욱 견고하게 하는데 매우 유익하다. 무엇을 믿고, 믿는 내용은 무엇이며, 그것은 건전하게 자라고 있는지를 점검하는데 커다란 도움을 준다. 신앙은 삶과 동떨어진 궤토화된 영역에 머물지 않는다. 때문에 신앙 안에서의 삶과 삶속에서의 신앙은 매우 혼선을 야기시키는 복잡한 주제라고 여기기도 한다. 신앙을 가진 그리스도인이 삶속에서 견지해야 할 행동과 선행은 그 출발과 동기가 무엇이어야 하는지를 명확히 이해할 수 있을 것이다.

따라서 초보 그리스도인뿐만 아니라, 이미 오랫동안 신앙생활을 해 왔으나, 신앙의 내용에 대해서 그리고 교회 봉사가 지닌 신학적 의미에 대해서 명료하지 않은 사람도 이 책을 통해 좋은 가이드라인을 제공 받을 수 있다.

6. 적용

개신교의 본질이 가장 잘 드러나 있는 이 책을 어떻게 적용할 수 있는가? 두 가지 점에서 생각해 볼 수 있다. 하나는 개별적인 그리스도인의 적용을 생각할 수 있다. 나는 신앙, 칭의, 신앙의 자유, 이웃, 봉사, 선행, 사랑의 행위 등에 있어서 명확한 기독교적인 개념을 파악하고 있는가를 물을 수 있다. 개신교에서 말하는 신앙은 의로움과 더불어 구원의 단 하나의 조건이다. 이것이 있으면 구원을 얻고, 이것이 없으면 칭의, 즉 의롭게 되지 못하며 아울러 구원도 보장받지 못한다. 성경은 그 근거가 되는 원자료이지만, 본서는 그에 대한 명확한 해설서이다. 신앙은 그리스도인의 구원에 있어서 핵심에 속한다. 그런데 왜 신앙이 그리스도인에게 있어서 가장 중요한 핵심이 되어야 하고, 될 수 있는지를 본서는 명확하게 제시하고 있다. 이 책을 다 읽고 나면, 그리스도인은 자유함과 더불어 그 자유에서 비롯되어지는 사랑과 봉사에 대한 강한 충동을 느끼게 될 것이다. 올바른 신앙의 삶은 바로 여기서부터 시작되어진다.

다른 하나는 개신교의 적용이다. 오늘의 개신교는 루터의 종교개혁의 후예이다. 중세 가톨릭의 공로와 공덕 우선주의 및 사랑에 의해 규정된 신앙에 강한 질문을 제기하면서 개신교는 탄생했다. 개신교는 여전히 변색되지 않은 이 정체성을 가지고 있는가? 직분 혹은 열심 등 특유한 개신교적 공로에 채색되어 있지는 않은가? 루터가 말한 '그리스도인의 자유'라는 의미에서 이웃을 위해 선을 행하고 있는가? 아니면 그 반대되는 길을 가는 것은 아닌가? 신앙과 내적인간, 그리스도인의 자유에 근거하여 오늘의 교회가 모든 것을 행한다고 할지라고 피상적인지가 아닌 분명한 확신을 소유해야 프로테스탄트라고 할 수 있다. 루터의 『그리스도인의 자유』는 지난 500년간 개신교회가 걸어온 길을 검증하는데 적용할 수 있는 유익한 척도가 될 것이다.

7. 토의 주제

1) 이 책에서 말하는 그리스도인이란 신분은 무엇인가?
2) 루터가 제시한 "자유자이면서 동시에 종"이라는 역설적인 명제는 어떻게 가능한가?
3) 신앙과 선행은 칭의와 어떤 관계인가?

8. 연관해서 읽으면 유익한 문헌

1518~1521년에 출판된 루터의 글들은 본서와 밀접한 연관이 있다. 루터는 이 기간에 믿음에 의한 칭의와 성례전을 주로 다루고, 설교와 논문에서 자신이 얻은 이해를 분명히 서술했다. 연관해서 읽으면 유익

한 루터의 글들은 아래와 같다.

1) 「세 가지 종류의 의에 관한 설교」(1518년), WA 2, (41)43~47.

2) 「두 가지 종류의 의에 관한 설교」(1519년), WA 2, (143)145~152.

3) 「선행론」(1520년), WA 6, (196) 202~276.

4) 「세 가지 선한 삶에 관한 설교」(1521년), WA 7, (792) 795~802.

『기독교강요』 존 칼뱅

『Institutio Christianae Religionis』 John Calvin

김종흡, 신복윤, 이종성, 한철하 공역, 생명의 말씀사, 1986.

이신건(서울신학대학교, 조직신학)

1. 저자 소개

칼뱅은 1509년 7월 10일에 프랑스의 노용에서 출생했다. 유아세례를 받은 그는 12세경에는 사제를 도와서 교회의 제단을 섬겼다. 칼뱅의 부친은 칼뱅이 사제가 되기를 원했지만, 칼뱅은 마르쉬 문과대학에서 문과 계통의 학문을 배우게 되었다. 19세에 칼뱅은 신학연구를 위해 대학에 들어갔다. 거기서 그는 토론기술을 배웠으며, 후기 중세기 스콜라주의 신학자들의 신학을 접하였고, 롬발트의 조직신학도 배웠다. 1528년에 칼뱅은 부친의 권유에 따라 올레앙대학으로 가서 법학을 공부했다. 그후 2년 동안 칼뱅은 부르쥬대학에서도 인문주의를 접하게 되었으며, 희랍어와 개신교 신학을 배웠다. 칼뱅은 아마도 1529년과 1532년 사이에 회심한 것으로 추정된다.

칼뱅의 친구 에티언느가 화형을 당하자, 칼뱅은 1535년에 스위스 바젤로 피난하였다. 1536년에 칼뱅은 『기독교강요』 초판을 출판했다. 1538년 9월에 칼뱅은 슈트라스부르크에서 피난민들을 돕는 목회를 했고, 1540년에 결혼했다. 칼뱅은 슈트라스부르크에 체재하는 동안에

1539년에 『기독교강요』를 다시 썼다. 1539년판은 1536년판의 3배나 된다. 1541년에는 1539년판을 불어로 번역하여 폭넓게 보급하였다.

제네바 시의회는 제네바시가 정치적으로, 교회적으로 혼란이 계속 되자 칼뱅을 다시 불렀다. 제네바 종교개혁에서 칼뱅은 무엇보다 하나 님의 말씀을 설교하는 것을 강조했다. 1559년에 칼뱅은 『기독교강요』 의 최종판을 출판했다. 1564년 5월에 칼뱅은 세상을 떠났다. 그의 유 언에 따라 묘비는 세워지지 않았다. 아마도 그의 사후에 자신보다는 오 직 하나님만이 기억되기를 간절히 바랐기 때문일 것이다.

2. 저술 배경

칼뱅은 「프랑스 왕 프랑시스 1세에게 드리는 보내는 헌시」에서 『기 독교강요』의 저술 목적을 다음과 같이 말했다.

"나의 의도는 다만 몇 가지 기초적인 원리를 기술하여, 종교에 열심 있 는 사람들이 참된 경건이 생활을 이루도록 하려는 것이었습니다. 그리 고 이 책은 특별히 나의 동포 프랑스 사람들을 위하여 저술하였는데, 그들 중 많은 사람이 주리고 목마른 듯 그리스도를 사모하고 있으나, 그리스도에 대한 적은 지식마저도 바로 터득한 자가 매우 적다는 것을 알게 되었기 때문입니다. 바로 이것이 내가 붓을 들게 된 의도라는 것 은, 이 책 자체가 증명하는 것처럼 그 내용이 단순하고 기초적인 형식 으로 되어 있는 것으로 알 수 있습니다.
그러나 어떤 사악한 자들이 광포가 극도에 달하여 폐하의 나라에서 건 전한 교리가 발붙일 곳이 없다는 것을 알게 되었습니다. 따라서 내가 이 책으로 저들을 가르치고 나의 신앙고백을 폐하께 보여 드릴 수 있다면, 이것으로 나는 보람 있는 일을 하였다고 생각합니다."(上 41)

여기서『기독교강요』의 저술 목적은 두 가지로 나타난다. 첫째는 그리스도교의 교리를 가능한 한 단순하면서도 조직적으로 해석하여 그리스도교를 탐구하는 사람들로 하여금 쉽게 이해시키려는 실제적인 목적이다. 둘째는 변호의 목적이다. 1535년 초에 프랑스에 박해가 일어났을 때, 칼뱅은 이 책을 통해 기독교를 적극적으로 변호하려고 했다.(上 31~32)

3. 줄거리

『기독교 강요』최종판(1559년)은 모두 4부 80장으로 이루어져 있다. 제1부 창조주 하나님에 관한 지식 : 1장~5장은 "하나님 인식"에 관해, 6장~15장은 "성경"에 관해, 15장은 "인간"에 관해, 그리고 16장~18장은 "섭리"에 관해 말한다. 제2부 그리스도 안에 계신 구속자로서의 하나님에 관한 지식 : 1장~6장은 "인간의 타락"에 관해, 7장~8장은 "율법"에 관해, 그리고 9장~17장은 "그리스도"에 관해 말한다. 제3부 그리스도의 은혜를 받는 길 : 1장-제20장은 "믿음"과 "중생"과 "회개"와 "보속"과 "그리스도인의 생활", "칭의", "그리스도인의 자유", "기도"에 관해 말한다. 그리고 21장~24장은 "영원한 선택"에 관해, 25장은 "최후의 부활"에 관해 말한다. 제4부 하나님께서 우리를 그리스도의 공동체로 인도하시며 우리를 그 안에 있게 하시려는 외적인 은혜의 수단 : 1장~12장은 "교회", "로마 교황권", "교회의 재판권", "권징"에 관해, 13

장은 "맹세"에 관해, 14장~19장은 "성례"에 관해, 그리고 마지막 20장은 "국가 통치"에 관해 말한다.

4. 핵심 주제

1) 하나님 인식

칼뱅은 "하나님에 대한 지식과 우리 자신에 대한 지식은 서로 연결되어 있다"고 말한 다음에 "이 둘은 어떻게 서로 관련되어 있는가?"라고 묻는다. 칼뱅에 따르면 하나님에 관한 지식과 우리 자신에 관한 지식은 서로 연결되어 있다. 이 두 지식은 여러 줄로 연결되어 있기 때문에 어느 쪽이 먼저이며, 어느 쪽의 지식이 다른 쪽의 지식을 만들어 내는가를 구별하기는 그리 쉬운 일이 아니다. 그렇지만 칼뱅은 먼저 "자신을 알지 못하고는 하나님을 알지 못한다"고 말한 다음에 "하나님을 알지 못하고는 자신을 알지 못한다"고 말한다.(上 77~82)

여기서 마치 칼뱅이 인간의 자기 인식이 하나님 인식의 근거와 출발점인 듯이 보이지만, 내용적으로는 결코 그렇지 않다. 왜냐하면 칼뱅에 따르면 경건은 하나님에 관한 지식의 필수 조건이기 때문이다. 종교 혹은 경건이 없는 곳에 하나님에 관한 지식이 있다고는 말할 수 없다. 하나님에 관한 지식은 신뢰와 경외를 포함한다.(上 78~88) 그리고 "하나님에 대한 지식은 본래부터 인간의 마음속에 자연적으로 뿌리 박혀 있었다. 종교는 임의적 발명물이 아니다. 실제적으로 하나님을 믿지 않는 것은 불가능하다"라고 말함으로써 여기서도 마치 칼뱅이 "자연신학"의 가능성을 열어놓은 듯이 보인다. 그러나 곧이어 그는 자연적인 하나님 인식이 완전히 무용하다고 선언한다. 왜냐하면 자연적인 하나님 인식은 부분적으로는 무지로 말미암아, 부분적으로는 악의로 말미암아 질식되거나 부패되었기 때문이다. 그것은 미신과 위선이다.(上 89~101)

칼뱅은 처음부터 자연적인 하나님 인식의 가능성을 완전히 배제하지 않는다. 왜냐하면 하나님에 대한 지식은 우주 창조 속에서 빛이 비추어지고 그리고 우주를 계속 지배하기 때문이다. 하나님이 스스로 명백히 모습을 드러내시므로 우리는 그 어떤 변명도 할 수 없다. 하나님의 지혜는 온 인류에게 제시되었다. 인간이 하나님의 지혜의 최상의 증거이다. 그렇지만 인간은 배은망덕하게 하나님에게 대항하고, 창조주와 피조물을 혼동한다. 창조주는 자신의 주(主)되심을 창조에서 계시하시고, 세상을 통치하시고 심판하신다. 하나님의 통치는 인간의 생활을 지배한다. 그렇지만 창조에 나타나는 하나님의 증거는 우리에게 아무 유익도 주지 못한다. 왜냐하면 하나님의 현현은 인간의 미신과 철학자들의 오류에 의해서 질식되었기 때문이다. 그러므로 성령은 인간이 고안해 낸 일체의 종교 행위를 거절하신다.(上 102~126)

그러므로 창조주 하나님을 알기 위해서는 성경이 필요하다. 하나님은 오직 성경 속에서만 우리에게 자신을 알려 주신다. 성경은 하나님의 말씀이다. 그러므로 성경을 떠나면, 오류에 빠지게 된다. 성경은 창조의 계시가 전할 수 없는 것을 전할 수 있다.(上 127~133)

2) 삼위일체

칼뱅에 따르면 "성경은 창조 이후 하나님은 한 본체이시며, 이 본체 안에 삼위(三位)가 존재한다는 것을 가르친다." 비록 "하나님의 본성은 불가해하며 영적이지만, ... 하나님은 자신을 우상과 좀 더 정확히 구별하시기 위해 또 다른 특성을 통해 자신을 보여 주신다. 하나님은 자신이 유일하신 분이시라는 것을 말씀하시는 동시에 명백하게 자신이 삼위로 고려되어야 한다고 주장하신다." 하나님에게는 세 본체가 있다. 라틴 교부들은 이 말을 "위"(位, person)라는 말로 표현했는데, 이 말을 직역한다면 "실재"(subsistence)라는 말로 부를 수 있다. 많은 사람들은 이와 똑같은 의미로 "실체"(substance)라는 말을 사용하였다. 교회는 거짓 교사들의 정체를 폭로하기 위해서는 "삼위일체"나 "위"(位)와 같은 표현들이 반드시 필요하다고 생각하였다.(上 201~208)

여기서 칼뱅은 먼저 성자의 성령의 동일성, 즉 신성(神性)을 주장한다. "바울은 믿음이 하나이기 때문에 주도 하나이며, 또한 그는 세례가 하나이기 때문에 믿음 또한 하나라는 사실을 보여 주고 있다. 그리스도가 아버지와 아들과 성령의 이름으로 세례를 주라고 명령하셨을 때, 이 명령은 바로 아버지와 아들과 성령을 한 신앙으로 믿어야 한다는 말씀이 아니고 무엇이겠는가?"(上 229)

이와 동시에 칼뱅은 성부와 성자와 성령이 차이점과 관계에 관해서도 설명한다. "성부는 일의 시초가 되시고 만물이 기초와 원천이 되시며, 성자는 지혜요 계획이시며 만물을 질서 있게 배열하시는 분이라 하였으며, 그러나 성령님은 그와 같은 모든 행동의 능력과 효력이 돌려지고 있는 것을 보게 된다."(上 231~232)

성서 구절을 나열하면서 삼위일체를 강력히 변증하는 칼뱅은 여기서 자연스럽게 삼위일체를 거부하는 이단, 특히 나중에 화형을 당한 세르베투스의 반(反)삼위일체론을 논박할 필요를 느낀다. 세르베투스는 위(位)란 하나님의 본질 속에 실제로 존재하는 것이 아니고 다만 하나님을 이 모양 저 모양으로 표현해 주는 어떤 외적인 관념이라고 주장했다. 칼뱅은 "위"(位)를 하나님의 영광의 가시적인 현현으로 보았던 세르베투스의 이론을 "기괴한 허설(虛說)"이라고 말하며 이를 단호히 반박한다. 칼뱅에 따르면 세르베투스는 실재를 환상물로 바꾸어 이를 변형함으로써 하나님에게 새로운 우연적인 특성을 거짓되게 첨가하였다. 심지어 그는 인간의 영혼뿐만 아니라 다른 피조물에게까지도 실질적인 신격을 부여하였다. 그는 성자와 성령의 신격을 파괴하였다.(上 209~254)

3) 인간

칼뱅에 따르면 "인간이 하나님 손에 의해 창조되었을 때 한 점의 죄도 없었다. 인간은 하나님의 모든 창조물 가운데서도 하나님의 의, 지혜, 선함을 보여 주는 가장 고귀하고 가장 두드러진 실례였다."(上 286~287) 여기서 칼뱅은 인간이 영혼과 육체로 구성되어 있다고 주장하는 이분설(二分說)을 지지하면서, 동시에 영혼의 불멸성도 주장한다. 칼뱅에 따르면 "영혼"이라는 말은 불멸적이면서도 창조함을 받은 본질을 의미하며, 이것은 인간의 더 고귀한 부분이다. 이 말은 가끔 "영"(靈, spirit)이라고 불린다. 이 명사들이 결합되는 경우에는 서로 그 의미를 달리하지만, "영"이라는 말이 단독으로 사용될 때에는 솔로몬이 죽음에 대하여 말하면서 "신은 그 주신 하나님께로 돌아가리라"(전 12:7)고 말한 것처럼 이 말은 "영혼"과 같은 의미이다.

그러나 칼뱅은 육체보다 영혼을 더 고귀한 존재로 여길 뿐만 아니라, 심지어는 육체를 "영혼의 감옥"이라고 부르기까지 한다. "그리스도가 자기의 영을 성부께 부탁하셨고(눅 23:46) 스데반이 그리스도에게 자기 영혼을 위탁하였다는 사실은(행 7:59), 영혼이 육체라는 감옥에서 해방되었을 때 하나님이 그 영원한 보호자가 되신다는 것을 의미할 뿐이었다." 여기서 우리는 단지 성서만이 아니라 그리스 사상, 특히 플라톤의 인간 이해가 칼뱅의 인간 이해에 여전히 강력한 영향을 끼치고 있었다는 사실을 분명히 알게 된다.(上 288~290)

칼뱅에게 끼친 플라톤의 영향은 칼뱅의 "하나님의 형상" 이해에서도 분명히 드러난다. 칼뱅에 따르면 비록 "하나님의 형상이 인간의 외형에도 빛나고 있지만, 그 형상의 본래의 좌소가 영혼에 자리잡고 있음은 의심할 여지가 없다."(上 291~292) "플라톤의 견해가 더 정확하였으니, 그는 하나님의 형상이 영혼 안에 있다고 생각했던 것이다."(上 298) 여기서 칼뱅은 오시안더(Osiander)를 비판한다. 그는 "하나님의 형상을 육체와 영혼 양자에게 확대함으로써 하늘과 땅을 혼합하였다. … 하나님의 형상이라고 불리는 것은 인간의 일부분이나 혹은 여러 가지 은사를 소유한 영혼이 아니라 그가 만들어진 흙에서 그 이름을 받은 아담 전체라고 한 오시안더의 반대는 무익한 것이다."(上 293)

그럼에도 불구하고 칼뱅은 하나님의 형상이 육체와 전혀 무관하다고 주장하지는 않는다. "하나님의 형상의 주요 좌소가 가슴과 마음, 혹은 영혼과 그 능력에 있다고 하더라도, 그러나 인간의 어느 부분에, 심지어는 육체 자체에도 그 광채의 얼마가 빛나지 않는 곳은 없다."(上 293) 이런 점을 고려한다면, 우리는 칼뱅이 비록 플라톤의 강한 영향 아래 있었지만, 육체를 매우 폄하하고 영혼만을 높이 평가한 그의 극단적인 이원론에 완전히 빠져들지는 않았다.

4) 그리스도

(1) 그리스도의 성육신
칼뱅에 따르면 그리스도가 중보자의 직책을 수행하기 위해 사람이 되어야 했다. 성육신은 절대적인 필연성이 아니라 하늘의 결정에서 유래했다. 하나님에게 속한 사람이 아니면 평화를 회복할 중재자의 일을 할 수 없다.(上 644) "하나님의 아들이 우리를 위해서 '임마누엘, 즉 우리와 함께 계시는 하나님'이 되시며, 이렇게 하심으로써 그의 신성과 우리의 인성이 서로 연결되어 함께 성장할 필요가 있었다."(上 645) "그는 자기의 것을 우리에게 주시며, 하나님이 아들인 동시에 우리와 같은 사람의 아들이 되시려고 쾌히 우리의 본성을 취하셨다. ... 그의 임무는 죽음을 삼켜버리는 것이었다. 생명이 아니면 누가 이 일을 할 수 있었겠는가? 그의 임무는 세상과 공중의 권세들을 괴멸시키는 것이었다."(上 646) 칼뱅에 따르면 "그리스도는 사람의 육신의 진정한 본질을 취하셨다."(上 657) 여기서 칼뱅은 여러 성구를 예를 들면서 그리스도의 인성을 증명하며, 그리스도의 인성을 반대하는 자들, 특히 마르키온을 논박한다.(上 657~665)

그런데 여기서 우리가 주목할 점은 칼뱅도 가톨릭교회처럼 마리아의 "무염잉태"를 주장하는 듯이 보인다는 사실이다. "그들은 유치하게 지껄인다. 그리스도에게 아무 오점도 없고 성령의 비밀한 역사로 마리아의 씨에서 나셨다면, 여자의 씨는 불결하지 않고 남자의 씨만 불결한 것이라고. 우리가 그리스도에게 아무 오점도 없었다고 하는 것은 그의 어머니가 남자와 동침하지 않고 나셨다는 것뿐이 아니라, 그가 성령에 의해서 거룩하게 되어 아담의 타락이 있기 전에 있었던 생산과 같은 순결하고 오염이 없는 생산이 되었기 때문이다."(上 666) 가톨릭교회의 주장대로 만약 예수를 잉태할 때 마리아가 아무런 죄와 흠이 없었다면, 마리아는 죄의 결과로 죽지 않고 하늘로 승천했다는 주장이 가능해진다. 그렇지만 칼뱅도 "마리아 승천"을 지지했는지 여부는 여기서 밝히지 않기 때문에 단정을 내리기는 어렵다.

(2) 그리스도의 삼중 직책

칼뱅에 따르면 그리스도는 인간을 구원하기 위해 세 가지 직책을 수행하셨다. 그것은 바로 예언적 직책, 왕적 직책, 제사장적 직책이다. 그리스도의 예언자적 직책은 아버지의 은총의 복음을 전파하는 증인의 활동을 하는 것이고, 왕적 직책은 영적인 것으로서 교회의 영원한 보호자와 수호자의 활동을 하는 것이며, 제사장적 직책은 하나님의 진노를 풀기 위해서 제물이 되어 속죄의 활동을 하는 것이다.(上 682~693)

(3) 그리스도의 죽음과 지옥 강하

칼뱅에 따르면 "하나님은 의로운 심판자이시므로 자기의 법을 어기는 자를 벌 없이 버려두시지 않고 처벌할 준비를 하고 계신다."(上 695) "성경은 우리가 그리스도와 연결이 되지 않고서는 하나님이 이를테면 우리의 원수이며, 그의 손은 우리를 멸망시키려고 무장하고 있다는 것을 우리가 깨닫도록 가르친다. ... 따라서 적대 관계의 모든 원인을 제거하며, 우리와 완전히 화해하시기 위해서 그리스도의 죽음에서 제시된 속죄로 우리 안에 있는 모든 악을 일소하신다."(上 697~698) 그러나 그리스도의 속죄 활동은 단지 하나님의 처벌만이 아니라 하나님의 사랑에서 유래한 것이기도 하다. "우리가 하나님을 미워하며 악을 행했을 때에도 그는 우리를 사랑하셨다. 이와 같이 그는 우리를 미워하신 때에도 놀랍고 거룩한 방법으로 우리를 사랑하셨다."(上 699) 이처럼 우리는 칼뱅이 그리스도의 죽음을 철저히 "형벌배상"의 관점에서 해석하고 있음을 볼 수 있다. 비록 그리스도의 죽음이 하나님이 사랑에서 유래하고, 그리고 화해의 주체가 인간이 아니라 하나님이라고 칼뱅은 주장하지만, 다른 한편으로는 칼뱅도 역시 하나님을 오직 형벌배상을 통해서만 진노를 누그러뜨리는 봉건 시대의 권위적인 제왕처럼 이해하고 있는 듯이 보인다.

칼뱅에 따르면 그리스도는 죽음 후에 지옥에 내려가셨다. 칼뱅은 그리스도가 무덤이나 음부(지하) 세계로 내려가신 것이 아니라, 지옥에 내려가셨다고 주장한다. "이 신조를 제거한다면, 그리스도의 죽음의 혜택은 많이 상실될 것이다. 반대로 어떤 사람들은 … '지옥'이라는 말은 성경에서 자주 '무덤'이라는 뜻으로 사용된다고 생각한다. 나는 이 말의 뜻에 대해서 그들이 하는 말이 옳다는 것을 인정한다. '지옥'은 '무덤'으로 해석해야 할 때가 많다. 그러나 '그리스도가 장사한 바 되셨다'는 것이 '그가 지옥으로 내려가셨다'는 뜻이라고 말한다면, 그것은 어떤 종류의 설명이 될 것인가?"(上 707)

그렇지만 칼뱅은 루터처럼 그리스도가 실제로 지옥에 내려갔다고 보지 않는다. "그리스도의 지옥 강하는 우리를 위해서 받으신 영적(정신적)인 고통을 의미한다. … 참으로 그는 동시에 하나님의 엄격한 천벌을 받으며, 그 진노를 진정시키며, 그 공정한 심판대로 배상을 치르실 필요가 있었다. 따라서 그는 지옥의 세력과 영원한 죽음에 대한 공포심을 상대로 직접 맞붙어 싸우셔야 했다. … 이것은 우리를 구속하시는 대가로서 그리스도의 몸을 주셨을 뿐 아니라, 그보다 더 위대하고 훌륭한 값도 주셨다는 것을, 즉 정죄와 버림을 받은 사람의 무서운 고민을 그의 영혼이 겪으셨다는 것을 우리가 알게 하려는 뜻이다."(上 707~710)

(4) 그리스도의 부활과 승천

칼뱅에 따르면 "그리스도가 죽으심으로써 우리 죄가 제거되고 그가 부활하심으로써 의가 소생하며 회복되었다. … 그리스도가 죽음에 굴복해 버리셨다면, 어떻게 죽으심으로써 우리를 죽음에서 해방하실 수 있었겠는가? 그의 부활의 덕택으로 그의 죽음은 우리 안에서 그 권능과 효력을 나타냈다. ... 부활과 승천이 연결되어 있는 것은 매우 적절하다. 그리스도는 비천한 지상 생활과 십자가의 수치를 벗어버리고 부활하심으로써 영광과 권능을 더욱 완전히 나타내시기 시작했다. 그러나 참으로 나라를 창건하신 것은 비로소 승천하신 때였다. ... 승천하심으로써 육체적으로 우리 앞에 계시지 않게 하셨지만,(행 1:9) 그것은 아직 지상 순례를 계속하는 신자들과 함께 계시지 않으려는 것이 아니라, 더욱 직접적인 권능으로 천지를 주관하시려는 뜻이었다. 승천하심으로써 약속하신 일을 세상 끝까지 우리와 함께 계시겠다고 하신 것을 실현하셨다. 그의 몸이 모든 하늘 위로 들려 가신 것과 같이, 그의 권능과 힘은 온 천지의 한계를 넘어서까지 확산되며 보급되었다."(上 716~719)

(5) 그리스도의 통치와 재림

"그리스도는 아버지 우편에 앉아 계신다. ... 하나님께서 그리스도 안에서 영광을 받으시며 그리스도를 통해서 통치하기를 원하시기 때문에 그리스도께서 하나님 우편으로 영접되셨다고 한 것이다. 이것을 바꿔 말하면, 그리스도께서 천지에 대한 주권을 받으시며, 위임된 정권을 엄숙히 장악하셨으며, 일단 차지하셨을 뿐 아니라, 심판 날에 내려오실 때까지 통치를 계속하시리라는 것이다."(上 720) 그리고 그리스도는 "산 자와 죽은 자를 심판하러 오실 것이다. ... 우리는 그가 그날에 저리로부터 우리의 구속자로서 오시는 것을 기다리라는 명령을 받았다. 오시면 양과 염소, 선택된 자와 버림받은 자를 분리하실 것이다. 생사 간에 아무도 그의 심판을 면하지 못할 것이다. 나팔 소리가 땅 끝까지 울려 모든 사람을 심판대 앞에 부를 것이니, 그날에 살아 있는 사람들과 이미 산 자들 사이에서 죽어간 사람들이 모두 소집될 것이다."(上 722)

5) 하나님의 선택

비록 칼뱅의 선택론은 『기독교강요』에서 고작 1/20(4장)의 분량을 차지하고 있지만, 이 주제는 매우 뜨거운 관심과 격렬한 논쟁의 대상이 되어왔고, 그래서 마치 이 이론이 칼뱅 신학과 그를 추종하는 자들과 교파들의 가장 중요하고 대표적이고 상징적인 교리인 것처럼 여겨져 왔다. 그리고 선택론이 하나님의 섭리와 연결되어 있지 않고 그리스도의 은혜를 다루는 자리에서 언급되었다는 점도 매우 특이하다.

칼뱅의 선택론의 특징은 이미 제목을 통해 가장 선명하게 드러난다. 칼뱅에 따르면 "하나님은 어떤 사람은 구원에, 또 어떤 사람은 멸망에 처하도록 예정하셨다." 이를 우리는 흔히 "이중예정"이라고 부른다. 먼저 칼뱅은 예정론의 필요성과 유익을 설명한다. 선택론은 우리로 하여금 하나님의 은혜와 자비를 찬양하게 하고, 하나님에게 영광을 돌리게 하며, 우리를 겸손하게 만든다. 그렇지만 칼뱅은 선택론의 위험도 경계한다. 하나님이 깊이 감추어 두신 것을 사람이 마음대로 탐색해서는 안 되며, 가장 숭고한 지혜를 사람이 영원 자체로부터 풀어내려는 것은 옳지 않다.(中 499~450)

비록 예정론이 이처럼 매우 유익하더라도, 예정론은 오직 성경에서만 찾아야 한다고 칼뱅은 말한다. "예정에 대해서 하나님의 말씀이 알려주는 것 이외의 것을 알려고 하는 것은 길 없는 황야를 걸어가려는 것이거나 또는 어두운 데서 무엇을 보려고 하는 것 못지않게 어리석다."(中 503) 그렇지만 "예정론에 대해 침묵하는 것"도 위험하다. "그러므로 성경에서 예정에 대해서 밝힌 것을 신자들에게서 빼앗지 않도록 주의해야 한다."(中 504)

그리고 칼뱅에 따르면 하나님의 예정은 하나님의 예지보다 우선적이다. "예지를 예정의 원인이라고 하는 사람들은 여러 가지 잡다한 반대 의견으로 예정설을 묻어버린다. 물론 우리는 예정과 예지를 다 하나님 안에 두지만, 예정을 예지에 종속시키는 것은 어리석은 짓이라고 주장한다."(中 506~507) 자신의 주장을 뒷받침하기 위해 칼뱅은 먼저 이스라엘 백성과 백성 개개인들의 선택과 유기를 성경을 통해 설명한다.(中 506~513)

칼뱅에 따르면 예정은 인간의 공로에 대한 예지에 있지 않고, 하나님의 주관적 목적에 있다. 어떤 사람이 영생으로 예정된 것은 그가 거룩하기 때문이 아니다. 예정은 인간의 믿음에 의존하지 않는다. 예정은 하나님의 기쁘신 뜻에 따라 일어났다. 하나님의 뜻은 완전성의 최고의 표준이며, 모든 법의 법이다. 선택은 효과적인 소명과 성령의 조명을 통해 일어나고, 유기는 구원에서 배제하는 일과 마음을 완고케 하는 일을 통해 일어난다. 그런데 칼뱅에 따르면 심지어 인간의 타락도 하나님에 의해 예정되었다. 그리고 하나님은 선택하신 자를 끝까지 보호하신다. 칼뱅은 이중예정을 반대하는 자를 반박하기 위해 다음과 같이 변론한다. 예정론은 하나님을 폭군으로 만드는 것이 아니다. 왜냐하면 하나님의 뜻이 바로 의(義)의 표준이기 때문이다. 버림받은 자들은 자기들의 본성대로 사망에 인도됨을 느끼기 때문에 하나님의 예정은 불공정한 것이 아니다. 예정론은 사람에게서 죄책과 책임감을 제거하지 않으며, 하나님을 편파적이게 하지 않는다. 그리고 하나님은 내적으로 활동하시기 때문에 누가 선택되고 버림받았는지를 모른다. 그러므로 사람마다 평화에 참가하도록 노력해야 한다.(中 514~557)

6) 부활과 종말

칼뱅은 먼저 부활 소망의 중요성을 설명한다. "의의 태양이신 그리스도께서는 복음을 통하여 빛나시며 죽음을 정복하시고, 바울의 말과 같이 우리에게 생명의 빛을 비추셨다. 그러므로 우리도 믿음으로 사망에서 생명으로 옮겼으며, 이제부터 ... 외인도 아니요 손도 아니요, 오직 성도들과 동일한 시민이요, 하나님의 권속이다. 하나님께서 우리를 자신의 독생자와 함께 하늘에 앉히시니, 이것은 완전한 행복을 위하여 우리에게 아무 부족함도 없게 하시려는 것이다."(中 589)

그리스도의 부활은 우리가 바라는 부활의 원형이다. "우리는 부활을 생각할 때마다 그리스도의 형상을 눈앞에 그려야 한다. 그는 우리에게서 취하신 본성으로 죽을 인간의 생애를 마치시고, 지금은 영생을 얻으면서 우리의 장차 올 부활을 보증하신다. ... 끝날에 심판자로 오셔서 우리의 비천한 몸을 그의 영광의 몸의 형체와 같이 변케 하시리라고 한다."(中 592, 593)

부활은 자연 현상이 아니라 하나님의 무한한 능력으로 인한 것이다. "부활을 증명하려면 하나님의 무한한 능력을 생각해야 한다고 우리는 이미 말했다. 바울은 간단하게 이 점을 가르친다. 그가 만물을 자기에게 복종케 하실 수 있는 자의 역사로 우리의 낮은 몸을 자기 영광의 몸의 형체와 같이 변케 하시리라. 여기서 우리 앞에 제시된 것은 헤아릴 수 없는 기적이며, 우리의 지각을 압도하는 위대한 기적이다. 따라서 부활에 대해서 어떤 자연 현상을 상상하는 것은 가장 부적당한 생각이다."(中 596)

칼뱅에 따르면 육신은 부활하고, 영혼은 불멸한다. "어떤 사람들은 마치 전인이 죽는 것같이 영혼이 몸과 함께 부활하리라고 생각하였다.

또 어떤 사람들은 영의 불멸을 인정하면서, 영은 새로운 몸을 입게 되리라고 주장하였다. 즉, 육신의 부활을 부정하였다."(中 600) "경건한 자들의 영혼은 그 어려운 싸움을 마친 후에 약속된 영광을 즐길 때를 기쁘게 기다리던 복된 안식으로 들어가며, 모든 일은 구속자이신 그리스도께서 나타나실 때까지 보류된다는 한계를 지키고 만족해야 한다. 버림받은 자들의 운명은 확실히 유다서에 있는 마귀들의 운명과 같다. 즉, 마귀들은 큰 날의 심판까지 영원한 결박으로 흑암에 갇혀져 있을 것이다."(中 602)

칼뱅에 따르면 우리는 현세에 현세에서 입고 있던 몸으로 부활한다. "어떤 사람들은 영혼은 현재 입고 있는 몸을 받는 것이 아니라, 새로운 다른 몸을 받는 것이라고 상상하지만, 이것도 위에서 말한 것과 같은 극심한 오류 중의 하나다."(中 602) "성경은 우리가 현재 입고 있는 이 몸이 부활하리란 것을 무엇보다도 분명히 가르친다."(中 603) "본체로 보면 현재 가지고 있는 몸으로 부활할 것이나, 그 성질이 다르다고 생각해야 한다. 그리스도께서는 제물로 바치신 그 몸으로 부활하셨는데 다만 전혀 다른 몸으로 부활하신 것처럼 다른 특성에 있어서는 탁월하였다."(中 607~608)

칼뱅은 불신자의 부활에 관해서도 말하고 있다. "생명의 부활이 있고 심판의 부활이 있다. 그리스도께서는 양과 염소를 분별하러 오시리라는 것이다. … 그들이 심판주에게서 완악한 죄로 벌을 받을 것이며, 끝도 한도 없는 이 벌은 그들이 스스로 초래한 것이다."(中 609) 그리고 칼뱅은 영원한 복에 관해 다음과 같이 말한다. "하나님 나라에는 광채와 기쁨과 행복과 영광이 가득할 것이다. 그러나 아직 우리는 희미한 것으로 둘러싸여 있다."(中 610)

5. 평가

칼뱅의『기독교강요』는 토마스 아퀴나스의『신학대전』과 칼 바르트의『교회교의학』에 견줄 만한 위대한 신학적 대작이요, 명작이요, 걸작이다. 그러나『기독교강요』는 교회와 신학의 역사에서 다른 두 책보다 더 막강한 영향을 떨쳤고, 지금도 가장 강력한 영향을 주고 있다고 여겨진다. 칼뱅은 위대한 종교개혁자로서, 그리고 사회개혁자로서 큰 영향을 끼쳤을 뿐만 아니라, 이 위대한 명저를 통해 종교개혁 신학과 폭넓은 개신교 신학의 확고한 초석을 놓았다는 점에서 그 누구와도 비교될 수 없는 독보적인 의미와 명예를 누리고 있다. 지금도 그의 신학을 따르는 제자들이 지구 곳곳에서 얼마나 많으며, 그의 정신 위에 세워진 교회와 단체가 얼마나 많은가?

비록 그의 신학적 수업 기간은 비교적 짧았지만, 그의 치밀한 성서 주석과 교리적 분석, 탁월한 저술 능력은 다가온 세대에게 영원한 귀감이 되었고, 수많은 제자들과 학자들에게 놀라운 영감과 지혜를 주고 있다. 오늘날에도 특히 수많은 개혁주의 신학자들은 여전히 그의 찬란한 후광 속에서 활동하고 있으며, 그가 남긴 족적을 따라가며 새로운 지평을 열기 위해 열중하고 있다. 많은 신학들 가운데서 특히 칼 바르트는 칼뱅을 떼어놓고는 생각하기 어려울 것이다. 비록 바르트는 여러 점에서 칼뱅을 비판하지만, 바르트에게 끼친 칼뱅의 영향력은 대단히 크다. 앞으로도, 아니 어쩌면 이 땅에 교회가 존속하는 한,『기독교강요』의 영향력은 결코 줄어들지 않을 것이다.

그러나 산이 높으면 골짜기도 깊다고 했던가! 다른 한편으로『기독교강요』가 던진 어두운 그림자와 부정적인 영향도 결코 간과되어서는 안 될 것이다. 칼뱅은 "오직 하나님에게만 영광을" 돌리기를 원했고, 그래서 자신의 무덤도 매우 초라하게 만들기를 원할 정도로 매우 겸손한 인물이었지만, 그의 후예들은 그의 유언과는 정반대로 그를 종종 바울과 예수의 위치에까지 올려놓을 뿐만 아니라, 심지어는 하나님의 보좌에까지 앉히려고 시도하였다. 그의 많은 제자들이 오늘날도 그의 신학을 전혀 오류가 없는 절대적인 진리로 올려놓고, 이를 근거로 다른 신학과 신학자들을 마구 비판하고 매도하고 있으며, "칼뱅주의, 개혁주의" 등의 구호 아래 신앙의 형제들을 공격하고 교회와 교파를 갈기갈기 찢어놓은 어리석음을 저질러 왔다. 이런 불행한 책임은 물론 칼뱅이 아니라 그의 빗나간 제자들의 탓으로 돌려야 하겠지만, 일정 부분은 지나치게 엄격하고 오만했던 칼뱅에게서 유래한 것이 아닌지 되돌아보아야 한다. 그는 실수와 오류가 없는 인간이 아니었거니와 그의 신학도 지금 우리가 수용하기 어려운 시대적 제약과 한계를 뚜렷이 보여주고 있다.

6. 토의 주제

1) 칼뱅의 주장대로 성서 밖에서는 하나님을 인식하는 것이 완전히 불가능한가? 성서는 자연계시에 관해 어떻게 말하고 있는가?
2) 영혼의 불멸성과 영혼의 우위성을 주장한 칼뱅의 주장을 오늘 우리는 어떻게 평가해야 하는가?
3) 칼뱅의 예정론을 성서 본문과 다른 신학자들(아우구스티누스, 루터, 웨슬리, 바르트 등)과 비교해 보라.
4) 오늘날 칼뱅의 후예들은 칼뱅 신학을 어떻게 계승하고 있으며, 그의 단점을 어떻게 보완하고 있는가?

『참목자상』 리처드 백스터

『The Reformed Paster』Richard Baxter, 1656

최치남 옮김, 생명의 말씀사, 2012.

김순환(서울신학대학교, 예배학)

1. 저자소개

리처드 백스터는 영국의 대표적인 청교도 목회자지만 1638년 영국 국교회(성공회)에서 사제로 안수를 받고 1641년부터 영국 잉글랜드 중부의 키더민스터에서 목회를 시작했다. 그곳에서 그는 뜨거운 열정으로 설교하며 많은 사람들에게 영향을 끼쳐 회심과 하나님께 대한 믿음과 순종의 삶으로 이끌고 교회를 확장시키는 데 기여했다. 청교도 혁명(Puritan Revolution, 1640~1660) 때에는 의회파에 속하여 당시 주도적 인물로 활동하였으며 이후 1653년에 통치장전(統治章典, Instrument of Government) 발표와 함께 호국경(護國卿)에 오른 올리버 크롬웰(Oliver Cromwell) 장군의 군(軍)에서 군목으로 일했다. 이후 크롬웰이 죽은 후에 왕정이 복구되자 당시 즉위한 찰스 2세는 리처드 백스터를 궁정 사제로 선임하고 국교회 주교직을 제안하였다. 하지만 그는 이를 거절하였다. 1662년 '통일령'의 공포와 함께 국교회를 떠나 박해를 받으면서 비국교도 목사로서 설교를 계속했다. 1685년 국교회를 중상했다는 이유로 18개월 간 투옥되기도 했는데 그가 저술한 책은 200권이 넘으며,

그 가운데 그가 몸이 점점 쇠(衰)하면서 자신이 전했던 '천국'에 대해 더욱 깊이 묵상하고 그의 분명한 현세관과 내세관을 보여준 저술, 『성도의 영원한 안식』도 포함되어 있다. 그의 사후 키더민스터의 교인들과 비국교도들이 세운 그의 기념비는 그가 얼마나 신앙심 깊고 용기 있으며 뛰어난 재능의 청교도 지도자였는지를 잘 드러내고 있다. 그 기념비에는 다음과 같이 적고 있다. "1641년부터 1660년까지 이곳은 리처드 백스터의 일터였다. 이제 여기는 그의 기독교적 지식과 목회적 충실로 인해서 그와 똑같이 유명하게 됐다. 폭풍우가 몰아치는 분열의 시대 속에서 그는 일치와 이해를 옹호했고 영원한 평안의 길을 제시했다."

2. 책의 등장 배경

이 책은 1656년, 영국의 청교도 혁명이 한창 힘을 얻었다가 다시 국교도의 전폭적 지지 기반인 왕정이 복고되기 얼마 전에 쓰인 글이다. 당시 영국 내에서는 청교도 혁명으로 주춤했던 영국 국교회주의자들이 점차 힘을 얻게 되면서 청교도 측은 다소 곤혹스러운 환경이 전개되고 있었다. 더구나 1655년에는 왕당파의 반란이 있기도 했다. 상황의 악화 배경에 대해서 일부 학자들은 크롬웰이 비록 입헌주의 정치의 발전에 기여한 바 있지만 시민혁명을 퇴색시킨 군사독재나 공화주의적 요구를 억압한 여러 정책들이 결국 왕정복고를 불러왔다고 보기도 한다. 백스터에 따르면 이 시기에 퀘이커 교도와 그가 '교황주의자'라고 부른 국교도로부터 적지 않은 신앙적 비판과 공격을 받았던 것으로 보인다. 이런 상황에서 그를 비롯한 청교도 목회자들은 그런 모든 책임에 스스로를 성찰하고 갱신하는 일을 찾게 되고 무엇보다도 자신들의 신앙적 정결과 열심을 회복하고자 한 것 같다. 백스터에 따르면 1655년 12월 4일 우스터 지역의 목회자들은 함께 모여 '자신들의 게으름을 회개하고 하나님의 특별한 도우심 안에서 그들의 가르치는 사역이 귀한 열매를 맺을 수 있기를 간구하는' 집회를 열고자 계획했다. 이 집회를 위해 백스터의 동료들은 그에게 설교를 부탁하여 이 책의 전체 내용의 분량은 아니지만 중요한 부분만이라도 우선 전하려는 계획을 세웠다. 하지만 비록 집회는 열렸지만 그는 지병이 악화되는 바람에 참석하지 못하고 대신 준비했던 설교 내용을 책으로 출판하게 된다. 책의 출간 당시 백스터는 책 표지에 다음과 같은 부연설명을 적은 바 있다. "이 책은 1655년 12월 4일 우스터 지역 목회자들이 주최한 대회인 '통회의 날'(Day of Humiliation)을 위해 기록한 글로, 개혁된 목회자와 목회사역, 그리고 개별적인 신앙지도와 교리교육이라는 목회사역의 본질을 다루고 있다. 또 '통회의 날'에 참여하는 우리 목회자들의 공개적인 참회문도 첨가했다. 우스터 목회자들이 서명한 교리문답과 개별 신앙지도에 관한 합의안을 바탕으로 그들의 무익한 동료이자 종인 키더민스터 교회의 리처드 백스터가 작성했다."

3. 줄거리

이 책은 백스터가 밝힌 바에 따르면 크게 여섯 가지의 주된 주제를 다룬다. 첫째는 목회자의 자아 성찰에 대해, 둘째는 왜 자아성찰을 해야 하는지 그 이유를, 이어 셋째는 양떼를 돌보는 목양 사역에 대해, 넷째는 목양의 자세에 관해, 다섯째는 양떼를 돌보는 목양사역의 필요성을, 그리고 마지막으로는 이들을 적용하는 목회의 실제를 살핀다.

구체적으로 1부(36~93)에서는 목회자의 자아성찰의 내용과 자아성찰의 이유를 다루고 있다. 1장 1항의 "구원의 은혜 가운데 있는가?"라는 첫 소주제를 통해 백스터는 목회자가 갖추어야 할 가장 기본적이고 중요한 자격을 요청하고 있다. 믿음 안에 먼저 굳게 서 있지 않으면서, 진리를 거부하거나 의심하면서 다른 사람에게 전할 수 없는 일이기 때문이다. "여러분, 자신을 먼저 돌아보십시오. 성도들에게 어떠한 사람이 되라고 가르치기 전에 자신이 먼저 믿고, 그들에게 소개하는 구주를 자신이 먼저 진심으로 받아들이십시오"라고 백스터는 촉구한다. 이어지는 항에서는 "하나님의 은혜로 일하는가?"라는 질문 아래서 목회자는 단지 은혜 안에 있다는 사실에 만족하지 말고 그 은혜가 역동적으로 역사하고 있는지 살피라고 말한다. 목회자가 먼저 천국에 합당한 마음을 가질 때 그것이 양들에게 천상의 감미로움과 하나님께 가까이 감을 더욱 느끼게 할 수 있다는 것이다. 그의 이런 당부는 목회자가 만일 은밀한 기도와 묵상 등으로 하나님과 동행하는 삶을 살지 못한다면 혼자만의 피해가 아닌 함께하는 여러 사람의 실패를 낳게 된다고 보는 것이다. 아울러 그는 목회자가 "가르침과 행동이 일치"하는 삶을 살아야 할 것을 당부한다. 언행의 불일치는 그 동안 애써 해왔던 일을 일순간 수포로 만드는 매우 치명적인 결과로 연결됨을 지적한다. 그래서 그는 "사람들의 영혼을 구하려면 나는 어떻게 살아야 하며, 어떻게 행동해야 할까? 내가 갖고 있는 자원을 어떻게 사용해야 할까?"를 물어야 한다고 말한다. 특별히 그는 설교와 행동을 모두 잘하는 목회자가 되기 위해 "아무 흠 없이 행하여 순전함을 유지"하는 일 뿐만 아니라 "자선을 베푸는 일에 열심을 내라"고 조언한다. 네 번째로 "자신의 들보를 보고 있는가?"라는 소주제는 목회자가 자칫 성도들을 지도하면서 흔히 범하기 쉬운 관행으로서 그들에게 죄를 경고하고 질책하면서도 정작 자신이 그런 죄에 빠져 있는 경우를 피할 수 없는 경우를 일깨운다. 비록 말로는 죄를 정복하자고 하면서 실제로 죄에 정복당하는 일이 없도록 주의해야 할 것을 환기시킨다. 제1부 1장의 마지막은 목회자가 "자격을 갖추기 위해 노력하는가?"를 묻고 있다. 목회자는 성도들의 눈을 열어 교묘하게 침투한 유혹을 드러내주고, 성경을 정확하게 설명해주고, 삶의 중대하고도 복잡한 문제들을 해결하도록 도와주는 사람인데 이런 일을 제대로 훈련받지 않고 어떻게 감당할 수 있느냐는 것이다. 사역의 모든 영역에서 고도의 숙련된 기술과 진리에 반하는 이론을 타파할 수 있는 학문적 바탕을 갖출 것을 요청하고 있다.

1부 2장은 앞서의 자아성찰의 내용에 이은 그 이유를 다루고 있다. 그 첫 소주제로 백스터는 "목회자도 천국을 잃을 수 있다"고 경고한다. 목회자도 여느 사람과 다름없이 천국과 지옥의 갈림길에 서야하는 구원의 대상이라는 점은 분명하기 때문이다. 백스터는 성경의 구절을 예로 들어(마7:22~23) 그리스도를 열심히 전했지만 정작 자신은 구원의 은혜를 받지 못해 멸망 길로 가게 되는 경우가 있음을 경고한다. 교리 공부에 대한 많은 시간적 할애, 효과적 설교 기술 터득과 탁월한 전달, 자선사업에 열심을 내는 일 등 어떤 것도 거룩한 삶의 동반 없이는 매우 위험스런 것임을 일깨우고 있는 것이다. 이런 경고는 "목회자도 타락한 본성이 있다"는 두 번째 소주제에서 그 이유가 더욱 명시되고 있다. 목회자가 아무리 죄를 드러내고 설교를 많이 한다 하여도 여전히 그의 안에도 죄가 존재할 수밖에 없는 아담의 자손, 곧 죄인이요 또 한 순간의 유혹에도 꺾일 수 있는 존재라는 것이다. 이런 점에서 목회자나 일반 성도나 자기 영혼의 상태를 늘 점검할 필요가 있기는 마찬가지다. 그러나 특히 세 번째로 "목회자는 더 큰 유혹에 노출되어 있다." 다시 말하면 목회자는 그리스도의 군대를 이끌어가는 지도자이기에 마귀로부터 훨씬 맹렬한 적의와 공격의 대상이 된다. 군 지도자 한 사람을 쓰러뜨리는 일은 일반 병사들 다수를 쓰러뜨리는 일보다 더 큰 혼란이 될 수 있기 때문에 마귀는 목자를 치기 위한 전술을 오래전부터 성공적으로 구사해 왔다는 것이다. 이런 유혹에 넘어간 일을 마치 어떤 목회자는 간혹 자신의 믿음이 진보한 상태인 것으로 속임 당할 수 있음을 백스터는 환기한다. 네 번째의 "목회자는 주목받는 자리에 있다"는 주제는 목회자가 자신을 엄격히 살펴야 하는 또 하나의 중대한 이유이다. 이 일은 물론 힘겨운 일이지만 타인의 시선 덕에 오히려 죄를 멀리할 수 있는, 영적 유익의 길이 되는 점에서 감사할 일이라고 말한다. 사람들의 관찰과 트집, 심지어 마귀가 흠잡는 일을 극복하기 위해 목회자는 마치 사방이 공개된 장소에 있다고 생각하는 훈련을 요한다. "목회자의 죄는 더 큰 진노를 불러온다"는 점도 잊어서는 안 될 일임을 지적한다. 영향력이 큰 사람일수록 그가 짓는 죄는 치명적인 결과를 낳는다. 더구나 일반 성도들 보다 죄에 대해 잘 알고 있는 목회자가 알면서 짓는 죄는 더 클 수밖에 없다는 것이다. 죄를 드러내고 책망하는 일을 하는 목회자가 정작 자신이 그 죄를 범하는 경우 이는 위선의 죄를 범하는 것이 되며 더 심각한 배신이기 때문이다. 여섯 번째로 목회를 감당하려면 특별한 은혜가 필요하다고 말한다. 일반 신자들이 평범한 은사로 소박하게 사역을 잘 감당할 수 있는 것과 달리 목회는 더 큰 은사에 기초함은 당연하다. 만일 그렇지 않으면 목회자는 힘에 부치는 시험을 당할 경우 다른 이들보다 교회에 더 큰 부담을 주고 피해를 줄 수 있기 때문이다. 더 나아가 목회자의 성찰의 이유는 그리스도의 명예와 관련됨을 말한다. 하나님 곁에 가까이 있는 사람일수록 그의 사소한 실수는 하나님께 큰 불명예를 가져올 수 있다는 것이다. 말 한마디 걸음 하나도 조심해야 하는 이유는 하나님의 영광을 나타내는 책임이 있기 때문이다. 마지막으로 "자아성찰은 목회의 성공을 좌우하기도 한다"고 백스터는 말한다. 자아성찰이 없는 지도자는 하나님을 위해 일하기보다는 자신을 위해 일하며, 맡은 일에 전심전력을 다하지 않고, 성화되지 않은 채 사탄에게 종노릇하기 마련이며 자신이 말한 대로 살지 않는다는 것이다. 그런 지도자의 설교는 누구도 귀담아 듣지 않으며 또 다른 신실한 목회자와 그리스도인들이 비난을 받게 만든다는 것이다.

2부에서는 목양의 대상, 목양의 자세, 목양의 이유 등을 다루고 있다. 그가 말하는 목양의 대상은 먼저, 지옥으로 향하는 사람들, 즉 비신자이다. 기존의 신자도 중요하지만 이들을 회개시키는 일이 최우선이라고 충고한다. 또 죄책감에 사로잡혀 구원의 길을 묻는 사람들이 그 대상이다. 목회자는 단지 대중을 향해 설교하는 일만이 아니라 문제를 가지고 찾아오는 사람들에 대한 개인적 지도의 중요성을 말하고 있다. 또한 목양의 대상은 하나님의 은혜를 이미 경험한 사람들도 예외가 아니다. 회심하였다 해도 여전히 어리고 연약한 신자들, 특정한 죄의 영향 아래 힘들어 하는 신자들, 신앙을 잃어가는 신자들, 그리고 심지어 믿음이 강하지만 계속적인 진보를 필요로 하는 신자들은 있게 마련이다. 목양의 대상으로서 그리스도인 가정들도 포함된다. 각 가정의 신앙 상태를 파악하고, 심방하여 지도하며, 신앙 서적들에 대해 추천하고, 주일을 잘 지내도록 가르쳐야 한다는 것이다. 병을 앓고 있거나 임종을 앞둔 사람들과 죄지은 사람들도 목양의 대상으로 꼽는다. 전자는 그들이 행복한 임종을 맞도록, 하나님과 화해할 기회를 갖도록 도와야 할 대상이라는 것이며 후자는 그 사람의 기질과 상황에 따라 신중하게 접근해야 할 대상이라는 것이다. 마지막으로 교회의 규율도 목회자가 돌봐야 할 부분이라 말한다. 이 부분에서 백스터는 회개에 대한 권면, 회개한 사람의 복귀, 회개하지 않는 사람의 축출 문제 등을 구체적으로 다루어 지침을 제공하고 있다.

이어서 목양의 자세에 관해서도 백스터는 중요한 지침을 제시한다. 먼저, 올바른 목적으로, 또 열심히 하라고 당부한다. 오직 명성이나 지식의 추구가 아닌 하나님의 영광과 영혼 구원을 궁극적 목적으로 삼아야 한다는 것이며 목회는 그만큼 중요한 일이어서 그 결과는 후에 큰 복락으로 이어지기 때문이라고 말한다. 또한 목양은 단계적으로 하여야 함을 명시한다. 신자들의 신앙적 수준이나 단계에 맞추어 신중하고 질서 있게 수행하는 것의 중요성을 말한다. 인생은 유한하며 불확실하기 때문에 목양은 우선순위가 있다고 본다. 본질적인 메시지를 숨기거나 부차적인 내용을 부각시켜서는 안 되며 진리를 위해 우선적으로 필요한 것이 무엇인지 일깨워 주어야 한다. 잊지 말아야 할 것으로 또한 단순하고 명료한 가르침을 둔다. 청중의 수준을 고려하는 자세이다. 예를 들어 모호한 설교는 가식과 위선이 표징일 따름이다. 목회자는 유순하고 낮은 자세로 겸손하게 사역해야 하지만 그러면서도 엄격함과 온유함을 조화시킬 줄 알아야 한다고 한다. 또 목회자는 스스로 깨어 있어야 할 뿐 아니라 다른 사람을 깨울 수 있을 만큼 진지하고 열정적이어야 한다. 목회자는 부드러운 사랑으로 성도들을 대하는 일이 중요하다. 그런 무조건적 사랑이 느껴질 때 양들은 그의 말을 듣게 되기 때문이다. 오래 참는 일도 중요한 목양의 자세이다. 마치 의사를 힘들게 하는 환자라 하여도 그에 대한 책임을 다 하듯이 목회자 또한 그래야 한다. 목회자는 경건함을 지켜야 한다. 무대 위에 선 배우처럼 몸짓과 말투가 아닌 경건함으로 사람을 움직일 때 진정한 감동이 있게 된다. 목회자는 영적인 방식으로 행해야 한다. 이를 위해 진리에 대한 증거와 예화를 사람의 글보다는 성경에서 인용할 것을 권한다. 백스터는 목회자는 설사 현재 성공적인 목회를 하고 있더라도 더욱 성공에 대한 간절한 소망과 기대를 품으라고 제언한다. 이를 위해 양들의 회심과 성장에 대한 소망과 기대를 가지고 온 마음으로 수고하라고 당부한다. 그리스도를 전적으로 의지하는 것 또한 목회자의 중요한 자세이다. 이는 자신의 부족함을 깊이 인식하는 데서부터 나오는 자세이다. 마지막으로 동료 일꾼들, 곧 다른 목회자들과의 연합을 이루는 일의 중요성을 강조한다. 이는 교회 전체의 번영, 공동 목표의 강화, 성도들의 유익, 더 나아가 그리스도의 왕국의 확장을 위해 중요한 일이다. 이런 화평의 기초에는 성경의 충분성(sufficiency)이 전제되어야 함을 가르친다.

제2부의 마지막 장에서는 목양의 이유를 다루고 있다. 그 첫째는 목회자는 양떼를 이끄는 목자이기 때문이라고 말한다. 목자는 양떼를 돌볼 의무를 갖는다. 여기에는 엄청난 수고가 뒤따른다. 목자의 이런 신분은 자원하는 마음으로 해야 하는 일이며 그것은 명예로운 일이면서 큰 영광이다. 목회자는 이를 통해 무엇보다도 그리스도의 신비를 탐구하고 전하는 특권을 갖게 된다. 둘째는 목회자는 성령 하나님이 세우셨기 때문이라고 말한다. 성령은 성직 수여자가 공식적인 절차를 통해 목회자에게 직분과 자격을 부여하게 하고, 분별력을 주어 적임자를 찾게 하며, 적재적소에 배치하도록 인도하신다. 셋째는 목회자에게 맡겨진 것은 하나님의 교회이기 때문이다. 교회의 성도는 보잘것없는 사람이라도 천사의 섬김을 받으며 그런 교회와 성도를 맡는 일은 막중한 임무인 것이다. 넷째는 그리스도께서 교회를 그분의 피값으로 사셨기 때문이다. 그분의 피 값으로 산 교회와 신자들을 정성껏 돌보지 않는다면 그분의 피를 멸시하는 것이라고 일갈한다.

제3부는 목회의 실제를 다루고 있는데 제6장은 특히 겸손의 훈련을 당부한다. 이 안에는 목회자가 처하기 쉬운 몇몇 죄에 대해 경계한다. 첫째는 교만을 꼽고 있는데 이는 목회자의 가장 명백하고 악한 죄다.

교만은 끈질기게 목회자의 설교 작성과 동료들과의 관계 등 전반적으로 악영향을 끼치게 한다고 보고 이를 고백하고 벗어나야 하며 방심하지 말아야 할 것을 권고하고 있다. 둘째는 게으름과 무관심이다. 여기에는 성경연구를 게을리 하는 일, 설교를 무성의하게 하는 일, 위기에 처하거나 영적으로 갈급한 성도들을 긍휼히 여기지 않는 일 등에 대한 경계가 담겨 있다. 셋째는 세속적 관심을 꼽고 있다. 예를 들어 정통성 여부와 무관하게 대중적 인기에 영합하여 주류에 가담하는 병폐, 세속 사업에 몰두하여 사명감으로 행하지 않는 것, 자선과 선행에 힘쓰지 않는 일 등을 지적한다. 넷째는 교회의 연합과 평화를 평가절하 하는 위험을 꼽고 있다. 특히 자신의 소속 교파만 인정, 존중하고 전부로 생각하며 타 교파의 고난에 무관심한 것, 분쟁과 분열을 경계한다. 다섯째는 소극적인 징계를 꼽고 있다. 징계는 교회의 마땅한 의무요 필요임을 강조하고 징계를 실천하지 않을 경우 양들로 하여금 그렇게 살도록 방조하고 미혹에 빠지게 하며, 기독교를 타락한 종교로 인식하게 만들 뿐만 아니라 교회 분열의 심화와 하나님의 진노를 유발할 것임을 경고한다.

제3부의 7장은 교리교육의 의무와 그 중요성을 다루고 있는데 크게 사역에서 얻는 혜택, 사역에서 겪는 어려움, 사역의 필요성 등 세 가지 관점을 이야기한다. 먼저 사역에서 얻는 혜택은 죄인의 회심을 극대화시키는 효과적인 방법일 수 있다는 것이며, 회심 후에는 그들의 덕을 함양하는 데 유익을 주고, 기독교의 기본 진리를 통해 설교에 대한 이해를 돕는다고 본 것이다. 그 결과 목회자와 성도의 친밀한 관계를 유지시켜 서로의 말에 귀를 기울이게 하여주고 목회자의 입장에서는 양들의 영적 상태를 살펴 적절한 목회적 판단을 가능하게 한다. 교리교육은 사람들로 하여금 목회의 본질을 알려 주어 잘 따르도록 할 뿐만 아

니라 개인적 보살핌의 방법이 된다. 또한 목회자와 양들 모두에게 서로에게 어떤 의무를 어떻게 이행해야 하는지를 깨닫게 한다. 교리교육의 유익은 이뿐만이 아니다. 각 가정의 질서를 세워주고 그들로 하여금 매 주일 거룩한 예배를 드리도록 돕고, 목회자로 하여금 목회와 무관한 사업 등을 줄여 시간 낭비나 오용을 막아 주며 더 나아가 타락을, 위험을 피하게 하며 은혜가 영향력을 발휘하게 기여한다. 교리교육은 더 나아가 복음의 기본 진리에 대한 배움 등을 통해 목회자와 성도들의 헛된 논쟁에 휘말릴 가능성을 막아주며 더 큰 목회적 혜택을 확산시킬 수 있다. 이런 이유로 인해 백스터는 교리교육이 담당 교구를 넘어 나라 전역으로 확산되어야 할 것임을 강조한다. 교리교육을 하는 동안 사역에서 겪을 수 있는 어려움의 측면도 없는 것은 아니다. 백스터에 의하면 그것이 두 가지 측면, 곧 목회자 자신에게 있는 장애물과 성도들로 인한 어려움이다. 전자는 게으름, 비난에 대한 두려움, 어리석은 수줍음, 육신의 불이익에 매인 생각, 연약한 믿음, 기술적인 미숙 등이 어려움일 수 있으며 그렇기 때문에 부지런히 준비해야 할 것을 강조한다. 후자는 성도들의 완고함, 지적인 한계, 옛 유혹으로 돌아가고자 하는 마음 등이 어려움이라고 본다. 하지만 사역의 필요성의 관점에서 교리교육은 하나님의 영광을 위해, 양들의 안녕과 더불어 목회자 자신의 안녕을 위해 충성해야 할 것이라 강조한다.

제3부의 8장은 목회의 실제와 관련하여 일어날 수 있는 다양한 반론들을 예시하고 그에 대해 답변하는 형식으로 구성되어있다. 앞서 다룬 내용들을 좀 더 구체적 실례들을 들어 전반적으로 확인하고 있는 셈이다. 반론들은 대체로 개별적 가르침의 의무나 그것들의 현실성 여부(반론1, 반론5, 반론9) 교육에 많은 시간을 사용하는 것의 적절성 여부(반론3), 사역과 여가의 관계(반론4), 초대교회와 달라진 목회 환경에서 동일

한 목회적 지침 적용의 타당성 여부(반론6), 엄격한 목회적 요구 사항에 대한 현실성 여부(반론7), 타성에 젖은 사람들의 교육의 어려움에 대한 대처(반론8) 등을 다루고 있다. 제3부의 9장은 목회자의 매우 중요한 의무로 강조해 온 가르침을 제대로 이행하려면 어떻게 하여야 하는지에 관한 지침들이 담겨 있다. 우선 동기부여를 위한 지침이 나온다. 먼저 일상생활과 사역에서 본을 보여 양들에게 목회자의 능력과 성실과 사랑을 확신시키는 일이라고 말한다. 목회자의 뚜렷한 소신과 추진력은 물론이고 오로지 사심 없이 양들의 유익만을 위하는 사람으로 인식되는 것이 중요하다고 본다. 아울러 양들에게 교리교육의 필요성과 유익을 확산시켜야 한다고 본다. 특히 강력한 설교를 통해 하나님의 진리를 아는 것과 구원의 기본 원칙들을 아는 것이 얼마나 유익하고 필수적인지 보여주라고 권한다. 이는 가장 먼저 배워야 할 올바른 순서로서 신앙생활을 오래한, 나이가 많은 사람이라도 예외가 아니다. 이런 목적의 실현 방식의 하나로 교리문답서를 각 가정에 나누어 주어 얼마 동안(한 달 내지 한 달 반) 읽게 한 후 면담을 거치는 것을 소개하기도 한다.

　이어 백스터는 가르침과 관련하여 성공적인 훈련 지침을 매우 구체적으로 제시한다. 예를 들어 가르침을 위해 찾아온 양들의 거부감과 긴장을 푸는 일은 마음을 열고 가르침을 잘 받아들일 수 있는 전제라고 본다. 또 양들의 솔직한 참여를 돕기 위해 1대 1 방식을 권한다. 양들에 대한 가르침은 그들의 지식수준과 맞게 이루어져야 하며 영적 상태를 파악하는 일이 중요하다고 본다. 면담 등을 통해 알게 된 양들의 신앙적 신상 등에 대한 기록하여 두고 가르침을 경멸하거나 완고한 사람에 대해서는 성찬식이나 다른 성례전에 금하는, 단호한 입장이 필요한 점도 잊지 않는다. 이는 다른 성도들과의 접촉을 통해 그들에게 부정적 영향을 줄 수 있다는 가능성을 염두에 둔 듯하다. 훈련의 전 과정을 통해 목적에 적합한 자료와 훈련 방식, 혹은 태도였는지 여부를 살피는 것 또한 중요하다. 마지막으로는 면담이 마쳐진 후 가난한 교우들에게 어느 정도 자선을 베풀어주는 일을 권한다. 백스터의 마지막 언급, "형제들이여, 이제 제 말은 다 끝났으니 여러분은 실천할 일만 남았습니다. 교만하고 게으른 목회자는 제 권고를 경멸하고, 심지어 화를 낼 수도 있습니다. 그러나 확신하건대 하나님은 죄와 사탄의 반대에도 불구하고 이를 통하여 수많은 주의 종들을 일깨우셔서 그들의 의무를 행하게 하시고 올바른 개혁을 이뤄나가실 것입니다. 그리고 더 많은 영혼을 구원하시기 위해 이러한 의무를 기꺼이 짊어진 사역자들에게 복을 내리실 것입니다."는 그의 교회와 양무리를 사랑하는 참 목자의 진정성 가득한 당부가 묻어 있다.

4. 핵심 주제

이 책의 핵심 주제는 목회자가 신자 각 사람을 위해 그의 영혼의 회심과 성장 등의 전 과정을 돌봄에 있어서 어떤 소명과 자세로 임하며 또 어떻게 수행해야 할지를 다룬, 이론적이면서 매우 실제적인 목회적 지침이라고 할 수 있다. 비록 백스터 자신은 서문에서 6가지의 주제로 정리하고 있지만 핵심적 주제들은 목회자 자신의 선결 요건인 '목회자의 자아 성찰'을 필두로, 목양의 대상, 자세, 그 이유 등을 다루는 '목양' 자체 곧 목양의 본질 그리고 '목양의 실제' 등이 핵심 주제가 되고 있다. 1부 곳곳에서는 구구절절 목회자의 자격과 자세 등의 중요성을 역설하는 가운데 목회 지도자들의 연약성과 죄를 극복하고 교회의 순수성을 지키고자 한 리처드 백스터의 진정성 어린 당부들이 스며있다. 2부에서는 목회자가 기울여야 할 개개 영혼에 대한 관심과 구체적인 자세나 태도 등의 중요성을 강조하고 있으며 이런 노력의 결과가 종국에는 모든 사람에게로 확장되어야 할 것을 갈망하고 있다. 3부는 구체적으로 교회의 올바른 목회 방향에 대한 안내가 풍부하게 담겨 있다. 무엇보다도 책의 바탕에는 기존의 의식주의나 형식적, 관습적 신앙에 머물러 있는 당시 국교회의 전통을 극복하고 성경과 종교개혁 정신에 기초한가운데 철저한 개인적 회심과 인식 및 결단을 중시하는 개신교회의 신앙적 정신이 곳곳에서 깊이 반영되고 있다.

5. 책의 평가

이 책은 무려 350여 년 전의 영국에서 동료 청교도 목회자들을 대상으로 쓴 글이라고는 믿기지 않을 정도로 그 안에서 다루어진 목회 현실의 고민과 문제들이 오늘의 우리의 그것과 크게 닮아 있음을 보게 된다. 더구나 이 책은 오랜 기간을 지내오면서 지속적으로 많은 목회자와 교회로 하여금 진정한 목양의 자세를 성찰하게 하고 각오를 재 다짐하게 도전하였을 뿐 아니라 지금도 매뉴얼로 삼아 활용하기에도 전혀 손색없는 구체적이고도 친숙한 지침 등을 제시한다는 점에서 놀라움을 금할 수 없게 만든다. 과연 지난 수백 년 동안 수많은 목회자의 마음에 감동과 영감을 선사한 탁월한 고전이라 부르는 세간의 평이 무색하지 않다는 생각이 들 정도다. 이 책에 관해 어떤 이는 젊은 목회자라면 목회 일선에 나가기 전에 반드시 읽어야 한다고 했는가 하면 금으로 인쇄해도 아깝지 않은 탁월한 작품이라는 찬사를 보내기도 했다. 아무리 시대가 가고 상황이 변해도 하나님의 형상으로 지음 받은 존엄한 인간이 그 죄로부터 벗어나 구원 받아 회복과 함께 진정한 복을 누리며, 또 그에 대한 영원한 소망 속에 살아가야 한다는 당위는 변질될 수 없는 주제임이 분명하다. 이런 소중한 일을 수행하는 목회자의 삶은 그야말로 아무나 누릴 수 없는 특권이지만 동시에 무거운 책무를 수반하는 삶인데 이 책은 이런 목회 특권과 책임의 특수성을 십분 환기시키고도 남음이 있는 고전이라 아니할 수 있다.

이 책의 원제, 『The Reformed Pastor』가 '개혁주의 목회자'란 뜻으로 이해될 수 있는데 사실은 그렇지 않다. 백스터가 사용한 "개혁"이라는 말은 이 책의 전체에서 마음과 영혼이 새롭게 개혁된 목회자를 의미하기 위해 사용하고 있다. 이는 국내 일부 교파 혹은 진영에서 '개혁' 혹은 '개혁주의'를 칼빈주의에 대한 또 다른 용어인 양 사용하는 경우 혹은 구미에서 교파이름으로서 개혁 교회(reformed church)라 부를 때 '개혁'의 의미와는 다른 것이다. 따라서 이 책은 목회에 대해 내적 소명을 받은 후 신학에 꿈을 가진 사람이나 이미 이 길을 걷는 신학도나 더 나아가 공적 소명의 인증 과정을 거쳐 현재 목양을 수행하는 목회자 등 모두에게 교파적 배경을 초월하여 소중한 목회 정신을 제시하는 필독서이다. 물론 목회 초년생들에게 미래 목회의 밑그림을 바람직하게 그리도록 도와주는 역할도 크지만 결코 그런 기초적 독서 자료로 국한될 수 없다. 왜냐하면 이 책은 아무리 노련하고 유능한 경륜의 소유자라 하여도 현실 목회에 급급하다 쉽게 잊어버릴 수 있는 초심을 일깨우며 세세한 부분들에 걸쳐 목회자의 구령에 대한 순수성과 바람직한 자세를 되찾도록 도전하고 촉구하는 힘이 있기 때문이다. 목회가 성공적인 형편이든 그렇지 않은 형편이든을 떠나 틈틈이 혹은 목회 중 직면하는 특정의 상황 중에 이 책을 펴드는 순간 자신을 새롭게 성찰하는 기회로 삼을 수 있는 매뉴얼로서 손색이 없는 고전임이 분명하다.

6. 토의 주제

1) 목회의 길에 나서기 전에 먼저 목회자는 과연 어떤 자격과 모습을 갖추어야 하는가?

2) 목회자는 목양의 현장에서 과연 어떤 언어, 어떤 가르침, 어떤 행동을 실천해야 하는가?

3) 청교도들의 삶의 태도와 신앙의 모습에 대해 오늘의 우리는 어떻게 이해하고 수용해야 하는가?

4) 오늘의 현실 속에서 교회의 대형화 현실은 불가피한 현실이고 그 긍정 측면도 부정할 수 없는데 이 경우 백스터가 강조한 개인적 신앙 지도의 중요성과 어떻게 조화시킬 수 있나?

5) 오늘날 대부분의 국가와 사회의 모습인 다종교적 특성상, 혹은 개신교회의 교파 간 경행의 현실에서 백스터가 강조한 교회의 엄격한 징계와 규율 시행 등의 어려움은 어떻게 현명하게 운영될 수 있나?

『성도의 교제』 디트리히 본회퍼

『Sanctorum Communio』 Dietrich Bonhoeffer,
디트리히 본회퍼의 박사학위 논문(1927년 7월)
유석성·이신건 옮김, 대한기독교서회, 2010.

김성호 (서울신학대학교, 기독교윤리학)

1. 저자 소개

디트리히 본회퍼(Dietrich Bonhoeffer)는 1906년 2월 4일, 당시에는 독일에 속했지만 지금은 폴란드 영토인 브레슬라우(Breslau)에서 태어났다. 본회퍼의 아버지 칼 본회퍼(Kahl Bonhoeffer)는 정신의학 및 신경학 교수였고, 어머니 파울라 본회퍼(Paula Bonhoeffer)는 폰 하제 가문 출신이었는데, 청년 시절에 이미 여교사 임용시험 응시 자격을 갖추었다. 그녀는 그녀의 자녀들은 물론이고 친한 교수들의 자녀들의 교육을 담당하기도 했다. 본회퍼가 기독교 신앙을 가지고 신학을 공부하고 목사가 될 수 있었던 것은 어머니의 신앙교육이 큰 비중을 차지했다고 볼 수 있다.

칼 본회퍼와 파울러 본회퍼는 슬하에 모두 8남매를 두었다. 첫째이자 맏아들인 칼-프리드리히(Kahl-Friedrich, 1899~1957)는 물리학자였다. 언어 능력이 뛰어났던 둘째 발터(Walter, 1899~1918)는 1차 세계 대전 중에 전사했다. 셋째 아들 클라우스(Klaus, 1901~1945)는 법률

가였다. 다섯째이자 맏딸인 우르줄라(Ursula, 1902~1983)는 후에 뤼디거 슐라이허(Rüdiger Schleicher, 1895~1945)와 결혼했고, 그녀의 여동생 크리스티네(Christine, 1903~1965)는 후에 한스 폰 도나니(Hans von Dohnanyi, 1902~1945)와 결혼했다. 여섯 번째 디트리히(1906~1945)와 일곱째 자비네(Sabine, 1906~1999)는 쌍둥이였으며, 자비네는 후에 헌법학자 게르하르트 라이프홀츠(Gerhard Leibholz, 1901~1982)와 결혼했다. 막내이자 여덟 번째인 수잔네(Susanne, 1909~1991)는 신학자 발터 드레스(Walter Dreß)와 결혼했다.

본회퍼의 대학생활은 1923년 튀빙엔대학 여름학기부터 시작된다. 그는 튀빙엔대학 시절에 많은 학자들에게 영향을 받았지만, 특히 아돌프 슐라터(Adolf Schlatter)에게 큰 영향을 받는다. 베트게에 의하면 슐라터의 신학은 본회퍼의 구체적인 세상을 가급적 가까이 받아들이려는 노력과 부합되었으며, 그의 신약성서안의 선(善)과 자연의 영역에 대한 책임 이해는 본회퍼의 『윤리학』에서의 선과 책임의 이해에 영향을 끼쳤다.

튀빙엔에서 두학기를 보낸 본회퍼는 1924년 봄에 아프리카와 로마로 여행을 떠난다. 특히 로마여행 당시 그의 일기에 성 베드로 성당에서 체험한 고난주간과 부활주일에 대한 인상을 '교회의 보편성'이라는 글귀와 함께 기록하는데, 이는 젊은 시절 본회퍼의 로마여행이 "교회"라는 그의 삶과 신학의 주제를 구상하는 데 결정적인 역할을 했다고 볼 수 있는 대목이다.

본회퍼는 튀빙엔에서의 1년동안의 대학생활 후에, 1924년 6월부터 1927년 7월까지 베를린대학교에 등록해서 7학기 동안의 대학시절을 보낸다. 본회퍼는 이 기간 동안 박사학위 논문을 썼을 뿐만 아니라 일곱 편의 세미나 논문과 아홉편의 교리문답 개요 및 설교학 개요를 제출했고, 주일학교 어린이반을 맡아 교회사역에도 열심이었다. 이 시절의 본회퍼에 대해 베트게는 다음과 같이 전한다.

"베를린대학교 재학 초기에는 여전히 막연하면서도 강렬한 지식욕이 (본회퍼에게) 있었다. 베를린대학교의 자유주의적이고 실증적인 신학의 폭넓은 전선이 위대한 스승들 (칼 홀, 아돌프 폰 하르낙, 라인홀드 제베르크) 안에서 구체화되어 그에게 나타났다. [...] 그러나 장차 그의 진로를 결정할 전환점이 된 해는 변증법적 신학이 – 간접적인 경로로 입수된 문헌을 통해서 – 그를 쥐고 흔든 해였다. 그 시기에 그는 열여덟 내지 열아홉 살이었다."(Eberhard Bethge, Dietrich Bonhoeffer. Theologe – Christ – Zeitgenosse, 김순현 역, 『디트리히 본회퍼, 신학자-그리스도인-동시대인』(서울: 복있는 사람, 2014), 139.)

본회퍼는 1927년에 제베르크의 지도로 『성도의 교제: 교회사회학에 대한 교의학적 연구』라는 제목의 박사학위 논문을 썼고, 1930년에 빌헬름 뤼트게르트의 지도로 『행위와 존재(Akt und Sein): 조직신학 안에서 본 초월철학과 존재론』이라는 제목의 논문으로 교수자격을 취득했다.

1927년 11월 초, 본회퍼의 교구 감독이자 베를린의 쾰른란트 제1교구(Kölln-Land I) 감독이었던, 막스 디스텔(Max Diestel)은 스페인 바르셀로나에서 프리츠 올브리히트(Fritz Olbricht)가 담임목사로 있는 독일인 교회의 수련목회자로 본회퍼를 추천한다. 본회퍼는 1928년 2월 15일 바르셀로나에 도착한다. 본회퍼의 수련목회자로서의 공식적인 기간은 이날부터 1929년 2월 14일까지 1년간 이었다.

본회퍼는 1930년 9월 5일부터 1931년 6월까지 미국 유니온 신학교에서 연구하는 시간을 보낸다. 이 기간 동안 본회퍼는 라인홀드 니버(Reinhold Niebuhr)의 세미나에 참여하고, 앨버트 프랭클린 피셔(Albert

Franklin Fisher)를 통해 대다수 교인들이 흑인들이었던 초라한 여건의 침례교회에서 주일학교와 여러 동아리의 정식 협력자가 되었고, 칼 바르트의 제자였던 에르윈 주츠와 함께 쿠바로 여행을 했다. 주츠는 후에 칼 바르트와 본회퍼의 만남을 주선했다. 미국에서의 여정이 끝날 무렵 본회퍼는 프랑스 출신의 장 라세르(Jean Lassere)를 만났다. 본회퍼는 그와 멕시코 여행을 했는데, 빅토리아시티의 교사훈련대학에서 평화를 주제로 강의를 했다. 실제로 본회퍼의 기독교평화주의의 영향을 끼친 사람은 장 라세르였다. 장 라세르는 본회퍼의 책 『나를 따르라』에 가장 먼저 자극을 주기도 했고, 본회퍼는 베를린 테겔 감옥에서 쓴 한 편지에서 그를 성자(聖者)로 표현하기도 했다.

1931년 8월 1일은 본회퍼가 베를린대학교 신학부에서 대학 강사로 일하기 시작한 날이다. 그해 11월 15일 본회퍼는 목사 안수를 받고 1932년 3월까지 베를린 베딩에서 견신례 학급을 맡아 지도했다. 1932년 7월부터 한달 여 동안 본회퍼는 베스터부르크, 체르노호르스케 쿠펠레, 제네바, 글랑에서 열린 에큐메니칼 회의에 참석한다. 본회퍼는 1933년 2월 1일 라디오 방송에서 '젊은 세대 안에서 일어난 지도자 개념의 변화'라는 제목으로 강연을 했지만 강연을 다 마치지 못하고 중단당하는 일을 당했다. 왜냐하면 강연 중에 본회퍼가 자기 스스로를 신성화하는 지도자는 하나님을 모독하는 것이라고 히틀러를 겨냥하는 듯한 발언을 했기 때문이다. 이후 같은 해 9월 본회퍼는 니뮐러와 함께 목사긴급동맹 초안을 작성하였고 성명서 「전국총회에 고함」을 발표했다. 이듬해 본회퍼는 고백교회가 바르멘 신학선언(1934년 5월 29일~31일)에 유대인 문제를 포함시키지 않은 것에 대한 실망을 품은 채 독일을 떠나 런던에서의 목회생활에 전념한다.

1935년 본회퍼는 4월 26일 칭스트(Zingst)에서 신학교를 시작하고,

2개월 뒤 여러 가지 여건이 더 나은 핑켄발데(Finkenwalde)로 신학교를 이전한다. 본회퍼는 이 시절 23명의 신학생들과 동거동락하며 독일과 독일교회의 미래를 논했다. 이곳에서의 신학수업이 책으로 엮여서 출판된 책이 바로『나를 따르라(Nachfolge)(1937)』이며, 당시 신학생들의 기숙사였던 형제의 집(Bruderhaus)에서의 경건생활을 다룬 책이 『신도의 공동생활(Gemeinsames Leben)(1939)』이다. 본회퍼는 1936년 2월 베를린 신학부에서 '나를 따르라'라는 제목으로 마지막 강의를 한 후에 8월 5일 제국교육부 법령에 따라 대학교수 자격을 박탈당한다. 이어 1938년 1월 11일 그는 베를린과 브란덴부르크에 체류하는 것을 금지당하고, 이 무렵 한스 폰 도나니와 오스터에게서 히틀러 암살을 위한 쿠테타 계획을 처음으로 알게 된다. 본회퍼는 1939년 6월 2일 미국으로 출국하였지만 동료들의 만류에도 불구하고, 7월 27일에 독일로 귀국한다. 1940년 지구르츠호프에서 학기를 종료하고 3일 뒤에 게슈타포가 지구르츠호프 수련목회자 모임의 폐쇄를 명령한다. 그해 9월 본회퍼는 발언 금지까지 당하고, 주소지를 옮겨갈 때마다 관할 경찰서에 신고를 해야 하는 의무를 부과 받았다. 본회퍼는 이 기간에 그의 사후에 베트게에 의해 편집되어 출판된『윤리학(Ethik)』의 집필을 하였으며, 한스 폰 도나니를 중심으로 형성된 히틀러 정권의 체제 전복을 위한 방첩대의 뮌헨 지부에 배속되었다. 1941년 10월 본회퍼는 베를린에서 유대인이 추방당하기 시작하자, 유대인 구출 계획인 "작전 7"을 수행했다. 그는 1943년 1월 13일 37세에 마리아 폰 베데마이어와 약혼을 했지만, 4월 5일 한스 폰 도나니 부부, 요제프 뮐러 부부와 함께 체포된다.

1944년 1월 수사책임자 뢰더가 교체되어 기소가 무기한 연기되고 곧 석방될 것이라는 본회퍼의 희망은 물거품처럼 사라졌다. 그해 7월

20일 슈타우펜베르크가 히틀러 암살을 시도했는데, 실패 이후 게슈타포 수사관 존더레거가 초센 방첩대 방공호에서 문서철을 적발했다. 본회퍼는 같은 해 10월에 탈주 계획을 세웠지만 클라우스 본회퍼, 뤼디거 슐라이허, 에버하르트 베트게 등이 체포되어 연좌제를 우려하여 계획을 포기했다. 본회퍼는 10월 8일 프린츠-알브레히트 슈트라세 게슈타포 지하 감옥으로 이송되었다. 본회퍼는 1945년 2월 7일 부헨발트 강제수용소로 이감되었다. 이후 4월 3일 레겐스부르크로 이송되고 이틀 뒤 히틀러의 정오 면담에서 말살 명령이 떨어졌다. 1945년 4월 9일 새벽 플로센베르크 강제수용소에서 빌헬름 카나리스, 한스 오스터, 칼 자크, 테오도르 슈트륑크, 루트비히 게레 등과 함께 39세의 나이로 교수형에 처해졌다.

2. 책의 등장 배경

『성도의 교제』는 본회퍼가 그의 박사학위 지도교수였던 라인홀드 제베르크(Reinhold Seeberg)와 1925년 9월 중순 오전 7시 쯤에 박사학위 논문 주제에 관해 합의한 내용에서 시작되었다. 1925년 여름 본회퍼는 아돌프 폰 하르낙, 칼 홀, 라인홀드 제베르크 중에 누구의 지도로 박사학위를 쓸 것인가 고민하고 있었다.

디트리히 본회퍼 전집(Dietrich Bonhoeffer Werke, DBW) 가운데 제1권인 『성도의 교제』의 편집자인 요아힘 폰 조스텐(Joachim von Soosten)은 이 책의 등장배경을 다음과 같이 기술한다.

"(위의 세 사람 중에 누구의 지도로 박사학위를) 쓸 것인가를 고민하며 보여주었던 자명한 논조는 디트리히 본회퍼의 학문적인 야심이 가족의 돌봄과 뗄 수 없이 연결되어 있었음을 분명하게 보여 준다. 신학적 박사학위 논문의 주제는 로마 체류의 영향을 받아 싹을 틔워 자라났고, 베를린 학부에서 성숙했으며, 신학적 혁신의 불안을 통하여 강요되었다고 볼 수 있다. [...] 본회퍼가 철저한 자기 비판적 반성을 하며 확인하였듯이, '미치광이 같은 패기(wahnsinnige(m) Ehrgeiz)'에 휩쓸려 그는 1927년 7월에 박사학위 논문을 학부에 제출하였다."(상게서, 24.(편집자 서문))

조스텐의 본회퍼의 "학문적인 야심"이라는 평가와 본회퍼 자신의 표현인 "미치광이 같은 패기"에서 엿볼 수 있듯이 본회퍼의 박사학위 논문은 순수하게 학문적인 동기에서만 진행된 연구는 아니다. '교회 사회학에 대한 교의학적 연구'라는 이 논문의 부제에서도 볼 수 있듯이 본회퍼는 순수 신학의 경계를 넘어서 신학적 사회학, 사회학적 신학이라는 융합적 학문의 장을 마련한다. 사실 이 논문은 사회학뿐만 아니라 사회철학, 철학, 윤리학 등과 신학과의 대화를 시도했는데, 이는 본회퍼의 '학문적인 오만함'이 실제로 반영된 것으로 평가할 수 있다. 필자가 보는 본회퍼의 학문적인 오만함이란 아마도 의사인 아버지와 물리학자인 첫째 형, 법률가인 셋째 형을 넘어서서 자신의 분야인 신학에서의 탁월성을 입증하려는 본회퍼의 지나친 학문적 열정에서 비롯되었을 심리상태를 의미한다. 이와 더불어 본회퍼가 어렸을 때부터 경험한 교수세계의 풍토가 그대로 그의 박사학위 논문을 쓸 당시 그에게 반영된 부분이라고도 볼 수 있을 것이다. 이와 같은 본회퍼의 순수하지 못한(?) 의도와는 대조적으로 『성도의 교제』는 현대 교회 개혁을 위한 새로운 교회이해의 지평을 마련하였으며, 교회에 관한 담론의 장에서는 어느 곳에서나 읽혀지는 필독서가 되었고, 빈번하게 인용되는 모범서가 되었다고 평가할 수 있다. 더불어 이 책은 본회퍼의 삶과 신학 전체를 이해하기 위해 반드시 거쳐야 하는 인내가 요구되는 과정이기도 하다.『성도의 교제』는 그의 교수자격 논문인『행위와 존재』와 마찬가지로 이해하기 힘든 책으로 분류되는데, 그 이유는 이 책을 읽고 이해하기 위해서는 젊은 청년 본회퍼가 당시에 이미 습득한 신학적, 철학적, 인문학적 배경들이 필요하기 때문이다.『성도의 교제』의 독자들에게는 헤겔을 중심으로 하는 독일의 관념론과 적어도 19세부터 20세기 초반 독일의 신학적, 철학적 사조의 선 이해가 필요한데, 특히 마틴 부버의 인격주의, 막스 쉘러의 인격이해와 하이데거의『존재와 시간』, 칼 바르트의『로마서 주석』의 독서가 요구된다. 이러한 인고의 시간을 거치고 나서 본회퍼의 저서들을 읽거나 그의 사상을 연구하다 보면,『성도의 교제』의 사상이 1927년 이후의 본회퍼의 삶과 저서들 속에서 어떻게 재구성되고, 발전되는지를 연구하며, 확인하게 되는 흥미로운 시간들을 경험하게 될 것이다.

『성도의 교제』는 본회퍼 스스로 밝히고 있듯이, 당시 독일교회를 향한 날선 비판을 통해 교회의 본질을 회복하자는 의도에서 등장하였다고 볼 수도 있다.

"이 논문은 그리스도 안에서 일어난 계시 안에서 주어진 교회의 현실을 사회철학적 · 사회학적 관점 안에서 구조적으로 이해하는 것에 주안점을 둔다. 그러나 교회의 본질은 오직 안으로부터, 분노와 열정과 더불어(cum ira et studio) 이해될 수 있을 따름이며, 그에 반해 방관자의 입장으로부터는 결코 이해될 수 없다."(상게서, 45)

이어지는 단락에서는 본회퍼의『성도에 교제』에 나타난 다양한 학문적 배경을 세밀하게 추적하며 현학적인 담론의 장을 마련하기 보다는, 본회퍼 스스로 당시 독일교회를 "종교 공동체"라고 비판하고 진정한 "교회의 현실"(Wirklichkeit der Kirche)을 사회철학적, 사회학적 관점 안에서 논의한 관점을 재조명하는『성도의 교제』내의 교회이해에 관해 소개하고자 한다. 이를 위해『성도의 교제』안에서의 교회이해를 그리스도론적, 성령론적 관점에서 재구성할 것이다.

3. 줄거리

『성도의 교제』는 모두 다섯 개의 장(章)으로 이루어져 있다. 본회퍼는 제1장 '사회철학과 사회학의 개념 규정에 관하여'(상게서, 41~45)에서 자신의 논문을 그리스도교적 교의학을 기초로 사회철학적, 사회학적인 기본 인식, 종교사회학적 기본 인식이 뒷받침된 신학적 논문이라고 규정한다.(상게서, 45) 본회퍼는 제2장 '그리스도교적 인격 개념과 사회적 기본관계 개념'(상게서, 47~65) 에서는 우선 '사회적 기본관계 개념의 네 가지 구조와 그리스도교적 인격 개념과 기본관계 개념과의 논쟁'을 다루고 이어서 '나와 너의 관계 개념에서 본 하나님 개념과 사회적 기본관계'를 다룬다. 제2장 전체에 관해 본회퍼는 다음과 같이 요약한다.

"인격은 구체적인 활동성과 전체성, 독특성 안에서 하나님의 뜻에 의해 궁극적인 통일체(개체, Einheit)로 만들어졌다. 따라서 사회적 관계는 순전히 상호-인격적인 것으로서 인격의 독특성과 독자성 위에 세워진 것으로 생각되어야 한다. [...] 사회적 기본 범주는 나와 너의 관계이다. 타자의 너는 신적인 너다. 따라서 타자에게 이르는 길도 신적인 너에게 이르는 길과 동일하다. 그것은 인정의 길이 아니면 거부의 길이다. 개인은 타자를 통해 '순간' 속에서 항상 다시금 인격이 된다. [...] 타자에 대한 나의 실제적 관계는 하나님에 대한 나의 관계에 따라 결정된다. 그러나 내가 하나님의 사랑의 계시 안에서 비로소 하나님의 '나'를 알 수 있듯이, 타자를 아는 것도 그러하다. 여기서 교회 개념이 도입될 수밖에 없다. 만약 그렇다면, 그리스도교적 인격이 자신의 진정한 본질을 얻게 되는 것은 하나님이 당신으로서 그와 대면할 때가 아니라 나로서 그 안으로 '들어올' 때라는 사실이 분명해 진다."(상게서, 63~64)

본회퍼는 관념주의적 인격과 인격주의의 인격을 그리스도교적으로 재해석한다. 즉, 본회퍼는 나와 너의 관계를 관념주의처럼 '나'(Ich)가 주체가 되어 '너'의 존재를 나의 생각으로 끊임없이 회귀시키거나(cogito ergo sum), 혹은 인격주의처럼 '나'와 '너'의 대면이라는 단순히 주체와 객체의 마주섬이 아니라, '나'와 '너'의 관계는 그리스도를 통한 하나님과의 공동체적 관계라고 규정한다. 본회퍼의 "타자의 너는 신적인 너"라는 표현은 하나님께서 인간에게 마주섬이 아니라 예수 그리스도를 통해 이 세상에 들어와 인간과 맺어주신 관계처럼, 인간은 이 관계를 근거로 타자 속으로(hinein) 그리스도와 함께 들어가는 인격적인 관계를 맺음으로 형성되는 새로운 '나'와 '너'의 관계를 의미한다. 이러한 관계를 본회퍼는 "그리스도교적 인격(die christliche Person)"이라고 명명하고, 이 개념을 그의 교회이해를 위한 초석으로 삼는다. 본회퍼의 "그리스도교적 인격" 개념은 그의 삶과 신학 전반에 다양한 개념으로 발전된다.

본회퍼는 이러한 그리스도교적 인격 이해를 '죄'의 문제와 관련시켜 제3장 '원상태와 공동체의 문제'(상게서, 67~102)에서 설명한다. 본회퍼의 의하면 태초에 하나님과 인간의 사회적 교제가 있었다. "우리가 교회 안에서 종말로부터 기대하는, 깨어지지 않는 사회적 교제는 원상태적 존재에 속한다."(상게서, 69) 본회퍼는 인간(아담)의 죄에 의해 태초의 사회적 교제, 즉 하나님과 인간 사이의 교제와 인간과 인간 사이의 교제가 상실되었다고 본다. 이어서 본회퍼는 '사회적 공동체의 유형'(상게서, 88~95)에 대해 논한다. 이는, 본회퍼가 신학적 공동체 이해, 제5장에서 '성도의 공동체'(상게서, 113~251)를 본격적으로 논의하기 전에 의지 공동체로서의 공동체 이해를 소개하기 위함이다.

"공동체는 의지 공동체로서 인간들의 차이와 다양성 위에 세워지고, 상호적인 의지 행위를 통해 구성된다. 그리고 공동체는 의지의 대상 속에서 통일성을 추구하고, 생활의 법칙을 만들기 위해 개별적 의지의 은밀한 갈등을 계산한다."(상게서, 88)

사람이 공동체를 형성하는 것은 의지에 의해서이다. "의지는 서로 '함께(mit)' 있기를 원할 수도 있고, 서로 '나란히(neben)' 있기를 원할 수도 있으며, 서로 '대립하기를(widereinander)' 원할 수도 있다."(상게서, 89) 본회퍼는 의지가 나란히 존재하거나, 서로 충돌하는 대립하는 의지는 공동체를 형성할 수 없다고 설명하고, 의지가 서로 '함께' 있기를 원할 때에만 경험적으로 사회 공동체를 형성한다고 본다. 본회퍼에 의하면, 서로 함께 하려고 하는 의지는 서로 함께 있는 것 자체가 목표가 되는 경우와, 어떠한 목표에 이르는 수단을 위해서 서로 함께 있기를 소원하는 경우로 나뉘어진다. 퇴니스(Tönnis)는 서로 함께 있는 것 자체가 목표인 경우를 '공동사회'(Gemeinschaft), 어떠한 수단을 위해서 서로 함께 있기를 원하는 경우를 '이익사회(Gesellschaft)'라고 규정했다.(상게서, 89~90)

본회퍼는 이러한 공동체를 형성하는 데에 작용하는 의지의 구조를 "객관적 정신"(Objektive Geist)라고 설명한다. "서로 만나는 두 의지는 하나의 구조를 만든다. 이에 가담하는 제삼자는 단지 한 사람과 다른 사람이 결합되는 것만을 보는 것이 아니다. 이 구조는 제삼자로서 두 사람의 의지와 동일하지 않은 그의 의지에 저항한다. 경우에 따라서 구조의 저항은 두 사람보다 훨씬 더 강하거나, [...] 세 사람의 합계보다도 훨씬 더 강하다."(상게서, 96) 객관적 정신은 인간적 공동체 속에서 계속 움직여지는 것과 객관화되는 것의 연속이며, 과거와 미래의 역사적-사회적 전환을 형성한다. 이러한 객관적 정신은 역사적으로 전진하는 요소와 스스로 확장하는 사회성의 현실을 형성한다.(상게서, 96) 본회퍼는 이러한 역사성과 사회성을 형성하며 공동체의 생성, 발전, 소멸을 담당하는 객관적 정신을 『성도의 교제』 후반부에서 교회 공동체를 다룰 때 성령과 비교하게 된다.

본회퍼가 『성도의 교제』 제3장의 내용에서 의도한 바는 사회학과 사회철학에서 이해하는 공동체적 유형을 다루면서, 서로함께 하는 의지가 어떤 목적을 소원하는 이익사회가 아니라 서로 함께하는 것 자체가 목표인 공동사회가 '교회'가 될 수 있고, 사회학이나 헤겔 철학에서 이해하는 객관적 정신의 역할을 바로 '성령'께서 교회 안에서 하시는 일이라고 주장하기 위한 근거마련이라고 볼 수 있다.

본회퍼는 제4장 '죄와 파괴된 공동체'(상게서, 103~111)에서 공동체를 구성하는 정신의 형태가 사랑을 기초로 하였지만, 인간의 타락과 함께 사랑 대신에 이기심이 발생했다고 말한다. 이로 인해 하나님과의 직접적인 교제만이 아니라, 인간들 사이의 교제도 파괴되었다고 본회퍼는 보고 '죄'의 개념을 공동체 담론과 연결시킨다.(상게서, 103) 본회퍼는, 개인은 세대와 결합되어 있다는 인식의 결과로부터 공동체 죄책의 체험을 발견한다.(상게서, 107. 더 구체적인 죄에 대한 개념에 대해서는 상게서, 323~330.(편집자 해설)을 참조할 것.) "비록 '죄를 지은 인류'가 완전한 개인으로 분열되더라도, 그는 하나이다. 그는 집단인격임에도 불구하고 자신 안에서 끝없이 자주 분리된다. 그는 아담이다. 모든 개인은 아담이다. 모든 개인은 그 자신임과 동시에 아담이기도 하다. 이와 같은

'이중성'이야말로 그의 본질이다. 이것은 그리스도 안에서 창조된 새로운 인류의 통일성을 통해 비로소 극복된다."(상게서, 111)

본회퍼는 죄로 인해 하나님과 '한 인간' 사이뿐만 아니라, 하나님과 '인간들' 사이의 관계도 깨어진 것을 말하고자 한다. 즉, 본회퍼는 죄로 인해 깨어진 공동체적 관계를 예수 그리스도를 통해 회복한 개인과 마찬가지로, 아담의 죄는 개인뿐만 아니라, 유(類)적 죄이기도 하기에, 죄로 인해 깨어진 하나님과 인간들(인류)과의 관계 회복을 논의하고자 하는 것이다. 그는 제2장에서 논의한 '그리스도교적 인격' 개념을 발전시켜 하나님과 인간들 사이에 그리스도를 통해 죄의 문제가 해결 되고 회복된 관계를 "집단인격"(Kolleitivperson)이라고 명명한다.

본회퍼는 마지막 장인 제5장 '성도의 공동체'(상게서, 125~251)에서 교회의 현실에 관한 담론을 전개한다. 그는 교회를 다음과 같이 정의한다.

"교회는 인간들과 함께하는 하나님의 새로운 뜻이다. 하나님의 뜻은 끊임없이 구체적이고 역사적인 인간을 향해 있다. 그러므로 하나님의 뜻은 역사 속에서 시작된다. 역사의 어떤 곳에서 하나님의 뜻은 보이기 마련이고, 이해되기 마련이다."(상게서, 125)

본회퍼는 『성도의 교제』의 제1장부터 제4장까지 논의 한 내용을 토대로 교회를 정의한다. 앞의 내용들을 정리하여, 위의 교회에 대한 정의를 다음과 같이 재해석할 수 있을 것이다: 하나님은 하나님 자신의 뜻(Wille, 의지)으로 하나님과 인간(아담) 사이의 공동체적 관계를 창조하셨다. 그러나, 아담(인간)의 죄로 인해 하나님의 본래의 뜻인 공동체적 관계가 상실되었다. 아담의 죄로 인해 아담 이후의 모든 인류에게 죄가 들어와(롬 5:12) 하나님과 인류는 공동체적 관계가 상실되었다. 인간은 서로 함께하려는 의지를 통해 사회내의 '의지 공동체'를 형성할 수는 있지만, 인간(들) 스스로의 의지를 통해 창조 때의 원시 공동체를 회복할 수 없다. 오직 하나님(!)의 뜻(의지)으로 가능하다. 하나님은 예수 그리스도를 통해 죄의 문제를 해결하시고, 본래의 뜻이었던 공동체적 관계를 새롭게 창조하셨다. 따라서 교회는 인간들과 함께하는(!) 하나님(!)의 새로운(!) 뜻(의지)(!)이다. 교회는 역사속에서 구체적으로 공동체로 실존한다. 이러한 의미에서 본회퍼는 교회를 "공동체로 존재하는 그리스도(Christus als Gemeinde existierend)"라고 이해한다.

위와 같이 이해한 "교회의 현실"에 대해 본회퍼는 "그리스도 안에서, 그리고 그리스도를 통해 설립된 교회 – 실재화"(Die Realisierung)(상게서, 128~139)와 "성령과 예수 그리스도의 교회 – 본질적 교회의 활성화"(Die Aktualisierung)(상게서, 139~185)로 나누어 설명한다.

"교회의 실재화"는 그리스도 안에서, 그리스도를 통해 실제적으로 역사속에서 설립되는 교회를 의미한다. "(예수 그리스도의 십자가의) 죽음은 개인들을 분리한다. 모두가 자신의 죄를 지고 있으며, 자신의 양심을 갖고 있다. 부활의 빛 안에서 십자가의 공동체는 그리스도 안에 있는 하나의 공동체로서 의롭다고 인정을 받고, 거룩하게 된다. 새로운 인류는 하나의 지점에서, 예수 그리스도 안에서 응집된다. 그러나 하나님의 사랑이 그리스도의 대리 행위 안에서 하나님과 인간의 교제를 다시 회복하듯이, 인간의 교제도 사랑 안에서 다시 실현되었다."(상게서, 139) 본회퍼는 "교회는 십자가에 달렸다가 부활한 그리스도를 인간을 향한 하나님의 사랑의 성육신으로 인식하고, 계약 갱신과 하나님의 나라 설립과 공동체를 위한 하나님의 의지로 인식한다."(상게서, 137)라고 말하면서, 교회의 실재화를 철저히 그리스도론적으로, 즉 이 땅에서, 역사 속에서 예수 그리스도의 성육신, 십자가, 부활 사건을 통해 공동체로 현존하는 하나님의 현실로 이해하고 있다.

"본질적 교회의 활성화"는 예수 그리스도 안에서, 예수 그리스도를 통해서 설립된 교회에서의 활동하는 성령의 세가지 사역(영의 다양성, 영의 교제, 영의 일치)을 의미한다. 앞서 밝혔듯이, 사회 속에서 공동체는 서로 함께 하는 의지의 구조, 즉 객관적 정신에 따라서 실제로 형성된다고 보지만, 교회는 인간의 의지 혹은 객관적 정신이 아니라, 성령에 의해 서로 함께 하는 의지가 실제로 형성된다.(상게서, 140, 146) 성령은 자신으로부터 객관적 정신 속으로 주입하여 객관적 정신을 통해 활동하는 것처럼 보이지만, 객관적 정신과 성령은 결코 동일시 될 수 없다.(상게서, 191~193) 본회퍼에 의하면 그리스도로 인해 교회와 교회 지체가 서로 함께 있다는 사실은 서로를 위한다는 사실을 포함한다.(상게서, 163) 인간의 함께함을 넘어서는 성령의 활성화를 통한 서로를 위함이 있는 교회는 그리스도 안에서 하나의 생명을 영위한다.(상게서, 163) 교회의 서로를 위함은 사랑의 행위를 통해 활성화되어야 하는데, 본회퍼는 '성도의 교제', 즉 교회 안에서 서로를 위해 활동할 수 있는 세 가지 가능성을 "이웃을 위해 자신을 포기하는 활동, 남을 위한 기도, 그리고 하나님의 이름으로 서로 죄를 용서해 주는 것"(상게서,164)이라고 설명했다.

본회퍼는 『성도의 교제』의 부제인 '교회사회학에 대한 교의학적 연구'대로 사회학과 사회철학에서 다루는 공동체개념을 소홀히 하지 않으면서(제1장~제4장), 교회 공동체를 그리스도론적으로 규명했다(제5장). 그는 특히 교회내의 성령의 역할을 다루면서, 교회는 "본질적으로 공동체의 형태이며, 영의 공동체, 사랑의 공동체"(상게서, 235)임을 강조했다.

4. 핵심 주제

본회퍼의 『성도의 교제』의 핵심 주제는 "교회의 현실"이다. 본회퍼는 교회의 현실은 "예수 그리스도에 의한 실재화"와 "성령에 의한 활성화"를 통하여 이 땅위에서 교회 공동체의 형태로 나타나며, 그 구체적 현실은 설교와 성례전으로 나타난다고 설명한다. 본회퍼는 이 책에서 교회에 관한 그리스도론적, 성령론적 담론에만 멈추지 않는다. 그는 성도의 공동체를 사랑의 공동체로 규정하고, "공존"과 "대리"라는 기독교 윤리적 담론으로 논의를 확장시킨다.(상게서, 159) 필자는 본회퍼의 "그리스도교적 인격"과 "집단인격"의 총합이 이 책의 핵심 사상을 함축한 용어라고 할 수 있는 "공동체로서 존재하는 그리스도"를 형성한다고 본다. 이 용어는 이해를 돕기 위해 '공동체로 탈존하는 그리스도'라고도 번역할 수 있다. 왜냐하면, 『성도의 교제』 전체 내용에서 이 용어를 조명해 볼 때, 이 용어는, 그리스도께서 '거기 있음(sistere)'에 머무르지 않으시고, '거기로부터(ex)' 탈존하셔서(ex-sistere), 지금(nunc), 여기(hic)에서, 역사 속에서 여전히 실존하는(-nd(-ing)) 공동체를 형성하시는 주체로서 현존하심이라는 의미로 해석되어야 하기 때문이다. 바로 이와 같은 의미에서 본회퍼는 "교회는 현존하는 그리스도 자신이다. 그러므로 '그리스도 안에 있다'는 말과 '교회 안에 있다'는 말은 같은 말이다"(상게서, 171)라고 표현한다. 그리스도 안에, 교회 안에 있는 그리스도인은 타인과 공존해야 하고, 그리스도가 그리스도인 안에 있는 대리자로서의 삶을 살아내야만 하는 삶의 과제를 지닌다. 이러한 교회이해로부터 확장된 그리스도인의 공존과 대리의 삶으로 하나님께 응답하는(antworten) 삶을 본회퍼의 "책임(Verantwortung)" 개념이라고 이해할 수 있다. 왜냐하면 본회퍼에 의하면 책임 가운데서만 인간은 그의 시간에 매여 있다는 사실을 완전히 의식하고, 윤리적 책임을 짐으로써 인간은 시간의 실재 안으로 들어갈 수 있기 때문이다.(상게서, 57~58) 그리스도인은 그리스도 안에서 그리스도교적 인격과 집단인격을 소유하기 때문에, 이 땅의 현실에서 윤리적으로 결단해야 하는 '순간'에 책임적 선택을 할 수 밖에 없다. 윤리적 요구를 받는 순간에 인격은 책임, 결단의 상황에 놓이는데, 여기에서의 인격은 관념적 정신 혹은 이성적 인격이 아니라 구체적 생동성과 특수성 안에 있는 인격이다. 더구나 자신 안에서 분열된 인격이 아니라 전인적 인격이며(상게서, 57), 그리스도와 함께 인격을 이루고 있는, 즉 공동체로 존재하는 그리스도와 교회된 그리스도인은, 그리스도를 통해 이 땅위에서 하나님의 뜻을 수행하는 책임적 결단, 책임적 선택을 하는 삶을 살 수 밖에 없다. 바로 이와 같은 의미에서 필자는 본회퍼의 윤리를 "교회론적 윤리"(die ekklesiologische Ethik)라고 규정했다.(참조, 김성호, "디트리히 본회퍼의 교회론적 윤리, in:『신학과 선교』43 (2013), 332, 355.)

본회퍼의『성도의 교제』의 "공동체로 존재하는 그리스도", "대리", "책임"등의 개념은 이후의 본회퍼의 저작들 속에서, 그의 다양한 신학적 개념들을 형성하며 발전시키는 역할을 한다.

5. 책의 평가 및 적용

바르트는『교회교의학』에서 다음과 같이 말했다. "라인홀드 제베르크에게 정당성이 있다면, 그의 학파에서 이 사람과 이 박사학위 논문이 탄생한 데에 있을 것이다. 나는 이 논문에 심심한 경의를 표한다. 이는 당시의 상황을 고려해서만이 아니라, 이 논문이 이제까지 교회의 문제에 대해 기술한 온갖 명저보다 훨씬 교육적이고 흥미롭고 계몽적이며 참으로 유익하게 읽히기 때문이다. [...] 솔직히 말하건대, 본회퍼가 당시에 도달한 경지를 이 자리『교회교의학』에서 최소한이라도 유지하고, 그 젊은이가 당시에 했던 것보다 못하지도 약하지도 않게 나의 자리에서 나의 언어로 말해야 한다는 압박감이 나를 짓누르고 있다(Karl Barth, Kirchliche Dogmatik IV/2, 725)." 바르트의 이 평가는『성도의 교제』의 신학적 무게감을 그대로 보여준다. 그린(Green)은『성도의 교제』를 사회성의 신학이라는 지평에서 해석한다. 파일(Feil)은 "교회의 실재"(Realität der Kirche)를『성도의 교제』의 핵심 주제라고 보고, 찜멀링(Zimmerling)은 "교회의 형상과 장소(Gestalt und Ort der Kirche)에 대한 연구"라는 관점에서 이 책을 해석한다.

　"신학적으로 진술되어야 할 하나님의 현실의 진리는 시간을 넘어선 곳에 있지 않고 언제나 오직 시간 속에서만 인간을 위해 나타날 수 있다. [...] 우리가 본회퍼의 신학을 계승해야 할 까닭은 개별적인 대답 때문이 아니라, 하나님의 현실이 세상의 차안성 속에서 어떻게 구체적으로 드러나는가를 묻는 질문 때문이[다.]"(상게서, 441.(편집자 후기)) 앞서 밝혔듯이,『성도의 교제』의 주제는 "교회의 현실"이다. 본회퍼는 교회를 인간들과 하나님의 새로운 뜻(의지)이며, 하나님의 뜻은 항상 구체적이고 역사적인 인간을 향해있다고 규정했으며, 교회를 그리스도 안에서, 그리스도를 통한, 차안에서의 하나님의 계시 현실로 이해했다.(상게서, 125~128) 이러한 본회퍼의 "교회의 현실"에 관한 논의는, 보이지 않는 교회의 담론을 넘어, 보이는 교회로서의 교회에 관한 담론을 이끌어냈다고 평가할 수 있다. 본회퍼의『성도의 교제』는 교회란 무엇인가에 대한 교의학적 지식을 넘어서서, 오늘, 우리가 살아가는 역사 속에서의 교회의 교회됨은 무엇인지에 대한 시대적합한 사유로 안내한다.

6. 토의 주제

1. 본회퍼의 『성도의 교제』에서 다루는 다음의 개념들을 설명해 봅시다. (그리스도교적 인격, 집단인격, 교회의 실재화, 교회의 활성화, 공동체로 존재하는 그리스도)
2. 본회퍼는 '객관적 정신'과 '성령'을 어떻게 구분하며 이해하고 있나요?
3. 본회퍼의 '예수 그리스도를 통한 교회의 실재화'와 '성령을 통한 교회의 활성화'의 개념을 기독교대한성결교회의 4중복음 가운데 '중생'과 '성결'의 개념과 각각 비교해 봅시다.

7. 연관해서 읽으면 유익한 문헌

김성호, 디트리히 본회퍼의 교회론적 윤리, in: 신학과 선교(43), 서울신학대학교, 2013, 331~361.

Bethge, Eberhard, Dietrich Bonhoeffer. Theologe － Christ － Zeitgenosse, 김순현 역, 『디트리히 본회퍼, 신학자-그리스도인-동시대인』, 복있는 사람, 2014.

Green, Clifford J., Freiheit zur Mitmenschlichkeit － Dietrich Bonhoeffers Theologie der Sozialität, übersetzt von Ilse Toedt, Gütersloh, 2004.

Godsey, John D, The Theology of Dietrich Bonhoeffer, 유석성·김성복 옮김,『디트리히 본회퍼의 신학』, 대한기독교서회, 2006.

Feil, Ernst, Die Theologie Dietrich Bonhoeffers. Hermeneutik, Christologie, Weltverständnis, München, 41971.

Zimmerling, Peter, Bonhoeffer als Praktischer Theologe, Vandenhoeck & Ruprecht, 2006.

『나를 따르라』 디트리히 본회퍼

『Nachfolge, DBW 4』 Dietrich Bonhoeffer, (Gütersloh: Gütersloher
Verlag, 1989)
이신건 옮김, 신앙과지성사, 2013

이희용(서울신학대학교, 해석학)

1. 저자 소개

디트리히 본회퍼(Dietrich Bonhoeffer)는 1906년 2월 4일 독일 브레
슬라우에서 신경정신과 의사이며, 베를린 대학 교수인 아버지 칼 본회
퍼와 어머니 파울라 사이에서 여덟 남매 가운데서 쌍둥이 자매 자비네
와 함께 막내로 태어났다. 특히 그의 어머니는 대대로 목사 가정출신
이었다. 그는 1923년부터 1927년까지 튀빙겐과 베를린 대학에서 신
학을 공부했다. 거기서 그는 당대의 최고의 신학자였던 아돌프 폰 하르
낙, 라인홀트 제베르크, 칼 홀과 칼 바르트로부터 신학적인 영향을 받
았다.

1927년에 그는 베를린대학에서 「성도의 교제」(Sanctorum Commu-
nio: Eine dogmatische Untersuchung zur Soziologie der Kirche)라는
논문으로 박사학위를 받았다. 여기서 그는 바르트와 비판적인 관련
을 맺는 가운데서 교회에 대한 사회학적 이해와 신학적 이해를 결합
하였다. 1928년에 그는 바르셀로나에서 목사후보생(Vikar)으로서 사

역하였고, 1929년에는 베를린으로 돌아와 「행위와 존재」(Akt und Sein. Transzendentalphilosophie und Ontologie in der systematischen Theologie: 1931)논문으로 신학교수 자격을 받았다. 여기서 그는 초월철학과 존재론, 지식과 존재에 대한 칸트 이론과 칸트 이후의 학자들의 이론이 개신교 신학과 가톨릭 신학에 끼친 영향을 추적하였다.

1930년에 그는 미국 유니온 신학교 교환교수로 1년을 보냈다. 그 기간에 그는 프랑스 개신교 목사 장 라세르(Jan Lasserre)로부터 평화에 대한 예수의 계명을 따르는 것을 알게 되었고, 이와 더불어 산상설교에 대한 이해도 갖게 되었다. 1931~1933년까지 그는 베를린대학교에서 시간강사로 일했고, 1933~1935년에는 영국 런던에서 회중목사로 일했다. 1935년부터 1940년까지 그는 고백교회가 핑켄발데에 세운 신학교를 맡았다. 1937년에 독일 나찌당국으로부터 폐교조치를 당할 때까지 그는 비밀리에 신학을 계속 강의하였다. 이 시기에 그는 『나를 따르라』(Nachfolge: 1937)와 『신도의 공동생활』(Gemeinsames Leben: 1939)을 저술했다.

1940~1943에 그는 기독교윤리에 대한 단편들을 기록하였는데, 이것들은 그의 사후에 『윤리학』(Ethik: 1949)이라는 제목 아래 출간되었다. 1938년부터 그는 제3제국에 저항하는 운동에 참여했다는 죄목으로 1943년 4월에 체포되어 베를린에 수감되었고, 1944년 7월 20일에 히틀러 암살기도가 실패한 이후에 음모에 가담했다는 죄목으로 1945년 4월 9일 플로센뷔르크에 위치한 부켄팔트 수용소에서 처형되었다. 그가 남긴 다른 저서로는 『창조와 타락』(Schöpfung und Fall: 1937), 『그리스도론』(Christologie: 1981), 그리고 『복종과 저항』(Widerstand und

Ergebung: 1998) 등이 있다.[1]

2. 『나를 따르라』의 저술 배경

산상설교에 대한 본회퍼의 관심, 즉 성서가 말하는 "그리스도를 따름"에 대한 그의 관심은 1930년 뉴욕에서 프랑스 목사 장 라세르와 만남으로 시작되었다. 1934년 7월에 힐데브란트에 보낸 그의 편지에서 알 수 있듯이, 30년대 중반에 산상설교 연구가 본격적으로 이루어졌다. 그리스도의 제자직과 산상설교에 대한 본회퍼의 오랜 관심은 그리스도를 진정으로 따르는 것이 무엇인가를 성서 속에서 찾고, 예수가 친히 무엇이라고 말했는지를 알아보기 위해 성서로 되돌아가려는 그의 열망과 깊은 연관이 있다.

특히 그가 활동하던 당시의 교회는 조직화와 제도화 과정 속에서 그리스도의 부름의 값진 은혜를 세속화하고 일반화하고, 이를 값싼 은혜로 전락시키고 있었다. 본회퍼에 따르면 교회는 예수의 말씀을 소홀히 하여, 그 의미를 흐려놓았고, 보이는 교회와 제도적인 것에 더 열중함으로써 그리스도인들에게 평안과 기쁨 대신 오히려 무거운 짐과 염려, 그리고 양심의 고통을 더해주었다. 그러나 성서가 말하는 예수의 제자직은 이러한 모든 것으로부터 해방을 선포하는 일이다. 예수를 따를때, 인간은 자기 자신의 무거운 율법의 멍에를 벗어버리고, 예수 그리스도의 가벼운 멍에를 지게 된다. 그의 가벼운 멍에에는 바로 예수의 계

---

1) 본회퍼/손규태, 이신건 옮김, 『나를 따르라: 그리스도의 제자직』 디트리히 본회퍼 선집 5 (서울: 대한기독교서회, 2010), 9~21.361~391; F. Sherman, "본회퍼" in: 기독교대백화사전 7권 (서울:), 1090~1092.

명이며, 그의 계명은 해방과 치유의 능력을 갖고 있다. 그의 계명에 순종하고 그를 따를 때, 우리 인간은 참된 제자도의 길에 들어설 수 있고, 거대한 기쁨도 갖게 된다. 이렇듯 본회퍼는 성서 속에서 신앙과 신앙하는 법을 배우려는 열정을 되찾으려고 노력했다. 그의 말대로 "거룩한 삶을 살려고 스스로 노력함으로써 나는 신앙하는 법을 배울 수도 있겠다"고 생각했다.

그는 그러한 노력의 마지막 결실로서 이 책을 성서의 말씀으로부터 기술하게 된다. 이것을 위한 본격적인 작업은 1935년부터 핑켄발데에서 행한 강의에서 확인될 수 있다. 그는 그곳에서 행한 강의 원고 "그리스도의 제자직"(1935년), "보이는 교회"(1935/36), "단순한 순종"(1936), "바울이 가르치는 새로운 삶"(1936), 그리고 "바울이 가르치는 구체적인 윤리"(1936/37), "성도들"(1937)을 저술의 핵심 자료로 삼았다. 또한 그는 이 책을 위해 II부의 "질문"과 "서문"을 새롭게 썼고, 1935년에 행한 강의 "그리스도의 제자직"의 시작을 기초로 삼아서 1부의 서두에 "값비싼 은혜"를 설명했다. 이 책은 1937년 9월 20일에 카이저(Chr. Kaiser) 출판사에서 출판되었다.[2]

3. 핵심 내용

이 책의 구성은 크게 두 부분으로 이루어져 있다.[3] 1부는 공관복음서에서 제자도와 산상설교에 나타난 제자들의 특징을 다룬다. 2부에서

---

2) 비교. 본회퍼, 위의 책, 9~21.
3) 비교. 본회퍼, 위의 책, 9~21.361~391.

본회퍼는 바울서신에서 제자도와 제자들의 특징을 다룬다. 이 두 부분은 각각 서문과 앞선 질문으로부터 시작한다.

1) 1장의 핵심 내용

1장의 핵심은 1부 2장에 나타난 산상설교에 놓여 있다. 1부 1장은 이를 기초로 삼아서 제자도의 특징을 다루고 있다. 여기서 그는 제자의 길은 매우 "값비싼 은혜"의 길이며, 그렇기 때문에 그 길은 "제자직으로 부름"을 제공하는 분에 대한 신앙인의 "단순한 순종"과 연결되어 있다. 이 길은 매우 값지기 때문에 "제자직"과 "십자가"의 길은 서로 분리될 수 없다. 1부 2장의 산성설교에서 본회퍼는 제자의 특징에 관해 다룬다. 세상 속에서 제자들의 삶은 "비범한" 것이다. 그럼에도 그것은 세상 속에서 매우 "은밀하며", 그들은 매우 "구별되는" 삶을 살아가는 자들이다. 이러한 삶의 모범은 바로 대표적으로 "사도들"에게서 제시될 수 있다.

2장은 바울에 나타난 제자도와 제자의 특징을 담고 있다. 이제 예수의 말씀과 계명으로부터 직접 들을 수 없는 바울과 그 이후의 시대에 제자도는 그리스도의 몸인 교회 안에서 일어난다. 그것은 "세례"를 통해서, 그리고 "그리스도의 몸"인 교회 공동체 내에서 행해지는 선포와 성례전을 통해서 일어난다. 말씀의 선포와 성례전가 세상에 "보이는 교회"를 통해서 이루어질 때, 그리스도의 부름의 사건이 발생하며, 제자도가 발생하게 된다. 이러한 제자도를 따르는 자들이 그리스도의 몸된 교회의 "성도들"이다. 이 책의 결론은 기독론적인 주제인 "그리스도의 형상"과 함께 종결된다. 여기서 본회퍼는 그리스도의 성육신이라는 주제를 다루고 있다.

이 책의 내용을 자세하게 살펴보면,[4] 1부 서문에서 저자는 그리스도를 따르는 것을 알기 위해 성서로 돌아가, 예수 그리스도의 부름 자체를 살펴보고, 바울서신에 나타난 제자도를 살펴본다. 만약 그렇게 하지 않을 경우에는 교회는 그 길을 막고, 인간의 길을 제시하며, 참된 제자도의 길을 알 수 없다.

(1) 값비싼 은혜와 값싼 은혜

1부 1장에 등장하는 첫 주제 '값비싼 은혜'는 공동체가 직면한 시대적인 문제를 제시하는 역할을 한다. 본회퍼는 먼저, '값비싼 은혜'를 '값싼 은혜'와 대조해서 설명한다. '값싼 은혜'는 우리 교회의 철천지원수다. "오늘날 우리의 투쟁은 값진 은총을 둘러싸고 전개되는 투쟁이다."(14)라고 그는 매우 전투적인 문구로 포문을 연다. 오늘날 신앙인은 값싼 은혜의 길의 위험성에 놓여 있다. "값싼 은혜란 교회의 창고에 무진장 쌓여 있는 상품처럼 손쉽게, 주저 없이, 그리고 무한정 쏟아 버릴 수 있는 은혜다. 그것은 공짜로 주는 은혜요, 대가를 치르지 않는 은혜다."(14) 값싼 은혜에 파묻힌 교회는 "사람들이 잘못을 뉘우치지 않고 벗어나기를 원하지도 않고 세상의 죄를 헐값으로 덮어 버린다. 그러므로 값싼 은혜는 하나님의 살아 있는 말씀을 부인하고, 하나님의 말씀이 인간이 되었다는 사실을 부인한다."(15) 그러므로 값싼 은혜란 "회개가 없는 사죄요, 교회권징이 없는 세례요, 죄의 고백이 없는 성만찬이

---

4) 비교. 존 갓시/유석성,김성복 옮김, 『디트리히 본회퍼의 신학』 (서울: 대한기독교서회, 2006), 175~199.

요, 개인의 참회가 없는 용서다." 그것은 "뒤따름이 없는 은혜요, 십자가가 없는 은혜요, 인간이 되고 살아 있는 예수 그리스도가 없는 은혜다."(16)

그러나 값진 은혜는 "그리스도의 통치다. 이를 위해 사람은 죄를 짓게 하는 눈을 뽑아 버린다." 그것은 "예수 그리스도의 부름이다. 이를 위해 제자는 (베드로처럼) 자신의 그물을 버리고, 그를 따른다." 그것은 "항상 거듭 구해야 할 복음이요, 항상 거듭 간구해야 할 선물이요, 항상 거듭 두드려야 할 문이다."(16) 은혜가 이렇듯 값진 까닭은 "은혜가 인간의 생명을 대가로 요구하기 때문이다." 그 이유는 "은혜가 죄를 나무라기 때문이다." 무엇보다도 그것은 "은혜가 하나님에게 값진 것이기 때문이요, 하나님이 은혜를 위해 아들의 생명을 대가로 치르셨기 때문이요, 그리고 하나님에게 값진 것이 우리에게는 값싼 것이 될 수 없기 때문이다."(17)

이렇듯 값진 은혜를 소유한 자에게는 그에 합당한 철저한 행위가 뒤따른다. 가장 보화 같은 이 은혜를 찾고 그것을 소유한 자는 언제나 이를 찾고 두드리며, 그 안에서 기뻐하는 삶을 살아간다. 그러나 이를 위한 모든 노력과 실천이 없는 은혜, 혹은 루터가 제시한 모토인 "오직 은혜"는 잘못 해석될 수 있다. 마치 루터교도들이 그러한 것처럼 말이다.(28 이하) 이렇듯 값싼 은혜에 빠진 자는 그리스도의 부름의 길에서 이탈하게 되며, 뒤따름의 능력을 잃게 된다. "값싼 은혜에 관한 말은 행위에 관한 어떤 계명보다 더 많은 그리스도인들을 파멸로 몰아간다."(33)

(2) 뒤따름으로의 부름

두 번째 주제 '뒤따름으로의 부름'에서 제자직은 오직 즉각적인 순종을 요구한다. 왜냐하면 "부르는 자는 예수 그리스도"이기 때문이다.(36) 제자직에는 어떤 인간적인 프로그램이 필요치 않고, 오직 한 가지 내용만이 필요하다. 곧 그것은 "나를 따르라!"이다. 나(주님)을 따르는 것이 전부다. 제자가 된다는 것은 살아계신 그리스도, 하나님-인간에게만 얽어맨다는 것을 뜻한다.(38 이하) 그러나 "이념적인 길이든 순교자의 길이든, 예수 그리스도가 없는 뒤따름은 스스로 선택한 길이다. 그러나 그런 길은 약속이 없는 길이다. 예수는 이런 길을 거부한다."(39)

이를 위해 예수를 뒤따르는 첫걸음이 있어야 한다. 그 첫걸음은 제자로 하여금 "지금까지의 삶에서 이미 떼어놓기 시작한다."(42) 그것은 과거 세상 삶으로부터 단절을 의미한다. 이러한 단순한 뒤따름은 따르는 자로 하여금 믿음의 상황으로 이끈다. "오직 믿는 자만이 순종하고, 오직 순종하는 자만이 믿는다."(45) 이 말은 믿음과 순종이 서로 분리된다는 뜻이 아니라, 다음과 같이 이해될 수 있다. "믿음은 오직 순종 안에서만 존재하며, 결코 순종이 없이 존재하지 않는다. 믿음은 오직 순종의 행위 안에서만 믿음이다."(46) 오직 "우리가 행해야 할 행위를 의지하면서 첫걸음을 떼지 않고, 오직 우리에게 행위를 요구하는 예수 그리스도의 말씀만을 의지하고 첫걸음을 떼야만, 이러한 걸음은 올바로 일어난다."(49)

(3) 단순한 순종

따름에 관련해서, 부자청년의 사례에서 배워야 할 점은 예수에 대한 순종이냐 아니면 불순종이냐 둘 중의 하나를 선택해야 한다는 점이다. 제자직으로의 부름은 단순한 순종을 요구한다. 이런 단순한 순종은 다음을 의미한다. "먼저 순종하라. 외적인 행위를 보여라. 너를 얽매는 것을 버려라. 하나님의 뜻에서 멀어지게 하는 것을 포기하라!"(51) 이것에 대한 거부는 불순종을 의미한다. 그래서 다음과 같은 말도 역시 옳다. "만약 네가 믿는다면, 첫걸음을 떼라! 첫걸음은 예수 그리스도에게 인도한다. 믿지 않더라도, 역시 첫걸음을 떼라. 이것은 너에게 주어진 명령이다!"(51) 그래서 요약적으로 "오직 믿는 자만이 순종한다"라는 명제는 값싼 은혜의 중독으로 이끌지만, "오직 순종하는 자만이 믿는다!"라는 모토는 참된 제자도의 길로 이끈다.(56f) 제자는 이렇게 단순하게 순종해야 한다. 단순한 순종이 원칙적으로 사라진다면, "예수의 부름이 가진 값진 은혜는 다시금 값싼 자기 칭의의 은혜로 변질된다."(75)

(4) 제자직과 십자가

4장은 제자도가 또한 "십자가"를 지는 것을 의미한다고 말한다. "그리스도가 오직 고난을 받고 버림을 받는 자로서만 그리스도이듯이, 제자도 오직 고난과 버림을 받은 자로서만, 오직 예수와 함께 십자가에 못 박힌 자로서만 제자다."(81) 또한 제자는 "누구든지 나를 따라 오려거든 자기를 부인하라"는 예수의 명령에 따라 자기를 부인하고, 그리고 "자기 십자가를 지라"를 지는 자이다. "자기 부인의 말씀을 통해 제자들로 하여금 이 말씀에 대해 준비할 수 있게 한 것은 예수의 은혜다."(82) 또한 이 명령은 "모든 사람은 자신을 위해 준비된 분량의 고난과 버림받음을 감당해야 한다."는 것을 의미한다.(83) 그리스도의 부름과 세례를 제자가 된 자는 죄와 악마로부터 매일 투쟁해야 한다.

(5) 뒤따름과 십자가

5장 '뒤따름과 개인'은 중보자 되신 예수 그리스도가 개인을 만나신 다고 말한다. 제자는 개별자로 만날 뿐만 아니라, 개별적으로 결정하고, 홀로 뒤따라야 한다. 그래서 제자는 모든 혈연과 지연과 학연으로부터 분리될 수밖에 없다. 공동체 안에서 새로운 관계를 형성할 수 있게 하시는 분도 역시 중보자이신 그리스도이시다. "십자가 공동체의 지체가 되고, 중보자의 백성, 십자가 아래 모인 백성이 되는 것은 주를 따르는 자들을 위한 약속이다."(102)

(6) 산상설교

이제 이 책의 중심장인 산상설교로 들어가 보자. 마태복음 5.6.7장에 걸쳐 나타난 예수의 산상설교는 우리에게 제자의 특징을 보여주고 있다.

가. 제자의 삶이 지닌 탁월성(마태복음 5장)

마태복음 5장은 제자의 삶이 지닌 탁월성의 특징을 다룬다. 팔복이 제시하고 있는 요소들, 즉 심령의 가난, 애통, 온유, 의에 주리고 목마름, 긍휼, 마음이 청결함, 화평케 함, 의를 위해 핍박 받음이 어디에서 발생할 수 있는가? 그것은 골고다의 십자가에서 발생한다. 곧 "골고다의 십자가에 바로 그런 자리가 존재한다. 축복을 받은 자들의 공동체는 십자가에 못 박힌 자의 공동체다. 그와 함께 그들은 모든 것을 잃었고, 그와 함께 그들은 모든 것을 얻었다. 십자가에서 다음과 같은 말이 들려온다. 복이 있다. 복이 있다."(117 이하) 비록 제자들은 이 세상에서 쓸

모없는 자들 같이 여겨질지라도, 그럼에도 그들은 세상에서 없으면 안 될 가장 귀한 존재들이다. 왜냐하면 이들은 세상에서 소금이며, 그리고 세상의 빛이기 때문이다.(121 이하) 그리고 그들은 세상에서 가장 철저한 윤리를 수행하는 자들이기 때문이다. 제자들은 "더 나은 의"를 행해야 한다. 이런 일이 어떻게 가능한가? "그리스도의 부름을 받은 자 외에는 아무도 이러한 더 나은 의를 소유할 수 없다. 이러한 더 나은 의를 위한 조건은 예수 그리스도의 부름이요, 그리스도 자신이다."(129) 그 가능성은 제자 자신에게 있는 것이 아니라, 그를 부르신 예수 그리스도에게 놓여 있다.

"예수는 율법이 요구하는 것을 행할 것이다. 그렇기 때문에 예수는 죽음을 당해야 할 것이다."(130) 율법에 대한 반명제의 부분에서 예수는 하나님의 아들로서 율법의 저자이기 때문에 오직 그것을 인정하는 자만이 그 법을 완수할 수 있다. 결혼의 특징인 순수함과 정절은 오직 예수를 좇고 그의 삶을 공유하는 자들에게만 가능하다. 이것은 원수 사랑의 개념에서도 비슷하다. "원수사랑은 제자를 십자가의 길로 인도하며, 십자가에 못 박힌 자의 공동체 안으로 인도한다." 왜냐하면 "그의 사랑은 참으로 자기 자신의 사랑이 아니기 때문이다. 그의 사랑은 오직 원수를 위해 십자가를 지고 십자가에서 원수를 위해 기도한 예수 그리스도의 사랑일 따름이다."(166)

결론적으로 "그리스도인다운 것"의 본질은 무엇인가? 그것은 "특별한 것, 탁월한 것, 비정상적인 것, 자명하지 않는 것이다. 그것은 더 나은 의에서 바리새인들을 능가하는 것, 그것을 뛰어 넘는 것, 더 많은 것, 그들을 넘어서는 것이다. 자연스러운 것은 이방인들과 그리스도들에게 똑같은 것이다."(169) 축복을 받은 자들, 예수를 따르는 자들의 실존은 탁월성에 놓여 있다. 그것은 "빛을 발하는 등불이요," 그것은 "자기부정, 완전한 사랑, 완전한 순결, 완전한 진실, 완전한 비폭력의 길이다." 그것은 한마디로 "예수 그리스도의 십자가에서 성취된 길"이다.(170)

그리스도인의 탁월성은 그리스도의 행동과 연결되어 있다. 그것은 "그리스도인이 예수의 뜻에 단순하게 순종한다는 뜻이다. 이런 행동이 특별한 것을 입증되는 것은 그리스도의 고난으로 인도될 때다. 이런 행동 자체가 계속적인 고난이다." 따라서 탁월성은 "율법을 성취하는 것이요, 계명을 지키는 것이다. 십자가에 못 박힌 그리스도 안에서, 그리고 그의 공동체 안에서 '탁월성'은 사건이 된다."(171) 그리스도인의 삶의 특징인 탁월성은 다름 아닌 고난의 삶과 연결된다.

나. 그리스도인의 삶의 은밀성(마태복음 6장)

이러한 명백한 삶의 특징에 더하여 마태복음 6장은 또 다른 그리스도인의 삶의 특징인 '은밀성'을 제시한다. 이 둘의 특징은 다음과 같이 결합될 수 있다. 제자들은 "오직 반성 속에서만 이러한 탁월성을 지녀야 한다. 제자들은 탁월성에 주의해야 한다. 사람에게 보이려고 탁월한 일을 해서는 안 된다. 탁월한 일을 위해 탁월한 일을 해서는 안 된다."(176) 이 둘의 관계는 다시 "너희 빛을 사람들 앞에 비추라. 그러나 은밀하도록 주의하라!"로 묘사될 수 있다.(177) 이 둘은 서로 모순되는 것같이 보인다. 반성의 목적은 바로 "우리의 탁월성에 대해 반성하지 않는 것"이어야 한다. 그렇지 않으면, 그것은 위험성으로 전환된다. "탁월성은 더는 뒤따름의 탁월성이 아니라, 자신의 의지와 욕망의 탁월성"이다.(177)

이 충돌은 하나로 이해될 수 있다. 탁월성은 "예수의 말씀에 대한 순종 안에 숨겨져 있다."(178) 그래서 제자들은 "그리스도의 십자가 아래 있다. 십자가는 필연적으로 숨겨진 것인 동시에 보이고 탁월한 것이기도 하다."(179) 이 충돌은 또한 뒤따름의 개념으로 해결될 수 있다. 예수를 따르는 자는 "항상 주를 보며, 오직 주를 따른다. 만약 그가 탁월한 것 자체를 본다면, 그는 더는 예수를 따르지 않는 셈이다." 예수를 따르는 자는 "단순한 순종 가운데서 주의 탁월한 뜻을 행하며, 모든 일에서 오직 당연한 일을 행할 수밖에 없다는 것"을 안다.(178) 그래서 그는 이렇게 말할 수 있다. "너희가 선을 행할 때, 오른손이 한 것을 왼손이 모르게 하라. 너는 네 자신의 선행을 기억해서는 안 된다."(179 이하) 이러한 것은 기도와 경건의 생활과 근심 없이 소박한 삶에도 마찬가지다. 이러한 요소들이 그리스도와 그리스도의 따름 사이에 끼어들지 말아야 하며, 오직 주님과 함께 동행하며, 그분에 대한 순종만이 존재해야 한다.

다. 제자의 삶이 지닌 탁월성(마태복음 5장)

마태복음 7장에서 본회퍼는 세상과 제자들과의 거대한 분리에 대해 언급한다. 예수의 부르심은 명목상 세상과의 분리이다. 여기에서 제자는 단지 "주여, 주여"하는 자들과의 분리이며, 교회 안에서 존재하는 양과 염소의 분리이다. 이 마지막 날에 예수는 그렇게 우리에게 행하실 것이다. "나는 너를 알고 있다." 이 말은 "그의 영원한 말씀이요, 그의 영원한 부름이다." 여기서 산상설교의 마지막 말씀은 그 첫 번째 말씀과 연결된다. "마지막 심판에서 들려오는 그의 말씀, 이것은 나를 따르라는 그의 부름 안에서 우리에게 들려오는 말씀이다. 이 말씀은 예수를 따르면서 오직 이 말씀만을 붙잡고 의지하는 자를, 다른 모든 것을 버리는 자를 마지막 심판을 통과하도록 지켜줄 것이다. 그의 말씀은 그의 은혜다."(228)

2) 2장의 핵심내용

2장에서 본회퍼는 제자도와 제자들을 바울의 교회론과 관련해서 진술한다. 제자도의 개념과 교회 개념은 본질상 차이가 없다. 성서 자체에서 오직 한 분 그리스도만이 발견될 뿐이다.

(1) 예수의 부름을 발견하는 자리

처음 지론 부분에서 물음이 제기된다. 우리는 나를 따르라는 예수의 부름을 어디서 들을 수 있는가? 여기서 답변은 "세례"와 말씀에서 제자도의 부은 교회 안에서 말씀과 성례전을 통해 다가온다.고 본회퍼는 말한다. 세례에서 그 일이 가능한 이유는 세례는 "오직 우리를 부르는 예수 그리스도의 자비로운 뜻에 근거해 있기" 때문이다.(266) 세례는 이러한 은혜로운 분의 부르심에 대한 순종이며, 세상과의 철저한 단절을 의미하며, 그런 점에서 또한 그것은 옛 인간의 죽음을 요구한다. 그런 점에서 세례 안에서 일어나는 "죽음은 죄로부터 의롭게 하는 사건"이다.(269) 그와 함께 설교를 듣는 곳에서 예수의 부름을 들을 수 있다. "오늘날 우리는 "나를 따르라"는 예수의 부름을 어디서 듣게 되는가? 이에 대한 대답은 오직 다음과 같은 것이다. 설교를 들어라. 그의 성찬을 받아라. 그 속에서 예수 자신을 들어라. 그리하면 그의 부름을 들을 것이다!"(263)

세례의 사건과 영은 밀접하게 연결된다. 즉 세례의 선물은 성령이다.(270) 그런 점에서 세례는 일회적인 사건이 된다. 그것을 반복할 수 없는 이유는 세례를 받은 자에게 예수의 부름은 일회적이고, 반복할 수 없는 것과 같기 때문이다.(273) 이제 제자들은 세례를 통해서 "그리스도의 몸"(274)의 지체들이 되었다. 이것은 우리들이 예수의 육체적인 현존과 사귐 안에서 살아야 한다는 것을 의미한다. 이것은 손실이 아니라 선물이다. 이것은 오히려 첫 번째 제자들보다 더 확고하고, 더 온전하며, 더 분명한 선물이다. 이러한 결합은 그리스도의 성육신 사건 속에서 논증될 수 있다. "인간의 육신 안으로 온, 인간이 된 하나님의 아들에게는 자신의 가르침만이 아니라, 바로 자신의 몸에도 참여하는 제자들의 사귐이 필요하다. 예수 그리스도를 따르는 자는 그의 몸에서 사귐을 가진다."(278) 이러한 사귐의 장소는 먼저 그리스도인들의 모임 공동체인 교회가 된다.

(2) 그리스도의 몸에 참여

어떻게 성도인 우리는 그의 몸에 참여하는가? 그 참여는 그리스도의 몸인 교회의 두 가지 성례전을 통해 가능해진다. 그 두 가지는 세례와 성만찬이다. "설교의 말씀이 예수 그리스도의 몸과의 사귐을 일으키는 것은 아니다. 성례전도 추가되어야 한다. 세례가 그리스도의 몸과 한 몸이 되게 한다면, 성만찬은 그의 몸에서 사귐을 보존한다."(279) 예수 그리스도의 몸은 진정한 의미에서 십자가에서, 말씀 안에서, 세례 안에서, 성만찬에서 '우리를 위해' 존재한다. 예수 그리스도와의 육체적인 사귐의 근거는 바로 여기에 있다.(281) 이 그리스도의 몸은 이런 의미에서 그가 취한 새로운 인류 자체이다. 그리스도의 몸은 그의 교회다. 예수 그리스도는 그 자신임과 동시에 그의 교회이기도 하다. 그의 교회는 그런 점에서 하나다. 세례를 받은 자들은 모두 "그리스도 안에서 하나다."

또한 교회는 다름 아닌 "인간"이다. 교회는 새로운 인간이다. 교회는 이러한 존재로서 그리스도의 십자가 죽음을 통해 창조되었다.(282) 교회로서 개인은 그가 새로운 인간과의 관계를 통해서, 즉 새로운 인간을 옷 입음으로 "새로운 인간"이 되었다. 이것은 그가 한 몸, 한 인간, 즉 교회가 된다는 것을 의미한다. 어떻게 가능한가? "십자가에 못 박히고 부활한 그리스도는 성령을 통해 교회로서, '새로운 인간'으로서 존재함"으로 가능하다. 왜냐하면 "그리스도가 인간이 되었고 영원 속에 거하기 때문이고, 그의 몸은 새로운 인류이기 때문이다."(284)

이점은 교회 공동체에도 적용될 수 있다. 그래서 본회퍼는 "교회는 하나다. 교회는 그리스도의 몸이다. 그러나 이와 동시에 교회는 많은 지체들의 공동체이기도 하다"고 말한다.(285) 여기서 교회는 그리스도의 몸인 동시에 또한 참된 성전이다. 여기서 성전은 하나님이 인간 가운데 일어나는 하나님의 은혜로운 현존과 거주의 장소이다.(290) 이는 "하나님은 그리스도의 몸 안에서 인간을 발견하시기" 때문이다. 그리고 이와 동시에 인간은 "그리스도의 몸 안에서 하나님에 의해 용납되었음을 발견할 수" 있기 때문이다. 그런 점에서 오직 그리스도만이 "이 성전의 토대와 머릿돌"이 될 수 있다. 동시에 그리스도는 "성령이 거하는, 그리고 신자들의 마음을 채워주고 거룩하게 하는 성전"이 된다. "하나님의 성전은 예수 그리스도 안에 있는 거룩한 교회다. 그리스도의 몸은 하나님과 새로운 인류의 살아 있는 성전"이다.(291)

(3) 보이는 교회

그리스도의 몸은 지상에서 그 공간을 차지하고 있다는 점에서 교회는 가시적으로 "보이는 교회"다. 이곳으로 신앙인들은 그의 부르심대로 모여지는 것이다. 이러한 모임을 통해서 그리스도의 몸은 가시적인 몸이 된다. 이러한 보이는 교회의 가시적인 현상들은 다음에서 나타난다. 첫째, 그것은 말씀선포와 교회의 세상적인 삶을 통해 가시화된다. 신앙인이 모여 선교를 듣고, 세례와 성만찬에 참여하는 데서 그리스도의 몸이 가시화된다. 둘째, 그것은 교회의 조직과 직제에 의해서 가시화되며, 마지막으로 그리스도의 몸은 지체들이 삶의 영역 속에서, 성도들과 인간들 사이의 교제 가운데서, 그리고 세상의 권세 아래에서 가시화될 수 있다.

이렇듯 성도들의 모임으로서 보이는 교회는 마치 세상에서 나그네처럼 그렇게 세상 속에서 가장 큰 존경을 받고 지혜롭게 살아가는 그리스도의 성전이다. 왜냐하면 그들은 자신의 본질을 잘 파악하고 있기 때문이다. 교회는 "낯선 땅을 버리고, 하늘에 있는 자신의 고향을 향해 나아가"는 세상의 가시적인 존재다.(326) 그런 점에서 교회는 이 땅에서 "손님과 나그네"다. 그래서 교회는 땅을 바라보지 않고, 하늘의 것을 바라본다. 왜냐하면 "교회의 진정한 생명은 아직 드러나지 않았고, 그리스도와 함께 하나님 안에 숨겨져 있기 때문이다."(326) 그런 점에서 교회는 가시적인 동시에 또한 자신에게도 여전히 숨겨져 있다. 즉, 교회는 바로 보이는 교회로서 자기 자신에게 완전히 알려져 있지 않다. 오직 교회는 개체처럼 오직 자신의 주를 바라본다. 왜냐하면 주는 하늘에 있고, 교회의 생명은 자신이 기다리는 자에게 있기 때문이다.(326) 교회는 성도들의 모임으로서 "부름을 받은 자들의 교회요, 이 땅에 있는 그리스도의 몸이요, 예수를 따르는 자들과 예수의 제자들"이다.(327)

(4) 성도들의 공동체

교회는 그리스도의 몸으로서 거룩하며, 이 거룩한 공동체는 "성도들"의 공동체다.(328) 태초부터 하나님의 부르심과 택함을 받기 위해 세워진 성도들은 그리스도 안에서 거룩한 자들로 부르심을 받은 자들이다. 왜냐하면 선택하시고 부르신 분이신 하나님이 거룩하시기 때문이다.(328) 성전인 그리스도의 몸 안에서 하나님은 성도들을 거룩하게 하신다. 그러므로 하나님의 공동체인 성도들은 거룩한 공동체다. 교회는 하나님을 통해 불결한 것, 죄와 분리됨으로써 거룩하게 된다.(339) 이것은 거룩한 공동체에 세 가지 의미를 지닌다. 교회의 성화는 "세상과의 분명한 분리"속에서 유지된다. 그것은 "하나님의 성소에 합당한 변화" 속에서 유지된다. 그것은 "예수 그리스도의 날에 대한 기대 속에 숨겨져" 있다.(339)

이러한 공동체의 거룩은 개인의 성화와 무관하지 않는다. 물론 그 근원은 동일하다. 그것은 그리스도와의 사귐이고, 동일한 몸에 참여하는 사귐이다. 날마다의 사귐 속에서 성도는 세상과 세상의 육으로부터 분리된다. 성도가 육신에 따라서 죽어가는 유일한 이유는 그리스도가 성령을 통해서 성도 안에서 살기 시작했기 때문이다. 그래서 그는 날마다 죽는다. 그리스도의 십자가 아래서 성도는 성화의 열매를 맺게 된다. 그리스도의 십자가에서 성도는 그리스도를 용서하는 자로 바라본다(350). 그러므로 성도의 공동체는 거룩과 용서의 공동체이다.

그러나 성도들의 공동체는 다음과 같은 방식으로 용서를 선포해야 한다. "용서와 함께 회개도 선포해야 한다."(351) 그것은 "복음과 율법"이 함께 선포되어야 함을 의미한다. 왜냐하면 "죄를 죄라고 부르지 못하는 공동체는 용서해 주는 자들에게 아무런 믿음도 발견하지 못하게 할"뿐이기 때문이다. 이러한 공동체는 거룩한 것을 범하고, 복음에 합당하지 않게 살아간다. 이러한 공동체는 "주님의 값진 용서를 던져버렸기 때문에 거룩하지 않는 공동체"다.(351)

이런 점에서 교회의 권징은 절대적으로 필요하다. 그래서 권징이 교회의 모든 생활을 두루 지배해야 한다.(353) 이 권징의 목적은 계속되는 시련과 타락을 막기 위함이다. 그래서 성소 안에서 성도들은 계속적인 변화의 현실을 경험하게 될 것이다. 그래서 성도들은 성화의 합당한 열매인 선행을 주님 오시는 날까지 유지해야 한다. 왜냐하면 우리 가운데서 선한 일을 시작하신 분이 그리스도 예수 날까지 이루실 것임을 성도들은 알기 때문이다.(364) 이렇듯 성도들이 성화와 선행의 유지를 행할 수 있는 것은 우리 자신이 그렇게 하는 것이 아니라 "예수 그리스도가 우리에게 의로움과 거룩과 구원함"이 되셨기 때문이다. 그래서 성도는 자기 자신을 자랑하는 것이 아니라, 오직 "주 안에서" 자랑하는 자들이다.(365)

(5) 그리스도의 형상

마지막으로 본회퍼는 "그리스도의 형상"이라는 주제에서 제자들이 매우 어려운 약속, 즉 "그리스도를 닮게 될 것이라는 약속"을 받는다고 말한다.(366) 그리스도의 형상을 갖는다는 것은 다음을 의미한다. "제자가 항상 바라보는 예수 그리스도의 형상은 제자 속으로 침투하고, 그를 채우며, 그의 형상을 바꾸어 놓는다. 그래서 제자는 스승과 비슷해지고, 참으로 스승을 닮게 된다."(366) 이것은 어렵게 보이며, 매우 신비로운 과정이다. 아마도 그것은 본래 인간이 하나님의 형상을 잃어버린 상태이거나, 그리스도를 통해서 그것을 회복한다는 것을 의미할 것이다. 이 회복의 과정은 신비로운 과정인데, 그 과정은 오직 한 가지 방식으로서 그리스도의 성육신과 관계한다. "하나님이 친히 인간의 형상을 취하시고, 인간에게 오신다. 하나님의 형상 안에서 아버지와 함께 있던 하나님의 아들이 자신의 형상을 비우고, 종의 모습으로 인간에게 온다."(369) 그래서 "성육신, 예수님의 말씀과 행위, 십자가의 죽음은 그의 형상"을 계시한다.(370)

그리고 그리스도는 우리 안에서 그의 형상이 나타나기를 원한다. 그리스도는 "우리를 자신의 형상으로 만들기까지 우리 안에서 일하기를 쉬지 않는다. 그것은 인간이 된 자, 십자가에 못 박힌 자, 변모된 자의 온전한 형상"이다. 우리는 그를 닮아야 한다.(372) 그리스도를 따르는 자는 "오직 그가 따르는 자만을 바라본다. 인간이 되고 십자가에 못 박히고 부활한 예수 그리스도의 형상을 지닌 자, 즉 하나님의 형상이 된 자는 마지막으로 하나님을 닮은 자가 되라고 부름을 받았다. 예수를 따르는 자는 하나님을 닮는 자"다.(377)

4. 핵심 주제

이 책의 핵심주제는 '그리스도를 따름' 혹은 '제자직'이다. 제자가 어떻게 되며, 제자의 길은 어떠한 길인가를 본회퍼는 진지하게 질문한다. 그는 이에 대한 해답을 철저하리만큼 기독론 안에서 발견한다. 그래서 그의 제자직은 처음부터 끝까지 "그리스도"에 의해서 지배받는다. 그런 점에서 여기서 가장 핵심적인 주제는 바로 '그리스도' 이다. 왜냐하면 제자직이란 그리스도를 따르는 것이며, 믿음의 길도 역시 그리스도를 따르는 순종의 길이기 때문이다. 제자의 길은 철저하게 그리스도를 따르는 것이다. 왜냐하면 그것은 그의 십자가와 고난의 길을 따르는 것이기 때문이다. 그래서 그리스도를 따르는 것은 믿음의 길인 동시에 단순한 순종의 길이며, 그렇기 때문에 제자들도 그리스도의 고난에 참여하고, 그리스도의 십자가의 길을 따르며, 자기의 십자가를 짊어지는 가운데서 그리스도를 따른다. 그런 점에서 십자가의 주제 역시 핵심적인 것이 된다.

그리스도라는 주제만이 아니라 그리스도의 몸과 교회도 핵심적인 주제다. 왜냐하면 교회는 그리스도를 따르는 제자들이 모인 공동체이고, 그리스도의 몸인 성소이기 때문이다. 여기서도 역시 기독론은 교회론과 결합된다. 성도들은 그리스도의 몸 안에서 결합된 공동체이며, 그 안에서 하나가 된다. 그래서 교회는 하나다. 또한 이 공동체는 철저하게 종말론적인 공동체다. 왜냐하면 교회는 지상의 삶을 따르는 것이 아니라, 하늘의 것을 추구하기 때문이다. 그리고 그리스도의 몸의 지체들인 성도는 철저하게 종말론적인 삶을 살아가는 존재들이다.

5. 책의 평가

이 책은 본회퍼의 『신도의 공동생활』과 함께 가장 많이 팔린 신학서적이다. 독일에서도 이 책은 베스트셀러 중의 하나다. 그 이유는 간단하다. 신앙을 갖는 것, 혹은 신앙하는 삶이 어떤 것인가를 진지하게 묻는 이 질문은 신앙인이 죽을 때까지 지상에서 철저하게 물어야 할 질문이기 때문이다. 그 해답을 성서 속에서, 즉 복음서의 산상설교에서, 그리고 바울의 핵심 사상 속에서 찾으려고 한 본회퍼의 시도는 그 자신을 위해서도 분명히 거대한 결실을 거두었을 것이다. 그의 깨달음은 그리스도를 따르는 새로운 길을 그에게 선사해 주었다. 또한 그것은 신앙인의 모든 삶이 "나를 따르라"고 부르시는 분의 손에 맡겨져 있음을 알게 된 깨달음이다.

이 책에 대해 바르트는 거의 열광적인 찬사를 덧붙인다. 이 책은 "인간의 성화"와 "제자직으로 부름"에 관해 쓴 "최고의 작품"이라고 바르트는 찬사를 보냈다. 단지 이 책이 완전주의자의 목소리로 들려온다는 점을 바르트는 염려한다. 한프리트 뮐러는 이 책을 교회사적으로 평가했다. 이 책은 동시대인들이 추종했던 태도인 "먼저 … 하도록 허락해 주소서"(눅 9:16)의 태도에 맞선 저항이었다는 것이다. 에른스트 파일은 이 책에서 공동체적인 삶과 관련해서 평가하기를, 진정한 수도원 생활의 환희가 감지된다고 말했다. 본회퍼가 그의 책에서 말씀을 '듣는 삶'을 통해 보는 삶, 곧 '하나님을 보는 삶'으로 인도하려고 했다는 것이다.[5]

6. 적용

본회퍼가 가장 먼저 전개한 주제인 '값싼 은혜'와 '값진 은혜'의 개념은 여전히 한국 개신교의 상황을 매우 올바르게 검토해 볼 수 있는 적합한 주제다. 왜냐하면 한국의 개신교 교회들이 전반적으로 조직화, 거대화, 세속화되어가는 상황에서 너무 값싼 은혜를 성도들에게 확산하고 있기 때문이다. 이로 인하여 성도들 자신도 그리스도의 값진 구원의 은총을 너무 쉽게, 그리고 너무 수동적으로 획득하려는 경향이 팽배해

---

5) 비교. 본회퍼, 위의 책, 386~389.

지게 되었다.

이것은 기독교 전반에게 매우 치명적인 위험이다. 이러한 경향이 깊어지면 깊어질수록 복음의 본질도 흐려질 것이다. 선포 속에서 교회는 그리스도의 십자가와 성화와 거룩한 삶을 선포하기보다는 행위와 결단이 없는 용서와 평안만을 성도들에게 던져줄 것이기 때문이다. 그리고 성도들은 세상 속에서 이방인과 전혀 구분되지 않고 살아가는 성향도 더욱 늘어가게 될 것이다.

그리스도의 몸인 교회가 개혁되어야 할 뿐만 아니라 이와 더불어 성도들도 변화되어야 한다. 이를 위해 그가 제시한 그리스도와의 신비스러운 연합된 삶이 모든 측면에서 적용되어야 한다. 참된 제자도, 참된 신앙의 삶, 그리고 그리스도와 하나가 되는 삶을 향한 열정이 모든 성도들에게서 일어나고 실천되어야 한다. 본회퍼가 제시한 "그리스도의 부름에 따름" 혹은 "그리스도만을 바라봄" 그리고 "그의 음성을 들음"이 개별 신앙인들에게 적용되어야 한다. 왜냐하면 오직 이것만이 주님을 따르는 참된 길이기 때문이다.

7. 토의 주제

1) 오늘날 "나를 따르라"라는 예수의 부름을 우리가 말씀선포와 성례전에서 발견할 수 있는가?
2) 오늘날 "나를 따르라"라는 부름을 우리가 기꺼이 받아들이고, 시행할 수 있는가?
3) 개별 신앙인들은 어떻게 주님을 생생하게 바라볼 수 있으며, 어떻게 주님의 음성을 구체적으로 듣고 따를 수 있는가? 이것은 철저

히 신앙의 확실성과 관련된 문제다.

4) 그리스도의 몸으로서의 교회 공동체와 개체 혹은 성도 개인은 어떻게 서로 결합될 수 있는가? 서로 충돌할 것 같은 인상을 주는 이런 결합이 교회론적으로 어떻게 이해될 수 있는가?

『저항과 복종』 디트리히 본회퍼

『Widerstand und Ergebung』Dietrich Bonhoeffer

디트리히 본회퍼의『저항과 복종』(초판: 1951년 9월), 여러 버전을 거쳐 1998
년에 디트리히 본회퍼 전집 제8권(DBW8)으로 출판됨)
손규태·정지련 옮김, 대한기독교서회, 2010.

김성호 (서울신학대학교, 기독교윤리학)

1. 저자 소개

디트리히 본회퍼의 일대기(1906년 2월4일~1945년 4월9일)는 본서의
『성도의 교제』를 다룰 때 이미 살펴보았다. 필자는『저항과 복종』에 대
해 논의하기 전에 1937년 11월부터 1943년 4월 5일 게슈타포에 의해
체포될 때까지의 본회퍼의 삶을 좀 더 세밀하게 조명해 보고자 한다.

1937년 11월 5일 아돌프 히틀러는 내각사무처에서 3군 사령관
들 앞에서 전쟁 계획을 연설했다. 이 모임 후 육군 최고 사령관이었던
베르너 프라이헤르 폰 프리치(Werner Freiherr von Fritsch)와 베르너
폰 블롬베르크(Werner von Blomberg)가 정치적·군사적 이의를 제
기했다. 이 사건으로 두 사람은 파면되었고, 라인하르트 하이드리히
(Reinhard Heydrich)에 의해 고발을 당했다. 히틀러는 프란츠 귀르트너
(Franz Gürutner)에게 소위 '프리치 사건' 조사를 명령했고, 귀르트너는

한스 폰 도나니(Hans von Dohnanyi)에게 이 사건을 계속 추적하게 했다. 도나니는 이 업무를 맡으면서 군사 재판권을 지닌 칸 자크 박사와 방첩대 중앙국 수장인 오스터 대령(Hans Oster) 그리고 육군참모총장 루트비히 베크(Ludwig Beck)를 더 가까이 알게 되었다. 도나니는 이들과 함께 명예훼손에 개입하는 히틀러를 방관해서는 안 되며, 프리치가 하인리히 히믈러(Heinrich Himmler)에게 법정 출두를 요구해야 한다는 데에 의견을 모았다. 이는 정변을 유도하는 행위였다. 이러한 일이 있는 동안 히틀러가 1938년 3월 12일 오스트리아로 진격했고, 히틀러에게 맞서려 했던 군 가담자들의 공모는 히틀러의 빈(Wien)에서의 승리로 인해 흐지부지 되었다. 본회퍼는 앞에서 언급한 '프리치 사건'을 계기로 그의 자형(姉兄)이었던 도나니에게 히틀러를 권좌에서 끌어 내리기 위한 쿠테타 계획에 대해 처음으로 알게 되었다. 이후 1938년 5월 28일 히틀러가 체코슬로바키아 제거 계획을 지시하자, 루트비히 베크를 중심으로 체코슬로바키아 전쟁 계획을 반대하는 움직임이 있었고, 이즈음 쿠테타 계획이 한 차례 더 있었다. 1939년 3월 15일 히틀러의 프라하 공격을 계기로 같은 해 9월 폴란드 원정을 계기로 쿠테타 계획이 있었지만 모두 실패 하였다.

본회퍼는 자신이 군입대를 해야 한다는 사실을 이미 알고 있는 상태에서, 1939년 5월 중순에 5월 22에 자신의 징병검사가 있다는 편지를 받았다. 본회퍼는 1939년 5월 1일부터 1940년 5월 1일까지 기한을 명시한 휴가원을 4월 23일에 군청으로 발송한 상태였다. 그는 1939년 6월 2일 미국으로 출발해 6월 12일 뉴욕에 도착했다. 그러나 베트게에 의하면 1939년 6월 20일에 본회퍼 인생의 가장 중요한 결단이 있었다. 본회퍼는 6월 22일 그의 일기장에 다음과 같이 적었다.

"일어나지는 않았지만, 이 재앙의 시기에 이곳[미국]에 있는 것은 생각할 수 없는 일이다. [...] 그러나 우리는 운명에서 벗어날 수 없다. 타국에 있어도 벗어날 수 없다. [...] 힘들어도 하나의 거룩한 교회(Una Sancta)만을 생각하며 전진하려면 어찌해야 하는지가 내 마음을 강하게 움직이고 있다."(DBW15, 230~231)

본회퍼는 라인홀드 니버(Reinhold Niebuhr)에게 1939년 6월 말에 보낸 편지에서 자신이 독일로 돌아갈 것을 밝힌다. "미국으로 건너온 것은 나의 실수였습니다. 나는 민족사의 이 힘든 시기를 독일에 있는 그리스도인들과 함께 겪지 않으면 안 됩니다. 이 시대의 시련을 나의 민족과 함께하지 않는다면, 나는 전후 독일에서 그리스도교적인 삶을 복구하는 일에 참여할 권리를 얻지 못할 것입니다. [...] 나는 어느 쪽을 택해야 할지를 잘 알고 있습니다. 하지만 이곳에서 안전한 삶을 산다면, 나는 이 선택을 하지 못하게 될 것입니다."(DBW15, 210)

본회퍼는 1939년 7월 7일에서 8일 사이의 한 여름밤에 뉴욕항에서 독일로 귀국하기 위해 여객선에 승선했다. 이 무렵 폴 레만에게 본회퍼가 미국을 떠난다는 소식을 들은 니버는 충격에 휩싸였다. 하지만 이미 본회퍼는 떠난 상태였고, 며칠 후에야 위의 본회퍼의 자필 편지가 니버에게 배달된다.

히틀러 쿠데타 계획은 여러 번 진행되어 왔지만 번번이 실패한 이유로 의기소침해 있는 독일 저항운동의 배경 가운데, 본회퍼는 1939년 미국에서의 귀국 후에 오스터 대령과 도나니가 주도하는 방첩대의 반(反)히틀러 공모에 더욱 적극적으로 가담했다. 베트게의 표현에 의하면

1940년에서 1943년 4월5일 체포되기까지 본회퍼는 소위 '적극적 저항'을 했다. 이 기간 동안에 본회퍼는 방첩대에서 정보를 수집하고 전달하기 위한 정보원으로서의 임무, 연합국 그리스도교 동아리들의 평화 계획들의 탐색과 그 동아리들에 영향을 끼치는 역할, 그리고 1943년 3월 히틀러 제거를 위한 슐라브렌도르프 암살 시도를 국내외의 관계 기관에 알리는 역할을 했다. 이 무렵 본회퍼는 1943년 4월 초순부터 보름까지 발칸 반도, 이탈리아, 스위스로의 출장 계획을 세웠다. 그러나, 3월 31일에 아버지 칼 본회퍼의 75회 생일 축하연에 참석한 날로부터 며칠 후인 1943년 4월 5일 국가전복음모 혐의로 체포되어 테겔에 있는 방첩대 수사 감옥으로 이송되었다. 같은 날 한스 폰 도나니, 크리스티네 폰 도나니, 요셉과 마리 뮐러가 체포되었고 오스터 대령은 가택구금이 되었다. (참조, Eberhard Bethge, Dietrich Bonhoeffer. Theologe – Christ – Zeitgenosse, 김순현 역,『디트리히 본회퍼, 신학자-그리스도인-동시대인』, 복 있는 사람, 2014, 831~1107.)

2. 책의 등장 배경

『저항과 복종』은 에버하르트 베트게(Eberhard Bethge)가 디트리히 본회퍼의 옥중생활 동안(1943년 4월5일~1945년 4월9일) 쓴 글들을 1951년 9월에 뮌헨의 카이저 출판사에서 최초로 출판되었다. 물론 이전에 1945년 세계교회협의회(WCC)가 제네바에서 출판한 추모 문집에 테겔감옥시절의 문서들이 일부 선을 보였고, 1년 후에 본회퍼의 유작 가운데는 처음으로 『테겔로부터의 시들(Gedichte aus Tegel)』을 비롯해서 이후에도 적은 분량의 책으로 옥중문서들이 출판되었지만, 그동안의 출판물이 모두 묶여져 단행본으로 출판된 것은 1951년 9월 카이저판이 처음이었다. 이후『저항과 복종』은 여러 번의 재출판을 거친 후에 본회퍼 연구가들에 의해 내용이 첨가되어 디트리히 본회퍼 전집(Dietrich Bonhoeffer Werke)의 제8권으로 1998년 귀터슬로우(Gütersloh)에서 출판되었다. 『저항과 복종』은 초판이 발행된 이후부터 여러 언어로 번역되어 출판되었다. (『저항과 복종』 불어판(1951년), 영어판:『하나님을 위한 죄인(Prisoner for God』(1954년), 스페인어, 카탈로니아 지방어판(1967년), 포르투갈어판(1968년), 네덜란드어판(1956년), 덴마크어판(1963년), 노르웨이어판(1959년), 중국어판(1969년), 일본어판(1964년)) 한국에서는 1967년 고범서에 의해 번역되어『옥중서간: 저항과 복종』이라는 제목으로 대한기독교서회에서 출판되었는데, 이 책은 1991년까지 무려 21판이 발간되었다. 2010년에는 DBW 8권으로서의『저항과 복종』이 손규태와 정지련에 의해 번역되어 디트리히 본회퍼 선집 중 여덟 번째 책으로 대한기독교서회에서 재출판되었다.

3. 줄거리

독일어판 본회퍼 선집 중 제8권(DBW8)으로서의『저항과 복종』에는 1943년 4월 11일부터 마지막 생애까지 본회퍼가 주고 받은 편지들과 기타 문서들, 기도들, 시들과 테겔 형무소에서 쓴 메모들이 실렸다. 이 책의 프롤로그에는 '1943년의 전환에 대한 해명, 10년 후'라는 제목의 글이 실려 있다. 이 글은 1942년 성탄절 전에 베트게, 도나니, 오스터 등을 위해 본회퍼가 저술한 글이다. 이 시기는 후에 베트게가 출판한『윤리학(Ethik)』의 기초가 된 원고의 4번째 기간에 해당된다. (참조,

Dietrich Bonhoeffer, Ethik, 손규태·이신건·오성현 옮김, 『윤리학』, 대한기독교
서회 2010, 21.)

　『저항과 복종(DBW8)』의 편집자들은 '프롤로그: 1943년의 전환에
대한 해명: 10년 후'를 책 서두에 배치하고, 1943년 4월 9일자 본회퍼
의 아버지 칼 본회퍼의 편지를 시작으로 총 4개의 장으로 이 책 전체를
구성한다. (I. 심문 기간: 1943년 4월부터 7월까지, II. 소송을 기다리며 (1943년
8월~1944년 4월), III. 전복(顛覆) 시도까지 (1944년 4월~7월), IV. 암살 실
패 이후(1944년 7월~1945년 2월))

　'1943년의 전환에 대한 해명, 10년 후'는 본회퍼가 히틀러 체재 전복
을 위한 방첩대원이었던 베트게, 도나니, 오스터 등을 위한 내용이다.
또한 위에서 언급했듯이 후에 베트게에 의해『윤리학』으로 출판된 원고
의 내용을 집필하고 있던 시기였다. 이 시기는 본회퍼가 핑켈발데 신학
교의 폐쇄 이후, 출판, 강연금지를 당하고 있던 시기이기도 했다. '10년
후'의 내용 중에 특히 '확고하게 설 자는 누구인가?'라는 소제목 하의
글은 본회퍼의 '형성으로서의 윤리학(DBW6, 63~66)'의 내용과 연관된
내용이기도 하다.

　"확고하게 설 자는 누구인가? 이성, 원리, 양심, 자유, 덕행을 최후의
척도로 삼는 자가 아니라, 하나님에 대한 믿음과 오직 믿음에 속박됨
으로써 복종하며 책임을 지는 행위로 부름 받아 이 모든 것을 희생시
킬 각오가 되어 있는 자만이 책임적인 인간이 된다. 즉, 자신의 삶이 하
나님의 물음과 부르심에 대한 응답 외에는 그 어떤 것도 되기를 바라지
않는 책임적 인간이 되는 것이다." (상게서, 41~42)

본회퍼의 기독교 윤리학은 어떠한 원칙윤리가 아니라 그리스도 안에서 일어난 하나님 계시의 현실이 피조물 가운데서 실현되는 것에 관한 담론이다. (참조, Dietrich Bonhoeffer, 『윤리학』, 41) 본회퍼에 의하면, 책임적 행동 역시 어떠한 이념으로부터 나오지 않고 현실로부터 나온다. (참조, Dietrich Bonhoeffer, 『윤리학』, 268)

본회퍼는 그와 함께 히틀러 체제 전복을 위해 활동하고 있던 방첩대원들에게 자유로운 책임성에 대해서 말했다.

"독일인들은 오늘에 와서야 비로소 자유로운 책임성이 무엇인가를 발견하기 시작했다. 자유로운 책임성은 - 책임적 행동의 자유로운 신앙의 모험을 요구하며, 죄인에게 사죄와 위로를 허락하시는 - 한 분 하나님에게 기초하고 있다."(상게서, 43)

본회퍼는 '10년 후'의 다른 부분에서는 "역사에서 하나님께서는 성실한 기도와 책임적 행위를 기다리고 이에 응답하신다는 것을 믿는다"(참조, 상게서, 51)라고 말하고, 그리스도인의 책임에 관해 다음과 같이 말한다.

"우리가 그리스도인이 되려고 한다면 책임적 행동을 통해서 그리스도의 마음의 넓이에 참여해야 한다. 이러한 책임적 행동은 자유 가운데 시간을 포착하고 위험에 맞서도록 만든다. 이러한 책임적 행위는 불안이 아니라, 자유하시며 구원하시는 그리스도의 사랑을 갖고 고통당하는 사람들에게 다가서도록 만든다. 행동하지 않고 기다리는 것과 둔감하게 방관하고 있는 것은 그리스도교적인 자세가 아니다." (상게서, 55)

본회퍼는 1942년 성탄절에 1927년부터 줄곧 가져온 위에서 아래로부터의 시각을 아래에서 위로부터의 시각의 자리로 옮긴다. 그러나 이것이 본회퍼의 신학적 관점이 아래에서 위로부터의 관점으로의 전환을 의미하는 것은 아니다. 오히려, 그가 말하는 아래로부터의 시각은 삶의 긍정의 지평을 위로부터 뿐만 아니라 아래로부터도 볼 수 있는 관점의 넓어짐을 의미한다. 본회퍼의 아래로부터의 시각이란 "사회로부터 배제당한 자들, 혐의 받고 있는 자들, 학대받는 자들, 권력이 없는 자들, 억압당한 자들, 멸시당하는 자들, 간단히 말해서 고난당하는 자들의 관점에서 바라보는 것"(상게서, 60)을 의미한다.

히틀러 체제 전복을 위한 방첩대에 가입한 목사이자 그리스도인이었던 본회퍼의 선택에 대한 윤리학적 비판과 의견들은 매우 다양하다. 그러나『저항과 복종』의 프롤로그에 속한 '10년 후'라는 글을 통해서 볼 때, 적어도 본회퍼는 어떠한 원리로부터 행동한 것이 아니라 살아 있는 책임성으로부터 행동했으며(참조, 상게서, 45), 타인의 고통에 대해 둔감하거나 방관하지 않았으며(참조, 상게서, 55) 고난당하는 자들의 관점에서 세상을 바라보면서(참조, 상게서 60), 불안이 아니라 그리스도의 사랑을 가지고 당시 고통당하는 자들(참조, 상게서, 55), 즉 유대인들을 포함한 나치의 지배 하에서 고통당하고 있는 자들에게 다가가고자 했음은 분명해 보인다.

『저항과 복종』의 I. 심문 기간은 1943년 4월 9일과 11일에 쓰여진 본회퍼의 아버지 칼 본회퍼의 편지로 시작된다.

본회퍼는 1944년 4월 14일 그의 부모에게 쓴 편지에서 자신이 옥중 수감된 것은 그 자신의 문제라기보다는 거역할 수 없는 운명이라고 말하면서 자식으로서의 부모에게 걱정을 끼친 것에 대한 용서를 구한다.(참조, 상게서, 65) 본회퍼는 같은 해 5월 5일 도나니에게 보내는 편지에서 다음과 같이 말했다. "자형이나 제 신상과 관련해 제 안에는 털끝만한 비난이나 고통도 존재하지 않는 것을 자형이 알아야 합니다. 그와 같은 일들은 오직 하나님에 의해서만 일어날 수 있는 것입니다. 그리고 저는 자형과 크리스티네 누이도 같은 생각이리라 생각합니다. 우리는 오직 그분에게 복종하며, 견디고 인내하며 감사할 뿐입니다. [...] 저는 아침저녁으로 휴식을 취하며 많은 사람을 생각하고, 많은 사람이 날마다 하나님께 맡기길 원했고 맡겨야 했던 집과 전쟁터를 생각했습니다. [...] 우리가 할 수 없는 것은 그냥 내버려두고, 우리가 할 수 있고 해야 할 것, 즉 고난의 한가운데서 하나님을 신뢰하며 남자답게 강하게 지내는 것에 집중해야 할 것입니다."(상게서, 84)

본회퍼는 감옥에 있는 자신보다 가족과 다른 수감자들에 대한 안녕에 대해 더 신경을 썼다. 1939년 여름날 미국에서 독일로 돌아오고자 했던 본회퍼의 의로운 결단은 방첩대원으로서의 저항과 4년 후 옥중생활의 시작을 피할 수 없는 자신의 운명으로 받아들일 수 있게 했다. 본회퍼는 자신의 결단과 처지를 결코 후회하지 않았다. 그는 옥중에서 부모, 다른 수감자들, 친구들, 그의 약혼녀인 마리아와 적지 않은 횟수와 분량의 서신을 교환했다. 이미 두 아들을 먼저 보낸 부모, 특히 어머니의 막내아들을 향한 애절한 심정도 그들의 편지 곳곳에서 나타난다. 실제로 본회퍼의 옥중서신들을 살펴보면, 편지의 발신자와 수신자들이 얼마나 깊은 애정으로 서로를 대했는지 엿볼 수 있다. 옥중에서 본회퍼가 약혼녀인 마리아와 주고 받은 편지들은 본회퍼 연구가들에 의해

『Brautbriefe Zelle 92』라는 제목으로 출판되기도 했다.

본회퍼가 핑켄발데 신학교 시절 강조했던 경건생활은 옥중에서 성서묵상과 찬송시 낭독, 기도의 형태로 본회퍼 자신의 경건생활로 이어졌고, 부모에게 다양한 서적들을 부탁해서 신학뿐만 아니라 문학, 역사학, 자연과학 등의 저서들의 독서와 연구도 게을리 하지 않았다. 본회퍼는 1943년 5월 11일 자신의 노트에 시간 감각에 대한 연구의 시작을 암시하는 메모를 적었고(참조, 상게서, 90~92), 6월 14일 부모에 보내는 편지에 거의 완성되었다는 내용을 언급했다. 그러나 아쉽게도 이 연구의 내용은 남아있지 않다. 같은 해 7월에는 본회퍼가 드라마 단편과 희곡을 쓰기도 했다.

본회퍼는 체포 후 6개월 동안 제국군사재판부의 심문이 종결되고 기소장이 완성될 때까지 일종의 위장을 위해 베트게와 편지를 교환하지 않았다. 그러나 본회퍼는 베트게와 레나테와의 1943년 5월 15일에 있을 결혼식을 위해서 옥중 설교를 작성했다. (참조, 상게서, 103~111) 실제로 이 기간(I. 심문기간, 1943년 4월 5일~7월)동안의 본회퍼는 얼마 지나지 않아 자신이 감옥에서 풀려나리라는 확신을 가지고 있었다. 7월 30일 수사관 뢰더는 조사가 완료되었음을 확인하고 본회퍼를 비롯한 히틀러 암살을 위한 방첩대 소속으로 구금중인 이들에 대해 기소를 시작했다.

베트게가 『저항과 복종』을 II. '소송을 기다리며(1943년 8월~1944년 4월)와 III. 전복기간(1944년 4월~7월)의 단락으로 분류한 기간 동안에, 본회퍼는 오늘날 소위 그의 "옥중신학"이라고 분류되는 연구 노트들을 많이 작성했다. 본회퍼는 8월 중순 옥중에서 소설을 쓰기도 했다. 그는 1943년 8월 31일과 9월 1일 밤 연합군의 베를린에 단행한 공습을 옥중에서 경험했다. 이 경험을 계기로 본회퍼는 1943년 9월 20일 첫 번째 유언을 쓰기도 했다.(참조, 상게서, 215) (두 번째 유언은 1943년 11월 23일 편지 75번을 참조할 것) 본회퍼는 12월 17일자 재판(참조, 상게서, 263,317)에서 석방될 것을 기대했지만 재판은 연기되었다. 그러나 본회퍼는 여전히 석방되리라는 희망을 끈을 놓지 않았다.(참조, 상게서, 331) 1943년 9월 21일 본회퍼에 대한 공소장이 발부되고, 1944년 1월 뢰더가 렘베르크로 전출되었을 때, 오스트, 도나니, 본회퍼에 대한 재판이 헬무트 구츠너(Helmuth Kutzner)에 의해 계속 되었다.

1943년 11월 23일 베를린에서 강력한 공습이 다시 있었을 때, 본회퍼는 수인들을 위한 기도들을 작성하기도 했다.(상게서, 269~275: 편지 76, 77, 78번)

"아침기도 – 하나님, 이른 아침에 저는 당신께 부르짖습니다. 기도하게 도우시고 저의 생각을 모으게 하소서. 저는 홀로 그렇게 할 수 없습니다. 제 안에는 어두움이 있으나 당신에게는 빛이 있습니다. 저는 고독하나 당신은 저를 버리지 않으십니다. 저는 비겁하지만 당신에게는 도움이 있습니다. 저는 불안하지만 당신에게는 평화가 있습니다. 제게는 고통이 있지만 당신에게는 인내가 있습니다. 저는 당신의 길들을 모르지만 당신은 저를 위한 바른 길을 아시나이다. [...] 저의 창조주시오 구원자이신, 삼위일체 하나님, 오늘은 당신의 날입니다. 저의 시간은 당신 손 안에 있습니다. [...] 당신 앞에서 저는 저의 가족과 동료수감자들, 그리고 이 집에서 어려운 직무에 종사하고 있는 모든 사람을 생각합니다. 주님, 자비를 베푸시고 저에게 다시 자유를 허락하시며 제가 [당신] 앞에서 그리고 사람들 앞에서 책임질 수 있는 삶을 살게 하소서. 주님, 오늘 무슨 일이 있을 지라도 — 당신의 이름은 찬양을 받으소서."(상게서, 271~272)

1944년 9월 22일에 게슈타포 수사관 존더레거가 초센 방첩대 방공호에서 문서철을 적발했다. 1944년 10월에는 본회퍼가 탈주계획을 세우기도 했으나 연좌제를 우려하여 계획을 포기하고 10월 8일 플린츠-알브레히트 슈트라세 게슈타포 지하 감옥으로 이송되었다. 본회퍼는 부헨발트 강제수용소(1945년 2월 7일), 레겐스부르크(1945년 4월 3일), 쇤베르크(바이에른 삼림지대, 1945년 4월 6일)로 이송되어 야간에 즉결재판을 받는다. 본회퍼는 1945년 4월 9일 플로센뷔르크 강제수용소에서 빌헬름 카나리스, 한스 오스터, 칼 자크, 테오도르 슈트륑크, 루트비히 게레 등과 함께 39세의 나이로 교수형에 처해졌다. 도나니는 작센하우젠에서 살해당했고, 같은 달 23일에는 클라우스 본회퍼와 뤼디거 슐라이허, F.J. 페렐스가 베를린에서 총살당했다.

4. 핵심 주제

『저항과 복종』은 본회퍼의 『성도와 교제』나 『행위와 존재』처럼 아카데믹한 학술서적이 아니다. 그러나 본회퍼는 옥중에서 자신의 삶의 그어떤 시기보다 그리스도인으로 살아간다는 것의 의미에 대해 깊이 사유했으며, 이러한 내용들은 본회퍼 연구가들에 의해 끊임없이 재해석되고, 교회에서는 실제로 그의 사상들이 적용될 뿐만 아니라 설교되고 있다.

우리는 본회퍼의 남겨진 원고들을 통해 신학적으로 핵심주제가 될 만한 내용들을 다음과 같이 재구성할 수 있다.

1. 비종교적인 인간되기 : 하나님은 우리의 삶 한가운데서 피안적이다.

1944년 4월 30일 베트게에게 보낸 편지에서 종교적인 사람들에 비판하고 있다. "종교적인 사람들은 인간의 인식이(흔히 사유의 태만으로 인해서) 끝나거나 인간의 능력들이 한계에 부딪치게 될 때 하나님을 말하지. 그들의 하나님은 언제나 deus ex machina(기계 장치의 신)로서, 종교적인 인간들이 해결할 수 없는 문제들을 거짓으로 해결하려 하거나 인간적인 좌절 속에서 의지할 곳을 찾을 때 나타난다네. [...] 인간이 자신의 힘으로 그 한계를 더욱 확대하고 기계장치로서의 신이 필요 없게 될 때까지는 그 신이 불가피하게 존재하게 된다네. [...] 사람들은 불안 속에서 하나님을 위한 장소를 보존하려 했던 것은 아닌가? - 나는 한계가 아니라 중심에서, 약점이 아니라 강한 곳에서, 인간의 죽음과 죄책이 아니라, 삶과 선 안에서 하나님을 말하고 싶다네. 한계에 처해서는 침묵하고, 해결할 수 없는 것은 미해결로 남겨두는 것이 더 좋다고 생각되네. [...] 하나님은 우리의 삶 한가운데서 피안적이지. 교회는 인간의 능력이 실패한 곳, 한계에 있지 않고, 마을 한가운데 있지."(상게서, 521~523)

본회퍼는 하나님을 필요할 때 마다 이용하는 인간들, 즉 하나님을 기계장치로서의 신으로만 이해하는 기독교를 비판했다. 본회퍼에 의하면,

서구세계에서 인간은 자신들의 한계상황에서 종교적이라는 이름으로 피안(彼岸)에 계신 하나님을 차안(此岸)에서 응급조치를 위한 분 정도로만 여겼다. 그러나 본회퍼는 일상적 삶 속에서 인간들과 실존하시는 하나님을 믿는 것이 진정한 기독교 신앙이라고 말하고 있다. 다시 말해서 형이상학적이거나 지나치게 개인주의적인 신앙이 아니라, 일상의 삶의 현장에서 하나님을 깊이 만나는 것, 그것이야말로 하나님의 피안성을 신앙하는 것이라고 강조하고 있는 것이다. 이러한 의미에서 본회퍼는 비종교적 해석을 논하고, 어떠한 신비주의적 신앙이 아니라, 비밀훈련(Arkandisziplin)을 통해서 즉, 본래적인 기독교 영성훈련을 통한 참된 기독교 신앙의 회복을 말하고 있는 것이다.

2. 성서의 개념들에 대한 비종교적 해석, 비밀훈련의 회복

본회퍼는 1944년 5월 5일 베트게에게 보낸 편지에서 다음과 같이 적고 있다.

"'비종교성'에 대한 나의 생각을 몇 자 적어보네. [...] 우리는 (불트만이 생각했던 것처럼) 하나님과 기적을 서로 분리할 수 없으며, 이 둘을 '비종교적으로'(nicht-religiöse) 해석하고 선포할 수 있어야 하네. [...] 그러면 종교적으로 해석한다는 것은 무엇을 말하는가? 그것은 한편으로는 형이상학적으로 말하는 것이고, 다른 한편으로는 개인주의적으로 말하는 것이지.[...] 문제는 피안의 세계가 아니라 창조되고, 유지되며, 율법에 사로잡혀 있고, 화해되어 있으며, 갱신된 이 세상이 아닐까? 이 세상을 초월해 있는 것이 복음에서는 이 세상을 위해서 존재한다네. [...] 비밀훈련(Arkandisziplin)을 회복시켜 그리스도교 신앙의 비밀들이

세속화되는 것을 막아야 된다는 말일세." (상계서, 530~531)

3. 다차원적인 삶, 고난에 동참하는 삶, 하나님 없이 하나님 앞에 하나님과 더불어

본회퍼는 1944년 5월 29일 베트게에게 보낸 편지에서 다음과 같이 말한다.

"그리스도교는 우리에게 삶의 다양한 차원을 열어주지. 우리는 어느 정도 하나님과 전체 세계를 우리 안에 품고 있다네. 우리는 우는 자들과 함께 울고 동시에 즐거워하는 자들과 함께 즐거워하지 [...] 삶은 유일한 차원으로 되돌려지는 것이 아니라 다차원적이며, 다음성적이지. 생각할 수 있다는 것과 그 생각에서 다차원(多次元)성을 간직할 수 있다는 것은 일종의 해방이지. [...] 하나님을 우리의 불완전한 인식의 응급처치자로 만들어서는 안 된다는 것이 다시 한 번 분명해졌네. [...] 하나님은 응급처치자가 아니며, 우리의 가능성의 한계가 아니라 삶의 한가운데서 인식되어야 한다네. 죽어 가는 것이 아니라 삶 속에서, 고난이 아니라 건강과 능력 안에서, 죄가 아니라 행동에서 하나님은 인식되기를 바란다네." (상계서, 578~580)

본회퍼는 1944년 7월 16일과 18일 베트게에게 보낸 편지에 다음과 같이 각각 적고 있다.

"우리는 하나님 없이 하나님 앞에서 하나님과 더불어 산다네. 하나님은 자신을 세상에서 십자가로 추방하지. 하나님은 세상에서 무력하고 약하며, 오직 그렇기 때문에 그는 우리와 함께 계시고 우리를 돕는다네. 그리스도가 그의 전능하심이 아니라 그의 약함, 그의 수난으로 도우신다는 것은 마태복음 8:17에 분명하게 나타나 있네."(1944년 7월 16일 편지, 상게서, 680~681.)

"그리스도인이 된다는 것은 특정한 방식의 종교인이 되는 것이 아니라네. 그것은 어떤 방법에 근거해서 자신으로부터 뭔가를(회개한 죄인, 참회한 자 또는 성자 등) 만들어 내는 것이 아니라네. 그리스도인이 된다는 것은 인간존재가 되는 것이라네. 그리스도는 우리 안에서 특별한 인간 유형(Menschentypus)이 아니라 인간을 만드시지. 종교적 행위가 그리스도인을 만드는 것이 아니라 세상적인 삶에서 하나님의 고난에 동참하는 것이 그리스도인을 만든다네"(1944년 7월 18일 편지, 상게서, 683)

하이델베르크의 조직신학 교수였던 미하엘 벨커(Michael Welker)는 필자의 유학시절에 "교회는 오케스트라와 같다"란 말을 한 적이 있다. 필자는 벨커 교수의 이 말이 저마다의 잘 훈련된 악기가 천상의 하모니로 감동을 줄 수 있는 연주를 만들 수 있듯이, 믿음의 분량은 다른 성도들의 일상에서의 그리스도의 제자로서의 삶의 총합이 하나님 앞에서 진정한 공동체 즉 교회의 모습을 이룰 수 있다는 의미라고 이해했다.

본회퍼는 그의 소위 '옥중신학'에서 고난의 현장에서 실존하는 하나님을 담론화했다. 그는 분명 전능하신 하나님보다 연약하신 하나님을 강조했다. 본회퍼는 진정한 그리스도인은 웃는 자들과만 웃을 수 있는 단차원적 삶이 아니라, 우는 자들과도 함께 슬퍼하고 그들의 고난까지도 대신 짊어질 수 있는 그리스도인이 되어야만 한다는 의미에서 다차원적인 삶을 논했다고 여겨진다. 본회퍼는 하나님을 피안(彼岸)에 계신 분으로만 인식하지 않았다. 그는 하나님을 삶의 한가운데의 차안에서 그것도 전능하신 분으로서가 아니라 연약한 자들과 함께 하시는 연약하신 분, 그 속에서 그들과 실존하시는 예수 그리스도로 인식했다. 이러한 본회퍼의 인식은 그리스도인 개인에게만 국한 되는 것이 아니라 교회에도 요구하고 있다. 이러한 배경 속에서 본회퍼 신학의 절정인 '타자를 위한 교회'(Kirche für andere) 개념이 탄생된다.

5. 타자를 위한 교회

"교회는 타자를 위해서 존재할 때에 진정한 교회가 된다. 그런 교회가 되기 위해 교회는 모든 재산을 팔아 가난한 사람들에게 주어야 한다. 목사들은 전적으로 교회의 자발적인 헌금으로 살아야 하며, 경우에 따라서는 세속적 직업을 가져야 한다. 교회는 인간 공동체의 세상적 과제에 참여해야 한다. 교회는 모든 직업에 종사하는 사람들에게 그리스도와 더불어 사는 삶이 어떤 것이며, 또 타자를 위한 존재가 무엇을 의미하는지를 말해주어야 한다. 특히 우리의 교회는 모든 악의 근원인 교만, 권력과 오만 그리고 환상주의라는 악덕들과 싸워야 한다. 교회는 절도, 순수함, 신뢰, 성실, 한결같음, 인내, 훈련, 겸손, 겸양, 자족함에 대해 말해야 한다." (상게서, 713~714)

6. 책의 평가 및 적용

"우리의 그리스도인 됨은 오늘날 오직 두 가지 것, 즉 기도하고 인간들 사이에서 정의를 행하는 것에 의해서만 이루어질 수 있다." (상게서, 556)

필자는 본회퍼의 이 문장이 본회퍼 삶과 신학 전체를 담아내고 있다고 본다. 이 문장은 유석성 한국본회퍼학회 회장이 2010년 한국에서 8권의 디트리히 본회퍼 선집이 발간될 때 간행사에서 인용한 문장이기도 하다. 그는 본회퍼의 이 문장을 "정의와 평화를 위한 그리스도교의 책임과 의무를 강조하는 것"(참조, 디트리히 본회퍼 선집 각권의 간행사)이라고 해석했다. 기도를 행하는 것과 정의를 행하는 것의 상관관계는 남미의 해방신학과 흑인신학의 반인종차별 저항에서도 수용되었다.(참조, 상게서, 833 (편집자 후기))

『저항과 복종』의 '성서개념에 대한 비종교적 해석'에 대한 연구를 최초로 시도한 사람은 에벨링(Gerhard Ebeling)이다. 그러나 그는 본회퍼의 비종교적 해석을 지나치게 율법과 복음의 변증학적 언어로 분석했다는 이유로 파일(Ernst Feil)에게 비판을 받는다.(참조, Ernst Feil, Die Theologie Dietrich Bonhoeffers, Chr. Kaiser, 41991, 382, 각주 4.) 본회퍼 스스로도 하나님과 기적은 서로 떼어놓을 수 없으며, 이 둘, 하나님과 기적 모두 비종교적으로 해석하고 선포해야 한다고 말했다. 본회퍼는 하나님과 기적을 분리하려는 불트만의 논거는 복음을 약화시키며 자유주의적이라고 보고 그 스스로는 신학적으로 사유하려 한다고 말했다. 본회퍼가 비종교적으로 성서를 해석하고, 신학적으로 사유하려고 한다는 의미는 하나님과 성서의 사건들을 형이상학적으로 해석하는 경향들에 대한 반대 입장을 취한다는 의미이다. 본회퍼는 성서 사건들을 형이상학적 논거로, 종교적 해석으로 시도하는 것을 비판하면서 이는 궁극적으로는 비종교적인 사람들에게도, 즉 이미 기독교가 형이상학적이고 개인주의적으로 종교화되어 버려 예수 그리스도의 말씀과 복음으로 다가오기 힘든 일상속의 비신앙인들에게 예수께서 어떻게 '그리스도'가 될 수 있는지에 대한 사유를 시도했던 것이다. 이러한 배경에서 본회퍼는 "마을 한가운데에서 예수 그리스도의 현존의 형태로 차안 속에서 실존하시는 하나님"을 사유했고, "인간의 고통과 고난 속에서 실존하시는 하나님의 연약성", "타자를 위한 교회"까지 그의 생각을 이어 갈 수 있었던 것이다.

『저항과 복종』에 관한 대표적인 연구서는 뷰스텐베르크(Ralf K Wüstenberg)의 「Eine Theologie des Lebens」(삶의 신학)이다. 그는 이 책에서 디트리히 본회퍼의 성서적 개념의 비종교적 해석과, 오르테가 이 가세트 (José Ortega y Gasset)와 딜타이(Wilhelm Dilthey)의 생의 철학을 비교한다. 그는 특히 딜타이의 생의 철학을 비종교적 해석의 이해를 위한 열쇠로 해석한다. 티츠(Christiane Tietz)는 그녀의 논문, 「Eberhard Bethges Anteil an Dietrich Bonhoeffers Gefängnistheologie」(디트리히 본회퍼의 옥중신학에 대한 에버하르트 베트게의 기여)에서 저항과 복종의 편지들을 분석하고, 특히 베트게가 본회퍼의 옥중신학의 대화의 파트너로서 옥중신학의 형성에 어떠한 영향을 끼쳤는지에 대해 옥중신학의 주요 테마별로 분석하기도 했다.

『저항과 복종』은 본회퍼의 삶과 신학이 그렇듯이 어떠한 원칙윤리나 확정된 교리를 말하고 있지 않다. 물론 옥중이라는 상황 속에서 본회퍼의 인간적 절규나 불안한 심리상태를 간혹 읽을 수 있지만, 그는 한 순간도 하나님과의 영적 교제와 예수 그리스도를 통한 하나님의 차안성에 대한 사유를 게을리 하지 않았다. 1939년 미국에서의 3주 간의 여정을 뒤로 하고 유태인과 나치 치하에서 신음하고 있는 타자의 고통 속으로 들어가기 위해 귀국했던 본회퍼는 히틀러 체제 전복을 위한 정보원역할을 감당했던 것을 결코 후회하지 않았다. 그의 삶은 기도하는 삶, 정의를 위한 삶이었고, 그의 옥중에서의 시간 또한 기도하며 정의를 사유하는 시간이었다.

본회퍼는 1945년 4월 9일 플로센베르크 수용소에서 사형당하기 전 감옥의 동료에게 조지 벨 주교에게 전해달라는 마지막 말을 남겼다. "제게 이 순간은 마지막입니다. 그러나 동시에 새로운 시작입니다."

본회퍼는 오늘 우리에게 "새로운 시작"이라는 유산을 남겨주었다. 이 새로운 시작은 예수 그리스도의 부르심에 뒤따르는 제자에게 부여되는 "새로운 실존"으로 해석할 수 있을 것이다. 또한 일상에서 늘 새롭게 부여받는 그리스도인으로서의 삶의 과제를 기도하고 정의를 행하면서 잘 수행하라는 의미일 것이다. 또한 형이상학적 종교적 인식으로 인해 하나님을 피안의 세계에만 머무르게 하거나, 기계장치의 신으로서 인식되는 그런 "하나님 없이(!)", 임마누엘(마 1:23)의 이름으로 이 땅위에 연약함으로 실존하시는 예수 그리스도와 더불어(!), 오늘, 여기에서 발생하는 타인의 고통과 고난에 끊임없이 동참하는 그런 진정한 그리스도인으로서 삶을 살아내야 함 일 것이다.

이 땅위의 어리석은 현실에 대해 '저항'하고('어리석음'에 대하여 상계서,

45~48을 참조할 것), 하나님의 뜻에 늘 '복종'하며, 타자를 위한 존재, 타자를 위한 교회가 되는 그곳이 본회퍼의 삶과 신학이 생동하는 곳이며, 예수 그리스도 안에서 계시된 하나님의 현실이 실현되는 진정한 교회의 현실일 것이다.

7. 토의 주제

1. 본회퍼의 『저항과 복종』에서 다루는 다음의 개념들을 설명해 봅시다. (비종교적 인간되기, 그리스도교의 차안성, 기계장치로서의 신, 성서적 개념들에 대한 비종교적 해석, 비밀훈련, 하나님 없이 하나님 앞에 하나님과 더불어, 하나님의 연약성, 타자를 위한 교회)

2. "우리의 그리스도인 됨은 오늘날 오직 두 가지 것, 즉 기도하고 인간들 사이에서 정의를 행하는 것에 의해서만 이루어질 수 있다."(상게서, 556)는 본회퍼의 문장은 오늘, 우리에게 어떠한 의미로 다가오는지 토론해 봅시다.

3. 본회퍼의 시 '나는 누구인가'(상게서, 653~655)와 '자유를 향한 도상의 정거장들'(상게서, 725~728)을 읽고, 본회퍼의 옥중 신학 개념이 이 시들 속에 어떻게 용해되어 있는지 설명해 봅시다.

4. 본회퍼와 안중근의 저항의 삶을 비교해 보고 기독교 윤리학적 관점에서 비판해 봅시다.

5. 본회퍼와 윤동주의 시들을 서로 비교해 보고, 그들이 '고난'을 어떻게 이해하고 있는지 관찰하고 시대적합하고, 상황적합하게 재해석해 봅시다.

8. 연관해서 읽으면 유익한 문헌

Bethge, Eberhard, Dietrich Bonhoeffer. Theologe – Christ – Zeitgenosse, 김순현 역, 『디트리히 본회퍼, 신학자-그리스도인-동시대인』, 복있는 사람, 2014.

Bonhoeffer, Dietrich (Hg.), Brautbriefe Zelle 92, 정현숙 옮김, 『옥중연서』, 복있는 사람, 2013.

Ebeling, Gerhard, "Die nicht-religiöse Interpretation biblischer Begriffe", in: Die mündige Welt(MW) II, München 1956, 12~72. (wiederabgedruckt in: Wort und Glaube Bd.I, Tübingen 1960, 90~160)

Feil, Ernst, Die Theologie Dietrich Bonhoeffers, Chr. Kaiser, 41991

Godsey, John D, The Theology of Dietrich Bonhoeffer, 유석성 · 김성복 옮김, 『디트리히 본회퍼의 신학』, 대한기독교서회, 2006.

Tietz, Christiane, "Eberherd Bethges Anteil an Dietrich Bonhoeffers Gefängnistheologie", in: Hüneke, Martin (Hg.), Eberhard Bethge. Weggenosse, Gesprächspartner und Interpret Dietrich Bonhoeffers, Gütersloh, 2011.

Wüstenberg, Ralf K., Glauben als Leben. Dietrich Bonhoeffer und die nichtreligiöse Interpretation biblischer Begriffe (Kontexte. Neue Beiträge zur Historischen und Systematischen Theologie 18), Frankfurt am Main/Berlin/Bern/New York/ Wien 1996.

―, Eine Theologie des Lebens, Dietrich Bonhoeffers nichtreligiöse Interpretation biblischer Begriffe, Evangelische Verlagsanstalt, 2006.

『그리스도인의 완전』 존 웨슬리

『A Plain Account of Christian Perfection』 John Wesley, 1776.

정행덕 옮김, 전망사, 1979.

홍성혁(서울신학대학교, 구약학)

1. 저자 소개

18세기 복음주의의 부흥의 주역이며 감리교의 창시자인 존 웨슬리 (John Wesley, 1703~1791)는 영국의 엡워스(Epworth)에서 태어났다. 아버지는 엡워스의 교구목사였던 사무엘 웨슬리(Samuel Wesley)였고, 어머니는 비국교도인 목사의 딸이었던 수산나 웨슬리(Susanna Wesley) 였다. 존 웨슬리는 어머니의 세심한 신앙적 보살핌 속에서 어린 시절을 보냈다. 그의 어머니는 먼 훗날 하나님께 대한 전적인 헌신을 염두에 두고 어린 웨슬리의 마음속에 경건한 신앙을 심어주려고 했다. 런던의 한 수도원 학교에서 6년을 수학한 후에(1713~1720), 옥스퍼드의 그리스도 교회(Christ Church)의 교육과정에 입학하였다. 거기서 1724년에 학사학위(BA)를 받은 후에 1727년에 옥스퍼드(Oxford) 대학의 링컨 단과대학(Lincoln College)에서 석사학위(MA)를 취득하였다. 논리학과 종교학에 심취해 있었지만 이렇다 할 만한 종교적 체험은 없었다. 삶에 대한 고민은 자연스레 신앙적 관심으로 옮아갔다. 여기에는 어머니의 경건 신앙 교육과 제레미 테일러(Jeremy Taylor), 토마스 아켐피스

(Thomas à Kempis), 윌리암 로(William Law) 같은 경건주의자의 영향이 촉매제 역할을 해주었다. 그는 1725년에 집사로 안수를 받기 전까지는 종교를 자신의 인생의 중심으로 여기지 않았다. 1726년에는 옥스퍼드의 링컨대학의 연구원으로 일했으며, 1727년부터1729년까지는 롯(Wroot)에서 부친의 대리 사역자 역할을 하였다. 그러다가 1729년에 링컨대학의 요청으로 옥스퍼드로 돌아와서 동생 찰스 웨슬리(Charles Wesley)가 조직한 작은 학생클럽의 리더가 되었다. 일명 '신성 클럽(Holy Club)'으로 불리었는데 나중에 가서는 성경 연구, 엄격한 자기 부인, 수많은 자선 사업을 엄격하게 준수하는 규율 방식 때문에 '감리교(Methodist)'라 불리게 되었다. 이 활동 기간(1729~1735년) 동안에 존과 동생 찰스는 신비주의자였던 윌리엄 로의 영향을 크게 받았다. 이 당시에 웨슬리는 '믿음으로 말미암는 의'보다는 자신의 '의로운 행위에 의한 의'를 추구하고 있었다. 그가 그리스도인의 '완전' 교리를 깊이 숙고하게 된 계기가 된 시점이 바로 이 시기였을 것으로 보인다.

1735년에 부친이 돌아가신 후에 존과 찰스는 옥스퍼드를 떠나 인디언 선교를 위해 자원 선교사로 부친의 친구가 조성한 새 식민지의 한 지역이었던 미국 조지아로 갔다. 인디언들은 존 웨슬리를 기피했지만, 그는 그들의 사제로 봉사하였다. 이후에 부친의 친구와 최고 행정관의 조카와의 연애 실패와 자신에 대한 날조된 고소 사건 등으로 말미암아 1737년에 조지아를 떠나 서둘러 귀국길에 올랐다. 바다를 건너던 중에 맞이한 풍랑 속에서도 평상심을 유지한 모라비안 신도들의 태도에 큰 감명을 받았다. 죽음 앞에서도 의연한 그들의 신앙은 존 웨슬리로 하여금 모라비안 신도들의 신앙에 관심을 가지게 했다. 1738년에 영국으로 돌아온 그는 모라비안 목사인 피터 뵐러(Peter Böhler)를 만나게 됐고, 그로부터 구원을 위해 그리스도만을 의지할 것을 권면 받았다.

1738년 5월 24일에 런던의 올더스게이트 거리(Aldersgate Street)에서 개최된 모라비안 신도들의 소집회에서 루터의 로마서 주석 서문을 읽는 소리를 듣게 되었다. 그때 그의 마음이 뜨거워지는 이상한 체험을 하게 되었다. 이 체험의 정확한 성격에 대하여 설왕설래가 있지만, 그의 신앙이 새로운 차원으로 진입하는 순간이었다는 점은 의심할 여지가 없다. 독일 헤른훗(Herrnhut)의 모라비안 신도들의 거주지를 방문하고 돌아와서 이전에 '신성클럽'에서 함께 일했던 조지 횟필드(George Whitefield)와 함께 오직 믿음으로 말미암는 구원을 설파하기 시작했다. 기존 교회는 등을 돌렸지만 감리교 신도들은 공개적으로 이를 전하기 시작했다.

1739년에 횟필드를 따라 브리스톨(Bristol)로 갔다. 그곳의 킹스우드(Kingswood)에서 '오직 믿음'과 '오직 은총'을 외치는 가운데 수천 명의 광산 노동자들 사이에서 부흥의 불기운이 터져 나오게 했다. 그는 이 체험을 한 사람들을 감리교 신도로 조직화 하는데 박차를 가했다. 이후에 그는 자신을 구원의 유일한 수단으로서의 믿음에 입문하게 한 모리비안 신도들의 가르침에서 한층 더 나아가 은총에 토대를 두지만 믿음과 선행 양자의 중요성을 역설하였다. 복음의 부흥은 웨슬리의 직접적인 지휘 하에 약 50년 넘게 지속되었다. 웨슬리는 영국, 스코틀랜드와 웨일즈 그리고 아일랜드 전역에 걸쳐 25만 마일을 여행하면서 4만 번의 설교를 전하였다. 미국에까지 전파되어 1784년에는 그가 안수를 준 여러 명의 사역자들을 조직하여 그 일을 담당하게 했다. 말 그대로 웨슬리는 '세계를 자신의 교구로' 하여 온 땅에 성서적 성결을 전파하였다. 이처럼 전대미문의 복음 전파의 위업을 이룬 웨슬리는 88살이 되던 1791년에 숨을 거뒀다. 군중들의 동요를 막기 위해 그의 시체는 그의 장례식 날 새벽 5시에 은밀하게 묻혔다.

2. 책의 등장 배경

『그리스도인의 완전』은 존 웨슬리가 삶과 신앙 여정 가운데서 스스로 고민한 바와 체험한 바의 산물이다. 이 책에 그리스도인의 '완전'교리를 담기까지 자신의 경건 신앙과 깨달음, 주장과 이에 대한 반대자들의 비판과 논박에 맞서서 변증하고자 한 고민이 고스란히 담겨 있으며 이 작품은 그런 변증 과정에서 탄생되었다.

존 웨슬리는 부모님으로부터 신앙의 유산을 물려받았다. 특히, 어머니의 경건 훈련은 그의 신앙의 밑거름을 형성하였다. 그가 경건한 삶에 지속적인 관심을 기울인 것도 어릴 적 엡워스의 목사관에서 받았던 규율에 입각한 교육과 훈련에서 비롯된 것이었다.

경건 훈련은 그로 하여금 성서에 많은 관심을 기울이게 하였다. 특히 '완전' 교리를 변증할 때 '완전'에 관하여 거론하는 다수의 신약 성서 구절을 인용하였다.(마 5:48; 롬 2:29; 빌 3:12, 15; 살전 5:16~18; 히 6:1~2; 요한일서) 가령, 마 5:48, "그러므로 하늘에 계신 너희 아버지의 온전하심과 같이 너희도 온전하라"의 경우에는 초기 부흥 집회를 통해 설교에서 스물다섯 차례나 인용할 정도로 자주 사용하였다. 그러나 웨슬리가 완전한 사랑을 주장하기 위하여 가장 널리 사용한 성서 구절은 요한일서였다. 구약성서 구절 가운데는 『그리스도인의 완전』에서 네 차례나 인용하고 있는 겔 36:25~29였다. 이 구절은 하나님의 영의 역사로 모든 더러운 것으로부터의 정결을 강조하고 있어 하나님의 은총에 절대의존적인 그의 '완전'교리의 변증에 안성맞춤이었다.

또한 그의 '완전'교리의 형성 과정에서는 초대 기독교 저작들에 의해 영향을 받은 바 크다. 그 중에는 수도-마카리우스(pseudo-Macarius)와 에프라임 사이러스(Ephraem Syrus)라 불리운 4세기의 수도승과 알렉산드리아의 클레멘트(Clement of Alexandria)가 있다. 이들은 웨슬리가 '완전'을 '완전한 사랑'의 견지에서 생각하도록 자극하였다. 물론, 이 '완전한 사랑'은 종결된 상태가 아닌 가변성을 지닌 것이었다.

무엇보다도 그의 『그리스도인의 완전』에서 성결한 삶에 관한 관심사를 발전시키는데 있어 근간이 된 영향력을 끼친 사람들은 제레미 테일러와 윌리암 로 및 토마스 아켐피스였다(* 자세한 내용은 아래 '줄거리' 참조). 이들을 통하여 '완전'에 있어 의도의 순수성과 하나님께 대한 전적인 헌신 및 자기를 낮추고 부인하는 가운데 오로지 하나님의 영광을 마음에 품고 지속적이며 규칙적인 헌신과 기도가 중요함을 깨닫게 되었다. 이는 '완전'이 의도의 순수성과 함께 지속적인 영적인 훈련을 통하여 성숙해야 하는 문제임을 말해준다. 곧, '완전'교리에 관한 그의 초기 관점은 하나님 사랑 및 이웃 사랑으로 압축되는 성결한 덕을 규칙적인 영적 훈련을 통해 이룰 수 있다는 데 있었다.

그러나 모라비안 신도와의 만남과 1738년 5월 24일 올더스게이트에서 용서를 베푸시는 하나님의 사랑에 대한 웨슬리 자신의 신앙 체험은 그의 그런 관점에 대전환을 가져왔다. 폭풍우를 만난 여행 중에서도 침착하고 평화스러운 모습을 잃지 않았던 모라비안 신도들, 특히 모라비안 목사였던 피터 빌러와의 대화는 웨슬리로 하여금 구원의 의미를 다른 각도, 곧 하나님의 은총의 관점에서 보게 했다. 1739년에 발간된 『찬송가와 성시』의 서문에서 웨슬리는 인간의 노력이 성결('완전')을 이룰 수 있게 한다는 생각을 거부하고 하나님의 주도적 은총으로 말미암는 것임을 분명히 하기에 이른다. 그렇다고 해서 이 '완전'이 전지전능하며 무오함을 뜻하는 절대적 '완전'이 아님을 강조한다. 이 세상에서 계속적으로 신앙적인 성장을 해야 할 필요성을 인식하게 된다. 1742년에 발간된 그의 세 번째 모음집인 『찬송가와 성시』의 서문과 같은 해에 출간된 『감리교의 특성』에서 이 점을 강조한다. 그러므로 이 세상에서 하나님의 은총 가운데 죄의 경향성으로부터 자유를 얻기를 고대하도록 독려한다.

1757년과 1767년 사이에 웨슬리의 '완전'교리는 또 한 번의 전환점을 맞이하게 된다. 완전 성화가 된 사람은 다시 타락할 수 없는가 하는 문제와 연관돼 있다. 성화가 된 사람이라도 타락할 수 있다고 보았다. 인간의 연약성 때문이다. 인간의 연약성은 죄와 다르다. 웨슬리는 올드스게이트 사건 이후에 인간의 연약성과 죄를 구분하였다. 성경의 무의식적 성격의 연약성과는 달리 죄는 이미 인지된 율법을 의도적으로 위반하는 것을 말한다. '완전'은 기존에 알려진 하나님의 율법을 의도적으로 위반하는 행위, 곧 죄로부터 벗어나는 것을 말한다.

'완전' 교리의 여러 내용들은 감리교 내외에서 큰 논란을 불러일으켰다. 그런 논란의 한가운데서 그의 입장을 변증하기 위하여 그때마다 설교나 글을 발표하였다. 1765년에 발간된 『성서적 구원의 길』은 그리스도인의 '완전'에 관한 그의 성숙한 입장을 잘 반영하고 있다. 여러 논란에도 불구하고 그는 기본적으로 두 가지 노선을 고수하였다. 첫째, 완전 성화는 인간의 노력의 산물이 아닌 하나님의 은총의 결과이기에 현재적 성취가 가능하다고 주장하였다. 둘째, 하나님의 은총을 받는 길은 회개와 은총 안에서 지속적으로 성장해야 한다는 점이다.

1766년에 웨슬리는 동역자인 존 플레처(John Fletcher)로부터 서신을 받은 후에 '완전'에 관한 보다 더 정확한 정의를 내리도록 도전을 받는다. 그리하여 마지막으로 탄생한 그의 변증 저작이 바로 1767년에 발간된 『그리스도인의 완전』이다. 이 저작은 수차에 걸쳐 개정을 거듭 하였으며, 1777년에 개정된 제4판은 완전에 대한 웨슬리의 결정적인 견해가 기술돼 있다. 1789년에는 더 이상의 개정 없이 이 책을 출판하였다.

3. 줄거리

『그리스도인의 완전』은 전부 28개의 단락으로 구성돼 있으며, 마지막에 '그리스도인의 완전에 관한 소고'가 부록으로 실려 있다. 먼저 본서의 개괄적인 줄거리를 소개하면, 처음 다섯 단락은 성결 신앙 전통을 형성하기까지 자신이 영향을 받은 인물과 진리의 유일무이한 표준으로서의 성경의 중요성을 소개함과 아울러 책의 주제와 목적에 관하여 언급한다. 다음에 오는 여섯 번째 단락부터 열아홉 번째 단락까지는 연대기 형식과 문답 형식의 조합 방식을 채택하고 있다. 개략적인 사건 연대에 근거하여 1759년까지의 설교, 시집, 성경을 비롯한 여러 발췌문을 인용하며 '완전'교리에 대한 편견이나 오해를 논박하면서 '완전' 교리의 형성과 정착 과정을 개괄적으로 소개하고 있다. 스물 번째 단락에서 스물네 번째 단락까지는 '그리스도인의 완전'에 관한 웨슬리의 주장을 훼손하는 광신자들에 대한 질책과 '완전'을 이 세상에서 이룰 수 있다는 사실을 부인하는 자들에 대한 논박을 통하여 '완전'을 이 세상에서 이룰 수 있음을 강조한다. 또한 웨슬리 자신이 참 성결의 사표로 간주했던 제인 구퍼(Jane Cooper)의 죽음을 애도하며 그녀에 대한 회상록과 편지의 긴 발췌문을 소개하면서 '그리스도인의 완전'에 관한 증언을 해나간다. 가장 긴 스물다섯 번째 단락에서는 『그리스도인의 완전에 관한 추가 고찰』(Further Thoughts upon Christian Perfection)을 출간할 필요성과 그 내용을 서른여덟 개의 문답 형식으로 소개하고 있다.

끝으로, 스물여섯 번째 단락에서 스물여덟 번째 단락에서는 '그리스도인의 완전'에 관하여 웨슬리가 강조한 점을 요약하면서 그가 '완전'의 교리를 받아들이게 된 경로와 '완전' 교리에 대한 그의 가르침의 일관성을 다시 한 번 강조한다. 그러면서 수사적 질문을 통해 그리스도인의 '완전'을 향한 행보는 하나님 사랑, 이웃 사랑으로 구현되어야 함을 말하면서 마무리를 짓는다. 이같은 개괄적인 구성에 근거하여 좀 더 자세한 줄거리를 살펴보자.

단락 1~5 가운데서 첫 번째 단락은 저작의 목적을 소개한다. '그리스도인의 완전'을 형성하기까지 밟아온 여러 단계들을 쉽고 분명하게 소개하는 데 있다.(존 웨슬리, 『그리스도인의 완전』, p. 7) 단락 2~4에서는 웨슬리 자신에게 '거룩한 삶'에 관하여 영향을 준 세 명의 경건주의자와 유일무이한 진리의 표준으로서의 성서를 소개한다. 웨슬리는 23세가 되던 1725년에 제레미 테일러(Jeremy Taylor)의 저작인 『거룩한 삶과 죽음의 법칙과 실천』에 큰 감화를 받았다. 특히, 의도의 순수성을 논한 부분에 큰 감화를 받아 하나님께 온전한 헌신을 하리라는 결단을 하기에 이른다.(상게서, 7) 하나님께 대한 전적인 헌신은 또 다른 경건주의자인 토마스 아 켐피스(Thomas à Kempis)의 『그리스도를 본받아』에 의해 더욱 깊은 경지로 나아간다. 이같은 깨달음에 대한 그의 심정을 이렇게 표현한다. "…나의 마음 전폭을 하나님께 바치지 않고서는 나의 생 전체를 그에게 바친다 해도(이렇게 하는 것이 가능하다 치고 그 이상은 따지지 않고 말해서) 나에게 아무 유익이 없다는 것을 나는 깨달았다."(상게서, 8) 윌리암 로(William Law)의 『그리스도인의 완전』과 『중대한 부름』 또한 하나님께 자신의 전 존재를 드리는 일의 중요성을 일깨워주었다. 단락 5에서는 하나님께 대한 전적인 헌신을 위한 근거를 성서에서 찾고 있음을 밝힌다. 전적인 헌신은 모든 점에서 그리스도께서 마음에 품고 행하신 대로 하는 것이 중요한데, 그 근거를 성서에서 찾는다. 그리하여 성서가 모든 다른 진리를 가늠하는 유일무이한 권위를 지님을 강조한다.

단락 6~19에서는 '그리스도인의 완전'의 본질을 하나님과 이웃에 대한 사랑과 동일시한다. 웨슬리가 '완전'과 동일시하는 하나님에 대한 사랑은 마음에 순수한 의도를 품고 하나님의 영광만을 구하는 것이다.(상게서, 12) 믿음으로 하나님을 온전히 사랑하는 사람은 죄와 모든 두려움에서 벗어나 평화와 희열이 넘쳐난다. 자신의 염려를 하나님께 다 맡기고 의지하기 때문에 아무 근심이 없다. 이를 위해 쉬지 않고 기도한다. 뿐만 아니라 하나님을 사랑하므로 이웃을 제 몸과 같이 사랑한다.(상게서, 18) 그의 유일한 소원은 자신을 보내신 하나님의 뜻을 행하는 데 있으며, 마음에는 하나님의 뜻과 일치하는 생각밖에는 일어나지 않는다.(상게서, 19) 당연히 하나님의 모든 계명을 있는 힘을 다해 지킨다.

그러나 '그리스도인의 완전'은 제한된 완전이다. 웨슬리는 1741년에 행한 「그리스도인의 완전」이란 설교에서 '완전'의 제한된 의미를 두 수사적 질문을 통해 해명한다. 첫째, 그리스도인은 어떤 의미에서 완전하지 않은가? 둘째, 그들은 어떤 의미에서 완전한가? 첫 번째 질문인 그리스도인은 어떤 의미에서 완전하지 않은가에 대하여 지식이 완전치 않으므로 오류의 가능성이 상존하며, 언어 표현의 한계와 제한된 이해력 같은 결함이 계속적인 성장의 여지를 남기고 있음을 말한다.(상게서, 23~24) 이어지는 질문이 그렇다면 어떤 의미에서 완전한가에 대하여 다음과 같이 답한다. 예수 그리스도의 속죄의 피로 말미암아 하나님의 구원이 인간에게 미쳤기 때문이다. 사도 요한은 율법 아래 있는 자의 경우는 어떠했든지 복음이 온 후로는 '하나님께로 난 자는 죄를 짓지 않는다'(요일 3:9; 5:18)고 말한 바 있다. 죄가 있을 수 있지만 죄를 자백하면 죄를 해결할 수 있다(요일 1:9)는 점에서 완전하다는 것이다. 또 다른 말로 악한 생각과 악한 기질에서 벗어난다고 하는 의미에서의 '완전'이다.(상게서, 28)

'완전'은 다른 말로 하면 '성화'다. 웨슬리는 이를 단락 17에서 상당한 분량을 할애하여 문답식으로 설명한다. '성화'란 의와 참 성결, 곧 하나님의 형상 안에서 새로워지는 것을 의미한다.(상게서, 48) '성화'는 믿음으로 의롭다 하심을 받는 '칭의'의 순간에 시작된다. 그러나 완전 '성화'에 이르기까지는 죄의 씨는 그대로 남아 있다.(상게서, 49) 그렇기에 성령에 의지하여 기도하면서 점진적으로 죄를 씻어내면서 하나님의 은혜 안에서 성장을 해야 한다. 순간순간 성령에 의존하면서 성장을 거듭할 때 이 세상 안에서 모든 죄로부터 구원을 받을 수 있다. 문제는 죽음에 이르기 전까지 모든 죄로부터 구원받는 '완전 성화'를 기대하느냐는 것이 중요하다고 역설한다. 웨슬리는 죽기 전에 '완전 성화'가 가능한 근거를 신구약성서(시 130:8; 겔 39:25, 29; 고후 7:1; 엡 5:25~27 등)에서 찾고 있는데, 특정 구절에 대해서는 말씀의 형식 자체를 '완전 성화'의 증거로 내세운다.(마 22:37) "네 마음을 다하고 목숨을 다하고 뜻을 다하여 주 너의 하나님을 사랑하라"라는 하나님의 명령을 거론하며 마음속에 하나님에 대한 사랑이 가득차면 그 안에 전혀 죄가 자리 잡을 수 없음을 말한다. 그런데 이것이 죽음 이전에 가능한 이유를 이렇게 말한다. "명령이라는 것의 본질 그것 때문이다. 하나님의 명령은 죽은 자에게 하는 것이 아니라 산 자에게 하는 것이다. 그러므로 '네 마음을 다하여 하나님을 사랑하라'는 말은 '네가 죽을 때 그리하라'는 말이 될 수 없고 살아 있는 동안에 하라는 것이다."(상게서, 54) 게다가 죽음 이전에 하나님의 사랑으로 충만한 삶을 성취한 예를 사도 요한을 위시한 '우리'

라고 표현된 요한 공동체를 제시한다. "이로써 사랑이 우리에게 온전히 이룬 것은 우리로 심판 날에 담대함을 가지게 하려 함이니 주의 어떠하심과 같이 우리도 세상에서 그러하니라."(요일 4:17)

그러나 이 '완전'은 제한적 '완전'이기에 인간의 연약함과 무지와 실수를 배제하지 않는다. 그래서 웨슬리는 '무죄적 완전'(sinless perfection)을 주장하지 않는다(상게서, 64). 하나님의 사랑에 충만한 자라도 본의 아니게 실수할 수 있기 때문이다. "사람이 순수한 사랑으로 충만하고도 실수할 가능성이 있다. … 이것은 영혼이 혈육에 거하는 데서 오는 자연스러운 결과로 생각한다."(상게서, 61) 인간이 실수할 수 있기 때문에 이에서 자유하기 위하여 그리스도의 공로를 지속적으로 의지해야 한다. 그런 면에서 죄에 대한 죽음과 하나님에 대한 사랑은 믿음의 순간에 체험하는 것이기도 하지만 죽기 전까지 지속적인 성장을 필요로 한다.

단락 20~24에서는 신앙적 부흥의 역사와 함께 발생한 광신자에게서 비롯된 여러 영적 부작용의 문제를 거론하며 완전 성화에 더욱 정진할 것을 촉구하며 그 표상으로서 제인 구퍼를 소개한다. 단락 20에서는 하나님의 역사가 크게 일어나 죄 가운데 눌려 살던 많은 사람들이 구원을 받게 되었음을 말한다. 그러나 그들 중에 일부는 광신적 상태에 빠져 많은 잡음을 일으켰다. 이에 대하여 존 웨슬리는 이렇게 말한다: "두세 사람이 자기의 상상을 하나님의 지시로 착각하고 자기들은 결코 죽지 않으리라고 생각하기 시작하였다. … 자기들은 시험을 받을 수 없으며 다시는 아픔을 느끼지 않을 것이며"(상게서, 83). 단락 21에서는 신앙적 타락으로 인한 혼란 가운데서도 하나님의 역사는 중단되지 않고 믿는 자의 수를 더해갔다는 사실과 더불어 사탄의 역사 가운데서도 더욱 완전 성화를 추구하도록 독려한다. 그래서 참 기독교인이 해야 할 일은 "① 미혹된 영혼이 모두 되돌아오도록 기도할 것이며; ② 그들을 도로 찾기 위하여 온유한 심령으로 노력할 것이요. ③ 깨어 기도함으로써 '그것이 없이는 아무도 주를 뵙지 못하는' 혼과 몸과 영의 완전한 성결을 추구하는 열심이 남들의 미혹됨을 인하여 줄지 않도록 극히 조심"(상게서, 83~84). 하는 일임을 역설한다. 단락 22에서는 웨슬리의 방어적 설교에도 불구하고 곧 세상이 끝날 것이라고 주장하는 광신자들로 인하여 적지 않은 잡음과 소동이 있었으며 그리스도인의 '완전'을 반대하는 무리의 수가 늘어나 괴로움이 적지 않았음을 고백한다(상게서, 85.) 그러면서 문제의 핵심이 '완전'이 과연 이 세상에서 성취가 가능한 것인지에 있음을 밝힌다. 단락 23에서는 이 세상에서 이룰 수 있는 완전임을 시사하기 위하여 웨슬리의 의견에 동조하는 한 사람이 반대자에게 던진 스물두 가지의 질문을 소개한다(상게서, 85~88). 그 중의 몇 가지 질문을 살펴보면 이렇다. "성결하게 하시겠다는 하나님의 약속들은 이생에서 하시겠다는 것인가, 또는 내세에 가서야 하시겠다는 것인가?" "만일 그리스도의 피가, 영혼과 육체가 결합되어 있을 동안에 우리를 모든 죄에서 깨끗하게 하신다면, 그것은 이생에서 그렇게 하시는 것이 아닌가?" "만일 영혼과 육체의 결합이 끝날 때라면, 그것은 내세에서 되는 것이 아닌가? 그리고 이것은 너무 늦지 않은가?" "그[그리스도]는 '당신의 뜻이 하늘에서 이루어진 것 같이 땅에서도 이루어지이다 하고 기도하라'고 가르쳐주지 않으셨는가? 그리고 하늘에서는 그 뜻이 완전히 이루어지 않았는가?" "완전히 이루어졌다면, 그는 땅에서도 완전히 이루어지기를 빌라고 가르치신 것이 아닌가? 그렇다며, 그것을 또한 허락하려 하심이 아닌가?" 단락 24에서는 웨슬리 자신이 참 성결의 사표로 간주했던 제인 구퍼(Jane Cooper)의 죽음을 애도하며 그녀의 삶을 회상한다. 그녀가 자신에게 보낸 긴 편지의 발췌문을 소개하면서 '그리스도인의 완전'에 관한 증언을 해나간다.

가장 긴 스물다섯 번째 단락에서는 죄에서 구원받는 사람이 늘어나자 이들을 위하여 『그리스도인의 완전에 관한 추가 고찰』(Further Thoughts upon Christian Perfection)을 출간할 필요성과 그 내용을 매우 장황하게 서른여덟 개의 문답 형식으로 소개하고 있다. 그 주요 내용은 이렇다.(상게서, 99~100) 칭의와 관련하여 그리스도께서 율법의 마침이 되셨다는 의미는? 모세와 아담의 법을 지킬 의무가 없어졌고 오직 그리스도를 믿기만 하면 누구든지 의롭다 하심을 받고 성화와 영화된다는 '믿음의 법'을 주셨기 때문이다. 이 새 법 아래 있는 자는 사랑을 실천해야 새 율법을 완성하게 된다. 그러면서 사랑과 새 율법의 관계를 설명한다. "사랑에 의해서 움직이는 믿음이 하나님께서 현재 인간에게 요구하시는 것 전부이다."(상게서, 101) 이 사랑은 "주 우리 하나님을 온 마음과 뜻과 목숨과 힘을 다하여 사랑하고 우리 이웃, 즉 모든 사람을 나 자신이나 내 목숨 사랑하듯 사랑하는 것이다."(상게서, 101) 인간의 모든 기질과 생각과 말과 행동이 사랑에서 나오는 한 이 사랑의 법을 범하는 것이라 볼 수 없지만, 인간이 육체를 가지고 있는 한 정도의 차이는 있으나, 이 법을 범하고 있으며 앞으로도 범할 것이라고 볼 수 있다.(상게서, 103) 곧 인간이 절대무오하지 못함을 말하고 있는 것이다.

그렇다면 죄 없는 '완전'이라 할 수 있는가? 이 질문은 그리스도가 이미 대속의 피를 통하여 죄를 속해주셨기에 그리스도와 화목한 관계에 있다는 점에서의 '완전'을 의미한다. "하나님의 은총에 회복되기 위해서가 아니라, 은총을 입고 있는 상태를 유지하기 위해서 그리스도를 요하는 것이다."(상게서, 105) "그리스도는 새로이 그들의 죄 사함을 주선해 주시는 것이 아니라, 오직 저가 단번에 드린 제물로 거룩하게 된 자들을 위하여 항상 살아서 간구하심으로써 그들을 영원히 온전케 하시는 것이다."(상게서, 105) 그러면서 '칭의'와의 관계 속에서 이 '완전' 은 지속적인 성장이 요구된다는 말을 덧붙인다. 칭의 되는 순간에 죄로부터 구원받지만 순간순간 성령께 의존하지 않으면 타락할 수 있다. "거룩하게 함을 입은 자도 타락하고 멸망할 수 있다."(히 10:29)(상게서, 112) 일반적으로 칭의를 받은 사람은 자신 안에 교만과 분노와 같은 타락의 경향성을 느낀다. 그러므로 "이런 것을 점진적으로 눌러 없애기 전에는 사랑에 온전히 새로워졌다고 할 수 없다."(상게서, 114) 이렇게 점진적으로 죄에 대하여 죽고, 은혜 안에서 성장할 때 임종 시에 혹은 아마도 그 조금 전에 대부분 온전한 사랑에 이를 수 있다고 말한다.

죄에서 구원받은 자가 실족하여 은혜의 자리에서 떨어지지 않고 '완전'으로 나아가기 위해서 해야 할 일에 관하여 일곱 가지의 충고를 준다. 첫째, 교만을 경계하여 끊임없이 깨어 기도하라. 교만은 위험한 것이기에 쫓아내 주셨으면 다시 들어오지 못하도록 깨어 기도하라는 것이다.(상게서, 121) 가령, 자신이 무슨 잘못을 저질렀다면 회피하거나 꾸미거나 속이려 들지 말고 서슴지 말고 시인해야 한다.(상게서, 124) 둘째, 교만의 딸인 열광주의를 경계하라. 꿈, 환상, 묵시, 음성 등을 쉽사리 하나님께로부터 온 것이라고 상상하지 말고 기록된 말씀으로 시험하고 그 말씀 앞에 꿇어 엎드리게 하라.(상게서, 124) 그러면서 바른 말씀의 해석의 중요성을 역설한다. "어느 구절이나 그 문맥에 비추어 본 문자 그대로의 명백한 뜻에서 떠난다면, 그대는 언제고 광열에 빠질 위험이 있는 것이다. 그리고 이성이나 지식 또는 학문을 멸시하거나 경홀히 여겨도 마찬가지 위험에 처하게 된다."(상게서, 124) 셋째, 율법 무용론을 경계하라. 율법 무용론에 빠진 자들은 열광주의자나 다름없다. 그리스도도 율법의 마침이 되셨다고 말하지 않는가. 그리스도의 사랑의 법은 온갖 도덕률을 살려 사랑의 법에 접붙이신 결과물임을 잊지 말아야 한다. 넷째, 태만의 죄를 경계하라. 어떤 선이든지 선을 행할 기회를 하나도 놓치지 말라, 경건의 일이나 자비의 일을 하나라도 알면서는 빼 먹지 말라.(상게서, 130) 사람들의 육체와 영혼을 위하여 할 수 있는 모 든 선을 다 행하라.(상게서, 130) 다섯째, 욕망을 허용치 말고 하나님을 추구하는 일에 집중하라. 그리스도께서 자유케 하신 그 자유에 굳게 서 서 자기를 부인하고 날마다 제 십자가를 지고 본을 세우라.(상게서, 131) 쾌락과 고통, 명예와 불명예, 부와 가난에 대한 그대의 마음속의 외침 은 '모든 것이 나에게는 일반이오니 오직 주 안에서만 살고 또 죽게 하 소서!'가 되게 하라.(상게서, 132) 여섯째, 그리스도 교회에 균열이 생기 지 않게 분열을 경계하라. 분파심을 경계하고. 조직의 규칙을 지키고, 남의 충고를 듣기 싫어하며 조금만 뭐라 해도 성을 내는 급한 성미를 주의하라.(상게서, 134) 여러 가지 십자가와 함께 반대와 비난, 공격도 으레 받을 것으로 예상하라.(상게서, 134) 마지막 일곱 번째 충고는 모 든 일에 남의 모본이 되라는 것이다. "특히 (옷차림 같은) 외면적인 일과 사소한 일들과 (일체 불필요한 지출을 하지 않는) 금전의 사용과 깊고 꾸준 한 진실성과 모든 대인관계를 착실하고 쓸모 있게 함으로써 본을 세우 라."(상게서, 136) 그러면서 웨슬리는 다시 한 번 위의 충고 내용을 여덟 가지로 정리하여 성서 다음으로 자주 마음속에 떠올릴 것을 주문한다. 그가 소개하는 주제는 고난에는 하나님의 사랑이 개입돼 있다는 점과 참된 순종은 하나님의 뜻에 자기의 뜻을 일치시키는 것임을 말한다.(상 게서, 137~138) 사랑의 성장을 나타내는 가장 확실한 증거인 겸손과 인 내를 주문한다.(상게서, 139) 또한 온유와 침묵 가운데 사람들에게 관용 을 베풀고 해(害)를 입을 때에도 견딜 것을 주문한다. 기회 있을 때마다 성령 안에서 기도와 간구를 하도록 강조한다.(상게서, 140~141) 마귀에 게 대항하는 최선의 방법은 하나님 의존적인 삶과 행동에 있음을 주문하는 동시에 자신의 영혼의 상태를 항시 점검하여 자신을 새롭게 해야 함을 말한다.(상게서, 142~143) 마지막 당부도 하나님과의 온전한 관계를 유지하기 위하여 하나님 중심적인 삶에서 떠나서는 안 됨을 주문한다: "…하나님이 우리 혀와 손과 마음을 사용하여 우리가 하나님 자신으로 말미암아 그리고 성령으로 말미암아 하나님이 원하시는 대로 하게 해 주심이 아니고서는 우리는 하나님을 섬길 수 없다고 하는 것이다."(상게서, 144)

단락 26~28까지는 '그리스도인의 완전'에 관한 웨슬리의 관점을 요약하면서 웨슬리가 '완전'의 교리를 받아들이게 된 경로와 '완전' 교리에 대한 그의 가르침에 일관성이 있음을 재차 강조한다. 마지막으로 수사적 질문을 통해 그리스도인의 '완전'을 향한 행보는 하나님 사랑, 이웃 사랑으로 구현돼야 함을 말하면서 끝을 맺는다. 구체적으로 단락 26에서는 '완전' 교리를 열한 가지 명제로 압축하여 소개한다. '완전'은 '칭의' 다음에 오는 것이며 아무리 늦어도 죽음 이전에 실현된다. 육체를 입고 있는 인간은 그 누구도 절대적인 의미에서의 '완전'에 이를 수 없다. 이 '완전'은 '무죄적 완전'이 아니며 죄로부터의 구원을 의미한다. 그것은 다른 말로 '완전한 사랑'이다.(요일 4:18) 그것은 은혜 안에서 성장할 수 있다. 그러나 타락에 의해 상실할 수도 있다. '완전'의 전후에는 항상 점진적인 선행이 동반된다. '완전'은 순간적이면서도 점진적이다. 단락 27에서는 웨슬리가 '완전'의 교리를 받아들이게 된 경로와 어떤 의미에서 이를 받아들여 가르치고 있는지에 관하여 해명한다. 그러면서 다시 한 번 하나님을 향한 전적인 헌신을 통해 하나님의 형상을 온전히 회복하는 데까지 나아가는 '완전'임을 부연 설명한다:

'완전'은 생 전체를 하나님께 바치는 의도의 순수성이다. 그것은 온 마음을 다 하나님께 바치어 한 소원과 한 의도만이 우리의 기질 전체를 지배하는 것이다. 그것은 우리의 영혼과 육체와 본질을 그 일부만 아니라 전체로 하나님께 봉헌하는 것이다. 또 다른 견지에서 보면, 그것은 그리스도가 품으셨던 마음 전체가 내 안에 있어 나로 하여금 그리스도의 행하신 대로 행하게 하는 상태이다. 그것은 온갖 더러움, 모든 내적·외적 불결함을 벗어나는 마음의 할례이다. 그것은 마음이 전폭적으로 하나님의 형상을 따라 새로워지는 것이요, 마음을 창조하신 자의 형상을 온전히 회복하는 것이다. 제3의 견지에서 보면, 그것은 온 마음을 다하여 하나님을 사랑하고 이웃을 내 몸과 같이 사랑하는 것이다.(상게서, 151~152)

끝으로, 책의 말미에 '그리스도인의 완전에 대한 소고'라는 부록을 덧붙여 놓았는데, 그 주된 내용은 세 가지다. 첫째, 완전의 의미인데, "하나님과 이웃에 대한 겸손·온유하고 오래 참는 사랑이 우리의 기질과 말과 행실을 지배하는 것"(상게서, 125)이라고 정의를 내린다. 둘째는 '완전'을 받은 모양에 관한 내용인데, 믿음의 순간에 받기에 순간적이지만, 그 이전과 이후에는 점진적인 행위가 있음을 시사한다.(상게서, 125~126) 셋째는 받는 시기가 영혼이 육체를 떠나기 전임을 말한다. 물론 그 훨씬 이전인 경우도 있음을 배제하지 않는다.(상게서, 126)

4. 핵심 주제

그리스도인의 '완전'에 관한 책이다. 그리스도인의 '완전'이란 어떤 상태를 말하며 언제 어떻게 도달할 수 있는지에 관하여 다룬다. '완전'

은 하나님과 이웃에 대한 사랑이 우리의 기질과 말과 행실을 지배함으로써 죄로부터 자유한, 곧 성화에 이르는 과정과 상태를 말한다. 마음과 힘과 열심을 다해 하나님을 사랑하고 사랑과 대치되는 잘못된 기질이 영혼 속에 남아 있지 않아 모든 생각과 말과 행동이 순전한 사랑에 의해 지배되는 상태를 말한다. 그러므로 하나님께서 이미 알려주시거나 설정하신 뜻이나 기준을 고의적으로 위반하지 않게 되는 것이다. 또 달리 말하면, '완전'이란 하나님의 형상을 회복하는 차원에 이르기까지 우리의 마음이 새로워지는 것을 말한다. 그러기에 당연히 이웃을 향한 선행이 수반된다. 물론 전심을 다해 삶 전체를 하나님께 바치고자 하는 의도의 순수성을 지닌 상대적 '완전'을 의미하는 것이지 죄가 절대적 백지 상태가 되는 절대적 완전을 의미하는 것은 아니다. 이 '완전'은 믿음의 순간에 받을 수 있는 것이긴 하지만 무의식적으로 잘못을 저지를 수 있는 인간의 연약성으로 인해 언제든 타락에 빠질 수 있기 때문에 순간순간 성령께 기도함으로써 점진적인 성화의 길로 나아가야 한다. 영적인 침체를 불러들이는 죄와의 갈등 속에서 씨름할 때 하나님의 자비와 은총에 호소하는 가운데 죄로부터 자유한 '완전'에 이를 수 있다. 타락하면 '완전'을 잃을 수도 있지만, 다시 기도와 선행을 통해 회복할 수도 있다.

5. 이 책에 대한 평가

존 웨슬리에게 영향을 준 신구약성서와 찬송가와 기도문뿐만 아니라 자신이 행한 설교와 필요에 따라 발간한 여러 책자들에 근거하여 '완전' 교리를 다듬어가는 내용을 담고 있다. 또한 자신의 '완전' 교리의 형성에 지대한 영향을 끼친 다양한 인물들과 그들의 글 및 서신에서 발췌한 내용을 제시하며 자신의 '완전' 교리가 탁상에서 돌출된 사상이 아니라 수많은 고민과 갈등의 현장 속에서 배태된 산물임을 여실히 보여준다. 특히 제레미 테일러, 토마스 아켐피스, 윌리암 로의 사상이 그의 '완전' 교리의 기본 토대를 구축하는데 상당한 역할을 했음을 시사한다. 전체적으로 28개의 단락으로 구성되어 있으며, 각 단락의 첫머리에 일련번호를 붙인다. 대체로 연대기적 순서를 따라 자신이 접한 책이나 사건 그리고 설교를 중심으로 기술하면서 '완전' 교리의 형성 과정을 소개한다. 그러나 엄격히 말해, 개념의 전개 과정이 논리적인 것은 아니다. 설명이 중첩되는 부분이 여러 곳에 산재해 있다. 또한 '완전' 교리를 칭의, 성화, 온전한 사랑, 하나님의 형상의 회복과 같은 유관 개념과 연계시켜 논리적 발전·통합을 통해 설명하지 않기 때문에 각 개념을 이해하는데 혼선을 유발할 수 있다.

그럼에도 불구하고, 존 웨슬리 자신이 신앙생활 중에 고민하고 갈등하는 과정에서 배태된 결과물이기에 그리스도인으로서 구원이 무엇이며 구원의 삶을 어떻게 지향해 나갈 것인지에 관하여 동일한 고민을 하는 일반 그리스도인에게 적지 않은 호소력을 지닌다. 특히 문답식의 전개를 통해 일반 그리스도인들이 궁금해 하는 질문을 비교적 소상히 던지기에 신앙생활의 고민에 대한 해법을 제시해준다. 가령 "이 완전은 모든 연약함과 무지와 실수를 배제한다고 주장하는가?"와 "어떻게 온갖 생각과 말과 행위가 순수한 사랑에 지배되는 사람이 동시에 무지하거나 실수할 수 있는가?"(상게서, 61)와 같은 질문에 대하여 순수한 사랑으로 충만하고도 연약성 때문에 실수할 가능성이 있으며 이는 본질상 죄와 다르다는 답변(상게서, 61~62)은 공감을 불러일으킨다. 신앙인이라면 누구나 고민하는 죄와 구원과 연계된 '완전' 문제는 반드시 짚고

넘어가야 할 문제이기에 그리스도인의 신앙적 깨달음에 큰 기여를 할
것이라 믿는다.

6. 적용

그리스도인의 '완전'은 하나님과 이웃에 대한 사랑이 우리의 기질과
말과 행실을 통제함으로써 죄로부터 자유한 상태를 말한다. 우리의 모
든 생각과 말과 행동이 순수한 사랑에 의해 지배되는 상태를 말한다.
존 웨슬리의 말대로, '무죄한 완전'이 아닌 그리스도로 말미암아 죄로
부터 자유한 상태를 말하는 이 '완전'은 죽기 전에 이 세상에서 성취할
수 있기에 '완전'에 대한 고대감을 가질 것을 북돋우어준다. 그 과정에
서 인간의 물리적·지성적 노력보다 성령에 의존하면서 하나님께 대한
절대의존적 태도를 견지해야 한다는 점도 새겨야 할 필요가 있다. 오직
하나님의 은총에 의해서만 '완전'에 도달할 수 있기 때문이다. 결코 죄
에 눌리지 말고 속죄를 통한 완전을 약속하고 있는 하나님의 말씀인 성
서의 진리에 입각하여 그리스도의 사랑에 대한 확신을 지녀야 하겠다.
물론 존 웨슬리처럼 인간의 구원에 관한 본질적인 진리가 담긴 성서에
대한 치열한 연구와 묵상이 동반되어야 할 것이다. 또한 자신 안에 존
재하는 연약성으로 인하여 타락의 내리막길에 들어서지 않도록 기도
를 통하여 순간순간 성령에 의지하는 삶을 살아야 하겠다. 더 나아가
이웃에 대해서도 사랑 가운데 질투와 교만과 당파심을 버리고 겸손한
마음으로 대할 줄 알아야 하겠다. 이것이 발전하여 거시적 차원의 사회
를 향한 선행, 곧 제도적 모순을 해결하는 일을 실천하는 일에도 열심
을 품어야 할 것이다. 이를 통하여 우리 자신뿐만 아니라 신앙공동체

전체가 하나님의 형상을 회복시켜 세상이 새로워지는 역사를 이룩할 수 있도록 해야 하겠다.

7. 토의 주제

1) '완전'은 어떤 의미에서의 '완전'인가? 그 같은 견해는 타당한가?
2) '완전'의 순간적이며 점진적인 측면에 대한 당신의 견해는 무엇인가?
3) '완전'과 사랑, 성화 개념을 정의하되 상호관계성에 관한 당신의 생각을 말해보라.

8. 연관해서 읽으면 유익한 문헌

웨슬리의 '그리스도인의 완전' 사상이 확립되기까지 사상의 밑거름을 형성한 아래 문헌들을 함께 읽으면 그의 '완전' 교리를 이해하는데 크게 도움이 될 것이다.

1) 찬송가와 성시 제1권(1739), 제2권(1740), 제3권(1742)의 서문 (The Preface to Hymns and Sacred Poems Vol. II and Vol. III).
2) 메소디스트의 특성(The Character of Methodist), 1742.
3) 그리스도인의 완전(The Christian Perfection)에 관한 설교, 1741.
4) 마음의 할례(The Circumcision of the Heart), 1748.
5) 그리스도인의 완전에 관한 고찰(Thoughts on Christian Perfection), 1760.

6) 그리스도인의 완전에 관한 추가 고찰(Farther Thoughts upon Christian Perfection), 1763.

7) 성서적 구원의 길(The Scripture Way of Salvation), 1765.
   신자의 회개(The Repentance of Believers)에 관한 설교, 1767.

8) 신자의 죄(On Sin in Believers)에 관한 설교, 1793.
   완전에 대한 설교(On Perfection), 1788.

9) 토마스 아켐피스(à Kempis, Thomas). 『그리스도를 본받아 (Imitation)』. 박영곤 번역. 크리스챤다이제스트, 2004.

10) Law, William. Serious Call to a Devout and Holy Life. Amazon Digital Service, 2013.

11) Taylor, Jeremy. Rule and Exercises of Holy Living and Dying. Amazon Digital Sevice, 2010.

『성스러움의 의미』 루돌프 옷토

『Das Heilige』 Rudolf Otto,, 1917.

길희성옮김, 분도출판사, 1987.

이길용(서울신학대학교, 종교학)

1. 저자 소개

옷토는 1869년 9월 25일 독일 니더작센주(Niedersachsen)의 파이네(Peine)라는 작은 도시의 경건한 루터교 집안에서 태어났다. 말츠비어(Malzbier)라는 보리음료 생산 공장을 운영하던 그의 가족은 1882년 힐더스하임(Hildersheim)으로 이주하였고, 그곳에서 옷토 나이 12세 때 아버지를 여의게 된다. 옷토의 학문여정은 1885년 에어랑엔(Erlangen) 대학에 입학하면서 시작된다. 하지만 입학 후 얼마 지나지 않아 괴팅엔(Göttingen)대학으로 옮겨감으로 그의 에어랑엔 생활은 오래가지 못했다. 보수적이었던 에어랑엔대학과는 달리 괴팅엔대학은 종교사학파가 시작한 학교답게 개방적이고 자유로운 사상의 중심지였고, 괴팅엔대학의 이러한 학풍은 옷토의 자유주의적 신학사상을 위한 자양분이 되었을 것이다.

1898년 옷토는 「루터의 성령론」(Geist und Wort bei Luther)을 주제로 논문을 제출하여 박사학위를 취득한 후 대학에서 조직신학과 종교철학을 강의하게 되었다. 이후 8여년 강사로 지내다가 1906년에 계약직 교수로 임용된다. 그러다 1915년에 브레스라우(Breslau, 1945년 까지는 독일 영토였지만 2차 세계 대전 이후에는 폴란드 영토로 귀속되었고, 폴란드에서는 이 지역을 '브로츠와프'라 부름) 대학의 조직신학 교수를 거쳐, 1917년 마르부륵(Marburg) 대학의 조직신학 교수로 청빙을 받는다.

교수직 수행과 더불어 옷토는 국제적인 학술활동도 활발히 전개했는데, 그 중 대표적인 것이 1924년 미국 오벌린(Oberlin)대학에서 행한 '동서의 신비주의'와 1926년 웁살라대학에서 행한 '인도 자비 종교와 그리스도교'라는 강연이다. 이들 강연은 후에 단행본 책으로 출판되었다. 1933년에는 저명한 영국의 「기포드 강좌」(Gifford Lectures)에 초청받았으나 건강 때문에 강연은 이뤄지지 않았다.

옷토의 활동 범위는 학문의 영역에만 국한되지 않았다. 그는 1913년부터 1918년까지 프로이센의 국회의원직을 수행했으며, 아울러 「종교 연맹」(Religiöse Menschheitsbund)을 설립하여 종교를 통해 세계 평화에 기여하고자 하는 큰 꿈을 꾸기도 했다. 비슷한 시기 스웨덴의 셰데르블롬(Lars Olof Jonathan Söderblom, 1866~1931)이 주창한 「세계교회 협의회」(World Council of Churches)가 단일 종교인 그리스도교의 연합운동을 통해 세계 평화를 꾀하려 했다면, 옷토의 「종교연맹」은 세계의 모든 종교를 망라한 연합활동을 구상한 것이었는데 셰데르블롬의 시도가 국제 조직의 설립으로 결실을 맺은 반면, 옷토의 노력은 실패하고 말았다.

이처럼 화려했던 옷토의 공적 생활 뒤에는 우울한 그림자도 있었는데 그건 상대적으로 강했던 그의 민족주의적 성향 때문이다. 국회의원직을 마다하지 않던 옷토는 그만큼 국가와 민족에 대한 자의식이 강한 편이었다. 분명하지는 않지만 나치시대 회색의 지식인으로 살아남은 이유가 바로 이러한 그의 강한 민족주의적 성향 때문에 그런 것이 아닌지에 대한 의혹이 옷토의 생애 후기에 꼬리표처럼 따라붙었다. 이런 연고 때문인지는 몰라도 옷토의 말년은 상당히 우울했다. 옷토는 운명하기 1년 전 마르부르크 외곽의 한 작은 동리 탑에서 떨어지는 큰 사고를 당한다. 하지만 적지 않은 사람들이 옷토의 이 낙상을 단순 사고로만 보려하지 않았다. 나치 시대 그의 애매한 행적이 이 사고의 직간접적 요인으로 작동했을 것이라는 의혹이 당시 옷토 곁을 쉽게 떠나지 않았던 것이다. 이렇게 옷토에 대한 역사적 평가는 아슬아슬한 경계를 넘나들고 있었다. 이런 파란만장한 옷토의 삶도 결국 폐렴에 걸려 1937년 3월 6일 마침표를 찍는다.

2. 책의 등장 배경

옷토의 이 대표작은 1917년 처음으로 세상에 소개되었다. 이후 『성스러움의 의미』는 학술서적으로는 대단한 성공을 거두게 된다. 독일이라는 지리적 제약을 넘어 유럽과 전 세계로 그 명성을 이어갔는데 무려 35개 이상의 언어로 번역되었고, 지금도 신학과 종교연구 분야의 필독서로 세계인의 사랑을 받고 있는 것이 바로 『성스러움의 의미』이다.

옷토가 이 책을 쓰게 된 결정적 이유는 계몽주의, 특히 칸트가 주창한 '도덕종교'의 도전 때문이었다. 칸트는 주지주의적이고 합리적인 입장에서 종교를 철저히 도덕으로 치환시킨다. 물론 칸트 역시 역사적이고 계시적인 신앙을 무시하는 것은 아니나, 그것을 종교의 본질로 보려하지도 않았다. 행복을 추구하는 인간은 그것을 이루기 위해서라도 도덕적이고 윤리적이 되어야 한다. 하지만 이성과 욕구를 동시에 지닌 이중적 존재로서 인간이 도덕적이 되기 위해서는 보다 강력한 입법자가

'요청'되어야 한다. 그렇게 칸트에게서 신은 도덕의 입법자로서 인정될 뿐이다. 칸트의 이러한 강력한 계몽의 설교는 점차 종교에게서 비합리적 요소를 간과하게 만들어 버렸다는 것이 옷토의 진단이다. 계속해서 옷토는 칸트식의 주지주의적 태도가 오히려 종교의 본질을 왜곡하고 곡해한다고 주장하게 된다.

이런 점에서 그는 철저히 선도자였던 슐라이어마허(Friedrich Daniel Ernst Schleiermacher, 1768~1834)의 입장에 서있다. 왜냐하면 슐라이어마허 역시 '절대 의존의 감정'(das schlechthinnige Abhängigkeitsgefühl)을 외치며 종교를 이성보다는 감정의 차원에서 이해해야 한다고 주장하였기 때문이다. 더 나아가 그는 종교야말로 인간을 인간답게 만들어 주는 가장 본질적인 요소로 보았다. 당시 종교를 미신적이고 야만적인 것으로 비하하던 계몽적 지식인들에게 슐라이어마허의 웅전은 당당했다. 다른 어떤 피조물에게도 없는 인간만이 가진 감정, 그것이 바로 '절대 의존의 감정'이다. 몸이 아무리 편안하여도, 생존을 위한 모든 조건이 제대로, 그것도 아주 잘 갖추어졌다 하더라도, 오직 인간만이 외부의 자극이 아닌 내적 충동에 의해 우주의 절대자에게 전적으로 의존하고 싶은 감정을 갖게 된다는 것이다. 그리고 그것이야말로 인간을 다른 유기체와 구별 짓는 가장 중요한 것이고, 따라서 종교야말로 인간이 지녀야 할 최선의 것이란 슐라이어마허의 웅변이 옷토의 가슴을 뒤흔든 것이다.

옷토는 슐라이어마허의 주장에 힘을 얻어 종교의 본질을 비합리적 요소에서 찾았다. 종교를 종교답게 만드는 것은 원초적 '경험'이며, 그리고 그것은 합리적 설명의 틀 안에 가두어 둘 수 없다는 것이 옷토의 판단이다. 옷토는 이성적 설명을 통해 그런 비합리적 요소를 이해의 영역으로 끌어올 수는 있다고 믿었고, 이러한 그의 믿음이 바로 『성스러움의 의미』란 책으로 결실을 맺은 것이다. 따라서 옷토는 이 책의 부제를 다음과 같이 달고 있다. 「신관념에 있어서 비합리적 요소와 그것의 합리적 요소와의 관계에 대하여」.

『성스러움의 의미』는 이렇게 인간의 원초적 감정을 불러일으키는 신(관념)의 비합리적 측면을 강조하고 이해의 차원에서 담론의 대상으로 삼고 있는 것이다. 사람들이 신앙을 갖고 종교적이 되는 것은 바로 무언가 체험했기 때문이며, 그것은 칸트가 지적한 대로 단지 도덕의 입법자에 대한 이성적 승인이 아니라, 인간 자체가 부정되는 실존적 차원에서 만나게 되는 비합리적 체험인 것을 옷토는 이 책을 통해 진득이 강조하고 있는 것이다.

이런 맥락에서 옷토의 이 기념비적인 책을 전통 신학의 언어로 표현하자면 '신론'(神論)이라 할 수 있을 것이다. 하지만 계몽주의의 자극을 수용한 자유주의 신학자인 옷토는 그리스도교 고유의 언어로 궁극적 실재를 제한하려 하지 않았다. 그래서 중립적 용어로 '성스러움'을 선택한다. 그런데 여기서 옷토는 한걸음 더 나아간다. 만약 그가 '성스러움'(Das Heilige) 대신 '성스러운 분'(Der Heilige)을 선택했다면, 정통신학자들의 거친 저항을 무마시켰을지도 모른다. 독일어 남성 정관사를 앞에 세우게 되면 그의 성스러움에는 인격적 의미가 포함되기 때문이다. 하지만 옷토는 냉정하게 중성 정관사를 붙임으로 보편적이고 일반적인 신론을 전개하려 했다. 이런 점에서 그의 『성스러움의 의미』는 그리스도교만의 신론이 아닌, 세상의 모든 종교, 아니 인간 내면의 기저에 자리한 신적 관념에 대한 보편신학을 기획한 것이라고도 할 수 있겠다.

옷토는 이 책을 출판한 이후 지속적으로 수정 보완해 나갔다. 심지어 판이 바뀔 때마다 늘어나는 부록은 후에 독립된 책으로 출간까지

될 정도이니, 몇 판인가에 따라 그 내용도 달라지는 매우 흥미로운 책이 바로『성스러움의 의미』이다. 이 책의 최초 한국어 번역은 감리교 신학자인 윤성범에 의해 이루어졌다. 1963년 을유문화사에서 펴낸『세계사상교양전집』시리즈 중 두 번째에 해당하는『철학입문/종교입문/종교철학』에서 '종교입문'이 바로 옷토의 이 책을 번역한 것이다. 그 후 1987년 길희성 교수에 의해 다시 번역되어 지금에 이르고 있다. 독일어 원제목에 충실하자면, 이 책의 번역 제목은 '성스러운 것'이 되어야 했을 텐데, 아마도 역자는 영어판(The Idea of the Holy)을 참조하여 '성스러움의 의미'로 한 것 같다. 큰 틀에서는 문제가 있다고 보기는 그렇지만, 애초에 '성스러움'(혹은 '성스럽다는 것', 또는 '성스러운 것')을 통해 옷토가 전하고자 했던 것은 단순 성스러움의 '의미' 이상의 것이었음을 잊어서는 안 될 것이다.

3. 줄거리

이 책은 내용 전체가 200여 쪽 남짓하니 그리 두꺼운 분량은 아니다. 총 23장에 이르는 책의 구성은 다음과 같다. 우선 전반부에는 옷토가 제시하는 이론적 고찰이 주를 이루고 있고, 후반부에는 전반부의 현상적 증거가 되는 다양한 종교전통의 사례들을 모아놓고 있다. 옷토는 자신의 주장을 좀 더 정교하게 만들기 위해 반복적으로 세계 종교의 다양한 사례들을 수집하였고, 그것이 판이 거듭할수록 이 책의 부피를 키우는 이유가 되었다. 여기서는 개략적이나마 책의 내용을 살펴보면 다음과 같다.

1장. 합리와 비합리

옷토는 이 장에서 인간이 경험하는 신적 대상이 가지는 비합리적 요소에 대해 지적하고 있다. 신적 체험을 합리적으로만 이해하려는 시도는 오히려 종교의 본질로부터 비껴가고 있다는 것이 옷토의 판단이다. 이는 다음과 같은 문장을 통해서 분명히 확인된다. "따라서 종교란 합리적인 언사로 끝나는 것이 아니라는 것을 인식하고 종교가 갖고 있는 여러 특징들의 관계를 해명하여 종교 자체의 성격이 분명하게 드러나도록 자극하는 것은 언제나 보람 있는 일이다. 우리는 이것을 성스러움이라는 독특한 범주와 관련하여 시도해 보고자 하는 것이다."(루돌프 옷토, 길희성 역, 『성스러움의 의미』, 분도출판사, 36)

2장. 누멘적인 것

종교체험의 비합리적 요소를 지칭하기 위해 옷토가 제시한 용어는 누멘적인 것(das Numinöse)이다. 이는 라틴어 '누멘'(numen)에서 가져왔는데, 종교의 영역에서만 일어나는 말로는 표현할 수 없는 어떤 성스러운 느낌을 말한다. 옷토는 이 누멘의 범주를 '자류적'(sui generis)이라 불렀는데, 즉 종교만이 지니는 고유하고 독자적인 영역으로 본 것이다.

3장. 피조물적 감정

옷토는 누멘의 체험을 한 인간이 느끼는 자기 부정적 상황을 '피조물적 감정'이라 명명하고 있다. 이를 옷토는 다음과 같이 표현하고 있다. "이것은 모든 자연적인 의존성의 감정들을 훨씬 능가하는 그리고 동시에 그들과는 질적으로 다른 감정인 것이다. 나는 이와 같은 감정을 표시하는 단어를 찾아서 피조물적 감정이라고 부르고 싶다. 모든 피조물을 초월하는 자를 대할 때 자신의 '무'(無)속으로 함몰되고 사라져 버리는 피조물들이 느끼는 감정을 말한다."(상게서 43)

4장. 두려운 신비

이 책에서 4장은 제법 많은 비중을 차지한다. 그만큼 옷토가 공을 들인 장이라고도 할 수 있다. 이 장에서 옷토는 누멘적인 것의 요소를 분석적으로 검토하고 있다. 불가언적인 누멘의 체험을 이해의 영역으로 끌어오고자 하는 옷토의 애씀이 드러나는 장이기도 하다. 옷토는 누멘의 체험을 '두려움', '압도성', '활력성', '신비의 요소' 총 4개의 항목으로 분석하고 있다. 누멘적 체험은 우선 합리적 언사로는 설명될 수 없는 미지의 것이다. 이를 옷토는 '신비'(mysterium)라 보았다. 그리고 이는 인간의 다른 체험들과는 비교할 수 없는 질적으로 다른 전율과 두려움을 수반한다. "그것은 '으스스함', 즉 '켕기며 공포적인' 독특한 성격을 지니고 있으며 이는 '숭고성'에 의해 완성된다."(상게서 53) 내외의 자극에 따라 발생하는 자연적이고 심리적 공포와는 전혀 다른 두려움이 누멘적 체험의 핵심적 요소이고, 따라서 이는 그 어떤 것도 눌러버리는 막강한 압도력을 지닌다. 그런데도 여전히 우리는 그것을 통해 활력을 얻게 된다. 바로 이러한 알 수 없는 신비함을 지닌 것이 누멘적인 것이다.

5장. 누멘적 찬송들

이 장에서 옷토는 누멘의 체험을 다루는 많은 찬송시를 소개하고 있다.

6장. 매혹성

옷토는 이 장에서 누멘적인 체험이 가지는 압도적인 두려움 외에 매혹적 요소가 있음을 강조하고 있다. 자신은 부정되지만, 그 안에서 느끼는 끝이 없는 '희열'. 그것이 누멘의 한 축을 이룬다고 옷토는 여러 사례들을 통해 강조하고 있다.

7장. 어마어마함

옷토는 이 책에서 누멘적인 요소를 총 5가지로 요약해서 정리하고 있다. 그것이 바로 앞선 장에서 언급한 '피조물의 감정', '두려운 신비', '누멘적 찬송', '매혹성' 그리고 '어마어마함'(ungeheuer)이다. 이 장에서 옷토는 합리적으로 해석되기 이전의 '어마어마함'이 가지는 누멘적 요소를 몇 가지 사례를 통해 제시하고 있다.

8장. 유추적 감정들

앞서도 언급했듯이 누멘의 감정은 불가언적이다. 인간의 언어와 이해의 영역으로 잡아내기 어려운 것이다. 따라서 이는 유추의 감정을 통해서만 어렴풋이나마 살펴볼 수 있을 뿐이다. 예를 들어 우리가 '숭고함'을 경험하고, 그것을 유추함으로써 '누멘적인 것'을 가늠해 볼 수 있는 것이다. 물론 숭고함 역시 누멘의 영역은 아니다. 그러나 "숭고성의 개념 자체는 설명되지 않은 채 남아 있으며 그 자체에 어떤 비밀스러움을 간직하고 있다. 바로 이 점이 숭고한 것과 누멘적인 것 사이의 공통점"(상게서 98)이라고 옷토는 강조한다. 이렇게 우리는 숭고함을 인지함으로써 누멘의 것을 이해하는 유비의 길을 얻게 된다.

9장. 누멘적 가치로서의 거룩함

누멘적인 것을 체험할 때 사람들은 철저한 자기 비하를 맛보게 된다. 성스러움 앞에 아무것도 아닌 것이 되는 자신을 발견하게 되며 그 결과 자신을 부정하는 고백을 하게 된다. 하지만 이렇게 누멘을 체험함으로써 촉발되는 부정과 속죄의식은 도덕적 숙고의 결과가 아니다. 그들은 도덕적 법칙을 위반함으로써 부정과 죄의식이 생겨난 것이 아니다. 이속됨의 감정은 철저히 누멘적인 것과의 조우에 기인하고, 따라서 이는 도덕과 윤리를 넘어서는 그 무엇이라고 봐야 한다. 이를 옷토는 다음과 같은 문장으로 담담히 설명하고 있다. "단순히 도덕적인 토양 위에서는 구원의 필요성이나 성화, 가리움, 속죄와 같은 이상한 것들에 대한 필요성은 자라나지 않는다. 실로 종교의 가장 깊은 신비들을 이루고 있는 이러한 현상들은 합리주의자와 도덕주의자들에게 있어서는 단지 신화적 화석일 뿐이며, 누멘적 영감을 느껴본 일이 없음에도 불구하고 성서적 관념들 속에서 그러한 현상들을 해석하고자 하는 사람은 오히려 올가미들만을 놓는 결과를 초래할 수 있다."(상게서 114)

10장. '비합리적'이란 무엇인가?

우리가 누멘적인 것을 경험할 때에도 두 가지 측면이 동시에 존재한다. 하나는 우리의 개념적 사유 능력으로 분명하게 파악할 수 있는 것이 있고, 다른 하나는 개념적 명증성 안에 도저히 들어올 수 없는 것들이 있다. 바로 이것, 즉 개념적 사유의 영역을 벗어나 있는 것을 일컬어 우리는 '비합리적인 것'이라고 부른다. 이러한 비합리적인 것은 단지 감정의 영역에 머물며 미지의 것으로 남아있지 않고, 유추적 언어를 통해 할 수 있다면 보편적인 설명과 규정에 담아내도록 우리를 부추긴다. 그것이 누멘적인 것이 가지는 비합리적 특징이다.

11장. 누멘적인 것의 표현 수단

이 장에서 옷토는 누멘적인 것이 표현되는 3가지 수단에 대해 기술하고 있다. 그 3가지 수단이란 직접적 표현 수단, 간접적 표현수단 그리고 예술에 있어서의 누멘적인 것의 표현 수단이다.

12장. 구약성서에서의 누멘적인 것

이 장 이후로 옷토는 여러 종교전통에서 보이는 누멘적인 것의 사례를 제시하고 있다. 옷토는 이사야의 소명 사화와 욥의 이야기도 누멘 체험의 전형으로 보고 있다.

13장. 신약성서에서의 누멘적인 것

옷토는 누멘적 체험이 풍부한 구약에 비해 신약성서는 상대적으로 신 관념이 합리화되고 윤리화되었다고 분석한다. 하지만 그러한 신약성서에도 여전히 누멘적 요소는 살아있는데 '하나님의 나라'가 그렇다. 옷토는 신약의 하나님 나라를 합리적으로만 보지 않는다. 그는 이를 "모든 현세적이고 이 세상적인 것에 반대하는 '전혀 다른 것'으로서의 '하늘의 것'(상계서 153)으로 본다. 따라서 신약의 하나님 나라에는 누멘적인 것의 특성, 즉 '두려움', '매혹성' 그리고 '숭고함'이 깃들어 있다고 해석한다.

14장. 루터에 있어서의 누멘적인 것

옷토는 루터에게서 보이는 신적 체험의 요소, 그리고 그로부터 촉발된 위압성과 전율에 대한 감정에 주목한다. 따라서 루터의 글 중 이에 대한 묘사가 자주 등장하는 「의지와 예속에 관하여」를 반복하여 인용하고 있다. 옷토는 이와 같은 루터의 누멘적인 요소는 후대 루터 교파에 의해 도덕적으로 해석됨으로써 왜곡되었다고 지적한다.

15장. 두 가지 발전과정

옷토가 누멘적인 것을 강조했다고 해서 그것의 윤리화를 무시하는 것은 아니다. 옷토는 신관념의 윤리화가 누멘적 요소를 추방하는 것으로는 읽지 않는다. 아니 오히려 "성스러운 것은 선하고, 선한 것은 바로 그 때문에 성스럽게 되고 신성하게 되어 이 양자 사이에는 더 이상 분리될 수 없는 융합이 생긴다"(상계서 192)고 보았다.

16장. 선험적 범주로서의 성스러움 [I]

옷토가 말하는 성스러움이란 합리적 요소와 비합리적 요소를 지닌 복합적 개념이다. 그리고 그것은 철저히 순수 선험적 범주에 속한다고 본다. 즉, "영혼 자체의 가장 깊은 인식의 근원인 '영혼의 근저'(Seelengrund)로부터 생겨나는 것으로서, 물론 세상적이고 감각적인 소여와 경험들을 통하여 자극되고 촉발됨이 없이 혹은 그 이전에, 생기는 것은 아니고 그들 가운데서 혹은 그들 사이에서 주어지는 것이다."(상게서 196)

17장. 그 역사적 출현

이 장에서 옷토는 지금까지 전개해 온 누멘적인 것에 대한 개념과 정의를 기준으로 종교의 발생과 발전을 설명하고 있다. 주술로부터 시작하여 사자(死者)숭배, 혼령에 대한 믿음, 힘에 대한 관념, 정령신앙 등이 이 기준에 맞춰 설명되고 있다.

18장. '조잡성'의 원인들

이 장에서 옷토는 누멘적인 것에서 촉발된 종교현상 중에서 왜 조잡한 것이 보이는가를 따져 묻고 있다. 그의 설명에 따르면 누멘적인 것은 속성상 단번에 자신의 진면모를 완전히 드러내지 못하기에 그 틈새를 조잡성이 비집고 들어온다. 옷토는 그외에도 몇 가지 더 조잡성의 원인을 이 장을 통해 규명하고자 한다.

19장. 선험적 범주로서의 성스러움 [II]

앞서 보았듯이 성스러움은 합리적 요소와 비합리적 요소가 결합된 복합적인 것이며 따라서 이 양자 모두 선험적인 것이다. 이 점에서 옷토는 그리스도교를 다른 종교들에 비해 우월한 것으로 판단하고 있다. 왜냐하면 그리스도교야말로 합리적 요소(윤리화)와 비합리적 요소(신비적 깊이)가 완벽히 결합된 종교이기 때문이다.

20장. 성스러움의 현현과 직감의 능력

옷토는 "성스러움을 그 현현 속에서 진정으로 인식하고 인지할 수 있는 그 어떤 능력을 직감(Divination)이라고"(상게서 234) 부른다. 그리고 이 장에서는 이러한 직감의 능력에 주목한 여러 학자들, 즉 슐라이어마허, 후리스, 벳테의 주장을 소개하고 있다.

21장. 원시 그리스도교에 있어서의 직감

이 장에서 옷토는 원시 그리스도교에서 찾을 수 있는 누멘적인 것에 대한 직감을 제시하고 있다. 예를 들어 "그리고 예수께서는 그들의 앞에 가셨고, 그들은 깜짝 놀랐다. 그들은 뒤쫓으면서 두려워했다."(마가 10:32)같은 기록이 예수로 인해 촉발된 누멘적 인상으로 해석될 수 있다는 것이다. 그 밖에도 예수의 친척들이 그를 '신들린' 사람으로 보았다는 것도 누멘적 인상에 대한 직감을 설명하는 요소들이라고 본다.

22장. 현대 그리스도교에 있어서의 직감

옷토는 한 선교사의 사례를 통해 현대 그리스도교의 누멘적 직감에 대해 논의를 이끌어 가고 있다. 그 선교사는 익숙지 않은 현지어로 암기에 의존한 설교를 해도 어떤 경우에는 매우 의미 있고 깊이 있는 영적 자극을 원주민들에게 주었다는 이야기를 전해 주었다. 이는 현대 그리스도교에도 여전히 초기의 누멘적 인상과 그것을 지각할 수 있는 직감이 유지되고 있다는 증거가 될 것이다. 이에 대해 옷토는 다음과 같이 기술하고 있다. "그리스도에 있어서 성스러움의 체험이 가능해서 우리 신앙의 뒷받침이 되려고 할 것 같으면, 두말할 필요도 없이 첫 번째 자명한 전제가 되는 것은 그리스도 자신의 최초의 직접적인 행적들이 우리들에게도 아직도 직접적으로 이해되어야 하고 그 가치를 체험할 수 있어야 하며, 이로부터 그의 '성스러움' 자체에 대한 인상이 직접적으로 자라나야 하는 것이다."(상게서 256)

23장. 종교적 선험성과 역사

옷토는 종교를 역사의 산물로 본다. 따라서 그에게서 자연적인 종교란 존재하지 않는다. "역사만이 성스러움의 인식을 위한 소질을 발전시키며, 또한 역사 자체가 부분적으로 성스러움의 현현인 한, 종교는 철저히 역사의 산물이다."(상게서 271)

4. 핵심주제

옷토는 이 책을 통해 보다 당대인들이 가진 종교에 대한 왜곡된 시선을 교정하려 하였다. 그리고 그의 기대대로 이 책은 종교의 합리적 요소에만 집중하던 이들에게 누멘적인 것의 중요성을 시의 적절하게 제시하였다. 애초 종교는 순수하고 선험적인 성스러운 무엇인가를 체험함으로써 생겨나게 되었다는 것이 옷토의 생각이다. 그 성스러운 무엇인가를 옷토는 '누멘적인 것'이라 불렀고, 이는 종교의 보다 본질적인 요소라고 생각했다. 물론 그렇다고 옷토는 종교의 윤리적 차원을 전적으로 무시하거나 폄하한 것은 아니다. 다만 상대적으로 덜 주목받고 있던 종교의 비합리적 요소, 즉 누멘적인 것의 체험을 제대로 부각시키고, 이를 사람들에게 제대로 각인시키기 위해 이해의 영역으로 끌어내기 위해 애쓰고 있을 뿐이다. 그리고 그 결과로 나온 것이 이 책이다.

이런 맥락에서 옷토는 책 전반에 걸쳐 누멘적인 것의 특성을 규명하는 것을 대주제로 삼는다. 이때 옷토가 제시한 것이 '두렵지만 매혹적인 신비'(mysterium tremmendum et fascinans)이다. 누멘적인 것은 비합리적인 것이기에 인간에게는 전적 모름의 대상이다. 분명 실재하나 너무도 완벽한 것이기에 인간의 인식 영역에서 구체적으로 형언하기 어려운 것이 누멘적인 것이다. 그리고 그것의 속성은 두렵고 위압적이다. 그래서 철저히 이를 경험한 인간을 아무것도 아니게 만든다. 인간은 누멘 앞에서 스스로를 부정하게 된다. 하지만 그 위압과 그 때문에 생겨나는 부정의식은 동시에 우리에게 평화와 지복, 즉 구원의 체험을 제공한다. 그래서 그 두렵고 위압적인 것에 말할 수 없는 매혹을 느끼게 된다. 바로 이것이 누멘이 가지는 가장 중요한 속성이며, 『성스러움의 의미』는 이를 규명하기 위해 기획되었다.

5. 이 책에 대한 평가

앞서도 언급했듯이 이 책은 일종의 '신론', 즉 신적 존재에 대한 언어적 규명이라고 볼 수 있다. 다만 옷토가 지향했던 것은 특정 종교에 국한되지 않은 인간의 선험적 종교성에 기초한 보편적이고도 일반적인 신론을 전개한 것이라 볼 수 있다. 그렇다보니 특정 종교전통의 고유한 신의 이름을 사용하는 것이 아니라 그로 인해 촉발된 인간의 경험에 기반을 둔 명칭, 즉 '누멘적인 것'이라는 새로운 용어를 사용하게 된다. 이런 옷토의 시도는 신학의 입장에서는 정통적이지 않다. 그는 자유주의적 입장에 서서 종교 자체를 무시하거나 혹은 비하하려는 이들에게 종교는 선험적이며, 이는 다른 어떤 것으로 환원될 수 없는 종교만이 가지는 독특한 경험, 즉 누멘적인 체험 때문에 생겨난 것임을 강조하기 위해 『성스러움의 의미』를 썼다고 할 수 있다.

이 점에서 『성스러움의 의미』는 자유주의 신학과 당시 막 기지개를 펴고 있던 종교학 분야에 적지 않은 영향을 주었다. 그리고 누멘적인 현상과 그것의 정의를 설명하기 위해 그가 펼쳤던 세밀한 심리묘사와 분석 기법은 문학과 심리학 분야에도 적지 않은 영향을 끼쳤다. 다만 옷토가 보여준 그리스도교에 우호적인 태도와 또 많은 사례들이 이 종교전통에 집중되어 있었다는 것이 후대 객관적 입장에서 종교를 연구하려는 이들에게는 이 책을 배척하는 이유가 되기도 했다. 옷토도 이 문제에 대해 충분히 인지하고 있었고, 그 때문에 지속적으로 그리스도교 이 외의 종교를 사례로 첨부하고자 노력하였다. 그리고 후에는 본격적으로 힌두교의 대학자 샹카라(Adi Shankara, 8세기에 활동한 힌두교의 사상가로 불이론적 베단타 사상을 정립하였음)와 그리스도교의 엑크하르트(Johannes Eckhart, 1260~1327)를 비교한 『동서의 신비주의』("West-östliche Mystik", 1925)란 연구서를 펴내기도 했다.

『성스러움의 의미』는 부피에 비해 읽어내기가 간단치 않다. 분량으로만 따지자면 하루 이틀이면 완독하겠지만, 당시로서는 처음으로 시도하는 낯선 개념(누멘)을 정통적인 방법이 아닌 (비교 종교적이고 심리학적인) 새로운 시각에서 꼼꼼하고 끈질기게 기술한 이 책을 단숨에 읽어내기가 쉽지는 않을 것이다. 거기에 누멘적인 것의 가치를 부각시키기 위해 전제가 되는 종교의 도덕화를 시도한 칸트를 위시한 여러 계몽주의 사상가의 학문 유산에 대한 비판도 전제되어야 하니 만큼, 『성스러움의 의미』는 신학, 철학, 심리학, 문학, 종교학, 역사학 등에 어느 정도 준비된 독자에게만 그 진면목을 드러낼 것이다. 하지만 그만큼 도전할 만한 가치가 충분한 책이고, 이를 반영하듯 지금까지도 종교연구 분야의 필독서로서 많은 이의 사랑을 받고 있다.

6. 토의 주제

1) 옷토의 '성스러운 것'은 하나님의 신성에 대한 적절한 은유가 된다고 생각하는가?
2) 옷토의 자유주의 신학적 작업이 가지는 역사적 의미는 무엇이라 생각하는가?
3) 옷토는 종교에서 보다 본질적이고 원초적인 것은 누멘적인 것이라고 본다. 옷토의 이 판단은 적절했다고 생각하는가?
4) 옷토가 말한 '피조물의 감정'과 슐라이어마허의 '절대의존의 감정'은 어떤 유사함과 다름이 있는가?

7. 연관해서 읽으면 유익한 문헌

루돌프 옷토는 유럽에서의 명성에 비해 우리나라에는 잘 소개되지 않았다. 길희성 교수에 의해 그의 대표작인『성스러움의 의미』가 번역되어 있을 뿐, 그에 대한 제대로 된 연구서를 찾아보기 어렵다. 그나마 참고가 될 만한 읽을거리는 아래와 같다.

김승혜 편저,『종교학의 이해-종교연구 방법론을 중심으로』(분도출판사, 1986) * 이 책 3장에는 저명한 종교학자인 요아킴 바흐가 쓴 "루돌프 옷토와「성스러움의 의미」"란 논문이 실려 있다.

이길용 저,『종교학의 이해: 쉽게 풀어 쓴 종교학 입문서』(한들출판사, 2007) * 이 책 9장「우리는 이미 종교적으로 태어났다: 루돌프 오토」를 참조

서평으로는 아래 글이 있음

강돈구, "루돌프 옷토『성스러움의 의미』" 〈종교연구 3집〉(1987.12. 291~294쪽)

『그리스도와 문화』 리처드 니버

『Christ and Culture』 H. Richard Niebuhr, HarperCollins Publishers, Inc. 1951. 2001. 홍병룡옮김, IVP, 2007.

박삼경 (서울신학대학교, 기독교윤리학)

1. 저자 소개

헬무트 리처드 니버(Helmut Richard Niebuhr, 1894~1962)는 20세기 미국의 대표적인 기독교윤리학자이다. 그는 미국의 소위 예일학파 (Yale school)의 지도자로서 지금까지도 그의 제자들을 통해 미국신학에 영향을 끼치고 있다. 그의 영향을 받은 제자들로는 제임스 거스타프슨(James·Gustafson), 스탠리 하우어워스(Stanley Hauerwas) 그리고 고든 카우프만(Gordon Kaufman) 등을 들 수 있다. 그는 예일대학에서 철학박사 학위를 취득하였다. 그 당시 그에게 영향을 끼쳤던 인물은 칼 바르트(Karl Barth)와 에른스트 트뢸치(Ernst Troeltsch)였다. 그는 바르트의 '절대 타자'인 초월의 하나님이 역사를 주관한다고 믿었다. 그리고 트뢸치의 역사적 상대주의(historical relativism)의 영향을 받은 그는 역사의 시대가 변함에 따라 하나님도 상대적으로 다르게 이해해야 한다고 보았다. 이런 면에서 그는 상대성의 영역에 속한 역사적 사건들의 의미를 밝히는 역할로서 계시를 주장한다.

기독교윤리학자로서 니버는 상대적인 역사 안에서 인간과 하나님과의 관계, 공동체와의 관계 그리고 이 세상과의 관계에서 응답하는 책임(The Responsible Self)적 자아를 주장한다. 한마디로 그의 윤리는 책임의 윤리이다. 그의 책임 윤리의 주된 관심사 중의 하나가 바로 기독교와 문화의 관계이다. 즉, 기독교 신앙을 이 세상 문화와 어떻게 관련지을 수 있는가 하는 것이다. 기독교윤리학의 고전인『그리스도와 문화』에서 그는 기독교와 문화의 관계를 유형적으로 구분하고 있다. 그는 트뢸치의 3가지 유형(교회유형, 소종파유형 그리고 신비주의유형)을 좀 더 보다 확장해서 5가지 유형(대립유형, 적응(일치)유형, 종합(상위)유형, 역설유형, 변혁유형)을 제시한다.

니버의 간략한 생애를 살펴보면, 그는 미국의 미조리주의 라이트시(Wright City)에서 한 목사의 가정에서 태어났다. 그의 부모는 독일에서 이민 온 세대로서 특별히 복음주의 교회에 속해 있었다. 니버의 형제 가운데서 특별히 그의 형 라인홀드 니버(Reinhold Niebuhr)와 그의 누이 홀다 니버(Hulda Niebuhr)는 기독교 학교의 교수로서 니버와 함께 명망을 드러낸 인물이다. 그는 일리노이주의 기독교대학 엘름허스트(Elmhurst)대학을 졸업하고, 이든 신학교에서 신학공부를 한 후에 세인트 루이스에 있는 워싱턴대학에서 석사학위를 마치고, 예일대학에서 철학박사 학위를 취득했다. 그는 1919년에 이든(Eden)신학교에서 교수가 되었고, 엘름허스트대학의 총장을 4년 정도 맡은 후에, 1931년부터 1962년까지 30년 동안 예일대학에서 기독교윤리학과 신학을 가르쳤다. 그의 저서를 시대 순으로 보면,『교파주의의 사회적 기원』(Social Sources of Denominationalism, 1929),『미국에서의 하나님의 나라』(The Kingdom of God in America, 1937),『계시의 의미』(The Meaning of Revelation, 1941),『그리스도와 문화』(Christ and Culture,

1951), 『교회의 목적과 그의 사역』(The Purpose of the Church and Its Ministry, 1956), 『철저한 유일신론과 서구 문화』(Radical Monotheism and Western Culture, 1960), 『책임적 자아』(The Responsible Self, 1962), 그리고 『이 땅에서의 신앙』(Faith on Earth, 1989) 등이 있다. 니버는 1962년 6월 5일에 갑작스런 심장마비로 이생을 마감했다. 『책임적 자아』와 『이 땅에서의 신앙』은 유고 작품이다.

2. 책의 등장배경

『그리스도와 문화』는 리처드 니버가 1949년에 오스틴 장로교 신학교에서 행한 강좌를 글로 옮긴 것이다. 오스틴 장로교 신학교는 1945년에 강좌를 처음으로 개설해서, 저명한 기독교 사상가를 초청해 졸업 시즌에 맞춰 중요한 쟁점에 관해 연속 강연을 함으로써 당시 많은 사람들에게 큰 영향을 끼쳐왔다. 그 당시 1945년부터 1951년까지 다루었던 주제들은 다음과 같다. 「세계 질서의 기독교적 토대」(Christian Bases of World Order), 「기로에 선 교회」(The Church at the Crossroads), 「자유의 역경」(The Plight of Freedom), 「무익함의 대안」(Alternative of Futility), 「그리스도와 문화」(Christ and Culture), 「하나님 나라와 권세」(The Kingdom and the Power) 그리고 「행동하시는 하나님」(God Who Acts) 등 이다.

니버는 『그리스도와 문화』가 나오게 된 배경을 책의 감사의 말씀에서 밝히고 있다. 교회가 신앙과 문화 사이에서 기독교 신앙의 정체성을 유지할 수 있는 길을 찾고자 씨름하며 나온 산물이 바로 『그리스도의 문화』라고 말한다. 이런 씨름의 연구와 성찰의 결과로 『그리스도와 문화』라는 책이 등장한 것이다. 이 책은 교회의 역사에서 그리스도와 문화의 관계를 유형별로 분류하여, 바람직한 교회와 사회의 관계를 찾으려는 사람들에게 다양한 시각을 제공하고 있다. 『그리스도와 문화』는 우리나라에서 1958년에 한국신학대학교 교수였던 김재준에 의해 처음 번역되었다. 그리고 2007년에 한국기독학생회출판부 편집장인 홍병룡은 『그리스도와 문화』 50주년 기념판(2001년)을 새롭게 번역하여 출판하였다. 여기에는 간행되지 않았던 리처드 니버의 머리말과 제임스 거스타프슨의 서문과 마틴 마티(Martin Marty)의 서언이 첨가되어 있다. 그리고 장로회 신학대학교 임성빈 교수의 해설도 이 책 후미에 있다.

3. 줄거리

고전을 읽는 것은 저자와의 대화라는 즐거움을 줄 뿐만 아니라 쉽지 않는 정독을 요구한다. 특별히 『그리스도와 문화』는 강연한 내용을 책으로 출간한 것이기에 그 당시의 정황을 잘 알지 못하는 자들에게는 쉽게 이해할 만한 책은 아니다. 이런 면에서 그의 제자 제임스 거스타프슨이 쓴 서문과 리처드 니버의 머리말은 『그리스도와 문화』라는 책과 대화하기 위한 자들에게 유용한 길잡이 역할을 한다. 예를 들어 거스타프슨은 그의 스승의 책을 읽을 때 유념할 것 중의 하나가 바로 니버의 균형 잡힌 시각임을 강조한다. 니버는 한결같이 먼저 긍정의 해석학에 비추어 말한 다음에 의심의 해석학을 적용하곤 했다고 그는 말한다(42쪽). 사실 이 책을 읽어보면, 5가지 유형을 소개할 때 니버는 어느 한 유형에 치우치지 않고 균형 있게 각 유형의 장단점을 말한다. 그리고 거스타프슨은『그리스도와 문화』라는 책이 "신학 윤리의 관념에 관한 이념형적 연구"라고(45쪽) 거듭 강조하면서, 이 저서가 신학적 윤리의 이슈에 관한 다양한 반응을 이해하는 데 상당한 도움이 될 것이라고 말한다.

니버는 그리스도와 문화의 관계가 기독교 역사 내내 언제나 제기되었던 영속적인 문제(the enduring problem)였다고 말하면서, 먼저 저서의 목적을 소개한다. "이 책의 목적은 그리스도와 문화의 문제에 대한 기독교의 전형적인 해답들을 소개하여, 서로 다른 입장을 가진 또 서로 상반된 견해를 지닌 기독교 집단들이 서로를 잘 이해하도록 돕는 것이다."(74쪽) 니버는 그동안 기독교와 문화가 서로를 적으로 혹은 무관심으로 또는 협소한 한 일부분으로 이해한 유형적인 관계들이 있었다고 말한다. 그러면서 이는 본질적으로 기독교와 문화의 문제가 아니라 기독교 자체가 그리스도와 문화라는 양축 사이에서 움직이기 때문에 이 두 권위의 관계가 문제인 셈이라고 날카롭게 지적한다.(84쪽) 그래서 그는 그리스도와 문화라는 용어를 먼저 어떻게 정의할 지를 질문한다.

그리스도를 어떻게 정의할 것인가? 기독교가 믿는 그리스도는 어디까지나 신약성경에 나오는 예수 그리스도다(86쪽)라고 니버는 말한다. 그 예수 그리스도가 기독교인들의 권위이다. 니버는 예수 그리스도의 권위를 하나님 아버지 아들의 신분이라는 하나님과의 관계에서 찾는다. 그는 예수 그리스도는 "하나님에 대해 살아있는 인간이자 인간들과 함께 사는 하나님이라는 이중적 신분을 가진 아들이기에 그럴 수 있다"(108쪽)라고 말한다. 이어서 니버는 문화를 정의하기를, 인간이 자연에다 덧붙이는 인위적이고 이차적인 환경이라고 규정한다. 즉, 문화란 인간 활동의 총체적 과정과 그 활동으로 인한 총체적 결과를 가리키는 말(112쪽)이다. 이러한 문화의 주요 특징은 네 가지다. 첫째, 문화는 사회적 성격을 지닌다. 둘째, 문화는 인간의 성취물이다. 셋째, 문화는 가치의 세계다. 넷째, 모든 문화는 다원주의를 지향한다. 이런 문화의 성격을 염두에 두면서, 니버는 그리스도와 문화의 상관관계를 다섯 가지 유형으로 소개한다.

　1유형: 문화와 대립하는 그리스도(Christ Against Culture) – 대립형

　2유형: 문화의 그리스도(Christ of Culture) – 적응형(일치형)

　3유형: 문화 위에 있는 그리스도(Christ Above Culture) – 종합형(상
　　　　위형)

　4유형: 문화와 역설적 관계에 있는 그리스도(Christ and Culture in
　　　　Paradox) – 역설형

　5유형: 문화를 변혁하는 그리스도(Christ the Transforming of
　　　　Culture) – 변혁형

1유형: 문화와 대립하는 그리스도(Christ Against Culture) – 대립형

첫째 유형은 그리스도와 문화 사이의 대립을 강조하는 유형이다. "이 세상이나 세상에 있는 것들을 사랑하지 말라"(요일 2:15)는 요한일서의 내용이 이런 대립적인 관점을 가장 분명하게 보여준다. 이 세상은 악한 세력 아래에 있기에 어둠의 영역으로 표현된다. 그곳은 육신의 정욕, 안목의 정욕, 이생의 자랑이 지배하는 세속 사회다. 이런 세속적이고 덧없는 가치들에 관심을 갖는 것이 세상의 문화다. 문화는 악의 세계로 규정된다. 그러므로 이 세상 문화에 신경을 쓰지 말고 예수 그리스도에게만 충성하고 헌신하는 것이 기독교인들이 가져야 할 바람직한 태도로 본다. 이는 이 세상 문화에 선과 악이 공존한다는 점을 간과하고 있다고 지적하면서 니버는 이 대립유형의 대표자로서 터툴리안(Tertullian 160~220)과 톨스토이(Tolstoi 1828~1910)를 예로 든다. 이들

은 예수 그리스도의 권위를 인정하지만 기존 문화를 배척하는 반문화적 인물들이다. 다만 톨스토이는 터툴리안처럼 인간성 자체 안에 악이 있다고 생각하지 않고 오히려 악이 문화적 제도 안에만 내재한다고 본다.(147쪽) 그리고 터툴리안에게는 주님께 향한 개인적인 고백과 헌신이 있지만, 톨스토이에게는 그런 개인적인 헌신을 찾아볼 수 없다는 점을 니버는 날카롭게 지적한다. 니버에 의하면, 톨스토이는 그리스도 자신보다 그리스도의 법을 더 중요하게 생각했다.(151쪽)

니버는 이 첫째 유형을 필요하면서도 부적절한 입장(necessary and inadequate position)으로 평가하고 있다. 니버는 제 1유형에 속한 사람들의 그리스도에 대한 충성과 성실성에 대해서는 긍정적으로 평가하고 있다. 또한 역사적인 차원에서 반문화적 그리스도인들이 의도하지 않았던 사회개혁에 대단한 중요한 영향을 끼쳤다고 그는 말한다. 이런 면에서 대립 유형은 꼭 필요한 것이다. 그렇지만 이 유형의 부적절한 면도 그는 동시에 언급한다.(157쪽) 문화를 완전히 배제한 채 예수 그리스도에게만 의존한다는 게 불가능하다. 기본적으로 인간은 문화를 떠나서는 존재할 수 없기 때문에 자신이 거부한 문화이지만 그 문화에 적응하지 않으면 안 된다고 그는 지적한다.

끝으로 니버는 이 첫째 유형에서 발견되는 신학적 문제들에 주목한다. 첫째 문제는 이성과 계시의 관계이다.(166쪽) 이 유형은 대체로 이성을 무시하고 계시를 치켜 세운다. 둘째 문제는 죄의 본질과 그 보편성과 관련된 것이다.(168쪽) 죄가 세상 문화 안에만 있다고 보고, 인간본성에서 나오는 죄를 간과하고 있다. 셋째 문제는 율법과 은혜의 관계이다.(170쪽) 은혜보다는 율법으로 치우는 경향을 띤다. 넷째 문제는 예수 그리스도와 성령의 관계 그리고 그리스도와 하나님의 관계이다.(171쪽) 일부 종파주의자들과 톨스토이는 삼위일체 교리를 타락한 교회가 창안한 생산품으로 간주한다. 또한 세계를 물질적 영역과 영적인 영역으로 나누어, 전자는 그리스도와 대립되는 원리에 의해, 후자는 영적인 하나님에 의해 주관되는 것으로 간주하려는 이원론적인 유혹에 빠지는 경향이 있다고 니버는 비판한다.

2유형: 문화의 그리스도(Christ of Culture) - 적응형(일치형)

둘째 유형은 문화와 그리스도 사이의 근본적인 일치를 주장하는 유형이다. 이 유형은 그리스도를 통해 문화를 해석한다. 다른 한편 문화를 통해 그리스도를 이해한다.(177쪽) 이런 유형에 해당되는 사람들에게 자유주의자 혹은 자유주의라는 용어를 사용하지만, 니버는 문화적 개신교(Culture-Protestantism)라는 말이 더 적합하다고 말한다. 니버는 이 적응유형에 기독교 영지주의와 아벨라르드(Peter Aberlard, 1079~1142)가 속해 있다고 말한다. 기독교 영지주의자들로서 2~3세기경에 활동했던 바실리데스(Basilides)와 발렌티누스(Valentinus)는 당시 교회로부터 이단으로 정죄된 사람들이었다. 초기의 기독교 영지주의와 중세의 아벨라르드는 그리스도를 완전히 문화적 견지에서 해석함으로써 그리스도와 문화 사이에 생기는 온갖 긴장과 갈등을 제거해 버린다.

니버는 18세기 계몽주의 시기의 인물 가운데 존 로크(John Locke), 라이프니츠(Leibniz), 칸트(Kant) 그리고 토마스 제퍼슨(Thomas Jefferson) 등을, 그리고 19세기의 슐라이어마허(Schleiermacher, 1768~1834)와 엘버트 리츨(Albert Ritschl, 1822~1889) 등을 이 유형의 사람들로 소개한다. 그 중에 가장 대표적인 인물은 리츨이라고 그는 말한다. 리츨 신학의 토대는 계시와 이성이 아니라 그리스도와 문화이다.(190쪽) 리츨은 기독교 공동체와 문화 공동체를 신학 작업의 출발점으로 삼는다. 그는 기독교 공동체와 문화공동체 사이에는 이원성은 있으나 갈등이 없다고 생각했다.(193쪽) 리츨은 그리스도 자신도 이중성을 지닌다고 본다. 그리스도는 은혜에 의존하는 성례전적 공동체에 속해 있는 동시에 윤리적 노력을 기울여 자연을 이기고 승리하려는 문화적 공동체에도 속해 있다. 여기에는 어떤 갈등도 찾을 수 없다.(194쪽)

리츨은 기독교를 칭의 혹은 죄사함이라는 한 축과 완전한 사회를 이루기 위한 윤리적 노력을 해야 하는 또 다른 한 축을 가진 타원형으로 이해한다. 리츨이 기독교와 문화의 완전한 화해를 성취한 것은 하나님 나라의 이념에 의한 것이었다. 여기서 그는 예수를 문화의 그리스도로 해석한다. 그 해석은 두 가지 의미를 뜻한다. 하나는 예수가 인간들의 가치관을 실현하고 보존하려고 노력하는 자들의 안내자 혹은 지도자라는 것이다. 다른 하나는 19세기의 문화적 관념에 의해 이해된 그리스도라는 것이다.(195쪽) 리츨의 하나님 나라의 이해에서 보여주는 예수의 해석은 미국의 월터 라우센부쉬(Walter Rauschenbusch), 독일의 하르낙(Harnack), 잉글랜드의 가비(Garvie), 그리고 스위스의 라가츠(Ragaz) 등에서도 볼 수 있다. 그들은 신학적 깊이의 차이는 있지만, 각기 나름대로 예수를 문화의 그리스도로 해석하는 문화적 개신교인들로 볼 수 있다. 니버는 리츨의 하나님 나라 이해에서 예수 그리스도의 종말론적 소망과 하늘과 땅의 주님이 되시며 온 우주를 다스리신다고 믿는 예수의 비종말론적 신앙도 결여되어 있다고 지적한다.(195쪽)

니버는 문화적 개신교가 시도한 예수 그리스도의 문화적 해석은 그의 통치 영역을 확장하는 데 크게 기여해 왔기에 대단히 중요한 것이라고 말한다.(199쪽) 특별히 니버는 문화적 그리스도인들이 사회의 지도층, 특히 종교를 멸시하는 사람들을 대상으로 메시지를 잘 전달한다는 점에서 그 공헌을 인정한다.(202쪽) 그러나 니버는 그리스도의 제자를 얻는데 문화적 개신교(적응형)가 급진적 기독교(대립형)보다 더 효과적이 아니라고 말한다.(206쪽) 더 나아가 문화적 개신교는 신약성경의 예수를 계속 왜곡하는 경향을 갖는다고 니버는 비판한다.(207쪽) 이는 당대의 문화에 대한 충성이 그리스도에 대한 충성을 너무 제한하기 때문이다. 니버는 급진주의자와 문화주의자들 모두에게 전적 타락은 생소하다고 말한다.(211쪽) 급진주의자와 문화주의자 모두 죄로부터 자유로운 영역이 있다. 급진주의자에게는 거룩한 공동체가 그런 영역이고, 문화주의자는 신령한 지식을 깨닫는 순간의 순수한 이성, 행위 이전의 순수한 의도, 그리고 기도 등에서 사람은 죄의 세계를 초월한다고 생각한다. 이는 인류 전체에 미치고 있는 원죄 사상을 인정하지 않는다는 것을 보여준다.

3유형: 문화 위에 있는 그리스도(Christ Above Culture) - 종합형(상위형)

니버는 1유형인 반문화적 급진주의 입장과 2유형인 문화 적응을 추구하는 자유주의 입장을 대다수의 기독교 운동들이 모두 배격해 왔다고 말하면서, 1유형과 2유형에 속하지 않은 사람들을 중립적 교회(the church of the center)라고 명칭한다. 니버는 이 중립적 교회를 종합론자(synthesist), 이원론자(dualist) 그리고 전환론자(conversionist) 등으로 나눈다. 니버는 중립적 교회가 문화의 문제에 접근할 때 품는 신학적 신념을 다음과 같이 설명한다. 예수 그리스도는 하나님의 아들이라고 믿으며, 사람은 본질상 하나님께 순종해야 할 의무가 있고 그 순종이 삶으로 나타나야 한다. 그리고 중립적 그리스도인들은 인간의 본성과 그 공동체 또한 선하지 않음을 인정한다. 그리고 중립적 그리스도인들은 모든 율법주의를 거부한다.(220쪽)

셋째 유형은 그리스도가 문화 위에 있으면서도 문화를 포용한다는 입장이다. 이를 그리스도와 문화의 종합이라고 니버는 말한다. 이런 종합론자는 그리스도와 문화를 모두 긍정하되, 그리스도를 이 세상과 저 세상을 모두 지배하는 주인으로 고백한다.(222쪽) 여기서 니버는 종합론자와 문화주의자 모두가 그리스도와 문화를 긍정하는 면이 있지만, 종합론자에게는 그리스도와 문화 사이에 어떤 차별이 있음을 보게 되는데 반해 문화주의자에게는 그런 간격이 없다고 말한다.(225쪽) 니버는 이런 종합적 견해를 확실히 표명하는 신약성경의 문헌은 없지만, 그런 입장을 말하는 대목들은 많다고 한다. 그 중 한 예를 들면, 내가 율법이나 선지자를 폐하러 온 줄로 생각하지 말라. 폐하러 온 것이 아니라 완성하러 왔다.(마5:17)

그리스도와 문화의 종합론자로서 알렉산드리아의 클레멘트(Clement, 150~215)를, 그리고 교회 역사상 가장 위대한 종합론자로서 토마스 아퀴나스(Thomas Aquinas 1225~1274)를 니버는 소개한다. 토마스는 그리스도와 문화 양쪽 모두의 입장을 수용하지만, 그의 그리스도는 문화보다 훨씬 높은 위치에 있다.(232쪽) 그의 사상 체계는 철학과 신학, 국가와 교회, 시민의 덕과 그리스도인의 덕, 자연법과 신법, 그리스도와 문화 등의 사이에 혼동 없는 종합을 이루었다.(234쪽) 또한 니버는 성공회 주교였던 조셉 버틀러(Joseph Butler 1692~1752)를 종합론자로서 소개하면서, 현대 기독교에서는 종합론자를 찾아보기 힘들다고 말한다.(247쪽)

니버는 종합이라는 것은 무엇보다도 하나님이 요구하시는 것이라고 말하면서, 종합론 유형의 장점을 소개한다.(248~250쪽) 그 장점가운데 하나가 종합론자는 서구 문명의 역사에서 예술, 과학, 철학, 법, 정치, 교육, 경제 제도 등 모든 방면에 심원한 영향을 주었다는 것이다. 그럼에도 불구하고 니버는 이 종합유형이 그리스도와 복음을 제도화하는 결과를 낳았다고 비판한다.(253쪽) 더욱이 이 종합유형이 그리스도인들을 등급에 따라 나누는 경향이 있다고 그는 지적한다.(254쪽) 종합론자는 인간의 죄성을 믿고는 있지만, 인간의 행위 안에 내재된 악의 존재를 정면으로 직시하지는 않는다고 그는 말한다.(255쪽)

4유형: 문화와 역설적 관계에 있는 그리스도(Christ and Culture in Paradox) - 역설형

넷째 유형은 그리스도와 문화 사이에 역설적인 혹은 모순관계가 있는 경우이다. 종합론자처럼 그리스도와 문화 양자 모두를 지향하는 중간파에 속한 이 집단을 니버는 이원론자(dualist)라고 부른다.(259쪽) 이원론자에게 인간 타락의 정도의 깊이와 문화의 타락의 범위가 종합론자와는 상당히 다르다.(262, 264쪽) 이원론자는 부패된 문화 속에서 작용하는 하나님의 은혜를 인정하고 있기 때문에 이런 상황을 역설적인 말로 표현 할 수밖에 없다고 말한다. 율법 아래 있지만 사실 율법아래가 아니라 은혜 아래 있고, 인간은 죄인인 동시에 의인이다.(268쪽) 그리스도와 문화의 문제에서 이원론자는 율법과 은혜, 하나님의 자비와 분노, 그리고 하나님의 의와 자기의 사이에서 긴장 관계를 가지고 살아간다.

니버는 역설적 유형의 인물로 바울을 소개한다. 바울의 경우 그리스도 안에 계신 하나님을 만난 사건이 그에게 이중적 의미를 갖게 하였다고 니버는 생각한다.(272~73쪽) 하나님과의 만남은 인간이 만든 모든 문화적 제도들과 특징들을 모두 죄 아래 있는 것으로 상대화하게 만들었지만 또한 그것은 하나님의 은혜에 대해 인간이 열려 있게 만든다. 인간은 하나님의 진노 앞에 놓인 죄인이지만, 그들은 또한 모두 그리스도의 구속 사역에 종속되어 있다.(274쪽) 바울의 접근 방식은 구속자인 그리스도로부터 기독교 문화로 움직이는 반면에 종합론자는 문화로부터 그리스도로 움직인다는 차이가 있다.(278쪽) 또한 니버는 바울의 이원론과 마르키온의 이원론이 다르다고 설명한다. 그리고 니버는 마르키온이 이원론이기보다는 배타적 기독교의 입장과 비슷하다고 평가한다. 왜냐하면 이원론자는 두 개의 축 사이(진노와 자비, 창조와 구속, 문화와 그리스도)에서 긴장 가운데 살아가는데 반해, 마르키온은 그 축을 부숴 버렸기 때문이다.(283쪽)

니버는 4유형의 대표적인 인물로 마르틴 루터(Martin Luther 1483~1546)를 소개한다. 루터의 저서 가운데『그리스도인의 자유에 관한 소고』와 『강도와 살인을 일삼는 농민 폭도에 반대하여』를 나란히 놓고 비교하면서, 루터의 이중성이 뚜렷이 드러나는 대목을 니버는 소개한다. 루터는 이성과 철학, 국가와 정치, 사업과 상거래 그리고 종교적 제도와 의식 등에 대해 이중적 태도를 가지고 있다.(285쪽) 그러나 루터는 현제적인 삶과 영적인 삶, 외적인 것과 내적인 것, 몸과 영혼, 그리스도의 통치와 문화의 세계를 서로 뚜렷이 구별하지만, 분리하지는 않았다고 니버는 말한다.(286쪽) 루터에 의하면 하나님 나라의 삶과 세상 나라의 삶은 서로 밀접한 관계가 있다. 하나님이 복음을 수단으로 인간의 영혼을 재창조해서, 그로 하여금 진정한 선행을 하도록 만든다.(287쪽)

니버는 그리스도와 문화의 문제에 대한 루터의 해결책은 행위의 본질(what)과 방법(how)에 대한 이원론이라고 말한다.(290쪽) 문화가 우리에게 행위의 내용, 즉 기술을 제공해 준다면, 신앙은 그 행위의 정신과 목적을 제공한다.(291쪽) 이 두 요소가 서로 연관된 것을 인정하면서 서로 구별하는 것을 루터는 중요시한다. 왜냐하면 만약 둘을 혼동하면, 양자 모두 손상을 입기 때문이다. 그런데 기술(문화)과 정신(신앙)은 서로를 침투하는 관계이고 쉽게 구별되지도 않기 때문에 커다란 긴장이 존재한다는 것이다. 여기서 니버는 그리스도에 대한 신앙의 복음이 문화의 세계 안에서 사랑으로 작용한다는 루터의 상호작용주의(interactionism)를 영적인 삶과 현세적인 삶을 따로 평행적으로 분리해서 생각하는 이원론과 혼동하는 것은 커다란 오류라고 날카롭게 비판한다.(295쪽)

니버는 키에르케고르(Kierkegaard 1813~1855)와 트뢸치(Troeltsch 1865~1923) 그리고 미국의 로저 윌리암스(Roger Williams 1603~1683) 등의 이원론을 소개한다. 니버는 이원론이 예수 그리스도의 초림과 재림 사이의 중간기에 사는 그리스도인의 현실적인 투쟁을 잘 반영해 주는 장점을 갖고 있다고 말한다. 이 유형은 인간 실존에 깊이 뿌리내린 죄의 위력과 보편성을 드러내 보여준다.(302쪽) 다른 유형들과 비교해 볼 때, 이원론은 하나님, 인간, 은혜 그리고 죄, 등의 역동적 성격을 고려하는 면에서는 단연 돋보인다고 니버는 말한다. 그리고 단점으로는 이원론이 도덕률 폐기론(antinomianism)을 초래한다는 점과 문화적 보수주의로 빠지게 한다는 점이다.(304쪽)

5유형: 문화를 변혁하는 그리스도(Christ the Transforming of Culture) - 변혁형

다섯 번째 유형은 그리스도를 문화의 변혁자로 보는 입장이다. 니버는 이 유형에 속한 사람들을 전환론자(conversionist)라고 부른다. 전환론자는 죄를 이해하는 데 있어서는 이원론자에 가깝다. 죄가 사람의 영혼 깊이 뿌리 박혀 있으며, 사람이 하는 일에 죄가 만연되어 있다고 전환론자는 생각한다. 그러나 이원론자와 다른 점은 문화에 대해 전환론자가 더 긍정적이고 희망적인 태도를 지녔다는 사실이다.(312쪽) 이런 긍정적인 입장은 세 가지 신학적 신념과 연관되어 있다. 첫째는 창조와 관련된 것이다. 이원론자는 구속에 집중하는 반면에 전환론자는 하나님의 창조 행위를 중심 주제로 여긴다.(313쪽) 두 번째는 인간의 타락을 보는 관점이다. 전환론자는 이원론자와 같이 인간의 근본적인 타락을 믿는다. 그러나 전환론자에 의하면 타락은 창조가 역전된 것이지 결코 창조의 연속이 아니라고 본다.(315쪽) 그리고 타락의 결과는 부패(corruption)로 나타난다. 타락이란 인간의 선한 본성이 부패되었지만 그것이 존재해서는 안 될 정도로 나빠진 게 아니라, 뒤틀어지고 잘못된 방향으로 나간 것을 의미한다. 인간의 문화는 타락한 질서이며, 이는 악이 아니라 왜곡된 선이다. 따라서 문화의 문제는 방향 전환(conversion)의 문제라고 니버는 본다.(316쪽)

니버는 제4복음서인 요한복음이 전환론적 특색을 가졌다고 생각한다. 요한복음 자체가 문화적 방향 전환을 보여 준다. 요한복음은 예수 그리스도의 복음을 독자들을 위해 헬레니즘의 개념들로 번역할 뿐 아니라 헬레니즘의 개념들을 그리스도를 통해 재해석하고 있다.(319쪽) 창조주에 대한 전환론자의 신앙은 요한복음에서 잘 드러나고 있다. 창조된 이 세계에 존재하는 것이면 무엇이든 선하다는 사실을 요한 복음은 잘 증언하고 있다. 말씀을 통한 창조와 말씀의 성육신을 믿는 믿음을 토대로 하나님이 물질적 세계와 영적 세계에 대해 긍정적인 관계를 맺고 있다고 본다.(320쪽) 그런데 타락한 이 세상은 선하게 창조된 것이 왜곡됨으로 말미암아 거짓으로 뒤틀려졌고, 생명의 영역이 아니라 살인과 죽음의 영역으로 바뀌어졌다. 하나님은 창조행위와 구속 행위를 통해 이 세상을 사랑하신다.(321쪽) 요한복음에 드러나는 요한의 신앙과 역사관을 볼 때, 그를 전환론자로 생각해야 설명이 가능한 것들이 있다. 그 예들로 유대주의, 영지주의 그리고 초기 기독교의 성례에 대한 것 등을 니버는

소개한다.(325쪽)

어거스틴(Augustin 354~430)은 전환론적 혹은 변혁론적 특색을 가장 드러내는 신학자이다. 니버는 어거스틴을 어느 한 유형만을 대표하는 인물로 볼 수 없지만, 그래도 그가 정립한 창조, 타락, 중생의 이론, 이교도에서 기독교로 개종한 그의 내력, 그가 기독교에 미친 영향 등을 고려할 때, 그리스도에 의한 문화적 변혁을 주창하는 대표적인 신학자로 본다.(333쪽) 어거스틴에게서 그리스도는 문화를 변혁하는 분이다.(334쪽) 본래는 선한 것이었으나 타락하여 왜곡된 상태로 변질된 자연과 문화를 가진 인류에게 예수 그리스도께서 찾아 오셔서 인간 생활의 방향을 전환시키며 다시 활성화하며, 모든 일을 거듭나게 한다. 이처럼 예수 그리스도는 전도된 본성과 부패된 문화를 가진 인류를 회복하고 전도된 것을 전환하기 위하여 오셨다. 그분은 하나님으로서 인간의 목표가 되고 사람으로서 인간의 길이 되신다.(340쪽) 그러나 니버는 어거스틴의 문화 방향전환이 사회 전반이 아니라 기독교 문화의 변호로만 나아간 것을 비판한다.(343쪽) 이어서 니버는 칼뱅과 웨슬리를 전환론자로 소개한다. 특별히 니버는 19세기 영국의 신학자인 모리스(F. D. Maurice 1805~1872)를 전환론자라고 소개하면서, 그에 관한 긍정적인 면들을 꽤 많이 소개한다.

니버는 변혁론적 유형을 말할 때는 다른 유형을 소개할 때와는 달리 변혁론적 유형의 단점에 관한 것을 언급하지 않는다. 아마 그리스도와 문화의 관계를 정립할 때 변혁론적 유형이 가장 설득력 있는 것으로 니버가 생각한 것처럼 느껴진다. 그렇지만 니버가 언급하듯이, 그리스도와 문화의 유형들 중에 "이것이 바로 틀림없는 정답이다"라는 것은 없다.(363쪽) 어떤 유형이 더 타당한가에 관한 것은 전적으로 신자 개개인과 책임적 공동체의 자유로운 결단에 맡겨야 한다.(365쪽) 이때 유의해야 할 사항으로서 신앙의 상대주의와 사회적 실존주의 그리고 의존된 자유에 대하여 니버는 자세히 설명하면서 책을 마무리 한다.

4. 핵심주제

핵심 주체어로는 신중심주의, 계시, 그리스도, 문화 그리고 이념형 등으로 볼 수 있다. 핵심주제들을 위해 참고할 책은 다음과 같다. 클라이드 홀브룩(Clyde A. Holbrook), '리처드 니버'(H. Richard Niebuhr) 『현대신학자 핸드북』 마틴 마티, 딘 피어만 엮음. 신경수 옮김. (고양: 크리스챤다이제스트, 2000), 384~405. 더욱이 『그리스도와 문화』 책 후미에 있는 임성빈 교수의 해설은 니버의 신학사상의 핵심 주제들이 그의 저서들을 통해 어떻게 형성되어가고 있는 지에 관한 많은 정보를 주고 있다.

5. 책의 평가

『그리스도와 문화』가 출판된 해는 1951년이다. 이 책을 평가하는 학자들이 많았다. 그러다가 2001년에 이 책이 나온 지 50주년을 맞이하여 미국에서 기념판이 새로이 출간되었다. 이 책에는 처음 출간된 책에 없던 것들이 첨가되었다. 그 중의 하나가 니버의 제자인 거스타프슨의 서문이다. 이 서문에서 거스타프슨은 50년 동안 이 책이 어떻게 평가 받아왔는가를 소개하면서, 자신의 생각을 피력하고 있다. 그 서문을 자세히 읽어 보면 『그리스도와 문화』가 어떻게 고전으로서 지금까지 그 명성을 지켜온 지를 알 수 있다. 필자는 이 책을 다음과 같이 평가하고자 한다.

첫째, 『그리스도와 문화』는 고전이다. 고전이라고 말하는 이유는 책의 영향력이 끼치는 범위와 시기가 특별히 한정되지 않기 때문이다. 보통의 책들은 그 시대의 산물임을 절감하도록 하지만, 고전은 변함없이 독자들과 함께한다. 이 책은 독자들에게 사고할 내용이 무엇인가를 가르치려고 하기보다는 유형론의 비교를 통해 사고하는 법을 알려준다. 책임 있게 사고한다는 것은 중요한 사회적 문제에 관한 다양한 역사적 해답을 서로 신중하게 비교하는 일을 전제한다. 무엇보다 먼저 긍정의 해석학에 비추어 살펴본 다음에야 의심의 해석학을 적용하는 원리가 균형감 있게 필요하다는 것을 이 책은 보여준다. 이러한 사고방식의 질서는 우리의 관념뿐만 아니라 우리의 생활방식을 책임 있게 정하는 데도 반드시 도움이 된다.

둘째, 그리스도와 문화의 관계를 바라보는 관점들이 다양하게 있다고 니버는 말하면서, 서로의 다양한 관점을 수용하고 인정하는 태도를 견지하도록 한다. 이런 점에서 저자의 제자인 거스타프슨의 말이 떠오른다. 『그리스도와 문화』가 신학 윤리의 관념들에 관한 이념형적 연구라는 표현은 참으로 알맞은 말이라고 본다. 따라서 이 책은 하나의 신학적 윤리의 이슈에 대한 다양한 반응을 이해하는 데 우리에게 커다란 도움이 된다. 아울러 포스트모던 사회에 살아가는 우리에게 이 책은 각 유형에서 나타나는 다름(difference)을 다루는 저자의 사고방식 가운데 하나인 다름이 단지 차이일 뿐, 틀린 것이 아니라는 것을 알려준다. 더 나아가 21세기를 살아가는 우리에게 다름이 여러 다양함의 풍성함을 느낄 수 있는 열린 마음을 갖는 데 일조할 수 있다고 본다. 그러므로 이 책은 다문화 사회에서 다양한 생각과 여러 다른 신앙을 가진 사람들이 함께 어떻게 살아가야 하는지를 성찰하게 한다.

셋째, 니버의 『그리스도와 문화』에서 다루어지는 예수 그리스도는 정말 누구인가를 우리 자신에게 묻게 된다. 신약의 예수가 바로 그리스도라고 그는 말한다. 그렇다면 신약의 예수가 이 땅에 온 목적이 과연 무엇일까? 그 당시의 유대문화를 변혁하기 위해 예수가 왔을까? 또는 세상 문화와 대립하기 위해 왔을까? 이런 면에 전형적인 해답을 니버는 제시하고 있지 않다. 더욱이 니버는 예수 그리스도를 하나님의 아들이라는 관계의 측면에서만 그의 권위를 찾는다. 진정 성경이 말하는 예수 그리스도의 권위는 하나님과의 관계에서만 찾아야 할까? 그의 삶과 사역, 즉 잃어버린 자를 위해 이 땅의 주변인(the marginal)으로 살고 있는 소외되고 억압받고 그리고 가난한 이들을 위해 사셨던 그 예수 그리스도는 니버의 책 어디에 있는가? 『그리스도와 문화』에서 니버가 말하는 문화는 엘리트 혹은 지배문화(dominant culture)만을 주로 대변하고 있지 않은가? 『그리스도와 문화』를 읽다보면, 니버의 방대한 지식과 다양한 정보 때문에 이 책의 목적을 잊어버릴 때가 있다. 그것은 그리스도와 문화의 상관관계이다. 그런데 이 책을 읽다 보면, 그리스도와 문화의 상관관계라기보다는 기독교와 문화의 관계라는 제목이 더 걸맞지 않을까 생각하게 된다. 이신건 교수에 따르면 니버는 『그리스도와 문화』에서 그리스도가 문화와 어떤 관계를 맺었는지를 설명하기보다는 그리스도인이 문화와 어떤 관계를 맺었는지를 주로 설명한다. (이신건, 『예수의 정체와 의미』 서울: 신앙과 지성사. 2013, 참조150)

6. 토의 사항

1. 그리스도와 문화의 관계를 말할 때, 5가지 유형 외에 다른 유형은 없는가?

2. 니버의 유형론이 남미와 같은 나라에도 유용할 수 있는가?

3. 다양한 종교를 가진 아시아에서는 니버의 유형론이 어느 면에서 도움이 되는가?

4 신앙이 다른 사람들 안에서 서로의 상대성을 용인한다는 것이 무엇을 의미하는가?

5. 교회가 역사 안에서 사회적 책임을 망각하지 않으면서도, 기독교 신앙의 정체성을 유지하는 길은 어떤 것인가?

7. 연관해서 읽으면 유익한 문헌

Glen H. Stassen, D. M. Yeager & John Howard Yoder, 『Authentic Transformation: A New Vision of Christ and Culture』(Nashville: Abingdon Press, 1996) 이 책은 1994년, 니버의 출생 100주년 되는 해를 맞아 서로 다른 교단의 배경을 가진 세 학자가 『그리스도와 문화』에 관하여 쓴 것을 모아 편집해서 만든 것이다. 특별히 존 하워드 요더의 글은 그리스도와 문화의 상관관계를 소수종파 입장에서 다시 한 번 생각하게 한다.

『그리스도와 문화』한글 번역판 뒤에 임성빈 교수의 해설이 있다. 그 해설의 내용가운데 이 책과 연관해서 읽으면 책 읽기의 기쁨을 더해 주는 니버의 다른 저서들의 내용을 소개하고 있다. 니버의 책 중의 『계시의 의미』와 『철저한 유일신론과 서구 문화』등을 특별히 추천한다. 이 책들과 함께 『그리스도와 문화』를 읽으면 더욱 니버의 신학사상과 윤리를 풍성하게 이해할 수 있다.

『프로테스탄트 윤리와 자본주의 정신』 막스 베버

『Die protestantische Ethik und der 'Geist' des Kapitalismus. In:
Archiv für Sozialwissenschaft und Sozialpolitik 20』 Max Weber, (1904),
1 - 54 und 21 (1905), 1 - 110, überarbeitet in Gesammelte *Aufsätze zur
Religionssoziologie* (1920~21) I 1 - 206.
김덕영옮김, 길, 2010.

최현종 (서울신대, 종교사회학)

1. 저자 소개

산업혁명 이후의 급격한 사회변화는 기존의 학문으로 설명할 수 없
는 여러 현상들을 야기시켰다. 이러한 배경 하에 19세기에서 20세기
로 넘어가는 과정 가운데 사회학이라는 새로운 학문이 탄생되었고, 이
러한 사회학의 태동기를 이끈 가장 중요한 인물 중 하나가 바로 막스
베버(Max Weber: 1864~1920)이다. 베버는 1864년, 마틴 루터가 대학
을 다니기도 했던 독일 튀링겐의 주도 에어푸르트(Erfurt)에서 태어났
다. 그의 집안은 본래 초기 자본주의적 가내공업(섬유계통)에 종사하고
있었고, 칼빈주의적 신앙의 영향이 강한 가계였다. 이러한 배경은 후에
그의 대표적 저서인 "본서"에 나타난 두 가지 중요한 요소, 즉 '프로테
스탄트 윤리'와 '자본주의'로 연결된다. 그의 아버지도 막스라는 같은
이름이었는데, 그는 변호사 출신으로 시의원 및 국회의원을 지내기도

하였다. 그는 또한 당시 저명했던 여러 학자들과 교류하여, 어린 막스에게 지적인 환경을 제공해 주기도 하였다.

막스 베버는 1882년 하이델베르크(Heidelberg)대학 법학과에 진학하였고, 1889년에는 베를린(Berlin)대학에서 「중세 상업 회사의 역사」(Die Entwicklung des Solidarhaftprinzips und des Sondervermögens der offenen Handelsgesellschaft aus den Haushalts- und Gewerbegemeinschaften in den italienischen Städten)라는 이름의 논문으로 박사학위를 취득하였다. 이후 1892년에는 역시 베를린대학에서 「로마농업사」(Die römische Agrargeschichte in ihrer Bedeutung für das Staats- und Privatrecht)로 교수자격(Habilitation)을 취득하였다. 1894년에는 30세의 나이로 프라이부르크(Freiburg)대학의 경제학 교수로 초빙되고, 1896년에는 다시 하이델베르크대학으로 자리를 옮긴다. 하이델베르크대학 시절 베버는 트뢸치(Ernst Troeltsch), 좀바르트(Werner Sombart), 미헬스(Robert Michels), 루카치(György Lukács) 등과 어울리며, 소위 베버 써클을 이루기도 활동하였다(이 모임은 1918년까지 지속되었다). 그러나 1899년 이후에는 건강 문제로 강의를 중단하고, 학위심사권을 갖는 명예교수로만 활동하였고, 결국 1903년에는 교수직을 사임하였다. 이후 그는 좀바르트와 함께 『사회과학과 사회정책 논총』(Archivs für Sozialwissenschaften und Sozialpolitik)의 편집에 전념하였고, 이 시기(1904년)의 미국 여행은 개신교의 영향력에 대한 베버의 사상에 큰 영향을 미쳤다. 1909년에는 퇴니스(Ferdinand Tönnies), 짐멜(Georg Simmel), 좀바르트 등과 함께 독일 사회학회(Deutsche Gesellschaft für Soziologie)를 결성하기도 하였다.

1차 세계대전 기간 그는 정치적으로 활동하기도 하는데, 베르사이유 회담에는 독일 대표단의 일원으로 참가하기도 하였다. 전후에는 독일민주당(Deutschen Demokratischen Partei)을 결성하여 직접 선거에 뛰어들기도 하였으나, 선거에는 패배하였다. 한편으로, 전쟁 기간 중 그는 종교사회학 연구에 몰두하여,『세계종교와 경제윤리』(Die Wirtschaftsethik der Weltreligionen)를 연달아 간행하는데, 이는 이후 다시『종교사회학 논총』(Gesammelte Aufsätze zur Religionssoziologie)으로 묶여서 출판되었다(교정을 완료하기 이전에 베버가 사망한 관계로 결국 완성된 저작은 베버 사후인 1920~21년에 걸쳐 출간되었다). 1919년에는 다시 뮌헨(München)대학의 경제학 교수로 초빙되지만, 1년 후인 1920년 폐렴으로 사망하게 된다. 베버 사후 그의 사회학적 사고를 총 집대성한 미완의 걸작『경제와 사회』(Wirtschaft und Gesellschaft)가 아내 마리안느 베버(Marianne Weber)에 의해 출간되기도 하였다.

베버는 마르크스(K. Marx), 뒤르껭(E. Durkheim)과 더불어 근대 사회학의 건설자 중 하나로 불리며, 이후 종교사회학, 문화사회학, 정치학, 경제사회학 등에 심대한 영향을 미쳤다. 또한 학문하는 방법에 있어서의 이념형(Idealtyp)의 사용, 가치판단의 배제, 이해사회학적 방법 등은 사회학 연구에 지금까지 중요하게 작용하고 있고, 심정윤리(Gesinnungsethik)와 책임윤리(Verantwortungsethik)의 구분, 탈주술화(Entzauberung), 카리스마(Charisma)와 같은 용어들은 현재에도 사회학의 중요한 개념으로 널리 사용되고 있다.

2. 등장 배경

앞서 언급한 것처럼 사회학의 형성 배경은 산업화에 따른 사회변동과 관련이 있다. 그 중 많은 사람들의 관심을 끈 현상 중 하나는 자본주의라는 새로운 경제체제의 등장이었다. 이에 대한 선구적인 그리고 매우 영향력 있는 분석을 행한 이가 바로 마르크스이다. 마르크스는 그의 유물론적 역사관을 통해 자본주의가 등장하게 된 과정을 제시하고 있다. 베버 또한 마르크스의 이러한 업적은 충분히 인정하면서도, 마르크스의 연구가 '일면적인 유물사관'이라고 비판한다. 결국 이러한 유물론적 설명을 보완하려는 의도에서, 베버는 '역사나 문화에 대한 정신적 · 인과적 설명'을 제시하려 시도하였고, 그 결과물이 본서의 등장 배경이다. 그럼에도, 베버는 이러한 자신의 시도가 '일면적인 유물사관'에 대신하는 '일면적인 정신적 설명'이 되는 것을 경계하였다. 그는 이러한 측면에서, 본서의 결론 부분에서 "프로테스탄트적 금욕주의가 사회적 조건의 전제로부터, 그리고 특히 경제로부터 그 발전과 성격이 어떻게 영향받았는가를 분석하는 것도 필요"하다고 인정한다.

본서는 베버가 편집책임을 맡고 있던 『종교사회학 논총』 21집에 「금욕과 프로테스탄트 정신」(Askese und protestantischer Geist)이라는 제목으로 처음 발표되었다. 이 시기는 베버가 미국여행에서 돌아온 직후였고, 이 논문의 발표를 통해 그는 세계적인 명성을 얻게 된다. 카톨릭과 개신교의 비교를 통해 개신교의 '세상 속의' 금욕적 윤리가 어떻게 자본주의 형성에 영향을 미쳤는지를 분석한 이 논문은 후에 그의 주저 『종교사회학 논총』의 일부분으로 편입되어 출간되기도 한다. 여기서 그는 개신교가 카톨릭과 대비되는 면모뿐 아니라, 다른 세계종교들과 어떻게 다르게 형성되고, 영향을 미쳤는지 분석하면서, 이러한 배경 하에 전 세계 여러 지역 중 오직 서구 유럽에서만 '자본주의'가 나타나게 된 배경을 분석한다. 본서가 포함된 『종교사회학 논총』 전 3권의 순서는 다음과 같다.

제 1권

「서언(Vorbemerkung)」

「프로테스탄트 윤리와 자본주의 정신」

「프로테스탄트 종파(Sekte)와 자본주의 정신」

「세계종교와 경제윤리」 중 「서론(Einleitung)」, 「유교와 도교」, 「중간
고찰(Zwischenbetrachtung)」

제 2권

「세계종교와 경제윤리」 중 「힌두교와 불교」

제 3권

「세계종교와 경제윤리」 중 「고대 유대교」

베버는 위의 세 종교 이외에도 후기 유대교, 초기 기독교, 동방 기독
교, 이슬람교 및 중세의 교단과 종파들에 대해 분석하여 제 4권을 출간
할 계획이었다고 전해지지만, 급작스러운 사망으로 그 뜻을 이루지는
못했다. 베버의 타 종교사회학 관련 중요한 저술은 그의 유고 『경제와
사회』 제5장 「종교사회학」 부분에 남아 있는데, 여기서 베버는 1) 종교
의 발생, 2) 주술사와 사제, 3) 신의 개념, 종교적 윤리, 금기, 4) 예언자,
5) 교단, 6) 신성한 지식, 설교, 목회, 7) 신분집단, 계급 그리고 종교, 8)
신정론의 문제, 9) 구원과 재생, 10) 구원의 길과 생활양식에 대한 그
영향, 11) 종교적 윤리와 현세, 12) 문화종교와 현세 등의 주제를 다루
고 있다.

3. 줄거리

본서에서 제기한 베버의 문제의식은 신앙의 종류와 사회계층 간의 관계에서 출발한다. 즉, 카톨릭과 프로테스탄트라는 신앙의 소속 문제가 특정 지역의 경제적인 발전의 정도에 영향을 미치고 있는 상황, 즉 프로테스탄트 지역이 더 경제적으로 발전한 상황이 베버의 문제의식을 야기하였다. 베버는 이러한 상황을 종교개혁에 따른 프로테스탄트의 정신이 인간에 의한 교회의 지배를 새로운 형식에 의한 지배로 변화시켰기 때문이라고 생각하고 이를 규명해 나간다. 그리고 그 핵심에는 사생활과 공적 생활 전반에 걸쳐 철저하게, 엄숙하고 진지한 규율을 요구하는 개신교적 윤리가 자리 잡고 있다고 생각한다.

일반적으로 예속적 입장에 있는 민족적 혹은 종교적 소수 집단은 다른 영역에서의 상승 기회의 제한에 따라, 대개 그 에너지를 경제활동에 쏟게 되는 경우가 많다. 그러나 프로테스탄트들은 지배계급으로서나 피지배계급으로서나 경제적 합리주의를 발양시키는 유별난 경향을 보인다고 베버는 분석한다. 그와 같은 정신은 그 당시 많은 사람들이 얘기하듯 계몽주의와 연관시켜서 이해할 수 없다는 것이 베버의 입장이었고, 이러한 근로정신, 진보의 정신은 프로테스탄티즘에서부터 나왔다고 주장한다. 이러한 의미에서 그는 '칼뱅주의의 디아스포라가 자본주의 경제의 묘판'이라는 고타인(E. Gothein)의 입장을 이어받는다고 할 수 있다.

자본주의와 관련한 이러한 정신의 지배적 담당자는 상업귀족들이 아니라, 오히려 신흥 산업 중산계급 계층이라고 할 수 있었다. 이전에도 은행업이나 수출 무역, 자본주의적 기업의 형태는 있었으나, 이들은 전통주의적 정신으로 수행되었다. 생활태도, 이윤율, 영업량, 노동을 관할하는 태도, 그리고 고객층과 새로운 판로를 개척하는 방법 등 그 모두가 전통주의적이었다. 그러나 이제는 과거의 전통의 기반으로부터 해방되어, 새로운 영리산업적 기초를 지니고, 이러한 일들을 수행하게 되는데, 이 근저에는 프로테스탄트에 근거한 금욕적 경향이 자리 잡고 있다는 것이 베버의 주장이다. 중세에 토마스 아퀴나스는 이윤의 추구를 '비천한 것'으로 규정하였고, 이윤 추구 그 자체에 목적을 두는 행위는 생활의 불가피한 필요에 의해서만 용납되기는 하지만 '치욕'으로 생각되었다. 그러나, 프로테스탄티즘은 이를 순수한 합리주의 철학에 선행하는 단계로서 고려하게 된 것이다. 물론 이러한 자본주의 정신은 시간이 지나면서 점차 종교적 세력으로부터 원조를 필요로 하지 않게 되며, 생활태도 자체를 자본주의적 성공의 조건에 적응시키지 못하면 몰락하거나, 최소한도 번영하지는 못한다.

이와 같이 자본주의에 대한 프로테스탄티즘의 영향은 '자본주의 정신'에서 분명하게 드러난다. 이것을 가장 쉽게 볼 수 있는 사례는 프로테스탄트 신자의 시간 및 신용의 금욕적 사용에서이다. 이들은 또한 쾌락주의, 행복주의 등을 윤리의 최고 가치로 보는 입장을 거부하면서 직업적 의무에 충실하였다. 물론 이러한 자본주의의 정신은 자본주의 질서 이전에도 출현하였다. 그러나 가차 없는 이윤 추구는 고대나 중세에는 탐욕이라고 비난받았던 것이며, 일정한 윤리적 제재에 복종하려는 생활 기준으로서의 자본주의 정신은 근세의 산물이라고 볼 수 있다. 정신적 집중력과 직업에 대한 절대적인 책임감, 엄밀한 경제성, 냉철한 자제력과 검소함의 병존은 이러한 자본주의 정신에서 비롯하며, 이는 프로테스탄트적 윤리의 영향이라는 것이 베버의 근본 입장이다.

루터의 '소명 = 직업'으로서의 노동의 개념은 이러한 변화를 가져온 대표적인 교리 중의 하나라고 할 수 있다. 직업을 나타내는 독일어 표현은 'Beruf'인데, 이는 '직업'의 의미뿐 아니라 '소명'을 나타내기도 한다. 그 말의 현대적 의미는 성서 원문이 아니라, 번역자의 정신에서 유래한다(영국에서는 맨 처음 위클리프의 번역에서 현재의 'calling'에 해당하는 'cleping'으로 번역되었다). 이러한 번역의 정신은, 세속적 업무에 있어 의무를 다하는 것을, 개인이 할 수 있는 도덕적 행위 가운데 최고의 가치로 삼았다. 세속적인 직업 활동에 대해서 이와 같이 도덕적 지지근거를 준 것은 종교개혁과 루터의 사상이 후세에 미친 영향 중 가장 큰 것이라고 베버는 평가한다. 그러나 그 밖의 면에서는 루터는 자본주의 정신과 아무런 관계가 없다는 것이 베버의 의견이다. 모든 종류의 고리대나 이자에 관한 루터의 수많은 언급은 자본주의적 입장에서 볼 때, 결정적으로 뒤쳐진 것이었다. 즉, 루터의 사고는 기본적으로 전통주의적이라고 할 수 있으며, '각자는 자기의 생업에 머물러야 하며, 신 없는 자들이 이익을 좇게 하라'는 이전의 입장을 상당 부분 고수한다. 사람은 절대로 신이 앉혀 놓은 신분과 직업에 머물러 있어야 하며, 주어진 신분의 한계 내에서 세속적 활동을 제한한 것이 루터의 입장이라는 것이다. 이러한 루터의 경제적 전통주의는 처음에는 바울적인 무관심에서 나온 것이었으나, 후에는 '이신칭의' 섭리에 대한 군건한 신앙과 관련되어, 신에게의 절대적 복종과 주어진 것에 대한 절대적 수용을 동일시하는 입장으로 발전하게 된다. 결국 세속적 의무가 금욕적 의무보다 뒤진다는 것이 수정되기는 했으나, 권력에 대한 복종과 환경의 수용을 설교하는 등 루터의 입장에는 한계가 드러난다는 것이다. 결론적으로 베버는 루터의 직업 사상에 관해서만 본다면, 그것은 자본주의 정신에 미친 영향이 별로 클 것 같지 않다고 평가한다.

루터의 종교개혁과 대조적으로 베버가 자본주의 정신의 형성에 지대한 영향을 미친 것으로 평가하는 입장은 경건주의, 칼뱅주의, 재세례파, 감리교 등이다. 이 중 베버가 가장 중요하게 분석하고, 의미를 부여한 입장은 칼뱅주의이다. 칼뱅의 입장은, 은총은 오직 하나의 객관적인 힘에서만 나오는 것이며, 영원한 구원의 문제는 신의 결단이 정해준 운명에 따를 수밖에 없다는 것이다. 이러한 칼뱅의 주장은 흔히 '예정론'이라고 불리며, 은총은 상실 가능한 것이며, 또한 상실된 은총은 신의 말씀과 회개하는 겸손과 신앙으로써 다시 회복할 수도 있다는 루터파의 입장과 대조된다. 베버는 루터의 '상실 가능한', 그러나 또한 회개로서 언제든지 다시 찾을 수 있는 '은총'은, 금욕적 프로테스탄티즘의 가장 중요한 결과인 도덕적 생활을 전체 조직적이고 합리적으로 자극하는데 아무런 자극도 주지 못했다고 평가한다. 루터파의 신앙에서는 본능적 행동과 소박한 감정의 자연스러운 활력을 없애지 않았고 칼뱅주의적 입장이 가져온 부단한 자기심사와 자기생활의 개혁적 통제에의 추진력이 생겨나지 않았다. 루터와 같은 종교적 천재는 '자연의 상태'에 떨어질 염려가 없지만, 루터파의 보통 사람들은 겨우 일시적으로만 '은혜의 상태'에 유지될 수 있었다. 결국 루터파는 자체의 은총 교리 때문에 생활의 방법적 합리화를 강요하는 조직적 행동에 대한 심리적 추진력을 결여하고 있었다. 신앙의 금욕적 성격을 규정하는 이 추진력은 여러 가지 다른 종교적 동기에서 배양되었는데, 칼뱅주의의 예정설 교리는 많은 중요한 가능성 중의 하나 – 그러나, 가장 중요한 – 였다. 이러한 절대적 교리는 구원에 있어서 성례나, 교회조차도 무력하게 만들며, 이는 칼뱅주의의 영향 하에 있던 퓨리터니즘을 비관적 요소가 깃든 개인주의의 기원으로 만들기도 하였다. 퓨리터니즘에는 개인적인 참회가 암묵리에 사라져 갔고, 죄악을 정기적으로 해소하는 수단도 없어졌으며, 개인은 각자 오직 자기의 구원만을 생각하게 되었다. 이러한 입장에서, 그리스도교인의 사회적 행동은 오직 신의 영광을 높이기 위한 것일 뿐, 그 자체로는 의미를 갖지 못하게 되었다. 형제애는 오직 신의 영광을 위해 실천되는 것이며, 육에 봉사하기 위함이 아니고, 일차적으로는 일상적 직업을 이행하는 것에 의해서 표현된다. 결국 이러한 교리를 따르는 개인들은 신이 선택하였다는 지식과 참다운 신앙의 결과로 생기는 그리스도에의 절대적 귀의로서 만족해야만 했다.

칼뱅은 원리상, 누가 선택되었는가, 버림받았는가를 식별할 수 있다는 생각도, 신의 비밀에 개입하려는 불손한 짓이라 하여 거부한다. 하지만, 평신도들의 입장에서는 구원의 확실성이 절대적으로 중요하며, 확인될 필요가 있었다. 여기에는 통상 두 가지의 방법이 제시되었다. 첫 번째 방법은, 의심은 신앙이 불충분함이며, 따라서 은총이 부족한 결과이기 때문에, 모든 의심을 악마의 유혹으로 믿고 이와 싸워 스스로를 선택된 자라고 믿는 것을 절대적인 의무로 삼는 것이다. 두 번째 방법에서는 자신(믿음)을 얻기 위해서 가장 좋은 방법으로 직업 활동이 권장되었다. 여기에서 그들의 행동은 신의 은총에 의한 신앙에서 생겨나는 것이며, 또한 이 신앙은 그 행위의 성질에 따라 은총을 입은 것임이 증명되는 것으로 믿어졌다. 칼뱅은 순수한 감정이나 기분은 숭고하게 보일지라도 회의적으로 평가하였고, 구원의 확실성의 기초는 객관적인 결과로서 증명되어야 하며, 이는 직접적인 활동, 특히 직업 활동을 통해 나타난다고 믿었다. 즉 신앙은 유효한 신앙이어야 하며, 구원에의 소명은 효과적 소명이어야 한다는 것이 그의 입장이었다. 여기서 선행은 구원을 얻기 위한 것이 아니라, 버림받았다는 두려움을 없애는 기술적 수단이 된다. 즉 선행이 구원을 가져올 수는 없지만, 구원의 확신을 만들어낼 수는 있게 된다. 이와 같은 사상적 방향은 루터파에 의해 행위에 의한 구원론이라 하여 비난받기도 한다.

한편 칼뱅파 신도들은 한 순간의 잘못과 실수를 다른 때의 더 많은 선행으로 속죄할 수가 없었다. 이러한 입장은 통일된 체계로 구성되는 선행의 전 생애를 요구하며, 생의 전체가 근본적으로, '자연의 지위'로부터 '은혜의 지위'로 전환될 것을 요구한다. 그리고 그 전환의 결과, 신의 영광을 더한다는 목적에 의해 그의 삶이 완전히 지배되고, 이에 따라 현세의 생활 전체가 통일된 체계로서 합리화된다. 이는 금욕주의가 가르친 동기를 지속적으로 유지시키게 하며, 일시적 감정에 따른 행동을 하는 것을 막는다. 퓨리턴들이 가장 많이 읽은 성경은 잠언과 시편이었으며, 성경의 이러한 책들에 흐르고 있는 완전히 비감정적인 지혜의 영향은 퓨리턴들의 전 생활태도에 나타났다. 그들은 은총의 상태를 부단히 자기 심사하였고, 일람표로 된 신앙의 일기장을 사용하면서 생활 전체의 철저한 그리스도교화를 추구하였다.

베버는 칼뱅주의가 미친 영향에 가장 주안점을 두지만, 앞에 언급한 바처럼, 그 외에도 경건주의, 감리교, 재세례파의 영향에 대해서도 분석한다. 이 중 감리교와 관련해서만 짧게 언급하면, 감리교는 회심이라는 감정적 행동을 강조한다는 면에서 독일 경건주의와의 유사점을 갖는다. 하지만, 감리교에서는 이러한 정서적 종교의식이 금욕적 윤리와 특이한 결합을 하는데, 이러한 감정의 강조가 논리적으로 발전하는 과정은 감리교의 가장 중요한 교리 중 하나인 '성화'에 대한 교리에서 잘 드러난다. '더 높은 생활', '제2의 축복'에의 노력은 예정설의 일종의 대용품의 역할을 하였다. 이러한 감리교의 모습은 구원의 확인을 보장하면서도, 칼뱅파의 음울한 침체 대신에 밝은 확신을 주는 것이라고 베버는 기술한다. 감리교 역시 행동, 특히 노동이 자기 은총의 상태를 아는 증거임을 인정했지만, 의로운 행동만으로는 충분치 않고 여기에 은총의 상태에 있다는 감정을 부가하였다. 깨우쳐진 감정은 완전을 위한 합리적 노력으로서 지향되었고, 예정설이 포기된 후의 금욕적 행위에 대한 종교적 기초를 이루었다.

　이상 위에서 기술한 바와 같이 '세상 속의 금욕'이라는 프로테스탄트 윤리는 자본주의 정신을 형성하는데 중요하게 작용하였다. 이러한 금욕적 태도는 안주하는, 향락하여 나태해지고, 유혹에 빠지며, 특히 의로운 생활을 포기하는 결과를 가져오는 모든 생활태도를 배척하게 만들었다. 태만과 향락이 아니라 활동만이 신의 영광에 이바지하는 것이었다. 이에 따라 정신적, 육체적 노동은 그 중요성을 지녔고, 노동 의욕의 결핍은 신의 은총의 상실의 징후로 간주되었다. 이러한 입장에 따르면, 부유한 자도 노동하지 않고 먹어서는 안 되었다. 퓨리턴의 실용주의적 입장에 따르면, 노동 분화의 심리적 목적은 그 성과에서 나타나는 것으로, 신이 요구하는 것은 단순한 노동 그 자체가 아니라, 직업에서의 합리적 노동이다. 여기서 신의 기쁨을 얻는 정도를 측정하는 것은 직업의 유익성이며, 이는 일차적으로 도덕적 기준에 의해, 그리고 다음으로는 생산되는 재물이 사회에 얼마나 중요한가의 기준에 의해 평가된다. 그러나, 사실상 더욱 중요한 기준은 사경제적 활동이 얼마나 수익을 거두었는가 하는 '수익성'이었다. 이윤획득의 섭리적 해석은 사업가들의 활동을 윤리적으로 거룩하게 만들었다. '신은 그의 사업을 축복한다'는 것은 이처럼 신의 인도에 따라 성공한 성스러운 사람들에게 붙여진 상투적 표현이었다. 현세의 생활에서 신앙의 보상을 주는 구약적 신의 압도적 힘은 퓨리턴들에게도 동일하게 작용하였다. 퓨리턴들의 일반적인 내면적 태도에 있어 '선민사상'이라는 개념은 이러한 성공, 축복과 결합되어 크게 영향을 미쳤다.

　일반적으로 이들은 종교적 가치와 직접 관계가 없는 문화제도에 대해서는 회의적이고, 때로는 적대시하였다. 생산의 규격화라는 오늘날 자본주의적 이해관계와 밀접하게 연관되어 있는 생활의 획일화의 뿌리는 중세에까지 소급될 수 있으나, 처음으로 지속적인 확고한 기초를 얻은 것은 금욕적 프로테스탄티즘의 윤리에서였으며 이것이 자본주의 발전에 갖는 의의는 명확하다고 볼 수 있다. 이들은 외면적으로는 사치의 형식으로 나타나는 재물의 비합리적인 사용에 대하여 투쟁하였고, 그 자체의 목적을 둔 부의 추구를 비난하였다. 하지만, 직업 노동의 과실로서 부를 획득하는 것은 또한 신의 은총의 표시였다. 북아메리카 식민지의 초기 역사에 있어서도 계약 노동자의 노동으로 농장을 경영하여 봉건 영주처럼 살고자 한 '모험자들'과 퓨리턴 중산층의 시민 의식은 심각하게 대립하였다. 결국 퓨리턴적 태도가 합리적인 시민 경제생활을 촉진하였고, 이들이 주류로서 자리를 잡게 된다.

위대한 신앙운동의 경제발전에 대한 의의는 그 금욕적인 교육 작용에 있었지만, 최종적인 효과는 일반적으로 순수한 종교적 정열이 그 절정을 지난 다음, 공리적 세속주의의 형태로 나타나게 된다. 종교적 정열이 약동했던 17세기가, 다음의 공리적 시대에 남긴 유산은 돈의 취득에 관한 바른 양심이었다. 신의 축복을 눈으로 볼 수 있다는 의식을 갖는 시민적 사업가는 형식적 정당성의 한계를 지키고, 도덕적 행동에 흠이 없고, 부의 사용에 다른 사람에게 해를 주지 않는다면, 얼마든지 영리를 추구하고 또 그럼으로써 의무를 수행한다고 느낀다. 종교적 금욕주의는 그들에게 또한 성실하고 양심적이며 열심히 일하며 노동이 신으로부터 받은 생활목표라고 굳게 믿고 있는 노동자들을 제공하였다. 나아가 금욕주의는 사업가들에게 이 세상의 재산의 불평등한 분배는 신의 섭리의 특별한 처리이며, 이 차이는 사람들이 모르는 비밀의 목적을 수행하기 위한 것이라는 보장을 제공하였다. 또한 칼뱅의 "노동자나 공인 대중은 빈곤해야 신에 복종한다"는 입장은 저임금의 생산성이란 이론으로 발전하기도 한다. 이와 함께, 고용주의 영리 활동도 소명이기 때문에 노동의욕의 착취도 합법화된다. 재산이 없는 자들에게 가한 엄격한 교육이 자본주의적 의미에서 노동의 생산성에 얼마나 큰 영향을 주었는가는 자명한 것이다.

하지만, 경제활동이 충분히 이루어지면서 이들이 축적한 부는 이들을 결국 귀족화의 길로 이끌게 된다. 감리교의 종교부흥운동을 이끈 웨슬리 자신도 "부가 증가하면 동시에 자만과 증오 그리고 모든 면에서의 현세에 대한 애착이 증가한다. 그렇다면 마음의 신앙인 감리교가 지금은 푸른 수목처럼 청청하나, 이 상태가 얼마나 계속되겠는가? [...] 그리하여 신앙의 형식은 남을 것이나 정신은 점점 시들어 버리고 만다. 순수한 종교가 이처럼 계속해서 쇠망해 가는 것을 막을 길은 없을까?"라는 그의 고민을 토로한 바 있다. 금욕주의는 세계를 개조하고 세계 속에서 이상을 실현하고자 하였지만, 증가된 경제적 풍요는 역사상 그 유례를 볼 수 없을 만큼 인간의 생활에 엄청난 힘을 갖게 되었다. 자본주의는 더 이상 종교의 도움을 필요로 하지 않게 되며, 베버는 이러한 문화 발전의 마지막 단계를 "정신없는 전문가, 마음없는 향락인"의 시대로 규정한다. 결국 중세적 기원의 금욕주의는 '세상 속의 금욕'이라는 프로테스탄트적 단계를 거쳐, 세속적 공리주의로 해체되어 버리는 역사적인 전개 과정을 거치게 되는 것이다.

4. 핵심 주제

베버가 자신의 전 연구를 통하여 규명하고자 했던 핵심 주제는 근대 서구 사회, 즉 자본주의 사회의 본질은 무엇이며, 그것이 어디서 왔는가 하는 점이다. 이 문제의 규명에 있어 베버의 입장은, 앞서도 언급한 바처럼, 마르크스와 대조된다. 마르크스가 물질적 조건이 역사나 인간 행동을 규정하며, 이념, 법제, 도덕, 예술 그리고 종교 등은 그에 종속되는 '상부구조'로 해명함에 반하여, 베버는 그와 같은 문화적 영역에서의 인간 활동이 그 나름의 고유의 법칙성이 있으며, 이러한 요소가 근대의 서구 사회를 형성하는데 중요하게 작용하였음을, 프로테스탄트의 윤리와 자본주의 정신의 관계, 나아가 서구 문화의 핵심 요소로서의 '합리성'의 형성을 통하여 설명하고자 한다.

이러한 설명에 있어 중요한 것은 베버가 자본주의를 규정하는 방식이다. 기존의 자본주의에 대한 정의가 제도로서의 측면에 초점이 맞추어졌다면, 베버는 근대적 자본주의 형성에 있어서의 정신적 측면을 강조했다. 즉, 이윤 추구나 상공업의 발전은 근대 자본주의 이전에도 이미 존재하였다. 그러나 근대의 자본주의가 이전의 이러한 활동과 구분되는 중요한 측면은 바로 자본주의 '정신'이며, 이러한 정신의 형성에 프로테스탄트의 윤리가 결정적으로 작용하였다는 것이 베버의 주장이고, 이러한 인과관계를 본서를 통해 규명하고자 한 것이다.

베버가 가장 중요한 영향을 미친 것으로 생각한 것은 줄거리 부분에서도 밝힌 바와 같이 칼뱅주의와 그 영향권 아래 있는 프로테스탄트 운동들이다. 칼뱅주의의 교리 하에서 직업노동은 신의 은총을 확인할 수 있는 유일한 통로였고, 이 때문에 노동은 단순한 생계 수단이 아니라 영적인 의미를 지니게 된다. 또한 근면, 검소, 분별 등의 덕목은 이러한 은총을 확인하는 통로를 탄탄하게 만드는 작용을 한다. 그리하여 프로테스탄트들의 '세상 속의 금욕'이라는 윤리적 요소는 자본주의적 '에토스'를 형성하는 직접적 원인이 된다는 것이다.

이와 같이 베버는 칼뱅주의의 구원 교리가 어떻게 의도치 않은 결과로서 자본주의와 근대 서구 문화의 특징인 합리성에 영향을 미쳤는지를 분석하였다. 여기서 간과되어서는 안 되는 보다 중요한 요소는 단순한 '자본주의'의 탄생이 아닌, '합리적 생활양식'의 탄생이다. 이러한 합리화를 베버는 종교사회학적 용어로 '탈주술화'(Entzauberung)라고 명명하기도 한다. 그리고 이러한 합리화 혹은 탈주술화가 지나치게 추구된 결과로 나타나는 부작용에 대해 지적하기도 한다. 또한 이러한 연구의 방향은 본서의 범위를 넘어서, 앞서 책의 등장 배경에서 언급한 바처럼, 세계의 각 종교의 경제윤리를 비교하면서, 어떻게 각각의 종교들이 종교적 합리화로 나아갔는지, 혹은 그 길에서 어떻게 좌절했는지를 분석한다. 베버는 이러한 과정에서 프로테스탄트 이전의 유대교의 예언자로부터 이어지는 종교적 합리화의 긴 여정에 주목하기도 하고, 중국이나 인도에 있어서는 오히려 종교가 사회적, 경제적 생활의 변동을 억제하는 힘으로 작용한 과정을 분석하기도 한다.

5. 책의 평가

본서는 근대 서구 사회, 나아가 서구화된 현대 사회 전반의 이해에 매우 중요한 통찰과 영향을 제공한다. 특별히 근대 사회의 특징을 합리성으로 규정하고, 그러한 합리성이 나타나게 된 과정을, 일반적으로 가장 비합리적이라고 생각하기 쉬운 종교의 영향 하에서 밝혀냈다는 점에서 매우 흥미로운 분석이라고 할 수 있다.

그러나 이와 같은 베버의 분석은 윤리적-종교적 동기가 자본주의 형성에 미친 영향의 완전한 부정으로부터, 그러한 상관관계는 인정하나 인과관계는 부정하는 입장까지 다양한 비판 하에 놓이게 된다. 전자의 강력한 부정은 마르크스주의적 입장에서 많이 나타나며, 후자의 인과 관계의 부정은 영국의 경제사가 토니(R. H. Tawney) 등의 학자들에 의해서 제기되어 왔다.

인과관계를 부정하는 입장에 대해서는 조금 더 설명이 필요할 것으로 보인다. 베버가 제기한 바처럼 프로테스탄트 지역에서 자본주의가 융성한 것은 어느 정도 역사적 사실이라고 할 수 있다. 하지만, 이러한 상황은 베버의 설명과는 반대로도 해석할 수 있다. 즉, 프로테스탄트 종교가 자본주의 형성에 영향을 미쳤다기 보다는, 오히려 자본주의 합리화의 결과가 프로테스탄트적 종교 윤리로 나타난 것이며, 중세의 봉건사회와는 달리 새로운 종교 및 윤리를 찾던 근대 부르조아 계층이 그들에게 적합한 종교를 찾고, 또한 만들어 갔다는 것이다.

이러한 반대적 해석은 사실 베버 자신의 저작인 『경제와 사회』의 「신분집단, 계급 그리고 종」의 장에서도 부분적으로 드러난다. 여기서 베버는 농민, 귀족 혹은 전사, 관료층 및 시민 계급 등 각 신분/직업 집단들이 어떻게 자신들에게 맞는 종교성을 형성하는지를 분석한다. 특별히 수공업자의 종교성을 규명하는 과정에서는, 본서에서도 언급되는 '경제적 합리주의'와 '종교적-윤리적 합리주의'적 특징을 밝히는데, 여기서는 오히려 이러한 계층적 성격이 이들 종교의 특성을 규정하는 것으로 얘기되어 진다.

이러한 설명에서도 인과관계는 부정되지만, 프로테스탄트적 종교와 자본주의의 상관성, 베버적 용어로 소위 '친화성'(Verwandtschaft)은 결국 인정되고 있다. 하지만 베버의 동료였던 좀바르트 같은 학자는 자본주의의 발흥을 프로테스탄트 형성 이전인 중세 이탈리아로 거슬러 올라가 규명하기도 한다. 좀바르트는 이 과정에서 특별히 유대인들의 활동을 중요하게 주목한다. 이러한 비판은 베버의 테제를 완전히 부정하기보다는 프로테스탄트의 영향 이외의 다양한 요소가 자본주의 형성에 영향을 미쳤음을 인정하는 방향으로 나아가기도 한다.

어쨌든 베버의 연구는 사회에 대한 일반적인 역사적, 비교적 이해에 있어서 종교현상이 매우 중요하다는 것을 밝혀냈고, 종교적 관념이나 행동이 사회의 다른 관념이나 행동 양식에 중요하게 작용할 수 있음을 밝혀냈다는 점에서 그 의의를 지닌다. 나아가 베버의 연구는 이후 종교 사회학 및 사회학 전반의 중요한 문제를 제기하고, 이것을 어떻게 연구해 나갈지에 대하여도 중요하게 영향을 미쳤는데 이에 대해서는 다음의 '적용'부분에서 좀 더 자세하게 살펴보고자 한다.

6. 적용[1)

여기서는 베버의 '종교 - 경제'라는 양 범주의 관계에 대한 설명방식이 현대 사회 혹은 그 발전 과정에 적용된 세 가지 사례 혹은 방향을 제시하고자 한다. 그 첫 번째는 영국의 종교사회학자 마틴(David Martin)이 언급한 '프로테스탄트 문화 혁명'의 세 물결이다. 마틴은 자본주의 형성 및 발전과정에서 프로테스탄트의 종교적 영향이 세계적으로 중요하게 작용한 것으로 분석하고, 이를 세 번에 걸친 '문화혁명'의 과정으로 분석한다. 그 첫 번째가 바로 베버가 연구한 자본주의 태동기의 청교도의 영향이며, 이후 산업혁명기의 감리교의 영향, 라틴 아메리카를 비롯한 소위 제3세계에 있어서의 오순절 운동의 영향을 각각 두 번째와 세 번째의 물결로서 제시한다. 이러한 종교와 사회발전의 관

---

1) 이 부분은 필자의 논문 "사회진보와 종교의 역할," 『담론 201』 18~1(2015)의 일부를 수정, 요약하였다.

계에는 일반적으로 근검절약, 정직, 성실, 종교에 기초한 노동 윤리 등이 그 연결 고리로 제시되는데, 이러한 특징들은 본서에서 베버가 제시한 '세상 속의 금욕'의 특징들이다. 마틴은 특별히 라틴 아메리카에서의 오순절운동의 영향에 주목하는데, 라틴 아메리카의 상황에서 해방신학이 이데올로기적 요소를 제공했다면, 오순절 운동은 문화적 요소를 제공하였으며, 이는 도시화에 따라 상실된 보수적 혹은 규범적 사회분위기를 새롭게 요구하며, 재수립하는데 기여했다고 평가한다.

　베버의 연구는 다른 한편으로, 종교를 넘어 문화 일반의 영향에 대한 연구로 확대된다. 그론도나(Mariano Grondona)와 같은 학자는 '개발지향적' 문화와 '개발저항적' 문화 유형을 구분하여, 이러한 문화형태가 사회진보에 미치는 영향을 연구하였고, 로렌스 해리슨(Lawrence E. Harrison)은 진취적 문화와 정태적 문화를 구분하는 10가지 가치와 태도를 제시하기도 한다.[2] 해리슨은 유사하게 ① 세계관의 시간 지향, ② 세계관이 합리성을 고무하는 정도, ③ 평등과 권위의 개념 등의 3가지 요소를, 또 다른 곳에서는 신뢰망(공동체 의식), 윤리적 체계의 강도, 권위의 행사 방식, 혁신/일/저축/이윤에 대한 태도 등의 4가지 요인을 발전에 영향을 주는 요소로 제시하였다. 이러한 입장은 이미 뮈르달(Gunnar Myrdal)이 남아시아 연구에 있어서, 운명주의와 가족주의를 발전에 장애요인으로 언급한 부분이나, 휘욜(Thomas Roberto Fillol)이 아르헨티나 사회를 분석함에 있어, 일, 사업, 물질적 성취를 통하여 개인의 상황을 개선할 수 없다고 믿는 아르헨티나의 국민들의 경향을 발전

---

2) 10가지 가치와 태도는 1) 미래지향적 시간 지향성, 2) 노동, 3) 검약, 4) 교육, 5) 실력에 대한 긍정적 태도, 6) 정체성과 신뢰의 범위가 가족의 범위를 넘어 확장하는가?, 7) 엄정한 윤리규범, 8) 정의와 공정성에 대한 기대, 9) 수평적 권위, 10) 세속주의: 종교제도의 영향이 적은 편인가? 등이다. 이에 대하여는 새뮤얼 헌팅턴/로렌스 해리슨 편(2001), 441f. 참조.

을 저해하는 요인으로 지적하는 데서도 나타나는데, 이와 같은 연구의 방향은 모두 베버의 노선을 계승하는 것으로 볼 수 있다.

베버 전통의 종교와 사회발전에 대한 연구의 또 다른 흐름은 동아시아의 경제발전에 대한 소위 '유교 테제'에서 나타난다. 이러한 연구들은 동아시아의 급속한 근대화의 원인을 개신교와 유교 윤리의 유사성에서 찾고, 근면, 규율, 절약, 성실 등의 유교적 윤리와 함께 사회적 통합, 개인적 희생, 관료적 전통 등 성리학적 가치가 동아시아 발전에 중요한 역할을 한 것으로 평가한다. 앞서 언급한 해리슨과 같은 학자는 동아시아의 발전을 유교적 중심 원리에 기초한 것으로 지적하며, 권위주의나 위계 등의 부정적 영향도 있지만, 전반적으로는 긍정적으로 기여한 것으로 평가한다. 마틴 또한 한국에서 유교적 윤리는 ① 이 세상에 초점을 맞춘 태도, ② 질서, 규율, 예의, 집단 결속의 강조를 통하여, 경제 성장에 필요한 동기를 제공하였다고 평가한다. 이동인은 유교적 가치가 한국의 근대화 과정에 있어서 "사회 생활의 제 영역에 가치판단의 기초(틀)를 제공해 온 '원천적 가치' 또는 '모가치'(母價値)"였으며, "유교의 가치 체계는 근대화에 도움이 되는 가치, 윤리 체계였다"고 평가하기도 한다. 유교적 가치와 관련, 가족/친족주의 혹은 소집단주의 역시 많은 주목을 받았는데, 한국의 경우 국가 및 사회윤리 또한 이러한 가족 윤리의 확장으로 볼 수 있으며, 이러한 가족/친족주의 윤리는 사회적 조화와 정치적 안정 등을 강조하는 면에서는 긍정적 측면을 지니기도 하지만, 권위적, 집단이기적, 가부장적 측면에서는 부정적 영향을 지닌 것으로 평가되기도 한다.

7. 토의 주제

베버의 테제는 근대화, 산업화가 이루어지던 시점의 서구 사회를 배경으로 한 것이다. 물론 그의 논의가 중국과 인도를 비롯한 비서구사회로 확대되기는 하였지만, 지나치게 서구 중심적, 기독교 중심적이라는 비판을 피하기는 힘들다. 하지만, 전 세계적으로 산업화, 서구화가 이루어지고, 동일한 사회양상을 띠어 가는 현 상황에서 이러한 비판보다 더 중요한 것은 근대사회에서의 탈근대(postmodern)사회로의 변화라고 할 수 있다. 즉, 근대 사회의 도래에 관한 그리고 근대와 프로테스탄트 윤리/정신의 친화성이 탈근대로 넘어가는 현 시점에서 어떠한 의미를 지닐 수 있는가 하는 것이다.

실제로 베버가 찬양했던 초기 자본주의의 '세상 속의 금욕'은 현대의 소비사회에서는 더 이상 커다란 미덕이 되지 못한다. 지나친 절약은 경제의 활성화를 막고, 생산과 고용에 악영향을 미칠 수 있다. 또한 근대화의 중요한 기반인 (도구적) 합리화는 현대 사회에 많은 문제를 야기하고, 그 한계를 드러내고 있다. 종교적인 측면에서도, 이제는 현실적인 종교보다, 초월적, 탈현세적인 종교가 사람들의 관심을 끌고 있다. 이러한 경향은 서구에서는 영성에 대한 새로운 관심, 한국 사회에서는 가톨릭의 부흥으로 부분적으로 나타나고 있다. 즉, 베버의 '프로테스탄트-자본주의'의 친화성에 기반한 본서의 주장이, 당시에는 어느 정도 타당성을 지니고 있었지만, 탈근대의 현재적 상황 속에서 어떤 의미를 지닐 수 있는지는 다시 한 번 생각해 보아야 할 문제이다.

이러한 문제는 '종교와 사회변동' 일반에 지니는 의미와 함께, 근대화의 주요 담지자였던 프로테스탄트 교단 각자에게 중요한 과제를 던져 준다. 실재로 한국 사회의 개신교 성장은 근대화와 어느 정도 궤를 같이 하고, 근대화의 일정 부분의 달성 시점에서 개신교는 정체 혹은 쇠퇴를 보이는 것으로 나타나고 있다. 그렇다면 탈근대의 사회 속에서 한국 개신교가 지향해야 할 바는 무엇인지, 이는 21세기를 살아가는 신학도의 중요한 고민이 되어야 할 것이다.

8. 연관해서 읽으면 유익한 문헌

본서의 번역은 앞 부분에 소개한 김덕영의 번역 이외에도 많이 있으나, 소개한 번역서가 방대한 주해와 해제, 그리고 보론 형식으로 '프로테스탄티즘의 분파들과 자본주의 정신'을 소개하고 있어 이 책을 이해하는 데 가장 좋은 것으로 보인다. 쉽게 볼 수 있는 것으로는 만화로 된 『Why? 막스베버 프로테스탄트 윤리와 자본주의 정신』(예림당: 2014) 와 『막스베버 프로테스탄트 윤리와 자본주의 정신』(주니어 김영사: 2011) 등도 있다.

본서가 포함된 『종교사회학 논총』은 우리나라에서는 나누어져서 모두 번역되어 있다.

'서언', '서론', '중간고찰' 등은

- 전성우 옮김. 『종교사회학 선집』. 파주: 나남, 2008에,

'세계종교와 경제윤리' 부분은

- 이상률 역. 『유교와 도교』. 서울: 문예출판사, 1990.

- 홍윤기 옮김. 『힌두교와 불교』. 서울: 한국신학연구소, 1986.

- 진영석 역. 『야훼의 예언자들』 서울: 백산출판사, 1989. 등에 나누어 수록되어 있다.

『도덕적 인간과 비도덕적 사회』 라인홀드 니버

『Moral Man And Immoral Society』 Reinhold Niebuhr, (1932, 1960²)
이한우 옮김, 문예출판사, 2004.

강병오 (서울신학대학교, 기독교윤리학)

1. 저자 소개

라인홀드 니버(Reinhold Niebuhr, 1892~1971)는 미국의 저명한 기독교신학자, 사회윤리학자, 정치철학자이다. 1892년 미주리 주 라이트(Wright) 시에서 독일 이민 가정의 넷째 자녀로 태어났다. 그의 동생 역시 저명한 신학자이자 윤리학자인 리처드 니버(Richard Niebuhr)이다. 라인홀드 니버의 아버지는 구스타프 니버(Gustav Niebuhr)인데, 교단 신학교 교수로 초빙될 정도로 매우 지적이며 열정적인 신앙의 소유자로 성공적인 목회를 하였다. 그는 종교와 더불어 사회에 깊은 관심을 가졌다. 아버지의 이런 강력한 영향력은 두 형제에게 크게 미쳤다.

라인홀드 니버는 1910년 앨름허스트대학을 졸업했다. 1913년엔 목회자 양성학교인 이든신학교를 마침과 동시에 곧바로 예일대학에 진학, 석사학위를 취득했다. 그는 이든신학교에 다닐 때, 아버지를 여의었다. 석사를 마친 후, 뜻한 바 있어 박사학위 과정을 더 이상 밟지 않고 자동차 공업 도시인 디트로이트 시내에 소재한 벧엘교회에서 목회를 시작했다. 1915년 그가 취임한 벧엘교회는 북미독일개신교총회 소속으로 교인수가 65명가량 되고 자체 예배당을 가진 교회였다. 하지만 목사 사택도 없고 목사 생활비를 주기조차 힘든 재정이 매우 열악한 교회였다. 어머니의 헌신적인 목회 조력으로 어려운 생활을 극복해 나갔다. 이렇게 그가 목회하게 된 이유는 사회적 일꾼은 상아탑에 매어 있을 수 없다는 것과 이든신학교를 졸업한 후 꼭 목회하겠다는 그의 결심 때문이었다.

1920년대 디트로이트시(市)의 인구증가와 함께 벧엘교회 교인수도 급증했다. 1920년 초에 300명, 1922년엔 새교회당 건축으로 400명, 1924년엔 500명, 1926년 초엔 600명에 달하는 교회로 성장했다. 교회 성장은 인구증가에도 영향이 있지만, 진보적 성향의 초교파 교회로 만들려는 니버의 노력과 독특하고도 매력적인 그의 설교 때문이었다. 니버의 설교는 위안과 도전이란 패러독스 변증법을 조화되게 했다. 즉, 사제적이고도 예언자적인 자세를 균형 있게 혼합했다. 그의 설교내용은 개인적 죄의 구원과 사회적 구원의 희망이란 두 축으로 이루어졌다. 이로써 그의 설교는 정치문제를 다루기도 했다. 1922년 이후 매주 일요일 저녁엔 당시 중요한 정치적 이슈를 가지고 설교를 했다. 그리고 그는 정치적, 사회적 문제에 대해 많은 강연을 소화해야 했다. 그는 1931년에 영국인 의사의 딸인 우줄라(Ursula Keppel-Compton)와 결혼을 했다.

1915년부터 시작해 1928년까지 디트로이트에서의 13년간 목회 활동은 니버의 신학사상에 지대한 영향을 주었다. 그 기간에 기독교적 실용주의에 입각한 정치와 사회에 대한 관심을 폭넓게 가졌다. 그는 포드 자동차 공장에서 일하는 노동자들의 노동착취와 참혹한 환경을 개선하려고 거대기업과 대립하였다. 포드는 저항하는 니버를 무력화하려고 힘썼으나 성공하지 못했고, 오히려 교회는 니버를 적극적으로 지지했다.

라인홀드 니버는 1928년에 벧엘교회를 사임하고 박사학위 없이 유니온 신학교 교수에 초빙 받아 기독교윤리학과 실천신학을 본격적으로 강의하기 시작했다. 이로써 학문적으로도 큰 명성을 얻게 되었다. 그는 1960년 은퇴할 때까지 교수직에 머물렀다. 1952년부터 지병에 크게 시달렸고, 말년에 가서 중풍에 걸려 부자유한 몸으로 활동했다. 1971년 6월1일 79세를 일기로 생을 마감한 그는 20세기 미국의 윤리적 예언자로서 마지막까지 살았다.

라인홀드 니버의 주요 저서는 다음과 같다. 『도덕적 인간과 비도덕적 사회』(Moral man and Immoral Society, 1932, 1960²), 『인간의 본성과 운명』(The Nature and Destiny of Man, 1939), 『기독교와 권력정책』(Christianity and Power Politics, 1940), 『기독교 현실주의와 정치적 문제들』(Christian Realism and Political Problems, 1953) 등이다.

2. 책의 등장 배경

라인홀드 니버의 저서 『도덕적 인간과 비도덕적 사회』가 출간하기까지 그에게 미친 시대사적, 사상적 배경은 상당히 복합적이다. 이런 복합적 상황이 그가 저서를 집필하게끔 한 사상적 자양분과 원동력이 되었다.

1920년대 유럽에서처럼, 미국에도 사회주의 운동 바람이 크게 일었다. 예컨대 미국 역시 마르크스주의적 사회주의의 분위기가 팽배해졌다. 니버 역시 실용주의 철학자 존 듀이와 함께 사회주의에 크게 매료되었다. 그는 1929년 여름에 사회당에 가입하여 사회운동에 참여하기도 했다. 그렇지만 그는 교조적 마르크스주의자라기보다는 비판적 사회주의자에 가까웠다. 그는 1928년 가을 신학기부터 유니온 신학교에서 기독교윤리학과 종교철학을 강의하며 교수직을 시작했다. 그러나 보수적 유니온 신학교 이사들이나 교수들은 진보적 성향을 가진 그를 싫어하거나 그런 정치적 태도에 크게 충격을 받지 않았다.

라인홀드 니버는 개량적 사회주의자였지만, 마르크스주의적 독단주의는 철저하게 거부했다. 그는 마르크스주의적 사회분석을 통해 미국 산업사회의 사회문제들을 하나하나 파헤쳤고, 이를 토대로 국가와 계급의 구조적 문제까지 깊이 통찰하는 안목을 얻었다. 그는 1930년에 사회당 후보로 직접 선거에 출마하기도 했지만, 참패하였다. 사회주의자들과 좌파 진보주의자들은 1932년 선거에서 또 다시 참패를 경험했다. 바로 이때에 출간된 책이 바로 『도덕적 인간과 비도덕적 사회』다. 그는 이 책에서 부르주아나 프롤레타리아 계급 분석을 시도했고, 개인과 집단의 문제, 도덕과 정치의 문제, 기독교와 자유주의적 이상주의 세계의 문제를 주제로 다뤘다.

라인홀드 니버는 당시 풍미하는 마르크스주의만이 아니라 실용주의에도 크게 영향을 받았다. 실용주의 역시 니버의 신학적 사고에 큰 영향을 미쳤다. 미국의 기독교는 일찍이 강한 실용주의적인 전통을 갖고 있다. 그는 이런 실용적 지반을 무시할 수 없었다. 이로 인해 그의 신학적 사고와 성향은 역사와 현실 문화를 받아 들이게 되었고, 역사적, 합리적, 경험적인 타당성을 긍정하는 쪽으로 계속 나아갔다. 이런 신학적 성향은 바르트적인 절대적 사고가 아닌 하르낙이나 트뢸취의 역사적, 문화적 상대성을 적극 긍정하는 사고에 힘입은 바가 크기도 하다. 라인홀드 니버는 바르트적인 신학적 근본주의를 배격했다. 그는 역사의 상대성과 불확실성을 피하려 하지 않고, 오히려 그런 상황에 맞서서 진리를 향해 나아가고 진리에 보다 접근하려는 태도를 가졌다. 그는 마르크스주의적 혹은 바르트적 독단론 모두를 반대하고 실용주의적인 접근방법을 적극적으로 채택했다. 그는 그런 방법을 스스로 "기독교적 실용주의"(Christian Pragmatism)라 불렀다.

3. 줄거리

『도덕적 인간과 비도덕적 사회』는 서론 외에 10개의 장으로 구성되어 있다. 서론과 더불어 8~10장은 특히 니버의 사회윤리를 이해하는 데 중요한 단서를 제공하고 있다.

책 서론은 좀 길지만, 책 전체 핵심을 요약하여 소개하고 있어 주의 깊게 읽어야 할 부분이다. 서론에서 다룬 주제는 두 가지다. 첫째는 개인 행위와 집단 행위는 구별해야 할 것이고, 둘째는 양자를 구별한다면, 사회윤리엔 개인윤리가 파악하기 어려운 정치영역이 들어있다는 것이다.

개개 인간은 자신과 타자와의 이해관계에서 이기심을 정화시키고 극복할 수 있기에 대체로 도덕적인 편에 든다. 그러나 인간의 집단은 집단의 이기심을 억제하고 극복하며 타자의 욕구를 수용하는 능력이 결여되어 있다. 그만큼 집단이기주의는 개인의 이기심에 비해 강력하기 때문에 집단의 도덕은 개인의 도덕에 비해 열등하기 마련이다.

종교적 혹은 세속적 도덕가들은 이러한 차이를 아예 무시해버린다. 개인이 합리성과 선의지로 이기심을 극복하듯이 그런 식으로 진행하게 되면, 사회와 집단은 그들의 이기심을 극복하고 사회적 조화를 꾀할 수 있다고 생각하는 것이다. 지극히 낙관적인 사유방식이다. 현대의 교육학자, 사회학자들까지도 그것과 일맥상통하는 낙관적 견해를 견지하고 있다. 사회문제를 개인적 도덕성의 호소나 협조, 이성적 능력을 통한 협상이나 조정, 수용 등으로써 해결하고자 한다. 그러나 그들은 한결같이 집단 이기주의의 강력함과 집요함을 잘 알지 못한다. 집단 간의 정의로운 관계 수립은 도덕적, 윤리적 노력보다는 정치적 해결로써 도모해야 마땅하다. 즉, 힘이나 강제력에 의해 뒷받침되는 정책을 사용해야 비로소 효력을 갖게 된다.

1장. 인간과 사회: 함께 살아가는 법

사회정의를 실현하는데, 지성 역시 한계를 갖고 있다. 한 사회 내에서 생겨나는 이해관계 대립은 지성과 선의지에 의해 일정 부분 조화되지만, 완전한 조화엔 이를 수 없다. 규모가 큰 사회적 협력은 일정한 강제성을 요구한다. 특히 국가가 그렇다. 국가는 강제성 없이 보존되기 어렵다. 역사가 끝나는 순간까지 정치의 영역은 양심과 권력이 만나고, 윤리적 요인과 강제적 요인이 상호 침투하게 된다. 그렇다고 사회는 전적으로 강제성에 전적으로 의존해서는 안 되고, 반대로 강력력을 전적으로 배제해서도 안 된다. 즉, 강제성과 도덕성의 조화는 필요하다.

물론 사회에서 강제성의 요인들은 평화를 위해서 불의를 만들고, 갈등을 낳기도 한다. 예컨대 권력은 정의를 희생시키고, 평화를 파괴하기까지 한다. 그러기 때문에 강제성은 도덕성과 조화해야 한다. 그러므로 사회정의와 미래의 평화는 단 하나의 전략이 아닌 여러 수준에서 도덕적 요인들과 강제적 요인들이 결합되어 있는 많은 사회전략들에 의존한다. 인간 사회의 항구적 평화와 동포애는 완전한 실현이 불가능하고 어느 정도의 근사치로만 가능한 것이다. 사랑이 정의와 함께 공동 작업이 되려면, 되도록 강제력은 비폭력적이 되어야 할 것이다.

2장. 사회생활을 위한 개인의 합리적 원천들

사회적 갈등과 불의의 원천은 인간의 무지와 이기심에 있다. 종교적 이상주의자들은 이기심을 자애심의 증대로써 억제한다고 믿었고, 반면에 합리주의자들은 지성을 확대함으로써 불의를 극복할 수 있다고 믿었다. 개인이 가진 이런 도덕적 차원의 기대는 지나친 낙관주의라 할 수 있다. 이런 도덕적 태도는 개인이 아닌 사회 집단에 있으면 더욱 현실성을 잃고 만다.

집단생활에서 이성의 힘 역시 한계성을 안고 있다. 경험주의자 제레미 벤담은 분별력 있는 이기심이 이타심만큼이나 드물다는 것을 알았다. 인간의 본성은 사회의 이익보다는 자기 자신의 이익을 더 좋아한다. 집단이 크면 클수록, 집단은 스스로를 더 이기적으로 표현한다. 그러기에 공동 지성과 목적에 도달하기 어렵다. 인간은 국가 내부의 반사회적인 집단적 이기주의를 규제하는데 실패했다. 현대국가는 여러 계급으로 나뉘어져 권력과 특권의 불균형을 보여준다. 사회적 불평등은 다른 나라를 희생시키며, 자기나라의 이익을 추구하여 국가 내부 갈등만이 아니라 국가들 사이의 분쟁을 야기하게 한다.

3장. 사회생활을 위한 개인의 종교적 원천들

종교는 사회에서 인간의 이기심을 완화하거나 이기심의 반사회적인 영향을 감소시키는데 기여한다. 특히 신비주의와 금욕주의는 이기심을 제거하려고 노력을 한다. 그렇지만 자아에 몰두하는 불합리라든지 더 이기적이 되는 이성의 부조리를 경험하게 하는 사회적 한계를 안고 있다. 그러나 종교에는 또 다른 도덕적 원천이 있다. 신비주의와 금욕주의가 빠지는 주관주의를 억제하게 하는 원천이다. 이것은 지고의 덕을 강조하는 절대적인 사랑이다. 이렇게 종교적 윤리는 사랑을 이상으로 삼는다. 반면에 이성적 윤리는 정의를 목표로 한다.

종교의 도덕적 자원은 이것의 증가를 통해 사회를 구원하려는 종교 도덕가들의 희망을 정당화 시킨다. 종교 정신은 개인생활을 순화하고 사회적 관계의 건전성에 힘을 발휘하지만, 현대사회의 복잡한 문제에 대해선 그렇지 못 하다. 종교 정신은 이점에서 한계를 갖고, 사회의 복잡한 문제를 제대로 다루지 못 하는 난점을 안고 있다(98). 기독교윤리는 이웃의 요구와 관계없이 이웃의 요구에 응하는 사랑이고, 이성적 윤리는 이웃의 요구를 자신의 요구와 동등하게 보려 한다. 이런 의미에서 사랑은 정의에 비해서 순수한 것이다. 기독교 종파들이 순수하게 사랑의 정신을 보존해 왔다. 사랑의 정신은 공동체 생활보다는 개개 성인들의 생활로 특징지어진다.(111) 사회에서 사랑의 힘과 그것의 확대는 분명히 한계가 있다.

종교적 이상주의자들은 국가와 여타 사회집단이 그리스도의 법인 사랑의 정신에 굴복할 것을 요구한다. 그러나 이런 주장은 비현실적이고, 지나친 감상적인 희망에 지나지 않는다. 사랑의 이상을 실현하는데 장애를 만난 종교적 이상주의자들은 두 가지 위험, 즉 패배주의나 감상주의에 빠질 수 있다(114). 전자는 정치적, 경제적 관계들의 세계를 자연적 충동에 내맡기게 된다. 그런 관계들은 사랑이란 도덕적 이상을 넘어선 것이라 간주하고, 그들은 정치적 문제에 무관심한다. 가톨릭 정통주의, 루터와 바르트에게서 그런 경향성이 나타난다, 후자는 자신들의 원리가 실제보다 더 깊게 정치적 생활에 영향을 미치고 있다고 상정하는 것이다. 사랑을 현대문화 정신에 적응시킴으로써 인간적 덕성에 대한 진화론적 난관주의와 낭만성을 과대평가 하는 것이다. 자유주의적 프로테스탄티즘이 그렇다. 종교적인 윤리적 결함은 계몽주의가 확대되어서 개선될 것이라 믿는다. 그러나 종교적이건 계몽적이건 이러한 사회정의를 위한 모든 노력은 한계와 위험에 둘러싸여 있다.(120)

어떤 사회이건 순수한 사랑의 정신으로는 정의로울 수가 없으며, 사회의 잔인성과 불의에서 벗어날 수 없다. 다만 정의를 세우는데 자연의 힘을 사용하는 한, 하나님 나라에 좀 더 가까이 갈 수 있을 뿐이다.(121) 정의로운 사회에 대한 희망엔 종교적인 요소가 들어 있다. 개인의 종교적, 도덕적 원천은 그런 사회에 대한 추진력을 제공한다. 하지만 종교적인 모든 힘은 정의로운 사회 건설에 이용될 수가 없다.(120)

4장. 여러 국가(민족, Nations)의 도덕성

집단의 행동윤리를 분석함에 있어 국가의 윤리적 태도를 이해하는 것은 중요하다. 근대 이후의 국가들은 강한 응집력과 권위를 갖고 각기 뚜렷한 특징을 지닌 집단으로 부상하기 시작했다. 국가는 일정한 영토와 공통된 언어와 전통으로 이루어진 민족 감정의 결사체이다. 국가의 권위란 민족적 단결에 기초하여 있다. 국가와 민족은 서로 일치하는 상보개념들이다.

국가는 우선 철저하게 이기적인 집단이다. 국가는 자기 이익과 무관한 이유로 조약을 맺거나 그 어떤 정치적 태도나 정책을 결정하지를 않는다. 국가는 다른 국가와의 관계에서 직접적인 이익을 얻으려는 욕망을 갖고 있다. 이것이 국가가 가진 이기성의 원천이자 그 이유이다 (125). 국가의 의지는 일반 민중의 맹목적 정서와 경제적 지배 계급의 교묘한 이기심 추구에 의해서 좌우된다(129). 그래서 국가는 "합리적인 정신과 지성보다는 폭력과 감정에 의해 유지되는 결사체"(130~131)가 된다. 국가는 공동체의 통일성을 위해 폭력을 사용할 수밖에 없고, 강제력 수단을 장악한 집단에 의해 강제력이 동원될 수밖에 없다. 한 국가의 경제적 지배계급은 국제교역을 통해 이윤을 추구하고, 노동자 계급을 착취하고, 원료와 이자의 획득에 전력을 기울이게 된다. 국민의 복지와는 무관하다. 한 국가의 애국심은 개인의 희생적인 이타심을 국가의 이기심으로 전환한 것이다(133). 애국심은 국수주의로 바뀌기는 쉽지만, 전체 인류애로 바뀌기는 어렵다. 제국주의는 국가이기주의적 동기와 다르지 않다(137). 종교적 이상주의와 합리적 이상주의는 이런 국가이기주의를 완전하게 견제하는 것이 불가능하다.

국가의 다른 중요한 도덕적 특징은 위선과 자기기만이란 도덕적 결함이 있다는 사실이다. 특히 여러 국가들은 현대 전쟁을 세계인민을 위해 벌이는 것으로 선전하는 자기기만과 위선을 서슴없이 행하고 있다. 영국, 프랑스, 미국 등 강대국이 그렇다. 국가는 이처럼 이기적이고 비도덕적이며, 폭력을 사용하지 않고는 국제적 정의를 확립할 수가 없다.(157) 다만 폭력을 도덕적 차원에서 구하는 한 가지 방법이 있는데, 그것은 국제연맹과 같은 새로운 공동체에 폭력을 맡기는 경우이다. 그러나 일본은 만주침략을 통해서 국제연맹의 불완전한 국제적 연대의 유약성, 즉 열강의 견제 무능력을 여실하게 증명했다. 현재로선 강대국을 효율적으로 제재할 그 어떤 정치세력도 아직까지 존재하지 않는다.

5장. 특권계급의 윤리적 태도

계급은 보통 공동의 기능으로 형성되는 것이지만, 계급을 식별하는 것은 하나의 특권이 되기까지 매우 어려운 일이다. 불평등한 특권계급은 능력의 다양성으로부터 생겨난다. 사회적 특권의 불평등은 계급을 분열시키고, 또 연대하게 하는 기초가 된다. 특권계급을 산출하는 원천은 주로 경제적인 요소에 있다. 현대 자본주의 사회에서 가장 중요한 권력으로 사회적 특권을 누리는 계급은 다름 아닌 자본가 계급이다.(162)

종교적 이상주의나 합리적 이상주의는 계급 분열의 물질적 기초인 경제적 이해관계를 무시하거나 극복할 수 있는 이성과 양심의 힘을 맹목적으로 확신한다. 그러나 이런 힘은 사회적, 윤리적 전망에 영향을 주지만, 자본가의 계급적 이기심을 제거하지는 못 한다. 자본가 계급 역시 이기적인 집단에 불과하기 때문이다.

자본가 계급의 도덕적 태도는 자기기만과 위선이란 특징을 가지고 있다.(165) 특권계급이 비특권 계급에 비해서 더욱 위선적인 이유는 온갖 머리를 짜내어 보편적 가치는 자신들의 특권 자체에서 비롯된다는 이론을 줄곧 창출해 내는 것이다. 자신들의 특권은 사회의 정당한 보답일 뿐이라고 강변한다. 특권계급은 특권적 사회지위를 후천적이 아닌 선천적인 것이라 확신한다.(166) 그러면서 억압받는 계급이 타고난 소질과 능력을 개발할 기회를 차단하고 이 계급의 결함과 무능을 습관적으로 비난한다.(166) 지배계급은 자기들의 권력의 상실과 약화를 가장 싫어한다. 권력을 장악하는 한, 특권을 분배할 수는 있다. 그들은 교육제도를 통해 피지배 계급의 순종을 가르칠 수 있다.(170) 자본가 계급은 자신들의 특권을 정당화하기 위해 도덕적 우월성을 강조한다. 즉, 절약과 근면의 사회적 유용성을 널리 선전한다.(176) 특권 계급은 자신들의 특수이익을 일반의 이익이라고 주장하고, 공익에 이바지하는 도덕적 우수성을 갖고 있다는 자기기만을 마다하지 않는다. 그리고 자기들은 법과 질서의 수호자로 자처한다.(180) 특권계급은 자신들의 특권을 유지해 주는 폭력과 강제력에 대해서는 인식하지 못하면서 반대자들의 폭력사용과 폭력 위협에 대해선 격렬하게 비난한다.(181) 지배계급의 평화에 대한 호소, 즉 폭력과 무질서를 혐오하는 듯 취하는 태도는 가장 순수한 평화주의적 원리로 보이지만, 국제문제에서는 가차 없는 반평화주의적인 행동을 보여주었다.

특권계급의 집단적 이기주의는 가끔 이타적이고 자기희생적인 국가적 이기주의에 비해 개인적 이기주의의 성향을 드러난다. 계급적 편견이 가진 비윤리성이다. 특권계급의 가식과 위선은 의식적으로 부정직하지만, 대부분은 무의식적이기도 하다. 이성과 지성은 궁극적으로 자본가의 계급적 이기주의를 철폐할 수 없다. 자본가의 계급적 특권에서 비롯되는 사회 불의는 도덕적 설득이나 설교만으로는 치유할 수 없는 것이다.(196)

6장. 프롤레타리아 계급의 윤리적 태도

산업 노동자 계급, 프롤레타리아 계급은 현대 자본주의 사회의 발달로 말미암아 형성되어 자본가 계급과 갈등하는 계급이다. 마르크스는 이 계급의 사회 정치적 태도를 정치철학적으로 잘 표현하고 있다. 마르크스주의적인 사회주의는 프롤레타리아의 정치 신조가 된다.

정치적으로 각성된 노동자 계급의 윤리적 태도는 크게 두 가지, 도덕적 냉소주의와 평등주의적인 사회이상론이다. 우선 도덕적 냉소주의는 마르크스의 유물론적-결정론적 역사해석에 기초한다. 사회 내 계급관계는 권력과 권력의 대립이다. 모든 문화적 도덕적 표현은 다양한 계급의 경제활동을 합리화시키는 이데올로기이다. 그 때문에 생산수단의 소유권을 장악하고 불의를 자행하는 세력인 자본가 계급에 대해 폭력을 사용하지 않고는 계급을 타도하거나 소멸시킬 수 없다. 부르주아들이 이데올로기를 총동원해 권력을 장악하고 있는 한, 평화적으로 권력을 쥘 수가 없다. 자본주의는 자기 파멸의 가능성과 수단을 생산한다. 그 과정은 자동적이지 않다. 그러므로 프롤레타리아에 의한 혁명적 투쟁은 필연적이다. 이렇게 프롤레타리아 계급은 정치영역에서 모든 윤리적 가식과 허위의식을 파괴한다. 마르크스주의자들은 민주주의 국가에서 대표를 뽑는 선거를 선출 순간에만 정치적 자유를 누리는 것으로 간주한다. 국가는 억압의 수단이기에 노동자의 해방과 구원을 위해선 국가를 소멸시켜야 한다고 주장한다.(207) 자유민주주의 국가에 대한 냉소는 민족주의와 애국심에 대한 냉소로 이어진다. 프롤레타리아에겐 애국심과 충성심이 결여되어 있다. 물론 계급적 충성은 자연스럽게 따라온다. 프롤레타리아 계급은 여러 계급 중의 하나의 계급이 아닌 역사적 사명으로 성취될 보편적 계급이다. 그러나 마르크스의 노동자 계급엔 비도덕적인 요소가 들어 있다(.216) 마르크스주의는 계급이기주의와 복수심으로 가득 차 있다. 러시아에선 노동계급을 제외한 특권계급을 말살하기 위한 잔인한 복수극이 자행되었다. 폭력과 공포정치가 중단되지 않았다.

프롤레타리아 계급은 엄격한 평등주의적 이상을 주장한다. 이 계급의 승리는 무산계급 사회의 도래다.(219) 이 사상은 모든 불평등을 불식시키는 해독제의 역할을 하고, 이성적 사회의 모델로서 사회적 목적을 제시한다. 그러나 프롤레타리아는 평등한 정의라는 윤리적 목표를 달성하기 위해 선택한 방법이 단 하나 '정치적, 경제적 방법'이었다. 그들이 가진 이상적 확신은 종교적 과신에 속한 것이다. 그럼에도 불구하고 마르크스의 사회 분석이 갖는 강점은 사회발전과 진보를 위해서 큰 평등을 필요로 한다는 것이고, 불평등의 기초는 권력의 불균등임을 날카롭게 지적한 사실이다. 이런 문제를 보다 깊이 분석하여 여러 대안을 고려해야 한다. 오늘날 사회가 당면한 문제는 사회에서 보존할 가치가 있는 것을 손상시키지 않고 사회적 불의를 어떻게 제거할 수 있는가에 있다. 프롤레타리아는 현대사회에 보존할 좋은 가치가 존재하지 않는다고 보았고, 미래에 대해서 전혀 걱정하지 않았다.

7장. 혁명을 통한 정의

폭력과 혁명은 일반적으로 사회변화의 도구로써 배제되는 경향이 있다(234). 그것들이 비도덕적이라 가정하므로 오류를 범하기 때문이다. 행위와 정책의 사회적 결과는 도덕적 판단 기준이 되어야 한다. 정치 영역에서 폭력과 같은 사회행동과 정책은 도덕적으로 승인되면, 본질적으로 악한 것일 수 없다.(235)

폭력이나 혁명을 본질상 비도덕적으로 보는 태도는 두 가지이다.(238) 첫째, 폭력은 악의지이고, 비폭력은 선의지 범주에 넣어서이다. 폭력적 강제성과 비폭력적 강제성은 절대적으로 구별해내는 경계선이 없다. 둘째, 전통에 의해 답습된 도구적 가치를 도덕적 가치와 무비판적으로 동일시해서 이다. 이성의 판단은 바른 의지를 시행하는 과정에서 잘못을 저지를 수 있다. 일례로 생명의 외경은 산모를 살리기 위해 태아를 희생시킬 수 있다. 타인의 생명을 보호하기 위해 살인자의 생명을 빼앗는다. 프롤레타리아 계급과 다른 중간 계층은 개인적 도덕 규범을 사회적 관계의 중요 기반으로 삼는다. 개인적 도덕적 이상을 인간 집단행동의 규범으로 삼는다. 이런 태도는 정당한 도덕적 태도이기도 하다.(243) 그러나 중간계층은 국제분쟁과 사회적 위기로 인해 자신들의 위치와 지위가 위협받게 되면, 거리낌 없이 폭력을 사용한다. 권력 계층도 마찬가지이다. 그들 역시 자기들의 목적달성을 위해 폭력이란 수단을 사용한다. 니버는 결과적으로 폭력을 통해 정의사회의 제도가 확립되고, 그 제도를 보존할 가능성이 생겨난다면, 폭력과 혁명을 배제시켜야 한다는 윤리적 근거는 있을 수 없다고 주장한다. 사회적 결속을 위해 강제력을 수용하게 되면, 폭력적 강제와 비폭력적인 강제 사이에 절대적인 구별은 있을 수 없다.(246)

니버는 급진적으로 혁명을 실현하는 절대주의와 비교해서 점진적으로 이상에 접근하는 사회 역시 도덕적으로 열등하지 않다고 보고 있다.(272) 정치적 이상주의의 절대주의는 혁명으로 영웅적 행위를 불러일으키지만, 현실상황에서는 위험천만한 안내자이기도 하다.

8장. 정치적 힘에 의한 정의

비록 노동자 계급일지라도 사회적 부로부터 정당한 몫을 탈취 당했음을 느끼면서도 어느 정도 안정된 생활을 누리는 집단이 있다. 이런 집단은 마르크스주의의 목표를 갖고 있지만, 과격한 혁명적 방법을 버리고 의회주의적, 진화적 방법을 채택하게 된다. 예컨대 노동조합의 경우가 그렇다. 이같은 점진적 방법은 중산층 지식인에 의해서 만들어진 것으로 진화론적, 개량적 사회주의를 지탱하는 힘의 원천이 된다.(273) 부의 평등한 분배에서는 소외되었지만 전적으로 빈곤하지 않은 그런 노동자 계급은 민주국가를 정의실현을 위해 사용하고, 민주주의 제도에 의해 점진적으로 평등을 수립해 가는 개량적 정치적 방법을 신뢰한다.(276)

영국식 사회주의인 페이비언주의는 계급투쟁에 아무 도움이 되지 않는다. 윤리적 사회주의로서 국가가 정의의 원칙을 확대하고 신장하는 것을 주장한다. 영국과 독일, 프랑스나 벨기에와 스칸디나비아 국가들은 사회주의가 의회 활동을 통하여 충분히 달성될 수 있음을 보여주었다. 사실 국가는 자본가의 특권을 줄이고 노동자들에게 좀 더 많은 특권과 힘을 부여하기 위해 경제영역에 간섭했다. 소득세와 상속세로 증가된 국고를 노동자들을 위해 사회사업을 확대하는데 사용했다. 실업보험, 노인연금, 노동자의 채무법 등은 제반 불평등을 완화시키기 위한 정치적 노력의 산물이다.(281~282) 폭력이 배제된 순수 정치적인 압력은 도덕적 요인과 강제적 요인의 결합이라 할 수 있다. 자본가가 사회적 특권과 권력을 축소한 것은 노동자들의 정치적 힘과 더불어 자본가의 자발적 수용에 의거한 것이다. 정치영역에서는 이성과 양심과 함께 정치적 압력도 병행되어야 한다.(284) 이렇듯 점진적 방법은 도덕적 요소와 강제적 요소의 결합으로 폭력을 피하고 정치적으로 힘을 행사하는 것이다. 그리고 또한 강제적 요소와 교육적 요소의 결합 역시 필요하다. 그러나 존 듀이는 교육적 지성을 통해 정의를 실현하는 힘을 지나칠 만큼 신뢰했다.

결론적으로 현대사회에서 기존의 불완전한 세력균형을 깨고 그것을 완전히 혁신할 수 있는 단일 정치세력은 없다. 현대사회는 합리적 사회평등이란 목표를 향해 점진적인 접근을 기대할 수밖에 없다.(297) 현대사회는 집단 이익과 집단 이익의 점진적인 조정과 타협에 의해 합리적인 사회적 이상에 접근해 가야 한다. 이때, 비폭력적인 정치적 강제는 폭력적인 정치적 강제보다 훨씬 낫다. 의회사회주의는 이런 비폭력적 강제의 경우에 정당화된다.

9장. 정치에서 도덕적 가치의 보존

사회정의를 실현하는 데는 두 가지 방법이 있다. 하나는 정치적 현실주의자의 방법이고, 다른 하나는 도덕가의 방법이다. 전자는 강제성을 사회적 불의를 제거하는 데 사용해야 한다는 입장이고, 후자는 사회적 지성과 도덕적 선의지를 가지고 이익과 이익 사이에 자발적 조정의 방법을 쓴다는 입장이다. 이기심에 대한 합리적 견제와 타인의 이익에 대한 합리적 이해를 통해서 조정 가능성을 본다. 그러나 두 가지 방법엔 모두 일단의 문제가 있다. 전자의 경우 강제성은 강제성의 불의를 견제하기 위해 불안한 힘의 균형을 초래할 수밖에 없고, 결국 잠정적 평화는 언제든지 파국에 이를 수 있다. 후자의 경우 역시 정치적 현실주의자 못지않게 위험스러운 것은 사실이다. 모든 사회적 평화 속에 존재하는 불의의 요소를 인식하지 못하고, 역사는 그런 것을 신성화하고 정당화하는 것을 눈치 채지 못한다. 그러므로 적절한 정치적 도덕이 양자의 통찰 속에서 균형 있게 다루어져야 한다. 예컨대 인간 사회의 도덕적 및 합리적 요소들과 가장 많이 일치하는 강제성은 사용되어야 하며, 목적에 맞게 강제성을 최소화하여 끝없는 무익한 갈등으로부터 구출해 내야 할 것이다.

평등의 정의는 사회가 지향해야 할 가장 합리적인 궁극 목적이 된다. 더 큰 평등을 얻기 위한 사회적 분쟁은 특권의 영구화를 거부하는 노력으로서 도덕적 정당성을 갖는다. 고로 국가나 민족 혹은 계급 해방의 전쟁은 용인되어야 한다. 억압받는 민족들, 즉 터키에 항거하는 아르메니아인, 영국에 대한 인도인, 미국에 대한 필리핀인, 스페인에 대한 쿠바인, 일본에 대한 한국인이 그렇다. 물론 강제성 사용에 대한 가장 합리적인 견제는 공정한 법정이다. 각국의 정부는 시민 간의 분쟁에 대해서 공평하게 다루어야 하고, 국제적인 공동체는 개별 국가의 힘을 국제적인 통제 하에서 사용되도록 해야 한다.

그 다음 강제성 사용에 있어서 비폭력적 강제성과 폭력적 강제성을 구별하는 일이 중요하다. 후자는 공격적인 성격으로서 생명과 재산을 파괴할 때 적극적으로 동원되는 것이다. 전자는 소극적 성격으로서 파괴를 초래하지만, 파괴가 의도된 것이 아니라 불가피한 결과로 나타난 그런 강제성이다. 비폭력은 본질상 비협력적이다. 시민불복종 운동, 불매운동, 파업 등을 의미한다. 인도의 간디가 그런 비폭력 저항 운동을 펼쳤다. 그는 힌두교의 사티아그라하(Satyagraha, 진리파지)와 아힘사(Ahimsa, 불상해 혹은 사랑) 사상으로 저항했다. 이 두 사상은 소극적 형태로 자발적인 자기수난을 요청하는 것이며, 적극적인 형태로 최대의 사랑과 자비를 행하는 것이다. 그의 방법은 정치적이기도 하지만 매우 교육적이기도 한 것이다. 이렇게 비폭력 저항 운동은 미국의 흑인 해방에서 중요한 의미를 갖고 있다. 비폭력은 소수이면서 저항력을 키울 수 없는 절망적 억압집단을 위해 필요한 전략적 도구가 된다. "비폭력적 강제력과 저항은 사회생활에서의 도덕적·합리적 요소들과 조화로운 관계를 수립할 수 있는 가장 큰 기회를 제공해주는 강제력이다."(337) 그러므로 종교적 상상력이 보다 큰 공헌을 할 수 있는 것은 폭력적 강제성에게서보다는 비폭력 강제성에게 있다.

10장. 개인도덕과 사회도덕 사이의 갈등

인간사회의 현실주의적인 관점에서 보면, 양심의 요청과 사회의 요구가 서로 갈등하면서도 조화하도록 제기되고 있다. 이는 윤리와 정치의 갈등이다. 윤리는 개인의 내면적 생활에 관한 것이고, 반면 정치는 외면적인 사회생활에 관한 것이다. 사회의 도덕적 이상은 정의이다. 정의 실현을 위해선 부득이 이기심, 반항, 강제성, 원한까지 수단으로 사용된다. 반면 개인의 도덕적 이상은 이타성, 즉 사랑이다. 사랑의 실현을 위해 스스로 삶을 그쪽으로 가도록 노력한다. 이 두 도덕적 입장은 서로 배타적이지 않고, 모순은 있지만 절대적이지 않다. 그러나 쉽게 조화되지 않는다.

종교적 도덕성과 정치적 도덕성은 서로 구별되어야 한다. 종교적 도덕성은 내향적이고 선한 동기를 표준으로 삼는다. 의무적 입장에서 규정된다. 합리화된 종교는 칸트와 스토아처럼 의무를 강조한다. 반면에 정치적 도덕성은 집단의 행위문제를 다루기 때문에 종교와는 타협이 불가한 그런 대립 상태에 있다. 순수 종교적 이상주의는 사회문제에 관심을 갖지 않는다. 종교적 이상주의는 자기부정으로서 자기를 실현하는데 힘쓰고, 순교자의 영생, 구세주의 승천과 같은 정신적인 면에서 성취된다. 사회적으로 유효하게끔 무저항주의를 방침으로 정한다. 물론 인간관계가 친밀한 곳에서 사랑하는 길은 정의에 이르는 길이 되기도 한다. 그러나 이런 사회적 타당성은 사회 속 사회적 관계가 매우 복잡하고 간접적이 될 때엔 크게 약화된다. 비이기성, 즉 희생은 자신과 집단의 이익을 버리게 되므로 치러야 할 대가가 너무나 크다. 사회 속에서 종교적 이상주의를 실현하는 것은 전혀 불가능한 방책이 되고 만다. 인간사회의 집단적 이기심은 도덕적이거나 합리적 설득 이외에 강제력에 의한 방법이 병행되어야만 비로소 제어하게 된다.(364)

4. 핵심 주제

이상주의에 바탕을 둔 종교적, 정치적 자유주의가 라인홀드 니버가 가진 초기 사상이었다. 그는 디트로이트시(市)에서 목회 경험을 한 이후부터 자본주의 사회에서 발생하는 사회 부조리와 사회악을 현실적으로 극복하는 정치적 현실주의 쪽으로 점차 방향을 틀게 되었다. 이런 문제의식을 가지고 기술한 책이 바로 1932년에 출간된『도덕적 인간과 비도덕적 사회』이다. 여기서 니버는 자유주의에 담긴 감상적 이상주의를 철저하게 배격하고, 정치적 현실주의를 채택하지 않을 수 없는 시대사적 요청을 수용하게 되었다. 예컨대 사회 정치적 현실을 아예 무시하고 무작정 사랑의 윤리를 사회현실에 그대로 적용할 수 있다고 믿는 종교적 혹은 자유주의적인 감상주의를 혹독하게 비판했다. 그런 면에서 그는 칼 바르트의 신학적 근본주의를 거부했다. 그는 경험 저편에 있는 절대적 이념을 단지 주장하지 않고, 역사적, 사회적, 문화적 상황을 고려하여 사회문제를 현실적으로 해결하려고 노력했다.

라인홀드 니버의『도덕적 인간과 비도덕적 사회』에 담긴 사회윤리사상의 핵심은 다름 아닌 개인윤리와 크게 구별되는 사회윤리의 특징이 무엇인지 드러내는 것이다. 한마디로 개인윤리와 대비되는 사회윤리는 '사회구조를 다루는 사회구조윤리'라 할 수 있다. 사회윤리는 사회비판적 기능을 담당하며, 공동선과 사회정의를 구현하는 과제를 갖고 있다. 니버의 사회윤리는 이처럼 정치적 현실주의 입장에 서 있고, 그에 따른 권력정책 이론을 견지한다. 그의 사회윤리는 사회윤리 문제를 해결하는 방법으로서 그가 기획한 '정치적 방법'을 사용하는 것을 옹호한다.

니버는 책의 중심 주제를 서문에서 간략하고도 명료하게 언급했다. 그는 개인의 도덕성과 집단의 도덕성 간에 큰 차이가 있음을 지적했다. 니버의 이런 지적은 개인윤리와 사회윤리를 구별하는 것이고, 사회윤리는 정치적 정책을 도입해야 할 필요성이 있음을 역설한 것이다. 인간의 합리성과 종교성이 미치는 영향력은 개인적인 차원에서는 어느 정도 작동하지만, 집단적인 차원에서는 작동하기 매우 힘들다고 본 것이다. 특히 국가 간 문제에서 더욱 그렇다. 그러므로 정치적 질서에 관해 순수하게 도덕주의적으로만 접근하는 것은 너무 나이브하다고 보았다. 정치적 집단이 가진 이기주의는 양심이나 윤리만을 가지고 극복하기는 매우 어려운 일이다. 집단 간에 놓인 대립적 이해관계는 권력이나 강제성의 작용이 불가피하게 요구되는 것이다. 예컨대 실타래처럼 엉킨 사회적 이해관계에 권력 정책이 작용하게 함으로써 인간의 도덕성은 보다 각성하고 증진된다. 그러므로 니버는 세속사회 속에서는 사랑이 아닌 정의가 기독교인 행동의 주된 목표가 되어야 함을 주장한다. 그러면서 그는 사회정의 실현을 위해서 강제력(coercion)과 더불어 실제적인 폭력(violence)까지 수용하였다. 또한 정의로운 사회건설을 위해서 때론 혁명(revolution)도 불사한다고 주장했다.

5. 책의 평가와 적용

이 책은 라인홀드 니버의 사회윤리사상의 핵심을 함축적으로 잘 드러내주는 걸작이다. 그런 의미에서 책은 미국의 상황과 지평에서 출간된 기독교사회윤리학의 한 고전으로 손꼽아도 전혀 손색이 없을 것이다. 독일에서는 1912년에 출판된 기독교사회윤리학의 고전으로 에른스트 트뢸취의 『기독교사회윤리』(Die Soziallehren der christlichen Kirchen und Gruppen)가 꼽히고 있다. 트뢸취의 책은 유럽사회의 1800년간 기독교 사회윤리를 사상사적으로 짚어 본 것인데 반해, 니버의 책은 미국사회의 상황을 고려해 정치윤리적으로 집필된 것이다.

『도덕적 인간과 비도덕적 사회』는 라인홀드 니버의 기독교 현실주의와 기독교사회윤리학의 사상적 단초와 키워드를 발견할 수 있는 중요한 책이다. 물론 기독교 현실주의는 1953년 작『기독교 현실주의와 정치적 문제들』에서 보다 구체적으로 드러나고 있지만, 위의 책을 이해하지 않고 라인홀드 니버의 사회사상을 이해하려 하는 것은 독자로선 매우 무모한 태도다. 기독교사회윤리학이 무엇인지, 그 성격이 무엇인지, 어떻게 윤리적 접근방법을 도모할지 알기 위해서 꼼꼼히 필독해야 할 책이다. 그런 의미에서 이 책은 교과서에 버금가는 기독교윤리학과 정치철학에 관한 최고의 학술서적이다. 라인홀드 니버의 동생 리처드 니버는 형의『도덕적 인간과 비도덕적 사회』가 1차 세계대전 이후의 가장 위대한 종교서적이라고 호평하였다. 미국의 저명한 정치학자 한스 모겐소(Hans J. Morgenthau)는『도덕적 인간과 비도덕적 사회』를 쓴 라인홀드 니버를 가리켜 현대 미국에서 가장 위대한 정치철학자로 손꼽았다.

그러나 이 책은 찬사와 함께 평화주의자나 사회주의자 모두에게 가혹한 부정적 비판을 받기도 했다. 니버의 친구 목사 흄(Theodor Hume)은 니버의 저서를 냉소주의와 비관주의의 저서라고 개탄해 했고, 전혀 기독교서적이라 부를 수 없다고까지 혹평했다. 토마스(Norman Thomas)와 홈즈(J. H. Homes)는 니버의 저서를 패배주의의 책이라고 비판했다. 세계기독학생연맹의 지도자 중 한 사람인 밀러(F. P. Miller)는 니버가 책에서 사회변혁과정에서 기독교의 독자적 기능을 포기했다고 평했다.

6. 토의 주제

1) 라인홀드 니버의『도덕적 인간과 비도덕적 사회』핵심 쟁점은 아

무리 인간이 도덕적일지라도 사회 속에서는 비도덕적이 된다는데
있다. 이런 주장에 대한 타당성 여부를 같이 토론해 보자.

2) 라인홀드 니버는 "어떤 사회이건 순수한 사랑의 정신으로는 정
의로울 수가 없으며, 사회의 잔인성과 불의에서 벗어날 수 없
다"(121)고 말했다. 과연 예수님의 산상수훈(이웃사랑)을 가지고
사회 속에서 정의를 실현할 수 있을지 함께 토론해 보자.

3) 라인홀드 니버는 책 10장에서 사회정의 실현을 위해서 정치적 방
법인 강제력(coercion)과 더불어 실제적인 폭력(violence)까지 수
용할 것을 주장했다. 이런 정치적인 방법을 한국정치 상황에서도
적용할 수 있을지 같이 토론해 보자.

7. 연관해서 읽을 참고도서

고범서. 『社會倫理學』. 서울: 나남, 1993.

니버. 라인홀드. 『인간의 본성과 운명 I』. 오희천 역. 서울: 종문화사,
    2013.

    『인간의 본성과 운명 II』. 오희천 역. 서울: 종문화사, 2015.

유석성. "라인홀드 니버의 정의론." in 『현대사회와 정의론』. 서울:
    나남출판, 1995. 117~152.

『개신교신학 입문』 칼 바르트

『Einführung in die evangelische Theologie』 Karl Barth:
(Zürich: TVZ, 1970)
신준호 옮김, 복있는사람, 2014

박영식(서울신학대학교, 조직신학)

1. 저자 소개

20세기 신학의 교부(教父) 칼 바르트. 그는 1886년 5월 10일 스위스 바젤에서 태어났다. 그의 아버지 프리츠 바르트는 베른대학교 신학부에서 교회사와 신약학을 가르쳤으며, 그의 할아버지 프란츠 알베르트 바르트는 평생 바젤에서 목회를 한 목사였다. 목회자와 신학자의 가정에서 태어난 바르트는 1902년 견진례를 받기 전날 밤에 신학을 공부하기로 결심했다고 한다.

스위스 사람인 바르트가 독일 신학계와 세계 신학계에 족적을 남기게 된 계기는 20세기의 악마 히틀러에 굴복해 있던 독일교회와 신학에 경종을 울리는 저술활동에서 찾을 수 있다. 사실 바르트는 신학생 시절, 당대 최고의 명성을 날리던 교회사가 하르낙과 조직신학자 헤르만에게서 깊은 영향과 감동을 받는다. 하르낙과 헤르만에게서 배운 19세기의 자유주의 신학의 기조는 19세기 신학의 교부인 슐라이어마허가 정초해 놓은 인간중심주의 신학에서 찾을 수 있다. 인간중심주의 신학이란 하나님에 대한 알고 말할 수 있는 가능성을 인간성에 둔다. 이미 1899년 겨울학기(1899/90)에 하르낙은 「기독교의 본질」이라는 제목의 강연을 통해 역사와 인간정신, 문화와 종교의 일치와 발전에 대한 낙관적인 견해를 표명했다. 인간의 감성, 인간의 종교성, 인간의 도덕성에서 하나님에 대한 인식하고 말할 수 있는 가능성을 찾고자 했던 19세기 신학의 기조에 바르트는 반기를 들고 경종을 울릴 뿐 아니라 그것과는 정반대의 가능성을 지시함으로써 20세기 신학의 새로운 장을 열어 놓았다.

1904년에서 1909년까지 스위스 베른, 독일의 베를린, 튀빙엔, 마르부르크에서 5년간의 신학수업 후 바르트는 스위스로 돌아가 목회활동에 전념한다. 특히 자펜빌(Safenwil)이라는 작은 공업도시에서 목회하면서 그는 공장노동자들의 편에 서서 당시 유행하던 사회주의 노선에 합류하여, '참된 사회주의자는 참된 기독교인이며 참된 기독교인은 참된 사회주의자'라고 말할 정도였다.

하지만 1914년 8월 제1차 세계대전이 터진다. 바르트가 존경해 마지않던 하르낙과 헤르만이 포함된 독일 지식인 93명이 전쟁을 지지하는 성명서를 발표한다. 빌헬름 2세의 전쟁정치에 동조하는 지식인의 명단에 자신의 존경하는 스승들의 이름이 기록된 것을 보고서 바르트는 '19세기 신학에는 더 이상 미래가 없다'고 생각했다. 이제 바르트는 아래로부터 위로 상향하는, 인간의 지성과 문화와 역사로부터 하나님의 나라에 이르는 길은 전적으로 죄된 인간의 망상일 뿐이라는 사실을 깊이 깨닫는다. 하지만 그동안 배웠던 정신적 토대를 한꺼번에 던져버리는 일은 그리 쉬운 일은 아니다. 작은 마을 자펜빌의 목사 바르트는 설교를 위해 성경을 묵상해야만 했고, 성경적 현실에 깊이 빠져 들어갔다. 그는 로마서를 깊이 묵상하며 주해하고 집필한다. 1919년 『로마서 강해』가 출간되었지만 스위스의 한 무명의 목사의 저술을 누가 주목하 겠는가. 더구나 바르트는 박사학위도 없지 않은가. 하지만 하나님은 아 무도 예기치 못한 일을 행하신다. 바르트는 이 저서에서 하나님 나라와 이 세상 사이의 간격을 분명하게 지시했으며, 1922년 수정하여 출판한 제2판에서는 이 사실을 더욱 극명하게 드러냈다. 어쨌든 제1판의 판권 이 독일의 카이저 출판사로 넘겨진 이후 바르트의 이름은 독일 교계에 알려지게 되었고, 이를 계기로 1921년 괴팅엔 대학에 교수로 초빙받게 된다. 이후 바르트는 뮌스터대학과 본대학에서 교수생활을 했고, 1934 년 5월 31일, 히틀러에 동조하는 '독일 기독교인'(Deutsche Christen)에 대항하는 바르멘 신학선언문의 초안을 작성했다. 그해에 교수직을 박 탈당한 바르트는 이듬해 자신의 고향으로 돌아와 바젤대학의 교수로 취임해서 평생을 그곳에서 보낸다. 바젤에서 바르트는 이미 시작한 20 세기 최고의 신학저술인『교회교의학』(Kirchliche Dogmatik) 집필에 전 념할 뿐 아니라 독일교회를 향한 신학적 경고와 조언을 아끼지 않았으 며, 말년엔 신학강연에 초대되어 미국을 방문했고 제2차 바티칸 공의 회에 초대되기도 했다. 1968년 12월 10일, 평온하게 잠든 상태에서 세 상을 떠났다.

2. 책의 등장 배경

『개신교신학 입문』은 칼 바르트의 말년 저술에 속한다. 저자 자신이 말하듯이, 본 저서는 "5년간 학생으로, 12년간 목사로, 그후 40년간 신 학 교수로 온갖 여정과 우여곡절을 겪으며 오늘에 이르기까지 근본적 으로 추구했고 배웠고 주장했던 것에 대한 숙고"가 녹아 있는 강연, 곧 교수직에서 은퇴한 이후 후임자가 정해지지 않아 1961~1962 겨울학기에 행해진 바젤대학에서의 마지막 강연을 담고 있다.

바르트의 저술을 심도있게 연구하는 전문가들에 따르면, 바르트의 신학적 사유가 여러 단계에 거쳐 변화되었다고 한다. 아마 바르트가 직면했던 시대적 상황의 변천과도 무관하지 않을 것이다. 물론 신학이 시대적 조류에 휩쓸려 이리저리 끌려 다닐 순 없다고 하더라도, 모든 신학은 그 시대적 상황에 대한 책임적 응답이어야 한다는 점에서 바르트의 신학도 예외일 순 없을 것이다. 하지만 이 책에 담겨 있는 내용은 40여 년간 바르트 신학 전체의 기조에 흐르고 있는 신학적 원리를 고스란히 드러내고 있다는 점에서 매우 중요하다.

특히 '입문'이란 제목이 암시하듯이 바르트는 여기서 그동안 저술했던 신학적 주제들을 요약하거나 다시 서술하려고 한 것이 아니다. 따라서 이 책에서 신학이 다뤄야 하는 주제들에 관한 상세한 내용을 찾고자 한다면 오산이다. 오히려 이 책은 개신교신학에 들어가는 '길잡이' 역할을 한다. 좀 다르게 표현하면, 개신교신학이 도대체 어떻게 가능하며, 신학자는 어떤 자세와 태도로 신학해야 하는가를 다루고 있다. '신앙은 이해를 추구한다'(fides quaerens intellectum)는 신학적 명제가 오늘날 개신교 신학자에게 어떻게 적용되고 응용될 수 있는지, '신학한다'는 것이 도대체 어떻게 가능하며, 무엇을 통과해야 하며, 어떤 자세와 마음가짐으로, 어떤 수행을 통해서 가능한지를 서술하고 있다. 신학에 '입문'하지 않고도, 오늘날 현실적으로 신학을 한다는 것이 가능할지는 모르지만, 바르트가 노년에 '입문'을 서술한 것처럼 우리는 오랜 세월 신학의 맛을 본 이후에야 비로소 참다운 의미에서 신학에 '입문'하게 되는지도 모른다.

3. 줄거리

이 책은 모두 17장으로 되어 있는데, 각 장의 핵심내용을 요약하거나 발췌해서 곱씹어 보도록 하자. 제1장은 개신교신학의 핵심내용을 제시하고 있으며, 나머지 16장은 '신학의 자리', '신학적 실존', '신학의 위기', '신학적 작업'이란 제목 아래 각각 4장씩 묶어서 다루고 있다. (인용구 다음에 괄호 안의 숫자는 번역본의 쪽수를 뜻한다.)

제1장('개신교신학'이란 무엇인가?)에서 바르트는 개신교신학의 근원은 성서가 증언하고 있는 것으로, 16세기 종교개혁에 의해 재발견되고 재수용된 것이라고 말한다. 그렇다면 구체적으로 그 근원은 무엇인가? 다름 아닌 용서하시고 은혜를 베푸시는, 우리와 함께 하시는 "복음의 하나님", "복음 안에서 스스로를 알리시고 인간에게 말씀하시며 인간들 사이에서 인간에게 행동하시는 하나님"(11)이다. 개신교신학은 복음의 하나님을 드러낸다. 복음의 하나님은 자신을 계시하시며 살아계신 하나님, 역사 안에서 활동하시는 하나님으로, 신학의 대상이면서 전제이다. 신학이 하나님이 누구인지 규정하는 것이 아니라, 하나님과 그분의 생동하는 활동이 신학을 규정한다. 하나님의 존재와 활동의 선재성(先在性)이 신학을 가능케 하는 대전제이며 출발점이다.

제2장에서 제5장까지는 신학의 자리를 설명한다. 즉, 신학이 가능케 되는 특수한 자리가 어딘지를 설명한다. 먼저 바르트는 신학의 출발점을 '말씀'으로 설정한다. 여기서 말씀은 신학이 들어야 하고 대답해야 하는 하나님의 말씀이며, 하나님은 이스라엘 역사 안에서 말씀하시

며 인류와 계약을 맺으신다. 하나님께서 먼저 말씀하신다. 앞서 말씀하시는 하나님은 동시에 말씀과 함께 행동하시는 하나님이다. 이 행동으로서의 말씀이 신학을 가능케 한다. 하나님을 외면하려는 인간을 향해 끊임없이 말씀하시는 하나님께서 구체적인 역사적 행동을 통해 인간과 화해하시는 분으로 자신을 드러낸 자리가 바로 예수 그리스도이다. "예수 그리스도의 역사 안에서 이스라엘의 하나님의 행위와 말씀이 그치는 것이 아니라, 오히려 목적점에 도달한다."(27) 바르트의 신학은 말씀의 신학으로서, 이스라엘 역사에 나타난 하나님과의 갈등뿐 아니라 그리스도 안에 나타난 하나님과의 화해 사건을 주목한다. 신학은 이러한 하나님의 말씀-행동을 뒤따르는 인간의 경배일 뿐이다.

두 번째로 서술된 신학의 자리는 '말씀의 증인들'이다. 여기에 개신교신학의 특징이 놓여 있다. 개신교신학은 신비적으로 하나님의 말씀을 듣고 증언하는 신학이 아니다. 오히려 하나님의 말씀과 행동을 보고 듣고 증언하는 성서의 "증인들을 크게 신뢰하면서 간접적 지식을 얻는다."(33) 따라서 개신교신학은 소위 직통계시에 의존하지도 않지만, 그렇다고 단순히 합리적인 이성에 의존하지도 않는다. 신학은 일차적으로 오직 구약과 신약의 증언을 통해 하나님 말씀을 경청하려는 성서적 신학일 수밖에 없다. 성서는 "인간적이고 또 인간적 제약 아래 있지만" 그럼에도 "하나님의 사역 및 말씀과의 직접적 관계 때문에 거룩하며, (...) 존경과 주목을 받을 가치가 있고 또 그러한 것을 요청하는 문서들이다."(39)

하나님의 말씀과 말씀의 증인들과 더불어 신학은 구체적인 '공동체'를 자신의 고유한 자리로 삼는다. 교회공동체는 세상의 약자들을 위해 봉사하며 그들을 위해 기도하는 구체적인 삶의 현장을 의미한다. 신학은 바로 이러한 공동체의 한 기능이다. 오늘날 신학과 교회의 관계

설정이 중요한데, 바르트의 조언에 따르면 신학은 교회 공동체 안에서 "특별히 설교, 가르침, 목회 등을 책임지는 지체들에게 봉사해야 한다."(49) 하지만 동시에 이러한 "하나님의 말씀에 대한 봉사"(49)를 위해 신학은 공동체의 전승에 대해 비판적이어야 한다. 즉, 공동체의 신앙고백이 "성서가 증거하는 하나님의 말씀의 근거, 대상, 내용"(50)에 적합한지 비판적으로 묻고, 이들의 신앙이 "지성을 찾는 신앙"(50)이 되도록 해야 한다. 하지만 이러한 신학의 자리는 무슨 근거로 설정된 것인가? 도대체 무슨 근거로 말씀이, 증인들이, 공동체가 신학의 자리로 설정될 수 있는가? 바르트에 따르면 이들은 "무전제의 명제들"이다.(56) 다시 말하면 어떤 무엇에 근거해서 설정된 명제들이 아니라, 그저 신학적으로만 근거될 수 있는 명제들이다.

더 나아가 바르트는 이러한 명제들이 근거해 있는, 은폐되어 있는 힘을 '성령'이라고 말한다. 다시 말하면 신학은 바람처럼 자유롭게 역사하시는 성령에 의해 하나님의 말씀을 포착하고, 성서 속에서 말씀의 증인들을 만나며, 하나님의 말씀을 듣고 수행하는 교회 공동체의 한 기능으로서의 역할을 감당할 수 있다. 신학적 명제들의 정당성과 근거는 신학이 스스로 마련할 수 있는 것이 아니기에, 신학은 성령의 바람에 전적으로 의지해야 한다. 따라서 아래의 인용구를 곱씹어 볼 필요가 있다. "복음의 하나님 앞에서 겸손하고 자유롭고 비판적이고 기뻐하는 학문인 개신교신학은 오직 성령의 권능적 영역 안에서 가능해지고 현실적이 된다는 사실은 분명하다. 그때 개신교신학은 성령론적 신학이 되며, 성령만이 진리이시며 홀로 진리 질문을 던지고 대답하신다는 용기 있는 신뢰 안에 있게 된다. 신학은 어떻게 신적 로고스에 대한 인간의 말이 될 수 있는가? 스스로의 힘으로는 전혀 그렇게 될 수 없다. 다만 성령이 신학 위에 그리고 신학에게 오시는 일은 일어날 수 있다. 그

때 신학은 성령을 막거나 지배할 수 없으며, 오히려 다만 기뻐하면서 그분을 뒤따를 뿐이다."(64) 바르트는 신학자가 성령을 망각해서도 안 되며, 또한 성령을 소유하고 좌지우지할 수 있는 것처럼 생각해서도 안 된다는 경고를 잊지 않는다. "신학은 최종적으로 오직 아이들의 자리를 취할 수밖에 없다. 그들은 빵도 물고기도 갖고 있지 않으나, 그러나 그들에게는 둘 다를 가지고 계시면서 신학이 그것을 간구할 때 주실 수 있는 아버지가 있다. 그러므로 개신교신학은 전적인 가난 속에서도 풍요롭다."(67)

제6장에서 제9장까지는 신학적 실존을 다루고 있다. 실제로 신학하는 사람이 경험하게 되는 현실은 무엇이며 무엇이어야 하는가? 바르트는 첫째로 '놀람'을 말한다. 고대 그리스철학에서도 학문은 놀람에서 시작된다고 보았다. 하지만 바르트가 여기서 말하는 놀람은 처음에 깜짝 놀랐다가 자세히 연구한 후에는 그 새로움이 사라지는 그러한 놀람이 아니라 지속적인 경이로움을 의미한다. 이것은 공간적, 시간적 자리를 갖지만 역사적으로 증명될 수 없는 성서의 기적들을 둘러싼 새로운 사건과 언어와도 연결된다. 무엇보다도 신학은 "성서가 말하는 본래적 · 결정적 새로움"(76), "하나님과 인간 사이의 계약의 성취와 완성"(77)인 예수 그리스도의 역사에 놀라지 않을 수 없다. 또한 신학자는 하나님 안에서 은혜의 수용자가 된 자기 자신에 대해서도 놀라지 않을 수 없다.

더 나아가 신학자는 놀람에서 감탄으로 그리고 최종적으로는 '당황'을 체험하게 된다. 여기서 당황이란 깜짝 놀라고 신기해하고 감탄하는 것을 넘어, '어떤 일을 바로 자기 자신에게 일어난 사건'으로 경험함을 의미한다. 본서에 "당신이 바로 그 사람이다!"(tua res agitur)로 번역된 문장의 원뜻이 바로 그것이다. 하나님의 일이 나에게, 나의 일로서 일어난다. 신학자에게 성서가 증언하는 새로움의 사건들은 바로 자기 자신에게 일어나는 새로움의 사건이 된다. 또한 신학자는 동시대인으로서 시대적 아픔과 곤경을 함께 겪는다. 무엇보다도 신학자는 자신의 개인적 삶과 깊이 관여하며, 그를 자기 앞에 세우시는 하나님과 대면하는 자여야 한다. 하나님과 관계하는 자신의 생생한 삶을 내팽개치고 하나님에 대해 제3자처럼 객관적으로 신학한다는 것은 원칙적으로 불가능하다. 하나님과 신학자는 나와 너의 관계 속에 들어간다.

신학자는 하나님의 새로운 현실에 놀랄 뿐 아니라 그 강렬한 관계성에 묶여 있으며, 더 나아가 하나님으로 선사받은 것을 실행할 '의무'를 짊어진다. 특히 바르트는 신학과 관련해서 지성의 사용에 대해 언급한다. 여기에 바르트의 고유한 신학함의 특색이 드러난다. 신학적 앎은 "모든 생각, 개념, 말을 그분으로부터 그리고 그분을 향해 집결시키는 앎"(99)이어야 하며, 다른 일반적인 학문적 규율이 아니라 "하나님의 말씀으로부터 주어지는 논리, 변증법, 수사학"(101)을 따라 그에게 나아가야 한다. 또한 신학자는 복음과 율법, 은혜와 심판, 생명과 죽음, 이 양자를 모두 표현해야 하면서도 전자가 후자를 대체하지는 않지만 압도한다는 사실을 알아야 한다. 따라서 신학자는 "공동체와 세상 안에 기쁨을 전하는 사람"(105)이다.

마지막으로 신학자를 신학자가 되게 하는 것은 '믿음'이다. 바르트가 말하는 믿음은 지성을 희생시키는 믿음이 아니라 지성을 추구하는 믿음이며, 믿음의 대상과의 관계 안에서 발생하는 사건이며 선물로서 주어지는 믿음이다. 따라서 주목할 점은 믿음은 강요되거나 스스로 소유할 수 있는 것이 아니다. 바르트는 '붙잡음'이라는 단어를 사용하지만, "붙잡음의 행동인 믿음은 하나님께서 인간에게 제시하신 은혜에 저절로 이어지는, 인간 편에서 약간 감사하는 자발적 응답일 뿐"(114) 임을 분명히 하고 있다. 따라서 믿음은 소위 '나의 믿음 좋음'과 같은 나의 자랑거리가 아니라 하나님의 풍요롭고 따스한 은총의 햇볕에 반사된 감사한 미소일 뿐이다. 또한 무엇보다 믿음은 신앙의 세부조항에 대한 단순한 지적인 승인을 넘어 복음의 하나님 안에 머물러 신뢰함을 의미한다. 바르트에 따르면 믿음의 크고 작음은 문제가 아니다. 왜냐하면 "복음에 따르면 볼품없는 겨자씨 한 알의 믿음이 산을 옮기기에 충분"(116)하기 때문이다. 또한 믿음은 특정한 인물에게만 한정된 소유물이 아니라 믿음 없음에 대한 고백과 함께 매순간 간구되어야 할 하나님의 선물이다. 이처럼 믿음의 사건을 경험하며 "살아 계신 하나님에 의해 현실적 효력이 발생하는 놀라움에 사로잡히고, 당황스런 마주침으로 인도되고, 의무를 지게 된" 사람이야말로 "신학 작업에 적합한 사람"(117)이다.

제10장에서 제13장까지는 신학의 위기를 다룬다. 신학의 위기는 신학자로 하여금 신학자가 되지 못하게 하는 어두운 측면이기도 하지만, 어떤 면에서는 신학자로서 마땅히 짊어지고 가야하는 실존의 짐이기도 하다. 노(老)신학자가 자신의 신학여정을 되돌아보면서 제시한 신학의 위기는 고독, 의심, 시험 그리고 희망이다. 신학자는 고독하다. 자신이 믿고 생각하고 고뇌하고 있는 것을 함께 들어줄 사람이 별로 없다. 다행스럽게도 바르트에겐 샬롯테 폰 키르쉬바움(Charlotte von Kirschbaum)이라는 훌륭한 여비서가 있었다. 하지만 그녀가 병환으로 요양원에 들어간 이후 바르트 역시 건강이 악화되어 저술활동이 어려웠다고 한다. 하지만 여기서 바르트가 말하는 고독은 단순히 심리적 현상만이 아니라 신학의 특수성에서 비롯되는 신학 본연의 고독을 의미

한다. 여기서 바르트는 철학과 신학의 종합을 시도했던 동시대 신학자 파울 틸리히(Paul Tillich)를 비판한다. 그에게 철학과 신학, 신학과 여타 학문의 종합이란 있을 수 없다. 또한 신학의 특수성 때문에 신학자는 경제학이나 역사학이나 오늘날 자연과학을 전공한 사람처럼 그렇게 대중적인 인기를 얻을 수 없다. 그런 점에서 신학자는 고독과 고립을 견뎌내야 한다. 신학자는 또한 의심의 병을 앓는다. 신학의 개별주제들에 대한 철저한 검토를 위해 의심해야 하지만, 인간적 나약함과 마귀의 유혹으로 인해 신학의 대전제인 하나님의 존재에 대한 불확실성에 빠질 수도 있다. 바르트의 처방은, 의심은 의심을 통해 극복될 수 있다는 것이다. 변증법적 사유는 자신을 부정함으로써 대답으로 나아간다. 하지만 악에 굴복하는 세상과 분열되고 세속화된 교회, 자신의 삶자체 때문에 신학자는 또한 심하게 흔들리게 된다. 바르트에게 의심은 불가피하지만 바람직한 것은 아니다. 따라서 "의심하는 자의 칭의는 있을 수" 있지만, "의심 자체의 칭의란 있을 수 없다."(143) 의심을 극복하기 위해서는 실존의 한계적 공간 너머를 바라보면서 참고 견뎌야 한다.

하지만 바르트에게 신학의 가장 큰 위기는 고독도 의심도 아니다. 하나님으로부터 오는 시험이다. "그것은 하나님께서 인간이 착수하고 진행시키는 그 작업으로부터 떠나 버리시는 사건이며, 하나님께서 그 사람의 행위 앞에서 그를 외면하고 얼굴을 감추시는 사건이며, 하나님께서 그에게 (뒤따라오는 그의 모든 결과물들에게도) 성령의 현재와 행하심을 (하나님께서는 이것을 아무에게도 빚진 적이 없으시다) 허락하지 않으시는 사건이다. 반드시 나쁜 신학 작업에게만 이 일이 일어나는 것은 아니다. 인간적으로 볼 때 좋은, 더 나아가 최고의 신학 작업에도 이 일은 일어난다."(146~147)

하나님께서 떠나가 버린 신학 작업, 이 끔찍한 일을 바르트가 염두에 두고 있다는 사실 자체가 흥미롭다. 하나님 없는 신학? 도대체 그는 구체적으로 어떤 신학을 염두에 두고 있었을까? 하지만 바르트는 곧장 이렇게 묻는다. 도대체 무엇을 위해 하나님은 떠나가시는 것일까? 이 제 바르트는 하나님의 부재조차도 하나님의 은혜로 이해하고자 한다. 불같은 하나님의 시험은 곧 정금같이 나오게 하려는 하나님의 은혜이 다. "신학자는, 전체 노선에서 자신을 대적하시는 하나님을 만날 때, 그 때에야 비로소 자신을 도우시는 하나님을 만날 수 있다."(151) 하나님 은 이를 통해 자신의 말로 하늘에 도달하려는 신학의 오만함과 자기 자 랑에 가득한 신학의 허영심, 실천과 현장을 잃어버린 추상적 이론화를 심판하신다. 신학은 하나님의 심판을 경험하면서 자기 자신에 대한 철 저한 비판에 도달하며, 동시에 하나님의 긍휼을 기대할 수 있다. 그렇 다면 신학자는 신학함에 있어 하나님의 심판을 의식해야 한다. 자신의 신학이 하나님에 의해 심판받을 것임을 인지하는 한, 그 신학은 참된 신학이 될 수 있을 것이다.

　고독과 의심, 시험에 직면하여 신학자에게 주어지는 덕목은 희망이 다. 여기서 말하는 희망은 고독과 의심, 시험과 같은 부정적인 것의 제 거가 아니라, 이러한 것들을 짊어지고 견디는 것을 말한다. 신학자의 희망은 고독과 의심과 시험을 통해, 하나님의 심판을 통해서만 하나님 의 은혜에 도달할 수 있다는 사실에 있기 때문이다. 따라서 "신학의 그 특별한 희망은 신학의 특별한 위협이다. 바로 그 희망 때문에 신학자는 고독, 의심, 시험에 의해 다른 사람들보다 더 두드러지게 고난을 받는 다."(165) 모든 것을 잃어버려도 주님만이 홀로 영광 받으시리라는 희 망 때문에 신학은 고난을 달게 받는다.

　마지막으로 제14장에서 제17장은 신학적 작업이 구체적으로 무엇을 통해 이루어지는지를 설명한다. 바르트는 기도와 연구와 봉사와 사랑을 신학 작업의 필수요소로 설정한다. 일찍이 루터는 신학을 위해 기도와 묵상과 시련을 제시한 적이 있다. 바르트에게서도 "신학 작업의 첫째 근본적 행위는 기도다."(173) 여기서 기도란 두 손을 모으는 행위를 넘어 하나님의 가능성에 자신을 개방하고, 하나님 때문에 항상 다시 시작할 수 있다는 근본적인 자세를 의미한다. 기도는 하나님을 향해 나 자신을 개방하여 신학함을 가능케 하는 근원적인 태도를 의미한다. 누구나 공감하겠지만 바르트도 역시 이렇게 말한다. "연구 없는 기도는 공허하다. 기도 없는 연구는 눈먼 것이다."(184)

더 나아가 "게으른 연구자는 신학자로서도 전혀 연구자일 수 없다."(185) 바르트에게 태만은 무서운 죄다. 신학자는 항상 배우고 연구하는 자여야 한다. 신학은 단순히 목회를 위한 수단이나 목회의 전단계가 아니라 평생을 두고 해 나가야 하는 작업이다. 신학의 연구는 성서의 증인들과 머리를 맞대고 하나님의 말씀을 경청하는 것이어야 하며, 부차적으로는 하나님 말씀의 해석자들인 고대에서 현대에 이르는 많은 신학자들과의 대화로 이뤄진다. 이러한 연구들은 성서신학, 교회사, 조직신학, 실천신학 분야로 나눠질 수 있다.

신학은 기도이며, 연구이다. 동시에 신학은 "하나님의 말씀에 대한 봉사"(197)이다. 여기서 예술과는 달리 신학은 그 자체에 목적을 두지 않는다. 바르트에 따르면 목회현장에 성급하게 뛰어들어 신학 공부를 소홀히 하는 것은 현명하지 못하다. 하지만 신학 작업의 아름다움에 현혹되어 신학의 본연적인 목적을 망각해서도 안 된다. 더구나 신학자는 공동체 안에서 하나님의 말씀에 봉사하는 자로서 "우월한 자 내지 권위자로 사칭하고 행세"(202)해서는 안 된다. 신학자는 공동체 내에서 봉사하는 자, 섬기는 자의 자세를 가져야 한다. 물론 신학은 공동체의 복음 선포를 통해 '간접적으로' 세상에 봉사할 수도 있고, 교회 밖의 사람들이 갖는 신학적인 질문들에도 관여할 수 있다.

마지막으로 바르트는 신학의 원리(원칙)로서 사랑을 이야기한다. 바르트에 따르면, 사랑으로 행해지는 신학만이 좋은 신학이 될 수 있다. 사랑으로 행해지는 신학 작업은 자랑하지 않으며, 헛된 논쟁에 빠지지 않는다. "신학 작업은 오직 사랑이라는 자유로운 은사를 받고 그것을 행동으로 보일 때, 좋은 작업으로 착수되고 진행되고 목적으로 인도될 수 있다."(211)

그런데 여기서 말하는 사랑은 결핍을 채우고자 하는 에로스가 아니라 타자에 대한 무한한 긍정과 타자의 주권을 인정하는 아가페를 의미한다. 신학의 대상은 참 하나님이시며 참 인간이신 예수 그리스도인데, 신학적 인식은 그 안에서 "인간을 하나님과 그리고 하나님을 인간과 결합시키는 완전한 사랑"을 경험한다. 신학적 인식과 사유가 타자의 주권을 빼앗지 않고 주어진 그대로 용인하고 승인하는 저 아가페를 모방할 때, "신학은 겸손하고 자유롭고 비판적이고 기뻐하는 학문이 된다."(218) 이것은 인간의 신학적 작업이 하나님의 선재성을 있는 그대로 담아내야 함을 뜻한다. 자신의 욕망과 힘에 의해 대상을 구겨 넣는 태도가 아니라, 하나님에 대한 인식과 사유가 오직 선물로서 주어질 수 있음을 긍정하는 태도를 의미한다. 설령 인간의 신학 작업은 사라진다 해도 하나님의 아가페는 변함없이 영원할 것이다. 바르트는 자신의 마지막 강연을 하나님께 드리는 영광송으로 마친다. '영광이 성부와 성자와 성령께 태초부터 지금까지 항상 또한 영원토록 있을지어다!'

4. 이 책에 대한 평가

바르트에 의해 시작된 20세기 신학은 추상과 사변이 아니라 성경에 대한 묵상과 설교에서 태동했다는 사실을 주목할 필요가 있다. 바르트에게 가장 중요한 신학의 토대는 성경의 증언이었고, 성경이 열어주는 하나님의 새로운 현실이었다. 19세기 신학의 주장과는 달리 인간의 정신과 감성, 도덕과 문화와 역사라는 인간적 가능성에서부터 하나님께 도달하는 길이 아니라 하나님으로부터 인간에게 이르는 현실, 곧 성경이 증언하는 새로운 현실인 예수 그리스도만이 하나님과 인간 사이에 벌어진 틈을 메울 수 있는 유일한 길임을 바르트의 신학은 말한다.

19세기 신학과 20세기 신학의 패러다임 충돌은 베를린의 고명한 신학교수 하르낙과 박사학위도 없이 이제 막 대학교수로 청빙 받은 젊은 바르트가 주고받은 편지에서도 엿볼 수 있다. 하르낙은 '동료'라는 호칭을 쓰면서도 바르트의 신학은 '부흥사신학에 불과하다'고 비꼰다. 하지만 바르트도 하르낙에게 자신이 갖지 못한 학위를 가졌다는 점에서 '박사님'이라는 호칭을 쓰면서, 하르낙의 소위 학문적 신학의 한계를 비판한다. 바르트에게 신학의 학문성은 성서와 신앙적, 신학적 전통에 근거한 신학의 고유성에 근거하며, 설교와 동일한 과제를 걸머질 때만 유효한 것이지, 그저 일반 학문적 보편성에 기초할 수는 없었다.

본서에서도 우리는 신학에 대한 바르트의 이러한 기본사상이 노년까지 면밀히 흐르고 있음을 알 수 있다. 바르트에게 신학의 과제는 곧 설교의 과제와 동일하다. 하나님의 말씀을 귀 기울여 경청하고 순종하며, 하나님의 말씀에 봉사하는 것이었다.

신학자 골비처는 바르트의 신학을 열정적이면서도 아름답다고 말했다. 실제 바르트의 문장은 화려하다. 문장 한 구절 한 구절에 붙잡히기

보다는 단락전체가 겨냥하는 방향을 살펴보는 것이 낫다. 본서도 마찬가지다. 더구나 강의를 위해 작성한 글이기 때문에, 논리적으로 촘촘하게 구성되어 있다기보다는 젊은 신학도를 위해 당대 최고의 노(老)신학자가 애정어린 충고를 쏟아내는 글이라고 보아야 할 것이다. 사실 '입문'이라고 제목과는 달리, 신학의 초보자가 읽기에는 만만치 않은 책이다. 만약 우리가 직접 그의 강의를 듣고 함께 토론도 할 수 있었다면 보다 쉽지 않을까. 어쨌든 본서는 강의를 바탕으로 한 글인데, 나는 그의 마지막 강의, 곧 본서의 마지막 장인 '사랑'에 관한 강의 녹음을 들은 적이 있다. 바르트의 목소리는 굉장히 높고 강렬했다. 강의라기보다는 대중강연처럼 열변을 토하고 있었다. 더구나 '사랑'을 말하는 강의에서. 본서를 읽으면서 우리는 이러한 바르트의 열정을 염두에 두어야 한다. 선동적인 연설로 독일 민족을 사로잡았던 히틀러에 대항하여 '하나님의 말씀'을 내세웠던 열정적인 신학자 바르트, 그는 노년에도 하나님의 자유와 은총에 상응하는 뜨거운 열정으로 신학의 고유성을 지켜 내고자 했다.

본서에서 만약 우리가 하나님의 살아계심과 주권, 그리고 말씀의 우위성에 관한 바르트의 열정을 읽을 수 있다면, 또한 하나님의 말씀을 경청하고 선포해야 할 교회 공동체를 향한, 그리고 복음으로 변화되어야 할 세상을 향한 그의 열정을 읽을 수 있다면, 또한 바르트 신학의 아름다움도 맛보게 될 것이다. 그 아름다운 열정이 우리를 신학에 '입문'하게 할 것이다.

5. 적용

신학생으로서 우리는 이런 저런 신학을 배우고자 하며 또한 배우고 있지만, 신학함 자체에 대해 진지하게 생각해 보지 못한 적이 많다. 도대체 신학은 어떻게 하는 것인가? 신학을 하기 위해 우리가 갖춰야 할 태도와 자세는 무엇인가? 신학의 대상은 무엇이며, 신학의 자료는 무엇인가? 신학함에 있어 성서는 어떤 위치를 차지하고 있으며, 우리는 다양한 신학들에 대해 어떤 자세를 갖춰야 하는가? 신학과 우리가 당면한 현실은 어떤 관련성이 있는가? 신학은 교회현장에 무엇을 가져다 줄 수 있으며, 또 어떤 태도를 취해야 하는가? 신학과 신앙의 관계는 어떠한가? 신학은 다른 학문에 대해 어떤 점에서 독특한가? 신학은 과연 신학생의 삶과 무슨 연관성이 있을까? 이러한 질문들은 신학함에 있어 중요하다. 본서와 관련해서 우리는 이에 대해 어떻게 대답할 수 있을까?

6. 토의 주제

본서의 내용에 대해 다음과 같은 비판적인 질문들을 제기해 볼 수 있다.

1) 바르트에게서 하나님 자신과 인간적 학문으로서의 신학의 관계는 어떻게 설정되고 있는가? 과연 신학은 하나님을 올바르게 말하고 사유할 수 있는가? 가능하다면 어느 정도, 어떤 방식으로 가능한가? 불가능하다면 신학은 불필요한 것이 아닌가?

2) 바르트는 '신학의 무전제성'을 말하면서 신학을 신학이 되게 하는 근원적인 힘을 성령에서 찾고자 했다. 그렇다면 과연 신학은 학문이라 할 수 있을까? 어떤 의미에서 신학의 학문성을 주장할 수 있을까?

3) 바르트는 신학의 고유성 또는 독특성에 집중한 나머지, 다른 학문

과의 연관성을 놓쳐 버리지는 않았는가? 예컨대 신학과 과학, 신학과 사회학, 신학과 종교학의 대화는 불가능한 것일까? 가능하다면 어떤 방식으로 가능할까?

4) 바르트에게 하나님은 이스라엘의 역사 안에서 그리고 결정적으로 예수 그리스도 안에서 우리와 만나신다. 그렇다면 한국적 상황에서도 그렇게 말해야 하는가? 즉, 기독교 선교 이전의 사람들에게 하나님은 전혀 만남의 가능성이 없었다고 해야 할 것인가? "이스라엘 역사 안에서 시작되고 예수 그리스도의 역사 안에서 목적에 도달하는 임마누엘의 역사 그 자체는 모든 시대와 장소의 인간들에게 말해진 하나님의 말씀이다"(57)라는 바르트의 문장은 이와 관련해서 어떻게 해석될 수 있을까?

5) 마지막으로 본서와 관련해서 자기 자신에게 이렇게 물어볼 필요가 있다. 신학을 공부하는 나에게 신학한다는 것은 무엇을 의미하는가? 신학 공부는 단순한 암기인가? 아니면 호기심인가? 성경 공부인가? 도대체 나에게 신학한다는 것은 무엇을 뜻하는가? 나는 어떻게 신학을 하고 있는가?

7. 연관해서 읽으면 유익한 문헌

김명용, 『칼 바르트의 신학』(서울: 이레서원, 2007) - 바르트 신학 전반에 관한 개론서

이신건, 『칼 바르트의 교회론』(서울: 한들, 2000) - 바르트의 교회론에 관한 전문 학술서

오성현, 『바르트와 슐라이어마허』(서울: 아카넷, 2008) - 초기 바르트와

슐라이어마허의 관계에 관한 전문 학술서.

에버하르트 부쉬/ 손성현 옮김, 『칼 바르트』(서울: 복있는사람, 2014) -
    바르트의 전기

칼 바르트/ 신준호 옮김, 『교의학 개요』(서울: 복있는사람, 2015) - 사도
    신경 해설

프랑크 옐레/ 이용주 옮김, 『편안한 침묵보다는 불편한 외침을』(서울:
    새물결플러스, 2016) - 바르트의 정치신학적 입장

『유대교』 한스 큉

『Judentum』 Hans Küng

이신건, 이응봉, 박영식 옮김, 시와 진실, 2015.

이신건(서울신학대학교, 조직신학)

1. 저자 소개

한스 큉(Hans Küng)은 1928년에 스위스 수르제에서 태어났다. 로마 교황청 그레고리오대학교에서 철학과 신학을 공부한 후에 1954년에 가톨릭 사제로 서품을 받았다. 파리 소르본대학교와 가톨릭대학교에서 학업을 계속해서 1957년 신학박사 학위를 받았으며, 1959년까지 스위스 루체른에서 사목 활동을 하다가, 1960년에 독일 튀빙엔대학교 가톨릭 신학 교수가 되었다.

제2차 바티칸 공의회(1962년)의 신학 자문위원으로 활동하기도 했으나, 1979년에 가톨릭교회의 전통 교리 비판이 파문을 일으켜 바티칸 교황청에 의해 신학 교수직을 박탈당했으며, 이 일은 국제적 논쟁을 불러일으켰다. 그러나 그 이후 20년 동안 큉은 튀빙엔대학의 '에큐메니칼 신학 교수'로 재직했고, 세계종교인평화회의 의장을 역임했으며, 튀빙엔에 있는 세계윤리재단(Stiftung Weltethos)을 이끌고 있다.

지난 수십 년 동안 그의 저술과 강연은 가톨릭 신학의 영역을 넘어 세계 신학계 전반에 큰 도전이었다. 우리말로 번역된 그의 저서로는

『그리스도교』,『왜 그리스도인인가』,『교회란 무엇인가』,『교회』,『신은 존재하는가?』,『문학과 종교』,『중국 종교와 그리스도교』,『세속 안에서의 자유』,『세계 윤리 구상』,『믿나이다』,『한스 큉, 과학을 말하다』,『그리스도교 여성사』,『그리스도교』 등이 있다.

2. 등장 배경

이 책은 보쉬 기념재담과 다임러 벤츠 기금이 지원하는 '종교 평화가 없이는 세계 평화도 없다'라는 프로젝트의 일환으로 큉이 기획한 3대 세계종교(유대교, 그리스도교, 이슬람교)에 관한 저술 중에서 제일 먼저 나온 작품이다. 이 책의 서문 '이 책은 무엇을 원하는가?'에서 큉은 다음과 같이 말한다. "살아 있는 유대교에 대한 분석이 없이는 현 시대의 종교적 상황에 대한 분석도 없다! 새 천년이 손에 잡힐 듯이 다가와 있고 온 세계가 새 천년에 관해 온갖 추측을 늘어놓고 있는 이 시점에 유대교의 미래는 과연 어떻게 될까? 새 천년이 다가오는 이 시점에 삼대 예언자적 종교 가운데서 가장 오래된 유대교는 참으로 우리 시대의 모든 종교적 문제를 하나의 집광 렌즈처럼 반영하고 있다. 비록 유대교를 믿는 사람들의 숫자는 적지만, 그래도 유대교는 정신적으로 강력한 힘을 가진 하나의 세계종교이다. 그러므로 근동에서 생겨난 세 예언자적 종교에 먼저 초점을 맞추려는 우리의 전체 구상이 유대교와 함께 시작하는 것은 바람직한 일이다."(5)

여기서 큉은 다음과 같은 다음과 같은 전제로부터 출발한다. "기독교든, 유대교든, 이슬람교든, 모든 세계종교는 개인과 민족과 문명을 뛰어넘는 살아 있는 체계이다. 이 체계는 천년 이상의 역사 속에서 다양하고 획기적인 패러다임을 형성해 왔다. 만약 우리의 연구가 다음과 같은 두 가지 요소를 동시에 추구하지 않는다면, 이러한 사실에 부합할 수 없을 것이다. 지금도 여전히 영향력을 떨치고 있는, 천년의 역사의 정신적 능력에 대한 분석이 요구된다. 그렇기 때문에 역사적-체계적 진단이 필요하다. 분석된 현재로부터 미래에 주어질 다양한 선택에 대한 전망이 요구된다. 그렇기 때문에 실천적-공동적 해결책이 필요하다. 왜냐하면 우리가 지금까지 어떤 길을 걸어왔는지(제1부: '여전히 현존하는 과거')를 알아야만, 우리가 지금 어떤 지점에 서 있는지(제2부: '현재의 도전')를 이해할 수 있고, 우리가 앞으로 어떤 길을 걸어야 할지(제3부: '미래의 가능성')을 생각할 수 있기 때문이다."(5)

3. 줄거리

제1부. 여전히 현존하는 과거

1장. 기원

여기서 큉은 먼저 130억을 헤아리는 세계사를 간략하게 고찰한 다음에 3대 세계종교의 조상인 아브라함을 유대교 이해의 출발점으로 삼는다. "아브라함에게 근본적인 것은 하나님에 대한 신뢰이다. 근본적인 것은 무조건 신뢰하는 신앙이다. 이 신앙 때문에 아브라함은 "의롭다고 여겨졌다." 아브라함은 이런 의미에서 믿는 사람의 원형과 모범이고, 이런 신앙에 근거하여 가장 어려운 시험도 이길 수 있는 사람이다. 여기서 인간은 하나님 "앞에" 서고, 하나님에게 자신을 온전히 맡기며, 그래서 하나님을 인격적으로 믿는다. 따라서 아브라함은 셈족 사람들에게서 기원한 삼대 종교 모두의 공통적인 원조로 여겨진다. 그렇기 때문에 우리는 이 세 종교를 아브라함 종교라고 부른다."(39)

여기서 큉은 유대교와 기독교와 이슬람교에서 아브라함이 어떤 사람으로 이해되고 있는지를 설명한다. 여기에 모든 세 종교의 원초적인 정체성이 걸려 있다. 아브라함은 이상적인 출발점은 아니지만, 하나의 매우 현실적인 출발점으로 나타난다. 그러므로 유대인과 기독교인과 무슬림 간에는 '삼중대화'가 필요하다.(40~51)

큉에 따르면 유대교는 하나의 수수께끼와 같다. 유대인도 스스로 가장 큰 수수께끼로 여기는 유대교란 무엇인가? 하나의 국가이지만, 결코 국가가 아니다! 하나의 민족이지만, 결코 민족이 아니다! 하나의 언어 공동체이지만, 결코 그렇지 않다! 하나의 종교 공동체이지만, 결코 그렇지 않다! 분명한 점은 유대교가 3천 년이 넘는 역사 속에서 전무후무하고 비교할 수 없는 놀라운 생존 능력을 입증한 하나의 운명 공동체라는 사실이다.(52~56)

2장. 중심

여기서 큉은 이제 유대교의 중심이 무엇인지를 묻는다. 중심요소는 출애굽(민족과 선택)과 시나이(언약과 율법)와 가나안(땅과 약속)이고, 중심인물은 모세이다. 여기서 큉은 모세의 종교 약력을 간단히 설명하며, 유대교와 기독교와 이슬람교가 모세를 어떤 사람으로 보는지를 설명한다. 그리고 유대교의 중심적인 신앙 내용은 야웨 하나님과 하나의 이스라엘 백성이다. "야웨는 이스라엘의 하나님이고, 이스라엘은 그의 백성이다!" 이 언약 조항은 구약성서의 중심이다. 히브리 성서, 테나크, 구약성서의 모든 이른바 타원형의 증언은 두 초점(야웨와 이스라엘)을 중심으로 움직인다. 유대인의 토대는 초기 시대부터 전해 내려오는 독창성, 수백 년의 긴 역사 속에서도 유지하는 연속성, 언어와 인종, 문화와 종교의 차이에도 불구하고 존재하는 정체성이다.(76~103)

3장. 역사

1. **국가 이전 시대의 부족 패러다임** : 여기서 큉은 이스라엘의 땅 정착에 관한 학자들의 견해를 소개한다. 비록 가설적 성격을 띠고 있지만, 학자들은 땅 정착의 세 가지 역사적 재구성 모델을 생각한다. 그것은 정복 모델(물결처럼 이주함)과 이주 모델(점진적으로 침투함)과 계층변화 모델(팔레스타인 내부의 혁명이나 변화)이다. 그러나 큉은 이 모든 모델을 통합적 견해를 제시하려고 시도한다. 그렇다면 초기 단계부터 유대교의 항구적 중심과 영속적 기초가 되었던 항구적인 중심은 무엇인가? 여기서도 단지 "한 하나님, 하나의 왕, 하나의 땅"이라는 보편적 구조만이 아니라 "한 하나님, 한 백성, 한 땅"이라는 구조도 나타난다.(111) "국가 이전 시대에 이스라엘의 대가족, 씨족, 마을과 부족은 점점 더 분명히 서로 결합되었을 것이며, 자신을 민족적이고 종교적인 통일체로 이해하는 법을 배웠을 것이다. 물론 이것은 결코 획일적으로 조직된 통일체는 아니었지만, 그래도 하나의 느슨한 연맹이었다. … 그 당시에 땅은 존재했지만, 확고한 경계선과 국가적 일치도 없었고, 따라서 최고의 군주도 없었다."(112~115)

2. **왕조 시대의 왕국 패러다임** : "이스라엘이 사사 시대로부터 새로운 시대로 전환하던 시기에는 두 가지가 한꺼번에 일어났다. 먼저 초

기 철기 시대에 이스라엘 사회 안에서 오랫동안 일어난 발전(인구 증가, 정착, 경제, 수공업과 군사 기술의 발전, 그리고 사회구조의 모든 변화)은 중대한 영향을 미쳤다. 다음과 같은 사실도 간과되어서는 안 된다. 다른 영토에서 흩어져 살던 대가족, 씨족, 부족이 점점 더 정착하고 결속하고 자신의 공동 운명을 깨달을수록 사회적-정치적 상황 때문에 내부를 향한 지속적인 역할 조정과 외부를 향한 영속적인 공동적 방어자세도 점점 더 절박해졌다. 부족사회는 민족-국가로 변해야 했고, 그 결과로서 견고한 중앙집권적 국가를 만들어야 했다."(118)

그러나 패러다임 전환을 가져 온 자는 사울이었지만, 완전한 패러다임 전환은 다윗에 의해 성취되었다. 다윗 왕국은 많은 유대인에게 오늘날까지 위대한 이상으로 남아 있고, 온 이스라엘에게 예언자적인 전망과 희망을 보여주는 인물로 남게 되었다. 여기서 큉은 유대교, 기독교, 이슬람교에 비친 다양한 다윗의 모습을 소개한다. 그렇지만 왕조 시대는 단지 대략 4백 년 동안 지속되었고, 솔로몬 왕국은 분열되었으며, 결국에는 멸망하고 말았다.(121~156)

3. 포로기 이후 유대교의 신정(神政) 패러다임 : 바빌론 포로생활은 거의 50년(586~538) 동안 지속되었다. 이때부터 이스라엘은 고국과 분산 사이의 긴장 속에서 살고 있다. 그렇지만 이스라엘은 오랜 전통을 순수하게 보존해 왔다. 바빌론에서 종교적 율법 학교와 함께 율법 신앙의 시작이 전개되었다. 할례, 안식일 계명, 정결 규정과 식사 규정, 기념 축제가 바로 이제 야웨의 백성에 속해 있다는 표지로서 특히 중요해졌다. 일상생활의 모든 사례를 위해 토라를 해석한 서기관과 율법 교사의 신분이 생겨나기 시작했다. 엄청난 파국 속에서 포로들은 두 명의 포로기 대(大) 예언자 에스겔과 "제2 이사야"를 통해 신앙적으로 강해졌고,

새로운 희망을 위한 용기를 얻었다.(157~162)

주전 520년에 "두 번째 성전"의 건축이 시작되었다. 이로 인해 사제 직분이 새로운 비중을 얻게 되었다. 역사는 이미 포로기에 신명기 정신의 기초가 되었던 율법 집중을 향해 흘러갔다. 그것은 율법 준수를 통해 은총을 획득하려는 것이었다. 450년 무렵에 새로운 패러다임의 결정적인 완성이 이루어졌다. 근본적인 틀을 형성한 것은 한편으로는 배타적인 종교적 중심지가 된 거룩한 도시 예루살렘의 성전과 성직 계급이고, 다른 한편으로는 반드시 지켜야 할 율법이 된 거룩한 문서의 수집이다. 이것은 하나님이 통치하는 공동체의 패러다임이다.(162~171)

포로기와 포로기 이후에 시작된 히브리 성서의 정경화 과정이 이제 점차로 종결을 맺게 되었다. 희생제의 예배와 나란히 이제는 말씀 예배가 점점 더 강하게 등장했다. 문서의 표준화와 함께 제의의 표준화도 이루어졌다. 그러나 예언자들은 소멸했고, 예언자의 자리에 지혜의 교사들(현자들)이 들어섰다. 주전 2세기에 헬레니즘 세계 문화가 팔레스타인에도 강력한 영향을 떨쳤다. 유대인의 전통 문화와 헬라 문화 간의 갈등이 커지자, 마카비 혁명이 일어났다. 종교적으로 관용적이었던 로마의 통치 아래 신정 패러다임은 더욱 더 견고해졌고, 일종의 교회 국가가 되었다. 신정 패러다임의 변두리에서 초기의 종말론적 희망을 다시 받아들인 묵시 문학이 생겨나기 시작했다. 그러나 예루살렘의 멸망과 함께 신정 체제는 종말을 맞이하고 말았다.(172~199)

4. 중세 랍비-회당 패러다임 : 신정국가 이스라엘과 성전이 없는 이스라엘 간의 연속성을 만든 자들은 바리새인들이었다. 그들은 성전이 파괴된 후에 사제의 유산을 이어받고 유대교의 정신적 생존을 가능하게 하는 최상의 조건을 만들었다. 온건한 바리새인 집단은 표준적이고

규범적인 유대교 집단이 되었다. 이제부터 토라가 제단의 자리를 차지했고, 토라 공부가 성전 제의를 대신했다. 랍비가 사제 계급을 계승했다. 집회와 기도와 교제를 위한 지역 처소가 예루살렘의 성전을 대신했다. 토라에 대한 점점 늘어나고 복잡해지는 해석 과정(미쉬나)은 500년 이상 계속되었고, 둘째 단계(탈무드)에서 최고의 수준에 도달하고 종결되었다. "정통적" 유대교의 일차적 관심은 "정통교리"에 있는 것이 아니라 "정통실천"에 있다. 그러나 이제 토라, 미쉬나, 탈무드에 포함된 수많은 규정은 영원히 지속되는 계시된 하나님의 말씀으로 여겨졌다. 그렇기 때문에 마지막 안식일 규정, 식사 규정, 정결 규정, 기도와 예배 규정에 이르기까지 모든 것은 무조건 준수되어야 한다.(201~215)

이 기간 동안 유대인은 기독교인으로부터 점점 오해와 박해를 받기 시작했고, 그래서 여러 나라로 이동하기 시작했다. 유대교와 기독교 간의 논쟁이 일어났고, 유대인에 대한 편견도 더 심해졌다. 1348~50년에는 가장 혹독한 유대인 박해가 일어났다. 15/16세기에 유대인은 잇따라 추방되었다. 유대인의 주요 공동체는 겨우 프랑크푸르트, 보름스, 빈, 프라하에서만 존재할 수 있었다. 이로써 북유럽의 유대교는 필연적으로 문화적인 몰락을 겪었고, 지금은 흔적을 찾기도 어렵다. 독일에서 태어난 유대인은 동쪽으로 이동했다. 마지막으로 16/17세기에는 유대교의 경제적, 정신적 중심이 폴란드로 넘어갔다. 거기서 유대인은 도시 상업과 원거리 무역의 개척자로서 환영을 받았고, 무역과 기업을 운영하는 중산층으로서 안정과 특권을 누렸으며, 오랫동안 자율적으로 활동할 수도 있었다.(216~262)

5. 근대의 동화(同化) 패러다임 : 근대는 인간의 이성에 대한 새로운 신앙과 함께 낙관주의적 전조를 띠면서 시작되었다. 이성은 모든 종

교적 권위에 맞서 진리의 최고 심판관이 되었다. 그렇기 때문에 현대는 르네상스처럼 과거를 지향한 것이 아니라 미래를 지향했다. 인간의 이성과 모든 인간이 공유하는 자연(자연법)에 대한 신앙은 더 나은 미래와 진보에 대한 신앙으로 바뀌었다.(285) 스피노자는 근대적인 하나님 이해를 대변했고, 최초의 근대적인 유대인은 모세스 멘델스존이었다.(264~300)

현대적 학문과 문화와 민주주의의 도전 때문에 유대교도 이제 오랜 정체 후에 새로운 패러다임 전환을 겪게 되었다. 중세기에는 유대인이 분리와 자율 속에서 살았다면, 이제 현대의 민족 국가 안에서는 개인과 "예배 공동체"가 법적, 정치적, 사회적으로 통합되었다. 공동체가 새로운 질서를 지니게 되었고, 할라카의 법이 국가의 법에 의해 부분적으로 대체되었다. 지금까지는 유대인이 랍비로부터 탈무드를 배웠다면, 이제 그들은 현대적인 일반 교육을 받게 되었고, 공립학교에서 세속적이고 현실적이고 직업적인 교육과 훈련도 받게 되었다. 지금까지는 랍비가 법률 전문가와 재판관으로 활동했다면, 이제 대학교에서 교육을 받은 랍비가 성서, 탈무드, 역사, 철학으로부터 유대교의 가르침을 해설했고, 그래서 그들은 설교자, 목양자, 예전가, 교육자로서 활동했다. 지금까지는 예배가 히브리어로 그리고 이해하기 어렵고 형식적이고 제의적으로 드려졌다면, 이제 개혁된 유대교 예배는 설교와 문화적 요소(오르간이 포함된 음악)를 도입하는 가운데서 민중의 언어로 드려졌다. 모자 착용의 의무가 폐지되었고, 성가대와 모임에서 남성과 여성을 분리하는 전통도 폐지되었다. 지금까지는 유대인이 중세기의 모든 관습으로 인해 제한되고 고립된 게토 생활을 했다면, 이제 유대인의 모든 생활 형태는 의복에서 식사 습관에 이르기까지 현대화되었다.(307~312)

제2부. 현재의 도전

1장. 홀로코스트에서 이스라엘 국가로

1. **사라지지 않을 과거** : 제2차 세계대전에서 패망한 이후에 독일에서는 유대인 박해에 관해 논쟁이 역사가들 사이에서 일어났다. 이 논쟁은 전쟁이 종결된 지 거의 40년이 지난 80년대에 일어났으며, 오랫동안 꺼지지 않는 불꽃을 점화시켰다. "역사가들의 논쟁이 참으로 불필요한 것이 아니었는가? 아니다. 그것은 장점을 가지고 있다. 왜냐하면 대량학살의 "역사화"를 위한 그런 시도는 이를 시도한 사람들의 의도와는 정반대로 유대인 학살을 생생하게 보여주었기 때문이다! 제3제국의 역사를 '정상화하기'보다는 나치의 대량학살이 지닌 독특하고 지울 수 없는 성격에 대한 자기비판적인 성찰이 강화되어야 한다."(332)

그렇다면 지금 우리가 역사가들의 논쟁에 근거해서 유대인 학살을 오늘날 어떻게 판단해야 하는가? 큉에 따르면 도덕적 평준화와 절대화는 불가능하다.(333~336) 특히 민족주의와 인종차별주의의 혼합은 충격적인 것이었다. "인종차별주의적 반유대주의와 특히 나치의 반유대주의가 유럽 계몽주의의 전례 없는 패배를 의미한다는 점은 의문의 여지가 없다."(341) 그렇다면 책임은 누구에게 있는가? 책임을 져야 할 자들은 엘리트들과 대중이다.(344) 그리고 "만약 이천 년 동안 지속된 교회의 종교적 반유대주의라는 과거의 역사가 없었더라면, 유대인 학살에서 폭력의 정점에 이른 인종적 반유대주의는 가능하지 못했을 것이다."(348)

2. **죄책의 억압** : 독일 기독교인들은 홀로코스트에 저항하지 않았고, 교황과 바티칸은 침묵하거나 방조하거나 협조했으며, 독일 주교들

은 항복했다. 폴란드 교회는 억압을 당했다. 그러나 "가톨릭 영역과는 달리 개신교에서는 나치 정치에 동의한 사람들과 나란히 공개적으로 저항한 사람들도 있었다. 비록 전체주의적 정권에 대한 적극적인 정치적 저항은 없었지만, 교회 내부의 조직적인 저항은 있었다."(364) 독일 개신교회는 전쟁 후에 나치의 테러 아래서 겪었던 무한한 고난에 대해 공동의 책임이 있음("슈투트가르트 죄책고백")을 고백했다.(365) 그리고 박해를 받는 유대인을 도와주지 않은 스위스와 미국도 책임이 없지 않다.(399~404) 그러므로 "진정한 화해와 참된 평화에 이르기를 원한다면, 회개와 자성이 요구된다."(404)

3. 이스라엘로의 복귀 : 19세기 이후에 유대인 민족의 복귀에 대한 동경은 국가적 이상(시온주의)과 결합되었다. 시온주의는 하나의 정치적-사회적 운동이다. 이 운동은 아래로부터, 곧 인간의 활동과 행동을 통해 유대인 국가를 설립하기를 원한다. 정치적-사회적 시온주의는 종교적 약속을 점점 더 세속화하고 정치화한, 전형적으로 근대적인 운동이다. 시온주의가 정치적 세력으로 조직될 수 있었던 것은 테오도르 헤르츨의 공로였지만, 제1차 세계전쟁 동안에 시온주의 운동에서 가장 중요한 인물은 하임 바이츠만 박사였다. 제1차 세계대전 이후에 그리고 1924년에 이주가 시작되었다.(413~425)

그러나 팔레스타인에 6/7세기에 아랍 사람들로 구성된 상당히 많은 토착민들이 이미 살고 있었지만, 그들은 대수롭지 않게 취급되었고, 기껏해야 보호를 받는 사람들로 취급되었다. 그들의 존엄성과 권리는 점점 더 무시되었다. 팔레스타인에서 소요와 폭동과 학살이 일어났다.(426~432)

"많은 시온주의자들이 품었던 고향의 꿈은 팔레스타인에서 오직 절반만 성취되었다. 물론 하나의 땅을 찾았고, 오직 유대인만의 그 땅도 찾았다. 그러나 유대인을 위한 안식과 평안은 지금도 여전히 오지 않았다."(432) 아랍인과 이스라엘은 25년 동안 피비린내 나는 전쟁을 다섯 차례 치러야 했다. 그러나 평화는 오지 않았다.(438~447)

2장. 유대인과 기독교인의 논쟁

1. 오늘날 유대인-기독교인 대화 속의 예수 : 큉에 따르면 "여기서 우리는 유대인과 기독교인 사이에 존재하는 가장 어려운 질문을 다루게 된다. 왜냐하면 이 질문은 정말 극복하기 힘든 편견과 오해로 가득 채워져 있기 때문이다."(448) 예수에 관한 대화는 어떻게 시작해야 하는가? "위로부터", 말하자면 하늘로부터, 이른바 예루살렘 공의회와는 정반대로 유감스럽게도 유대인 기독교인들이 전혀 참석할 수 없었던 공의회의 기독론으로부터 시작할 것이 아니라, "아래로부터", 땅으로부터, 당대의 인간들로부터 예수와 그의 역사를 연구하고 질문하는 방식으로 시작해야 한다.(454)

2. 예수는 누구였는가? : 예수는 정치적 혁명가, 고행하는 수도사, 경건한 바리새인이 아니었다. 예수가 중요하게 생각한 것은 토라 자체를 위해 토라를 준수하는 것이 아니라 구체적인 인간이었다. 예수는 비범한 하나님 경험, 하나님과의 일치, 하나님과의 직접적인 관계로부터 행동했다. 그러나 놀랍게도 예수는 자신의 요구의 근거를 그 어디서도 제시하지 않았다. 예수는 칭호와 품위에 대한 아무런 요구도 없이 하나님과 인간의 일을 맡은 가장 인격적인 관리자가 되었다.(465~485)

누가 예수 죽음에 책임이 있는가? 유대인 권력자들과 로마인 권력자들 모두가 자신들의 방식대로 이 사건에 연루되었다. 그러나 유대 민족은 이미 그 당시에도 예수를 배척하지 않았다. 유대 민족의 후손들에게 집단적 책임을 묻는 것은 불합리하다. 예수의 죽음을 오늘의 유대 국가의 책임으로 돌리는 것은 이해하기 어려웠고, 이 민족에게 많은 고통을 끝없이 안겨 주었다.(485~490)

3. 예수를 메시아로 믿다 : 큉에 따르면 부활 신앙은 비유대교적인 것이 아니다. 그것은 이스라엘의 하나님에 대한 철저한 신앙에 근거해 있다. 죽음은 인간의 일이고, 새로운 생명은 오직 하나님의 일이다. 부활은 창조자 하나님이 죽음을 실제로 극복했다는 것을 뜻한다. 오직 이러한 관점으로부터만 예수의 메시아성에 대한 질문도 이제는 대답될 수 있다.(491~501) 예수가 메시아였는지 여부는 메시아가 올 때에 유대인에게 드러날 것이다. 하나님에 의해 이미 새로운 생명을 얻고 의롭다고 인정된 그는 만물을 위한 궁극적인 구원의 희망이다.(503)

유대인과 기독교인의 공통점은 다음과 같다. 한 분 하나님에 대한 신앙, 거룩한 책의 모음, 하나님 예배, 십계명이 제시하고 있는 공의와 하나님 사랑과 이웃 사랑의 윤리, 그의 백성과 함께한 하나님의 지속적인 역사(歷史)에 대한 신앙과 하나님과의 완전한 연합 속에서 이루어지는 신앙의 완성.(504~505)

4. 소외의 역사 : 여기서 큉은 기독교인과 유대인의 분리의 원인과 과정을 설명하며, 신약성서 속에 나타난 반유대주의와 기독교인이 유대인에게 파문을 당하게 된 원인과 과정을 설명한다.

5. 최초의 기독교 패러다임 전환 : 여기서 큉은 유대인 기독교가 이

방인 기독교로 바뀌게 된 과정을 설명하고, 이를 위해 논쟁적인 인물인 바울을 먼저 다룬다. 바울은 특히 율법에 관한 이해에서 나사렛 예수와 "공명하는 변형"을 이룬 인물이다. 그리고 큉은 기독교가 어떻게 하나의 보편적인 세계종교로 확장되어갔는지를 설명한다.

6. 유대교의 빛 안에서 이루어진 기독교의 자기비판 : 여기서 큉은 유대교의 관점으로부터 "하나님에게 한 아들이 있다는 말은 무슨 뜻인가?", "성육신은 무엇을 의미하는가?", "삼위일체는 극복하기 어려운 하나의 장애물인가?", "하나님은 자신의 아들을 희생시켜야 했는가?"를 반문한다.

7. 유대교는 산상설교의 빛 안에서 자기를 비판하는가? : 여기서 큉은 유대인이 예수의 가르침대로 원수를 "용서할 용의가 있는가?", 자신의 "권리와 힘을 포기할 수 있는가?"를 묻는다.

3장. 근대의 극복

1. 정체성 위기를 벗어나는 길 : 근대의 위기 앞에서 유대인은 연속성과 정체성에 대한 두려움을 품고 있다. 여기서 큉은 "종교가 없는 유대인"과 "종교적 유대인"을 소개하면서, 후자의 가장 탁월한 대변인으로 아브라함 헤셸의 입장을 소개하고, 그에게 몇 가지 질문을 던진다.(581~598)

2. 미래의 종교적 선택은 무엇인가? : 여기서 큉은 근대의 위기와 도전 속에서 유대인이 미래를 위해 선택한 다양한 종교적 방향을 소

개한다. 그것은 고전적 정통주의(삼손 히르쉬), 계몽된 정통주의(요셉 솔로비치크), 합리주의적 개혁적 유대교(아브라함 가이거), 중도파 보수주의(자카리아스 프랑켈), 유대교의 재건(모르드개 케플란)이다. 여기서 큉은 "유대교는 자신의 본질을 잃어버렸는가?"라고 되묻고, 상호 간에 이루어질 논쟁적 토론을 제안한다.(599~637))

제3부. 미래의 가능성

1장. 포스트모던 시대의 유대교

1. 포스트모던의 도래 : 큉에 따르면 근대의 진보 이념의 종말과 더불어 유대교도 다시 새롭게 기회를 얻게 될 것이다. 다종교적 세계 사회는 유대교에도 이익이다. 유대교는 세계종교 가운데서 가장 작은 종교로서 경쟁하는 거대종교와의 상호소통을 통해 이익을 얻게 될 것이다. 물론 상이하고 평등한 종교들과 평화롭게 공존하기 위해서는 광신주의와 배타주의, 승리주의를 폐기해야 할 것이다.(644~645)

포스트모던적 정황에서는 억압된 종교의 재활성화, 사라진 종교의 재생, 그리고 전통에 붙잡힌 종교의 해방적 변형이 가능하다. 만약 반동적 - 근본주의적인 태도나 심지어는 인종차별적 - 군대적인 태도를 보이지 않는다면, 종교는 새롭고 인간적인 방식으로 인간의 해방을 위해 헌신할 수 있다. 여기서 큉은 종교를 해방적으로 변형한 마르틴 부버를 하나의 모범으로 든다.(645~656)

2. 포스트모던 시대의 유대교 : 포스트모던 시대에는 유대교도 사회적 통합과 문화적 적응을 거부하기란 쉽지 않다. 그러나 유대교는 세

속 사회에 완전히 동화되고 세속 사회와 완전히 혼합될 수 없을 것이다. 그렇다면 유대교의 포기할 수 없는 상수는 무엇인가? 그것은 한 분 하나님과 한 백성 이스라엘이다. 그렇지만 다원주의적인 미래에는 단일성 모델이란 존재하지 않을 것이다.(657~695)

2장. 삶의 갈등과 율법의 미래

1. **율법의 이중적 특성** : 여기서 큉은 근본적인 질문을 제기한다. 율법은 완전히 선한 것인가? 율법은 자유롭게 하지만(다비드 하르트만), 부담스럽게도 한다. 근대인에게 율법은 짐이다. 실제 생활이 현실은 율법과 다르다. 율법은 오류가 없는 교리인가? 율법을 재해석하거나 간단히 무시하는 해결책을 찾을 수도 있다. 여기서 큉은 갈등 해결의 한 가지 사례로서 "맘제르"(사생아) 사례를 든다.(671~685)

2. **율법은 하나님을 위해 존재하는가?** : 예샤야후 리보비츠는 계명이 인간을 위해 존재하는 것이 아니라 하나님을 위해 존재한다고 주장한다. 미래의 율법 이해의 문제에서 결정적인 실험은 여성의 지위와 역할에 관한 것이다. 그리고 유진 보로비츠는 "율법과 자유는 하나가 될 수 있는가?"라고 묻는다. 율법의 바탕에 놓여 있는 것은 언약이다.(686~698)

3. **율법은 인간을 위해 존재한다** : 최상의 규범은 무엇인가? 바울은 율법을 거부했는가? 율법은 폐기되었는가? 큉에 따르면 토라는 계속 유효하며, 사랑은 율법을 완성한다.(704~735)

4. 하나님의 백성의 미래 : 이스라엘에게 주어진 하나님의 약속은 여전히 유효하다. 여기서 큉은 바울의 입장에서 "이스라엘과 교회의 관계를 위한 결론"을 이끌어내고, "안식일과 일요일"을 어떻게 다루어야 할지를 묻는다.

3장. 유대인, 무슬림, 그리고 이스라엘 국가의 미래

1. 위대한 이상 : 큉에 따르면 유대인의 국가는 패러다임 전환을 위한 신호이다. 그렇지만 다음과 같은 질문이 제기된다. 이스라엘은 종교적 실체인가, 정치적 실체인가? 유대교는 종교다원주의의 길을 걸을 것인가, 유대인 국가 안의 국가종교로 머물 것인가? 도대체 누가 유대인인가?(750~766)

2. 비극적 충돌 : 여기서 큉은 땅을 둘러싼 두 민족 간의 투쟁을 설명하며, 갈등을 해결하는 혜안이 무엇인지를 묻는다. 버텨야 하는가, 물러서야 하는가, 억눌러야 하는가? 미래의 이스라엘은 민주적인 사회가 될 것인가, 민족적인 안보국가가 될 것인가? 하나님 신앙을 민족 신앙으로 바꿀 것인가?(767~798)

3. 평화로 가는 길 : 여기서 큉은 "승산이 없는 극단적 입장"을 소개하고, "평화로 나아가는 길"을 제시한다. 큉은 "국경선의 성서적 근거는 무엇인가?"라고 질문하며, 기독교인의 비판적 연대를 촉구한다.(799~819)

4. 현실-유토피아적 평화의 비전 : 여기서 큉은 "이스라엘은 어떻게

될 것인가?", "예루살렘은 어떻게 될 것인가?", "평화의 도시에 두 깃발이 휘날릴 수 없는가?", "성전은 재건되어야 하는가?", "바위 돔은 아브라함 종교의 일치성의 표시인가?", "함께 기도할 수 있는가?"라고 묻는다.(820~844)

4장. 홀로코스트와 하나님 담론의 미래

1. 유대인의 신학에서 드러난 홀로코스트 : 여기서 큉은 "홀로코스트에 집착해야 하는가?", "홀로코스트는 새로운 시나이인가?"라고 묻고, "홀로코스트는 근대의 반(反)시나이다."라고 선언하며, 결론적으로 허무주의를 극복하는 길을 제시한다.

2. 아우슈비츠 이후의 하나님 이해 : 마지막으로 큉은 홀로코스트 이후의 신학적 질문, 곧 신정론(神正論) 질문을 다시 던진다. 여기서 큉은 "고난 앞에서 하나님은 무능한가?", "세계 창조는 하나님의 자기제한인가?", "하나님은 십자가에 못 박혔는가?"라고 질문하고, "무정하거나 동정해야 하는 하나님이 아니라 고난에 참여하는 하나님"을 바람직한 대안으로 제안하며, "무의미한 고난을 이론적으로 이해하기보다는 신뢰하며 견디기"를 권고한다.(859~844)

에필로그
새로운 세계윤리가 없다면, 새로운 세계질서도 없다

여기서 큉은 "포스트모던 세계질서를 위한 세 번째 기회"를 맞이하여 우리가 팔레스타인을 "평화를 위한 땅"으로 만들어야 한다고 역설하며, "걸프전쟁에서 배울 수 있는 점"을 설명한다. 그리고 그는 이 책의 최종적 결론과 미래를 위한 요청으로서 다음과 같은 구호를 주창한다. "세계의 윤리가 없다면, 세계의 생존도 없다. 종교의 평화가 없다면, 세계의 평화도 없다. 종교의 대화가 없다면, 종교의 평화도 없다."(885~916)

4. 평가

지금까지 유대교에 관한 많은 연구서적들이 출판되었지만, 이 책은 질적, 양적으로 다른 유대교 연구서적을 단숨에 압도할 만큼 야심적인 대작이 아닐 수 없다. 참으로 감탄과 감사를 넘어서 찬탄과 칭송을 받을 만하다. 지금까지 다소 산만하거나 방만한 유대교 연구서적에 비해 이 책은 유대교의 본질과 역사를 "패러다임" 이론으로 체계적으로 서술한 최초의 책으로서 높은 평가를 받아야 한다.

이 책은 단지 유대교가 기독교의 관점에서 자신을 비판적으로 점검할 수 있는 기회를 제공할 뿐만 아니라 기독교가 유대교의 관점에서 자신을 비판적으로 점검할 수 있는 기회도 제공한다. 더욱이 자신을 갱신하고 미래적 대안을 모색하려는 기독교는 이로부터 유익한 모범과 교훈을 얻을 수 있을 것이다.

이 책의 저술은 단지 유대교에 관한 이론적인 시도일 뿐만 아니라 유대인과 기독교인과 무슬림 간의 오랜 갈등, 특히 팔레스타인 땅의 갈등을 해결하려는 실천적인 시도이기도 하다. 그의 정직하고 중립적인 해석과 지혜롭고 합리적인 대안이 매우 돋보인다.

그러나 큉이 기독교인으로서 유대교를 얼마나 사실적으로, 그리고 얼마나 올바르게 이해하고 설명하고 있는지는 계속 논의되어야 한다. 그의 해석과 대안을 무조건 깎아내려서도 안 되겠지만, 무조건 두둔해서도 안 될 것이다. 혹시 그가 누락하거나 간과할 내용은 없는지, 그리고 그가 현실을 너무 미화하거나 폄하하지는 않았는지도 냉철하게 점검해 보아야 한다.

5. 토의 주제

1) 패러다임 이론으로 유대교의 역사를 구분하는 큉의 시도는 정당하고 적합한가? 패러다임 전환에 관한 큉의 해석은 올바르고 충분한가?

2) 유대인의 기독교인 박해와 기독교인의 유대인 박해가 왜 생겨났으며, 그것은 과연 반드시 일어나야 했는가? 두 종교 간의 대화를 위해 반드시 요구되는 태도와 입장은 무엇이어야 하는가?

3) 유대교와 기독교의 본질적인 차이점과 일치점은 무엇인가? 기독교가 그 동안 상실하거나 억압해 왔지만 반드시 회복해야 할 유대교적 유산은 무엇인가?

4) 유대인과 기독교인의 대화를 위한 그의 제안을 어떻게 보아야 하는가? 기독교의 정체성을 포기하지 않고 유대교와 대화할 수 있는 길은 무엇인가?

5) 종교 간의 대화, 종교의 평화, 세계의 평화는 서로 어떤 상관성을 맺고 있는지를 이 책에서, 그리고 오늘날의 다종교적인 한국의 현실에서도 찾아보자.

『그리스도교 – 본질과 역사』 한스 큉

『DAS CHRISTENTUM Wesen und Geschichte』 Hans Küng, ,
München: R. Piper & Co.KG, GmbH 1994
이종한 옮김, 분도출판사, 2002.

이신건(서울신학대학교, 조직신학)

1. 저자 소개

한스 큉(Hans Küng)은 1928년에 스위스 수르제에서 태어났다. 로마
교황청 그레고리오대학교에서 철학과 신학을 공부한 후에 1954년에
가톨릭 사제로 서품을 받았다. 파리 소르본대학교와 가톨릭대학교에
서 학업을 계속해서 1957년 신학박사 학위를 받았으며, 1959년까지
스위스 루체른에서 사목 활동을 하다가, 1960년에 독일 튀빙엔대학교
가톨릭 신학 교수가 되었다.

제2차 바티칸 공의(1962년)의 신학 자문위원으로 활동하기도 했으나,
1979년에 가톨릭교회의 전통 교리 비판이 파문을 일으켜 바티칸 교황
청에 의해 신학 교수직을 박탈당했으며, 이 일은 국제적 논쟁을 불러일
으켰다. 그러나 그 이후 20년 동안 큉은 튀빙엔대학교의 '에큐메니칼 신
학 교수'로 재직했고, 세계종교인평화회의 의장을 역임했으며, 튀빙엔
에 있는 세계윤리재단(Stiftung Weltethos)을 이끌고 있다.

지난 수십 년 동안 그의 저술과 강연은 가톨릭 신학의 영역을 넘어

세계 신학계 전반에 큰 도전이었다. 우리말로 번역된 그의 저서로는
『그리스도교』,『왜 그리스도인인가』,『교회란 무엇인가』,『교회』,『신은
존재하는가?』,『문학과 종교』,『중국 종교와 그리스도교』,『세속 안에
서의 자유』,『세계 윤리 구상』,『믿나이다』,『한스 큉, 과학을 말하다』,
『그리스도교 여성사』,『유대교』 등이 있다.

2. 등장 배경

큉이 그리스교에 관해 매우 묵직한 책을 쓰게 된 동기와 목적은 무엇
인가? 그리스도교가 직면한 크나큰 위기가 참으로 큰 대답을 요구하고
있기 때문이라고 그는 말한다. 그는 다음과 같이 묻고 있다. 우리는 도
대체 그리스도교라는 것을 아직도 신뢰할 수 있는가? 지금 그리스도교
에 대해 절망하는 것이 마땅하지 않은가? 그리스도교는 적어도 본고장
유럽에서는 설득력과 신뢰성을 상실하지 않았는가? 오히려 그리스도
교를 저버리고 동양종교들, 온갖 종류의 정치단체와 체험 동아리들 또
는 아무 귀찮은 책임수행 없는 사생활에 빠져드는 경향이 과거 그 어느
때보다 뚜렷하지 않은가? 역사를 통해 그리스도교적인 것이 얼마나 자
주 소홀히 다루어지고 낭비되고 더 나아가 배반당했던가! 교회 자신은
또 얼마나 빈번히 그리스도교를 무시, 남용, 배반했던가!

그럼에도 불구하고 그리스도교에 대한 큉의 애정은 남다르다. 그는
그리스도교가 모든 대륙에서 아직도 현존하는 영적인 힘으로 살아남
아 있다는 사실에 주목한다. 온갖 탄압과 위협에도 불구하고 그리스도
교는 명실상부 최대의 세계종교로 남아있다. 그리고 많은 그리스도인
들이 자신들의 교회에 아무것도 기대하지 않으면서도 그리스도교를

내버리고 싶어 하지는 않는다. 오히려 그리스도교가 무엇이며, 또 무엇을 의미할 수 있는지를 알고 싶어 한다. 오늘도 그리스도인으로 살아갈 수 있는 용기를 얻고 싶어 한다. 바로 이 일에 도움을 주려고 큉은 이 책을 썼다고 하며, 그래서 이 책이 모든 교회 안의 개혁적 역량들을 뒷받침하길 바란다.

그의 솔직한 고백대로 로마 체제의 온갖 무자비함을 갖가지로 겪었어도 교회에 적극적으로 헌신해온 큉의 설명은 그 어떤 고발이나 풍자보다 훨씬 더 자극적이다. 그의 주장에 따르면 로마식 체제, 정교식 전통주의, 개신교식 근본주의들은 그리스도교의 역사적 외양들로서 언젠가는 사라질 것이라고 한다. 왜냐하면 이것들은 그리스도교의 본질에 속한 것이 아니기 때문이다. 이런 도발적인 발언을 한 다음에 큉은 근본적이고 철저한 개혁을 요구한다. 무릇 개혁이란 본질적인 것이 다시금 뚜렷이 드러나도록 만들 때에만 근본적인 것이 될 수 있다고 한다. 그렇다면 도대체 무엇이 본질적이란 말인가?

큉은 이미 1974년에 나온 그의 책 『왜 그리스도인인가?』에서 그리스도교의 본질을 폭넓게 서술한 적이 있다. 여기서 그는 예수 그리스도로부터 그리스도교의 방향과 정체성, 정당성을 획득하려고 하였다. 그러므로 새로운 책은 이 책의 속편인 셈이다. 여기서 큉은 교회 전통들을 비판적으로 조망하며, 그리스도교에 대한 일종의 비평사적인 정산(定算)을 시도한다. 그는 역사와 조직신학 두 차원의 종합을 감행한다. 역사의 흐름을 따라 이야기해 나가면서 그리스도교의 본질에 대한 분석적 논증을 제시하며, 매우 복합적인 그리스도교의 역사를 그리스도교의 원천에 비판적으로 비추어본다. 그리고 그리스도교의 참된 보편성을 추구하기 위한 물음도 제기한다. 이런 물음 속에서 큉은 패러다임 분석을 시도한다. 패러다임 안에서 사고한다는 것은 지배적인 구조들 안에서 역사를 이끌어간 인물들과 함께 역사를 이해한다는 것을 의미한다. 패러다임 안에서 전개한다는 것은 다양한 그리스도교의 총체적 상황, 그 발생, 성장, 경직화를 분석한다는 것을 의미한다.

이 책에 담긴 구상과 사상은 큉의 오랜 사고과정의 결과라고 볼 수 있다. 이 책에서 그는 40년 신학연구에서 비롯하는 응축된 종합적 진술을 제시한다. 이 책에서 그는 1983년 5월에 그의 주도 아래 튀빙엔 대학에서 개최되었던 국제 에큐메니칼 심포지엄에서 이미 제기되었던 문제를 심화한다. 그 당시에 전 세계로부터 온 70여 명의 학자들은 토마스 쿤(T. Kuhn)이 제공한 패러다임이라는 열쇠를 통해 지나간 역사의 특징과 다가올 미래의 방향을 풀어나갔다. 쿤에 의하면 패러다임이란 특정 사회구성원들이 공유하는 신념, 가치, 행동 방식들의 총체적 위상을 의미한다. 다행히 이 작업의 결과도 이미『현대신학은 어디로 가고 있는가?』(1989년)라는 소책자로 깔끔하게 번역되어 한국에 소개된 적이 있다. 하지만 새로운 책은 과거의 책이 다소 원론적으로 제기한 내용을 더욱 심층적, 본격적으로 수행하고 있으며, 이번에는 더욱 야심차게 이슬람과 정교회까지 포함한 방대한 그리스도교의 역사를 세밀하게 서술한다.

다른 한편으로 이 책은 그가 기획한 3대 세계종교(유대교, 그리스도교, 이슬람교) 중에서 두 번째로 나온 작품이다. 이 삼부작은 보쉬 기념재단과 다임러 벤츠 기금이 지원하는 "종교 평화가 없이는 세계 평화도 없다"라는 프로젝트의 일환으로 기획되었다. 첫 번째 책『유대교』(1991)와 마찬가지로 이 책에서도 큉은 오늘날까지 깊은 영향을 끼치고 있는 2천 년 역사의 정신적 힘을 역사적, 체계적으로 진단하고 분석하기를 원하며, 현재에 대한 분석을 토대로 하여 선택 가능한 다양한 미래적 전망을 제시하기를 원한다.(21~27)

3. 줄거리

이 책은 크게 3부로 나눠져 있다. 제1부는 '그리스도교의 본질에 대한 물음'을 다루고, 제2부는 '그리스도교의 중심'을 다루며, 제3부는 '그리스도교의 역사'를 다룬다.

1) 본질

먼저 큉은 그리스도교, 특히 로마 가톨릭교회에 대한 긍정적 평가(이상적인 모습)와 부정적 평가(원수와 같은 모습)가 공존하고 있음을 밝힌다. 나폴레옹, 히틀러, 칼 아담과 같은 인물이 교회를 찬양했다면, 니체, 데쉬너와 같은 인물은 교회의 어두운 면을 고발한다.(30~37) 그러므로 "교회의 분명한 참모습을 이해하기 위해서는 언제나 두 관점, 즉 본질과 형태의 변증법(대립적 상호관련성)과 본질과 왜곡의 변증법에 대한 신중하게 차별화된 고찰이 필요하다."(37) 그리고 큉에 따르면 "본질과 형태는 떼어놓을 수 없다. … 본질과 형태는 동일시될 수도 없다. … 그리스도교의 참 본질은 왜곡 안에서 발생한다."(38~39)

여기서 큉은 "그리스도교의 본질"이 무엇인지를 다시 점검한다. 여기서 큉은 변증법적 유물론자인 루트비히 포이어바흐가 그리스도교를 비판하기 위해 쓴『그리스도교의 본질』(1841)을 연상시킨다. 포이어바흐에 따르면 "신학의 비밀은 인간학이다." 신이라는 개념은 인간의 투사(投射) 이외에 다른 것이 아니다. 절대적 존재인 신은 인간 자신의 본질이다. 그러나 큉은 그의 예상이 빗나갔다고 비판한다. 하나님 신앙은 투사의 혐의를 받을 만한 소지를 내포하지만, 투사라는 사실 자체가 그것이 암시하는 대상의 존재 여부를 좌우하는 것은 아니기 때문이다. 그리고 종교의 소멸에 관한 그의 예측도 그릇된 것이었다.(42~45)

그후에 개신교 교리사가 하르낙도 『그리스도교의 본질』(1900)이라는 책을 썼고, 그후의 많은 신학자들도 '그리스도교의 본질'에 관해 질문했다. 큉에 따르면 "그리스도가 없이는 그리스도교도 없다. 그리스도교는 그 어떤 영원한 이념이나 세계관이 아니라 구체적 인간 예수 그리스도의 결정적, 궁극적 의의를 선포한다."(45~52)

2) 중심

큉에 따르면 신약성서 문헌들은 매우 다양하고, 우연히 생겨나기도 했으며, 때로는 심지어 서로 상충되기도 한다. 그럼에도 불구하고 이 모든 것들을 함께 묶어주는 바탕인물은 바로 예수 그리스도이다. "극히 자기모순적이고 2천 년 그리스도교 역사와 전통을 통합시켜주는 것은 하느님이 파견하신 종말론적 예언자요, 그분의 대리자이자 아들로 불리는 예수의 이름이다."(30~59)

여기서 큉은 한 분 하느님에 대한 믿음, 전범적인 근본표상이신 예수 그리스도에 대한 믿음, 성령에 대한 믿음을 그리스도교의 핵심적 구성 요소들이라고 요약한다. 한 분 하느님에 대한 믿음은 세 예언자적 종교의 공통성을 이루고 있고, 특히 그리스도교와 유대교의 각별한 공통성이 되고 있다. 예수는 이스라엘 하느님의 일을 자신의 일로 삼았다. 그는 하느님의 말씀의 선포자일 뿐만 아니라 사랑의 치유자였고, 열정적인 대예언자적 인물이었다. 그리스도교의 특징을 규정하는 결정적인 한 가지는 십자가이다. 십자가의 의미는 바로 모든 가치의 전도. 철저한 신본주의 바탕을 둔 그리스도교는 참으로 철저한 인본주의로 이해될 수 있다. 성령은 바로 하느님 자신으로서 그리스도교계 안에서만이 아니라 온 세상 안에서 활동한다.(62~83)

그렇다면 무엇이 사람을 그리스도인으로 만드는가? 큉에 따르면 그리스도교의 진리 개념은 관조적, 이론적이 아니고 활동적, 실천적이다. 예수는 "내 말을 따라하시오!"라고 하지 않고 "내 뒤를 따르시오!"라고 말했다. 결정적으로 중요한 것은 "주님, 주님, 부르는 것"이 아니라 "하늘에 계신 아버지의 뜻을 행하는 것"이다. 지금까지 고찰한 것을 요약하자면, 그리스도교 신앙의 특징적 구성요소들과 항구적 준선(準線)은 십자가에 처형되었으나 새 생명으로 일으켜진 주님이신 예수에 대한 믿음, 예수가 아버지라고 부르신, 아브라함의 하느님에 대한 믿음, 예수 안에서 예수를 통해 역사하신 하느님의 영의 권능에 대한 믿음이다.(83~100)

3) 역사

큉은 이 책의 대부분의 분량(101~971)을 "그리스도교의 역사"를 위해 할애한다. 여기서 큉은 그리스도교의 거대한 다섯 가지 패러다임을 제시한다. 그것은 바로 (1) 원그리스도교의 유다계 묵시문학 패러다임, (2) 고대 그리스도교의 보편적 헬레니즘 패러다임, (3) 중세의 로마 가톨릭 패러다임, (4) 종교개혁의 개신교 복음 패러다임, (5) 이성과 진보에 정향된 근대 패러다임이다. 더 나아가 큉은 현대의 여러 가지 도전들에 직면하여 그리스도교가 추구해야 할 바람직한 미래의 모습을 제시한다. 큉에 따르면 기존의 패러다임은 새로운 일치운동적 종합 안으로 지양될 것이다. 이제 큉이 설명하는 각 패러다임의 본질을 간단히 살펴보기로 하자.

(1) 원그리스도교의 유다계 묵시문학 패러다임

예수가 자신의 복음을 도발적인 방식으로 "가난한 사람들"에게 선포했듯이, 원 공동체의 구성원들은 하층계급 출신 유다인들이었다. 원 공동체는 여러모로 끈끈한 형제애를 실천했지만, 전반적인 재산 포기는 알지 못했다. 그렇지만 일종의 "사회적 연대책임 공동체"가 실현되었다. 예수는 묵시문학적 풍토 안에서 활동했고, 그의 사상과 선포는 전형적인 묵시문학적 종말 대망에 의해 규정되어 있었다. 이처럼 예루살렘 원 공동체의 정신적 지평 또는 풍토도 묵시문학적, 종말론적 지평이었다. 초창기 그리스도인들은 세상의 종말이 곧 닥치리라 믿었다. 그들은 위로부터, 하느님으로부터 올 미래를 기대했다. 첫 세대의 종말 대망은 예수의 부활과 성령 체험을 통해 성취된 것처럼 보였다.(102~113)

유다계 그리스도인들은 한 분 하느님에 대한 유다교 신앙을 간직했고, 거룩한 문서들을 굳게 받아들였으며, 율법(할례, 안식일, 축제, 정결례와 음식 규정 등)을 준수했다. 그러나 원 공동체의 삶 전체는 근본적으로 십자가에 처형되었지만 하느님에 의해 부활하신 예수를 중심으로 삼고 있다. 그리스도교의 신앙과 삶의 확고한 중심과 항구적인 알맹이는 예수 그리스도였다. 신앙 공동체는 세례를 통해 구별되었고, 성찬례를 통해 묶어졌다.(113~141)

그러나 신약성서에는 삼위일체가 없다. 유다계 그리스도교 안에, 아니 전체 신약성서 안에 아버지 하느님에 대한 믿음, 아들 예수에 대한 믿음, 하느님의 거룩한 영에 대한 믿음은 있지만, 세 위격(존재 양식) 안의 한 하느님에 대한 가르침은 없다. 그렇다면 아버지, 아들, 영을 믿는다는 것은 무슨 뜻인가? 하느님은 볼 수 없는 아버지로서 우리 "위에"

계시다. 예수는 인자, 하느님의 말씀, 아들로서 우리와 "함께" 계시다. 성령은 하느님의 권능과 사랑으로서 우리 "안에" 계시다. 중요한 것은 하느님 자체와 그분의 깊은 본질에 관한 형이상학적, 본체론적 진술이 아니라 하느님의 계시에 대한 구원론적, 그리스도론적 진술이다. 다시 말하면, 하느님 자신이 예수 그리스도를 통해 성령 안에서 당신을 계시하신다. 예루살렘의 파괴와 유다인들의 추방에 따라서 예루살렘 원 공동체는 종말을 맞이했고, 그 공동체의 영광은 이제 이방계 그리스도인들에게 넘어갔다.(142~147)

(2) 고대 그리스도교의 보편적 헬레니즘 패러다임

퀑에 따르면 패러다임 전환에 결정적인 역할을 한 최초의 신학자는 바울이다. 그는 유다계 그리스도교와의 연속성과 비연속성을 함께 지니고 있었다. 바울은 철두철미 유다교 토양에 뿌리박고 있으면서도 또한 헬레니즘 정신에 흠뻑 젖어 있었다. 그의 회심 체험은 이스라엘의 메시아 예수를 유다인과 이방인을 아우르는 온 세상의 메시아로 선포해야 할 소명의 자각으로 귀결되었다. 바울은 거대한 할라카 체계의 독점적 구원기능을 마비시킴으로써 세계사적 결과를 가져올 세계사적 변혁을 주도했다. 비록 바울은 예수의 활동과 선포를 같은 정신에 터해 신학적으로 설명하고 실천한 최초의 그리스도교 신학자가 되었지만, 헬레니즘 세계의 관념과 표상으로부터 큰 도움을 받았다. 예수 전승은 그에 의해 전혀 다른 관점, 범주, 표상 안으로 흡수되고 변형됨으로써 새로운 패러다임 안으로 옮겼다. 그 결과로 새로운 성서 이해, 새로운 율법 이해, 새로운 하느님 백성 이해가 생겨났다.(163~170)

바울이 창시한 이방계 그리스도교 헬레니즘 패러다임을 신학적으로 완성한 자는 오리게네스였다. 그는 그리스도교 신앙과 헬레니즘 교양의 결합을 시도했다. 그는 모든 것을 플라톤주의적, 영지주의적 도식 (영적 우주와 물질적 우주, 하느님과 인간에 관한 철저한 이원론) 안에서 설명 했다.(223~229) 그 결과는 다음과 같다. 앞으로 향해 나아가는 묵시문 학적, 시간적 구원도식은 위로부터 아래로 사고하는 우주적, 공간적 도 식으로 대체되었고, 예수와 하느님의 관계에 관한 성서적, 구체적 표현 방법은 헬레니즘 형이상학의 존재론적, 본체론적 개념으로 대체되었 다.(234)

이 패러다임은 1453년에 동로마가 멸망할 때까지 동방 제국에 의해 천 년 이상 계속 전해졌다. 여기서는 이교와 그리스도교가 공존했고, 신권정치가 이루어졌고, 국가교회주의가 확립되었다. 비잔틴 전례(예 배의 격식화, 장엄화)가 형성되었고, 성직자는 이제 고유한 계급이 되었 다. 수도 생활이 시작되었고, 성화상 공경이 이루어졌다. 그리고 동방 교회는 서방교회와 분열되었다. 비잔틴은 종말을 맞이했지만, 정교는 러시아에서 계속 살아남았다.(263~365)

(3) 중세의 로마 가톨릭 패러다임

퀑에 따르면 중세는 타락과 악화의 "암흑기"였던 것만은 아니지만, 모범적 그리스도교의 이상적 시대였던 것도 아니다. 중세 패러다임은 매우 점진적으로 형성되었다. 서방교회에서 로마 가톨릭 패러다임을 관철시키고 패러다임 전환을 성취한 것은 11세기의 그레고리우스 개 혁이었다. 이 패러다임은 12~13세기에 정점과 전환점에 이르렀다. 서 방적 패러다임은 게르만적이라기보다는 라틴적으로 꼴지어져 있다. 라틴 신학은 최초의 라틴 교부인 테르툴리아누스와 함께 태동했다. 그 리스 정신이 그리스도론과 특히 삼위일체론의 이론적 문제에 몰두했 고, 그 정신의 근본 관심사가 형이상학적, 사변적 문제였다면, 실천적 성향이 강한 로마 정신은 참회, 그리스도교적 생활방식, 교회질서와 같은 사목적 문제에 집중했다.(366~371)

신학의 새로운 패러다임을 창시한 자는 아우구스티누스였다. 35년 동안 주교로 재임한 그는 교회를 신앙인들의 "어머니"라고 지칭했고, 자유의지를 강조한 펠라기우스에 맞서 인간은 오직 은총으로 구원을 얻을 수 있다고 가르쳤다. 왜냐하면 인간은 태어날 때부터 선천적으로 원죄를 물려받기 때문이다. 아우구스티누스는 원죄가 성행위를 통해 전달되며, 육적(이기적) 욕구와 결부되어 있다고 보았다. 그러므로 오직 하느님의 은총만이 인간 안에서 모든 것을 성취한다. 비록 은총은 인간의 끊임없는 협력을 요구하지만, 자유로이 베풀어지는 이 은사는 죽을 때까지 인간에게 언제나 필수불가결하다. 오직 은총만이 인간 구원의 유일한 바탕이다. 그리고 아우구스티누스는 구원받지 못한 많은 사람들의 문제를 해결하기 위해 이중예정설을 엄격하게 가르쳤다.(372~379)

아우구스티누스는 신플라톤주의의 신관과 성서의 신관을 함께 사유하고, 신앙과 이성을 조화시키기 위해 진력했다. 그는 그리스 신학자들처럼 "하느님 자신"인 한 분 하느님 성부로부터 출발하지 않고, 단 하나인 신성에서 출발했다. 그는 철학적, 심리학적 범주를 사용하여 하느님의 삼중성을 구성함으로써 삼위일체론에서 패러다임 전환을 성취했다. 중세 라틴 패러다임의 세 가지 구성요소는 아우구스티누스의 라틴 신학 이외에 서방교회 중심의 지배제도인 확고한 로마 교황직, 게르만 민족의 새로운 신심과 교회관과 실천이다. (383~433)

그러나 큉에 따르면 중세 로마 가톨릭 패러다임을 신학적으로 완성한 자는 토마스 아퀴나스였다. 그는 신앙과 나란히 이성을, 성서의 우의적, 영적 의미와 나란히 자구적 의미를, 은총과 나란히 자연을, 그리스도교

특유의 윤리와 나란히 자연법을, 신학과 나란히 철학을 재평가했다. 한마디로 그는 그리스도교적인 것과 함께 인간적인 것을 재평가했고, 중앙집권적 교황직의 강력한 옹호자가 되었다. 중세 때에는 교황중심주의와 함께 마리아 공경도 절정에 달했다.(521~535, 570)

(4) 종교개혁의 개신교 복음 패러다임

큉에 따르면 "11세기 그레고리우스 개혁과 로마 가톨릭 패러다임 대두 이후에 루터의 종교개혁만큼 서방 그리스도교계에 엄청난 결과를 가져온 중대사건은 없었다. 마르틴 루터는 16세기에 새 시대의 개막을 선포했다. 교회와 신학, 아니 그리스도교 전체의 또하나의 패러다임 전환, 중세 로마 가톨릭 패러다임을 버리고 종교개혁의 복음 패러다임으로의 전환 말이다."(652)

새 시대를 여는 변혁이 일어날 수 있도록 준비했던 것은 다음과 같은 것들이었다. 교황의 세계 지배권의 와해, 서방교회의 분열과 2~3명의 병립교황, 민족국가들의 부상, 개혁 공의회들의 실패, 화폐경제에 의한 현물경제의 대체, 인쇄술의 발명과 교육 및 성서 지식에 대한 광범위한 갈망, 교황청의 전제군주제적 중앙집권주의, 방만한 재정정책, 개혁에 대한 고집스런 거부, 르네상스식 화려, 위세 이데올로기, 부도덕성, 이탈리아 상업과 무역에의 연류, 특히 베드로 대성당 신축을 위한 대사(大赦) 장사.(657)

그렇지만 루터의 근본 관심사가 대사 장사에 맞선 투쟁, 교황권으로부터의 해방이었다고 생각하는 것은 너무나 피상적인 이해다. 루터 자신의 종교 개혁적 열정과 엄청난 역사적 폭발력은 교회를 예수 그리스도의 복음으로 돌아가게 하고자 한 데서 비롯했다. 그는 수백 년 쌓이고 쌓인 온갖 전통, 법률, 권위들에 거슬러 "성서의 수위권"을 천명했고, 하느님과 인간 사이의 수많은 성인들과 공식적인 중개자들에 거슬러 "그리스도의 수위권"을 천명했으며, 영혼의 구원을 얻기 위해 교회가 규정한 온갖 경건한 종교적 보험 행위와 인간적 노력을 거슬러 "은총과 신앙의 수위권"을 천명했다.(667) 이것은 너무나 인간적인 교회 중심주의를 버리고 복음이 그리스도중심주의로 나아간 신학의 코페르니쿠스적 전환이었다.(673)

칼뱅은 루터가 독일을 위해 시작한 종교개혁을 유럽을 위해 완성시켰다. 그렇지만 칼뱅은 구원에 대한 확신을 얻기 위한 개인적인 고투로부터 출발한 것이 아니라, 타락한 그리스도교계의 죄스러움으로부터 출발했고, 그리스도인의 삶의 질서를 겨냥했다. 수차례 개정, 증보된 『기독교강요』는 루터가 창도한 종교개혁 패러다임의 신학적 완성이었다. 칼뱅에 따르면 모든 인간은 영원부터 구원이나 파멸로 예정되었다. 칼뱅의 윤리는 자본주의 정신의 심리적 전제조건이 되었다. 칼뱅의 장로제적, 협의제적 교회제도는 간접적으로 근대 민주주의 발전에 상당한 기여를 했다.(709~728)

루터가 사망한 이후에 개신교 정통주의를 둘러싼 싸움이 전개되었고, 종교개혁 패러다임의 교조적, 제도적 경직화에 맞서는 새로운 종교개혁으로서 경건주의가 형성되었다. 영국과 미국에는 각성운동이 일어났고, 성서의 축자영감과 절대적 무류성을 고백하는 근본주의가 일어났다.(758~799)

(5) 이성과 진보에 정향된 근대 패러다임

큉에 따르면 대체로 반(反)코페르니쿠스적이고 비민주적이었던 종교개혁가들은 아직 여러모로 중세적 관심과 행동방식에 매여 있었다. 1492년에 아메리카가 발견되었지만, 당시에 그리스도교계에서 그것은 아직 패러다임 전환을 의미하지 않았다. 17세기 중엽에 유럽 역사의 무게 중심이 대서양 국가로 이동되었다. 그러나 근대의 혁명은 무엇보다도 정신의 혁명이었다. 근대의 첫째 위대한 힘은 학문이었다. 자연과학(뉴턴, 갈릴레오)의 혁명이 일어나기 시작했다. 철학(데카르트)의 혁명이 일어났다. 이처럼 새로운 패러다임에의 자극은 내부로부터가 아니라 외부로부터 주어졌다. 최고의 권위가 중세 로마 가톨릭 패러다임에서는 "교회 내지 교황"이었고, 종교개혁적 패러다임에서 "하느님의 말씀"이었다면, 근대적 패러다임에서는 인간의 "이성"이었다. 엄밀한 의미에서 근대는 진리에 관한 모든 문제의 심판관이 된 인간 이성에 대한 새로운 신앙과 더불어 시작되었다. 엄밀한 의미의 "근대적"인 총체적 구조는 종교개혁이나 반종교개혁과는 반대로 신앙에 대한 이성의 우위, 신학에 대한 철학의 우위, 은총에 대한 자연의 우위, 교회에 대한 세상의 우위(주도권)에 정향되어 있었다. 이성의 전능성과 자연 지배 가능성에 대한 신앙은 근대 진보사상의 토대였다.(800~833)

종교개혁과 반종교개혁 이후, 그리고 종파 전쟁 이후 종교는 완전히 피폐해졌지만, 종교적 관용이 증대하기 시작했다. 관용이 이제 근대의 핵심 낱말이 되었다. 계몽주의는 교회의 권위를 단호히 배척했고, 원칙적으로 모든 권위에 의문을 붙였다. 합리성, 자유, 성숙이 당시의 표어였고, 인간은 자기 자신과 자연의 주인이 되었다. 계몽주의 정신은 신학에도 위기를 초래했다. 성서학은 종교개혁자들도 지켰던 금기를 깨뜨렸다. 성서마저도 역사적, 비판적으로 분석되기 시작한 것이다. 그 결과로 거의 기계적, 마술적인 성서의 축자영감이라는 전통적 관점이 폐기되었다.(836~851)

종교개혁으로부터 근대로의 신학적 패러다임 전환은 슐라이어마허에게서 구체적인 모습을 취했다. 철두철미 근대적 인간이었던 그는 근대 철학과 역사적 비판과 근대 문화와 예술과 사교를 긍정했다. 그는 근대적이면서도 종교적이었고, 비판적이면서도 경건할 수 있었다. 바로 이런 점에서 그는 19세기 신학의 큰 스승, 근대 정신과 영성의 인간이 되었다.(852~858)

과학과 철학, 문화와 신학에서만이 아니라 정치와 국가, 사회 영역에서도 혁명이 일어났다. 사회적 환경의 획기적 패러다임 전환은 교회에 깊은 영향을 미쳤다. 교회와 성직자 중심으로 꼴지어진 봉건사회와 하급 성직자들의 문화 대신에 이제는 세속화된 민주적 문화가 형성되었고, 신앙고백문과 성서와 법질서와 관습을 골고루 갖춘 그리스도교적 종파들 대신에 일종의 국가적 시민종교가 생겨났다. 가톨릭 민중 신심은 크게 쇠퇴하고 그 대신에 현저한 탈그리스도교 현상이 나타났다. 과학기술과 산업에서도 혁명이 일어났다. 새로운 이데올로기인 자유주의와 사회주의가 생겨났다.(880~934)

(6) 근대의 위기

큉에 따르면 근대가 여러 혁명을 통해 엄청난 성과를 가져왔지만, 인류에 대한 전대미문의 실존적 위협을 초래했다. 계몽주의를 떠받치던 몇 가지 근본적 가정들은 계몽주의에 의해 크게 흔들렸다. 근(현)대의 이성 절대화, 이성신앙 오늘날 붕괴된 듯이 보인다. 이성의 자기 확신은 자기기만임이 드러났다. "도구적" 이성은 오늘날의 통전적 경향(이성과 함께 소망, 감정, 상상력, 정서, 감동, 열정의 고유한 권리)에 의해 곳곳에서 의문시되고 있고, 이제는 그 자신이 정당성 증명을 요구받고 있다. 진보신앙도 신뢰성을 상실했다. 근대적 인간은 생태계를 엄청나게 훼손하고, 우리의 자연적 삶의 터전들을 파괴했다. 경제적 진보는 전 세계에 걸쳐 무서운 결과(자원 고갈, 교통난, 환경 오염, 삼림 훼손, 산성비, 온실효

과, 오존층 파괴, 기상 이변, 쓰레기 전쟁, 인구 폭발, 대량 실업, 국제 부채 위기, 제
3세계 문제, 군비 경쟁, 원자병 …)를 초래했다. 근대의 국가 절대화, 국가주
의도 제1차 세계대전 이후에 와해된 듯이 모든 것을 해결해 준다고 주
창하던 자본주의와 사회주의의 이데올로기도 이미 낡아버렸다. 이 모
든 것들은 이 세상이 새로운 패러다임, 후(後)자본주의적이고 후(後)사
회주의적인 패러다임, 후(後)현대적 생태-사회 시장경제 패러다임 안
에 들어섰음을 말해주는 표지다.(934~940)

그러나 큉에 따르면 극단적 현대주의, 후현대주의, 반현대주의는 현
대의 위기로부터 벗어나는 길이 아니다. 그러므로 그리스도교가 3천
년기에도 살아남기 위해서는 현대를 단죄하는 대신에 현대의 인도주
의적 알맹이를 긍정해야 하고, 현대의 비인간적 속박과 파괴적 작용에
맞서 싸워야 하며, 위의 두 입장을 뛰어넘어, 세심하게 차별화된 새로
운 다원적, 통전적 종합으로 나아가야 한다. 큉은 이를 "탈현대적 패러
다임"이라고 지칭한다. 새로운 시대의 그리스도교에는 다음과 같은 엄
청난 과제가 부여된다. 이 문제는 현실의 다양한 차원(우주적 차원: 인간
과 자연, 인간론적 차원: 남성과 여성, 사회정치적 차원: 빈자와 부자, 종교적 차원:
인간과 하느님)과 결부되어 있다.(944~947)

큉에 따르면 그리스도교의 새로운 패러다임은 탈교파 일치운동 패
러다임이 될 것이다. 이 패러다임은 상호보충적인 세 가지 근본태도
에 의해 꼴지어질 것이다. 누가 정통적인가? 누가 가톨릭적인가? 누
가 복음적인가? 이 세 가지 근본태도들은 결코 서로를 배제하지 않는
다. 결론적으로 큉은 힘차게 역사하시는 예수 그리스도의 영으로 말미
암아 그리스도교가 3천년기에도 미래를 가지고 있다고 굳게 확신한
다.(966~972)

4. 평가

우리는 2천 년을 넘어 존속해 온 위대한 그리스도교의 지나간 역사를 절대화해서도 안 되지만, 무조건 폄하해서도 안 될 것이다. 이로부터 우리는 수많은 교훈을 배우고 새롭게 출발하는 지혜를 터득해야 할 것이다. 다만 그리스도교의 본질과 역사에 관한 큉의 설명과 미래를 위한 그의 방향 제시를 우리가 절대적으로 따를 필요는 없을 것이다. 그렇지만 정통적-교조주의적, 근본주의적, 보수적 그리스도인들과는 달리 역사 앞에서 매우 겸손한 태도, 매우 방대한 자료를 다루는 솜씨, 매우 합리적이고 진지한 해석적 능력을 보여준 큉의 탁월한 업적을 우리는 높이 평가해야 한다.

큉에 따르면 고대교회 헬레니즘 패러다임, 중세의 로마 가톨릭 패러다임, 종교개혁의 개신교 패러다임, 근대의 계몽주의 패러다임은 제 각기 정교회, 로마 가톨릭교회, 개신교회, 자유주의 정신 속에서 잘 계승되어 왔거나 여전히 보존되어 있다. 그러나 "그리스도교의 어머니"(에른스트 케제만)이라고 일컬어지는 원그리스도교의 유다계 묵시문학 패러다임은 오직 이슬람에 의해서만 충실히 계승되고 있다고 큉은 주장한다. 그렇다면 오직 이슬람만이 예수의 신실한 제자와 그리스도교의 충직한 계승자라는 뜻인가? 예수의 그의 제자들을 강력히 사로잡았던 미래의 희망은 오늘 누구에 의해 충실히 전승되고 실천되고 있단 말인가? 본래의 그리스도교는 지금 어디로 갔단 말인가?

큉에 따르면 미래의 신학은 다(多)중심적-다(多)종교적-인류적이 될 것이고, 우주와 정신, 정치와 문화와 더불어 새로운 종합이 이루어질 것이며, 우주적-비차별적-해방적-전세계적 신심에 의해 지배될 것이라고 한다. 이러한 미래의 가능성 앞에서 아시아의 작은 나라 한국의 교회가 앞으로 세계교회에 어떤 기여를 할 수 있을지를 더 진지하게 고민해야 한다. 그래서 우리도 한국교회의 역사를 체계적으로 진술할 수 있는 역량을 길러야 하며, 이를 토대로 삼아 우리의 미래를 예견할 수 있는 식견을 키워야 한다. 단지 서구의 그리스도교만이 아니라 바로 한국교회도 지금 신뢰성의 위기와 정체성, 방향성 상실 때문에 표류하고 있지 않은가? 신학자들과 목회자들은 이런 위기에 책임적으로 응답해야 한다. 바로 이런 점에서 큉은 국경을 넘어서 정말 흠모할 만한 귀한 스승의 모습으로 우리 앞에 매우 가까이 서 있다.

5. 토의 주제

1) 패러다임(Paradigm)이라는 용어의 어원과 의미가 무엇이며, 이 용어가 신학 안으로 수용된 가장 중요한 이유와 배경은 무엇인가?

2) 각 패러다임마다 전환이 일어난 결정적인 내적, 외적 요인이 무엇이며, 새로운 패러다임을 만들고 완성한 사람이 누구인가?

3) 오늘 한국의 신학과 목회 현장에서 가장 강력한 영향을 끼치고 있는 패러다임이 무인가? 만약 지금 패러다임 전환이 일어나고 있다면, 어떤 이유로, 어떤 집단에서, 그리고 어떤 사람으로 인해 가장 강력하게 일어나는가?

『희망의 신학』 위르겐 몰트만

『Theologie der Hoffnung. Untersuchungen zur Begründung und zu den Konsequenzen einer christlichen Eschatologie』 Jürgen Moltmann, Gütersloh: Gütersloher Verlagshaus 2005 (Erstausgabe 1964). 이신건 옮김, 대한기독교서회, 2002.

이신건 교수(서울신학대학교, 조직신학)

1. 저자 소개

위르겐 몰트만(J. Moltmann)은 1926년 4월 8일에 독일 함부르크에서 기독교를 믿지 않는 세속적인 가정에서 태어났다. 젊은 시절부터 막스 플랑크와 알베르트 아인슈타인을 좋아했던 그는 원래 수학과 원자물리학을 공부하기를 소원했다. 그러나 그는 17살의 나이에 제2차 세계대전에 투입되었고, 함부르크의 한 고사포 부대에 배치되었다. 1943년 7월 마지막 주간에 '고모라 작전'을 개시한 영국 공군부대는 함부르크를 무자비하게 파괴했다. 폭격의 화염 속에서 몰트만의 동료들은 차례로 죽어 갔지만, 그는 상처만을 입은 채 늘 기적적으로 살아남았다. 그는 생애 처음으로 하나님에게 외쳤다. "나의 하나님, 당신은 어디에 계십니까? 무엇 때문에 나는 살았고, 다른 사람들처럼 죽지 않았습니까?" 3년 동안 포로수용소에 갇혀 있던 몰트만은 한 군목이 건

네준 성경 안에서 역시 고난을 당한 예수의 모습을 보게 되었다. "왜 나를 버리셨나이까?"라고 외친 예수의 음성 속에서 고난 속에서 임재하시는 하나님과 함께 고난을 받는 친구와 같은 예수를 몰트만은 생생하게 경험했다. 그후로 그는 그리스도인으로 변하여 포로수용소 안에서 신학을 공부하기 시작했고, 이런 경험은 평생 동안 몰트만의 신학에 결정적인 방향을 제공했다. 그의 신학이 대체로 개인보다는 역사에 더 많은 관심을 기울이는 것은 바로 그가 처절히 겪은 역사적 경험에서 비롯한다.

고국으로 되돌아온 1948년에 몰트만은 괴팅엔대학에서 본격적으로 신학을 공부하기 시작했다. 그에게 영향을 준 스승은 한스-요아힘 이반트, 오토 베버, 에른스트 볼프였다. 베버의 지도 아래 1952년에 박사학위를 취득한 몰트만은 1957년에 바서호스트 교회를 섬기는 동안 교수자격논문을 완성했다. 그 이후에 그는 부퍼탈, 본대학에 가르쳤고, 튀빙엔대학에서 명예교수로 은퇴할 때까지 조직신학과 윤리를 가르쳤다. 그의 대표적인 저서로는 『희망의 신학』(1964), 『십자가에 달리신 하나님』(1972), 『성령의 능력 안에 있는 교회』(1975), 『삼위일체와 하나님의 나라』(1980), 『창조 안에 계신 하나님』(1985), 『예수 그리스도의 길』(1989), 『생명의 영』(1991), 『오시는 하나님』(1995), 『자서전』(2006) 『희망의 윤리』(2010) 등이 있다.

몰트만은 볼프하르트 판넨베르크, 에버하르트 윙엘 교수 등과 함께 신학과 교회에 지대한 영향을 끼친 탁월한 신학자로서 존경을 받고 있다. 그는 필자를 포함하여 9명의 한국인 제자들을 배출했으며, 한국을 12번 방문하여 한국의 신학자들과 목회자들과 왕성한 대화를 나누었다. 그는 한국 고유의 '민중신학'을 유럽에 알리기 위해 노력했고, 90세를 바라보는 나이에도 불구하고 왕성한 집필과 강연 활동을 지속하고 있다.

2. 책의 등장 배경

몰트만에게 세계적인 명성을 안겨 준 대표적인 책 『희망의 신학』은 독일에서 1958년으로부터 1964년까지 전개되었던 치열한 신학 논쟁 한가운데서 생겨났다. 여기서 몰트만은 한편으로는 게하르트 폰 라트, 발터 침멀리, 한스 발터 볼프, 한스 요아힘 크라우스 등이 대변했던 구약성서 신학과 다른 한편으로는 루돌프 불트만이 초석을 놓고 에른스트 케제만이 발전시켰던 신약성서 신학 사이를 중재해 보려고 했다. 여기서 핵심적인 질문은 역사 이해에 대한 질문이었다. 현실 전체는 인간의 희망을 깨우는 하나님의 약속의 맥락 안에서 역사로 경험되는가, 아니면 그 맥락과 대립하는 가운데서 역사로 경험되는가? 아니면 역사는 인간 실존의 역사성에 근거하고 있는가? 더 정의롭고 평화롭고 인간적인 세상에 대한 미래의 전망을 획득하기 위해 몰트만은 전쟁 이후에 크게 유행하였던 실존주의를 비판했고, 구약성서의 약속의 신학과 신약성서의 그리스도의 파루시아(재림)의 신학, 화란의 사도직의 신학, 혁명적인 윤리를 토대로 삼아 희망의 신학을 전개하였다.

그러나 그에게 결정적인 집필 동기를 준 것은 에른스트 블로흐(E. Bloch)의 『희망 원리』(Prinzip Hoffnung)라는 책이었다. 1960년의 스위스 휴가 길에 이 책을 지참한 그는 스위스의 아름다운 자연을 전혀 쳐다보지 않을 만큼 이 책에 완전히 매료되었다. 이 책을 읽은 몰트만에게 다음과 같은 질문이 떠올랐다. "그리스도교 신학은 바로 그 자신의 주제가 되어야 할 희망이라는 주제를 왜 내팽개쳤는가? 오늘날 그리스도교에서 초대교회의 희망의 영이 어디에 남아 있는가?"

『희망의 신학』에서 몰트만은 성서에 나타난 약속, 묵시적 희망, 사도직, 하나님 나라의 신학, 역사적, 사회적, 정치적 실천을 지향하는 희망의 철학을 서로 결합했다. 여기서 그는 유대인과 그리스도인의 신학적 전제 위에서 블로흐를 뛰어넘는 신학을 전개하고 싶었다. 블로흐가 현대적 무신론을 희망의 토대로 삼았다면, 몰트만은 죽은 자들의 부활과 영생, 성서의 증언을 토대로 삼아 인류의 희망을 제시하려고 했다. 『희망의 신학』은 신학이 어떻게 희망으로부터 시작하고 종말론적인 빛 안에서 그 주제들을 숙고할 수 있는지를 보여 주려고 했다. 아니 이 신학은 종말론이야말로 모든 그리스도교의 선포, 그리스도의 실존, 전 교회의 성격을 지배하는 것임을 실증하려고 했다.

3. 줄거리

서론 : 희망에 관한 명상

먼저 몰트만은 기독교가 가르쳐 온 '희망'이 그리스도인의 신앙과 삶과 사고에 얼마나 큰 의미를 지니고 있고, 얼마나 중요한 역할을 수행하는지를 숙고한다. 여기서 몰트만은 이 책의 방향과 내용을 결정하는 중요한 명제를 미리 제시한다. "종말론은 희망의 대상만이 아니라 그것에 의해 움직이는 희망까지 포괄하는 그리스도교적 희망에 관한 가르침이다. 그리스도교는 단지 부록에서만이 아니라 전적으로, 그리고 완전히 종말론이요, 희망이며, 앞을 바라보는 전망이요, 앞으로 나아가는 행진이다. 그러므로 그것은 또한 현재의 타개와 변혁이기도 하다.

종말론적인 것은 그리스도교에 속해 있는 그 어떤 것이 아니라 전적으로 그리스도교적 신앙의 매체요, 그 신앙 안에서 모든 것을 조율하는 음(音)이며, 세상 만물이 녹아드는, 기대된 새로운 날의 여명의 색깔이다. 왜냐하면 그리스도교적 신앙은 십자가에 달린 그리스도의 부활로부터 살아가며, 그리스도의 보편적인 미래의 약속을 지향하기 때문이다. 종말론은 메시아 때문에 생겨나는 고난과 열정이다. 그러므로 종말론은 애초부터 그리스도교적 교리의 한 부분일 수가 없다. 오히려 모든 그리스도교적 설교, 모든 그리스도교적 실존과 모든 교회의 특징은 종말론적인 방향을 지니고 있다."(22)

여기서 몰트만은 성서가 말하는 하나님을 다시금 분명히 정의한다. "성서의 하나님은 세계 안에 있거나 세계 밖에 있는 하나님이 아니라 세계 앞에 있는 하나님, '희망의 하나님'(롬 15:13), '미래를 존재의 본질로서 지니신 하나님'(블로흐)이다. 그러므로 우리는 이 하나님을 우리 안이나 우리 위에 가질 수 없고, 처음부터 항상 오직 우리 앞에서만 존재하시는 분으로 생각할 수 있을 따름이다. ... 그러므로 올바른 신학은 모름지기 자신의 미래의 목표로부터 생각되어야 할 것이다. 종말론은 마땅히 올바른 신학의 마지막이 아니라 그 시작이 되어야 할 것이다."(22-23)

여기서 몰트만은 신앙이 희망과 뗄 수 없는 관계에 있음을 강조한다. "그리스도인의 생활에서 신앙은 먼저 오지만, 희망은 우월하다. 만약 신앙을 통한 그리스도 인식이 없다면, 희망은 허공에 떠 있는 유토피아적 희망이 되고 만다. 하지만 만약 희망이 없다면, 신앙은 무너지게 되고 작은 신앙이 되며, 결국에는 죽은 신앙이 되고 만다. ... 신앙한다는 것은 미리 취한 희망 가운데서 십자가에 달린 자의 부활로 말미암아 무너진 그 한계선을 넘어간다는 것을 뜻한다. 만약 이 점을 고려한다면,

이 신앙은 세상 도피와 체념, 책임 회피와는 아무런 상관이 없다."(27)

전통적 신학이 죄를 불신앙이나 불순종, 교만 등이라고 설명해 왔다면, 여기서 몰트만은 절망을 죄라고 설명한다. 그리고 희망의 신학에 맞서는 가장 강렬한 저항으로서 몰트만은 "현재의 하나님"을 지목한다. 영원히 현재하는 하나님은 바로 파르메니데스의 하나님이지, 성서의 하나님이 아니다. 성서의 하나님은 "약속의 하나님, 현재로부터 미래로 탈출하시는 하나님, 자신의 자유로부터 미래와 새로움을 공급하시는 하나님"이다.(39) 그리고 안셀름과 칼 바르트가 "지식을 추구하는 신앙"(나는 알기 위해 믿는다)을 신학의 출발점으로 여겼다면, 몰트만은 "지식을 추구하는 희망"(나는 알기 위해 바란다)을 신학의 출발점으로 여긴다.(45)

제1장 : 종말론과 계시

여기서 몰트만은 19세기 말엽에 요하네스 바이스와 알버트 슈바이처가 예수의 메시지와 실존과 원시 그리스도교에서 종말론이 지닌 중심적 의미를 재발견함으로써 신학계에 충격을 주었지만, 최종적으로는 그들이 종말론을 폐기하고 자유주의적인 예수 이해로 되돌아가고 말았다는 사실을 밝힌다. 이어서 몰트만은 "하나님의 계시"에 관한 언어와 문장이 "하나님의 약속"의 언어와 철저히 결합되어 있고, 하나님이 약속의 방식으로, 그리고 약속의 역사에서 자신을 계시하신다는 점을 강조한다. 이런 관점 아래서 몰트만은 초기 바르트의 하나님의 초월적 주체성의 신학, 불트만의 인간의 초월적 주체성의 신학, 구원사적 종말론, 판넨베르크의 보편사적 종말론을 비판한다.

몰트만에 따르면 "하나님의 계시를 "현재의 영원한 나타남"으로 이해한다면, 이것은 결국 언제나 헬라적 사고와 질문의 영향이다. ... 부활한 그리스도의 계시는 영원한 현재의 나타남이 아니라, 계시를 약속된 진리의 미래의 드러남으로 이해하도록 요구한다. 약속을 계시하는 진리의 이 미래를 통해 인간은 역사를 가능성과 위험성으로 가득한 현실로 경험한다. 바로 여기서 현실을 하나님의 형상으로 고정화하려는 시도는 무너지고 만다. 신학은 언제 '계시'에 관해 말하는가? 그것은 바로 부활한 자의 현현을 근거로 하여 부활한 자와 십자가에 달린 자의 동일성을 인식하고 선포할 때이다."(98) 몰트만에 따르면 "약속된 진리의 미래로부터 세계는 역사로 경험된다. 그리스도의 부활의 약속 사건의 종말론적 의미는 회상과 기대 가운데서 역사에 대한 감성을 일깨운다. 그러므로 세계를 그 자체 안에 닫혀 있는 질서로 보거나 역사를 신적인 진리를 감추고 드러내는 우주로 이해하는 모든 생각은 무너지고, 종말론적 '미완성' 안에 놓여진다."(107)

제2장 : 약속과 역사

여기서 몰트만은 구약성서의 계시 이해와 역사 경험을 전반적으로 분석하고 해명한다. 먼저 그는 농경민과 유목민 이스라엘의 계시 이해와 역사 경험이 완전히 다르다는 점을 밝힌다. 몰트만에 따르면 "유목민의 종교는 약속의 종교이다. 유목민은 파종과 수확의 순환 속에서 살지 않고, 이주의 세상에서 산다. ... 영감을 주고 길을 인도하며 보호해주는 유목민의 하나님은 여러 면에서 농경민의 신들과는 근본적으로 차이가 난다. 유목민의 신들은 지역에 매여 있다. 하지만 유목민의 이동하는 하나님은 영토와 지역에 매여 있지 않다. 그는 유목민들과 함께 이동하며, 스스로 움직인다."(112) "헬라의 종교철학과 동양의 종교철학의 자연 신학은 에피파니 (현현) 종교를 전제로, 그리고 영원한 기반으로 삼고 있다. ... 혼돈의 세력과 허무에 의한 인생의 위협은 영원한 현재의 출현을 통해 극복된다. 인간의 존재는 영원한 존재의 보호를 받게 되며, 그에 대한 응답과 참여 속에서 영원한 현재의 품에 안겨 있다고 느낀다. ... 이스라엘에서 하나님의 "나타남"은 하나님의 약속의 말씀과 직접 결부되었다"(114)

이런 관점 아래서 몰트만은 이스라엘에게 주어진 약속의 말씀이 어떤 성격과 내용을 갖고 있는지를 비교적 소상히 설명하며, 이스라엘이 하나님의 약속을 통해 역사를 어떻게 경험했는지를 밝힌다. "하나님의 약속의 별 아래서 현실은 '역사'로 경험된다. '역사'로 경험되고 회상되고 기대되는 현실의 영역은 약속에 의해 열려지고, 채워지고, 계시되고, 형성된다. 하나님의 약속은 역사의 지평을 열어준다."(121) 그리고 몰트만은 '계시와 하나님 인식', '약속과 율법'의 관계를 설명한 후에 예언자적 종말론에서 약속이 어떤 기능을 하는지, 그리고 묵시사상적 종말론에서 우주가 역사화화는 과정을 설명한다.

제3장 : 예수 그리스도의 부활과 미래

제2장에서 구약성서의 계시 이해와 역사 경험이 하나님의 약속과 결부되어 있다는 점을 밝힌 몰트만은 여기서는 신약성서의 복음이 약속과 결부되어 있음을 계속 밝혀나간다. 복음은 약속의 말씀이고, 신약성서의 하나님도 "약속하시는 하나님"(히 10:23; 11:11 등)이다. "하나님을 계시하는 말씀은 근본적으로 약속의 성격을 지니고 있으며, 그래서 종말론적인 것이다. 말씀은 하나님의 신실한 사건에 근거해 있고, 이 사건을 향해 열려 있다."(161) 여기서 몰트만은 "바울과 아브라함"을

실례로 들어 복음과 약속의 관계와 신약성서와 구약성서의 관계를 설명한다.

몰트만에 따르면 복음이 지닌 약속의 성격은 바울이 원시 그리스도교의 여러 경향들과 함께 얽혔던 갈등에서 더 분명히 드러난다. "고린도에서 바울이 논쟁의 대상으로 삼았던 헬라적 열광주의 안에서 그리스도교 신앙이 신비 종교로 이해되었다. ... 하나님의 약속이 성취된 시대에 살고 있다는 의식(意識) 속에서 생겨난 이와 같은 비(非)헬라적, 묵시적 열광주의가 나중에 이르러 이 성취를 하나님의 영원한 현재의 무시간적 현현과 동일시할 수 있었다."(173~174) "이리하여 역사는 그 종말론적 방향성을 상실하고 말았다. 역사는 세계를 향해 다가오는 그리스도의 미래를 애타게 기다리는 고난과 희망의 영역이 아니라, 교회와 성례전을 통해 그리스도의 천상적 통치를 드러내는 영역이 되고 말았다."(177) 이에 맞서 바울은 "종말론적인 유보(留保)"와 "십자가의 신학"을 제시하였다.

이어서 몰트만은 "그리스도의 부활"의 현실성을 변증한다. "그리스도교는 하나님이 예수를 죽은 자들 가운데서 살리신 현실과 함께 서고 넘어진다. 신약성서에서 예수의 부활과 함께 선험적으로 출발하지 않는 신앙은 없다."(184) 이어서 몰트만은 "그리스도의 부활에 대한 역사적 질문과 역사적 연구의 문제점"과 "부활 보고에 대한 양식사적 질문과 그 실존적 해석의 문제점"을 지적하고, 드러내고, 부활한 자의 선포 속에 들어 있는 미래의 지평을 종말론적으로 해명하며, "부활하여 나타난 자와 십자가에 달렸던 그리스도의 동일성"을 해명한 다음에 "예수 그리스도의 미래"와 "의(義)의 미래"와 "생명의 미래"와 "하나님 나라의 미래와 인간의 자유"를 해명한다.

제4장 : 종말론과 역사

제4장에서 몰트만은 그리스도교적 종말론의 빛 아래서 "역사적 방법론"과 "역사적 탐구학"과 "역사철학"을 비판적으로 조명하고, "역사의 종말론으로서 역사철학적 천년왕국설"을 설명하고, "역사의 추진력으로서 죽음과 죄책"과 "역사적 보편 개념의 특성"을 해명한다. 이어서 몰트만은 "그리스도교적 사명의 해석학"을 전개한다. 여기서 몰트만은 종래의 신증명의 시도를 비판적으로 점검한 후에 다음과 같이 주장한다. 신증명은 "그리스도의 선포의 영원한 원천과 근거가 아니라 아직 성취되지 못한 그리스도교적 선포의 미래적 목표일 수밖에 없다. … 모든 신증명은 근본적으로 하나님이 모든 것 안에서 모든 자들에게 계시될 바로 그 종말론적인 현실을 선취하는 것이다."(305)

이어서 몰트만은 "사도직의 해석학"을 전개하며, "파송의 희망 속에서 일어나는 인간의 인간화"와 "파송을 통한 세계의 역사화"와 "종말론적 희망의 전통"을 해명한다. "고대의 전통 사상과는 달리 그리스도교적 선포의 전통이 구약성서의 전통 이해와 공통적으로 갖는 요소들은 무엇보다도 다음과 같다. 1) 여기서도 전통은 일회적이고 반복될 수 없는 역사적 사건, 즉 십자가에 달렸던 그리스도의 부활과 결합되어 있으며, 그것과 결속시킨다. 2) 전승의 과정은 이 사건이 '단 한번' 전개하는 미래의 지평에 의해 요구되고, 촉발된다."(323)

제5장 : 탈출 공동체

제5장에서 몰트만은 현대 사회 속에서 그리스도교를 종말론적으로 이해하기 위해 종래의 입장을 조목조목 비판적으로 검토한다. 지금까

지 그리스도교는 "절대자 숭배"와 "새로운 주체성 숭배"와 "공동체 숭배"와 "제도 숭배"의 종교로서 역할을 수행해 왔다. 그러나 몰트만에 따르면 "그리스도교의 본질과 목적은 자기 자신과 자신의 독특한 생활 속에 있지 않다. 그리스도교는 자신을 넘어서는 그 무엇으로부터 살고 있으며, 바로 그것을 위해 존재한다. 만약 우리가 그리스도교적 실존의 비밀과 그 행동 방식을 이해하길 원한다면, 그의 사명에 대해 질문해야 한다. 만약 우리가 그 본질을 규명하길 원한다면, 자신의 희망과 기대가 걸려 있는 바로 그 미래에 대해 질문해야 한다."(349)

그리스도교는 하나님 나라의 기대 지평 안에 있다. 그러므로 "구원은 단지 영혼의 구원, 악한 세상으로부터의 개인적 구원, 양심의 시련 속에서의 위로만이 아니라 종말론적 희망(정의로운 희망)의 실현, 인간의 인간화, 인류의 사회화, 온 피조물과의 평화이기도 하다."(353) 그리고 "지금은 온 세계로 흩어질 시대요, 희망의 밭에 씨를 뿌릴 시대요, 헌신과 희생의 시대이다. 왜냐하면 이 시대는 새로운 미래의 지평 안에 있기 때문이다. ... 십자가에 달린 그리스도의 미래의 지평을 이 세계에 열어주는 것이야말로 교회의 임무이다."(363)

4. 핵심 주제

몰트만은 2006년에 자신이 직접 쓴 자서전 『Weiter Raum』(=넓은 공간, 한글 번역서: 『몰트만 자서전』, 이신건, 이석규, 박영식 옮김, 대한기독교서회, 2011)에서 『희망의 신학』의 세 가지 핵심적 개념을 다음과 같이 설명한다.

1) 하나님의 약속이라는 개념

몰트만에 따르면 종말론은 예고와 예언, 경향분석과 외삽(外挿)에 근거한 것이 아니라, 하나님의 약속에 근거한다. 하나님은 자신이 말씀하신 것을 행한다고 약속하시며, 이를 자신의 신실로써 보장하신다. 그리고 하나님의 약속은 분명하다. 구약성서에서 근본적인 하나님의 약속은 노아, 아브라함, 이스라엘, 메시아에 대한 계약의 약속이다. "나는 너희의 하나님이 될 것이고, 너희는 나의 백성이 될 것이다." 이것은 하나님의 자기 결정이며, 이스라엘을 하나님의 백성으로 선택하신 행동이다. 약속하시는 하나님은 이러한 계약의 약속 안에 친히 임재하신다. 하나님은 이 백성에게 자신의 신실을 약속하신다. 그리고 신실성이 하나님의 신성의 본질이듯이, 약속과 약속된 것은 하나요, 동일한 것이다. 그것은 곧 하나님의 임재다.

하나님의 약속은 미래 개방적이라는 특징을 지닌다. 왜냐하면 오직 약속의 이런 측면만이 사람으로 하여금 자신의 모든 소유와 지금의 상태를 버리게 하고, 아브라함과 사라(창 12장)처럼, 그리고 이집트의 이스라엘처럼 알지 못하는 곳으로 탈출하게 하며, 오직 약속의 별만을 신뢰하도록 힘을 주기 때문이다. 아브라함처럼 고향을 떠나든, 이스라엘처럼 낯선 곳을 떠나 출발하든, 신약성서는 이러한 용기를 '믿음'이라고 부른다. "믿음은 바라는 것들의 실상이요, 보이지 않은 것들의 증거다."(히 11:1)

이스라엘의 계약의 약속에는 임재의 약속도 들어 있다. "내가 이스라엘 자손 중에 거하여, 그들의 하나님이 될 것이다."(출 29:45) 영원하신 분이 자신의 백성을 자유의 땅으로 인도하시려고 내려오시며, 이스라엘과 운명을 같이하신다. 하나님은 '구름기둥과 불기둥' 속에서 자신의 백성을 인도하시며, 모세와 더불어 친구처럼 '얼굴을 맞대고' 말씀하신다. 하나님은 토라 안에, 순종 안에, 이스라엘의 기도 안에 임재하신다. 하나님은 이스라엘과 함께 자신의 영광의 나라에 들어가기 위해 이 세상의 낯선 곳에서 길동무가 되시며, 자신의 백성과 함께 고난을 받으신다. 이곳의 임재는 그곳의 영광의 약속이다. 하지만 그것은 말씀을 훨씬 능가한다. 그것은 비참한 나그네 생활까지도 축복으로 채우는 하나님의 임재다. 신약성서의 증언에 따르면 하나님은 그리스도와 성령 안에서 임재하신다. 이것은 육신이 되신 하나님의 약속이며, 다가오시는 하나님의 영적인 임재이다.(147~149)

2) 십자가에 못 박힌 그리스도의 부활을 세계를 위한 하나님의 약속으로 생각하기

몰트만에 따르면 "하나님의 약속은 얼마든지 그리스도 안에서 예가 된다."(고후 1:20)라는 구절은 예수의 부활을 만물의 새 창조를 위한 하나님의 궁극적이고 우주적인 약속으로 해석할 수 있는 실마리를 제공한다. 하나님의 이러한 "긍정"은 하나님의 다가오는 임재의 약속의 무조건적이고 절대적인 확증일 뿐만 아니라, 한계선을 넘어서는 보편적인 약속 성취이다. 하나님은 자신의 약속을 실행에 옮기신다. 약속의 이러한 성취는 우선적으로 예수에게만 적용된다. 하지만 하나님은 예수를 죽은 자들로부터 일으켜 세우심으로써 그를 잠에서 일어난 모든 자의 첫 열매로 삼으셨고, 만물을 위해 생명을 가져오는 자로 삼으셨다.

이로써 약속의 성취는 산 자들과 죽은 자들과 탄식하는 모든 피조물을 위해 보편적인 것이 되었다. 만약 다가오는 하나님의 영광의 나라가 없다면, 만약 미래 세계의 영원한 삶이 없다면, 하나님이 예수를 다시 살리신 것은 아무런 의미가 없다. 만약 예수의 부활이 없다면, 그리스도인의 희망도 기독교적인 근거를 가질 수 없다. 모든 종말론적 지평들은 십자가에 달리신 그리스도의 부활의 사상 안에 근거를 두어야 한다.

이스라엘에게 그러하듯, 희망은 단지 억압을 떨치고 약속된 자유의 땅을 찾을 수 있는 힘만을 주지 않는다. 희망은 인간으로 하여금 자신의 고향과 자신의 친구들과 자신의 집마저 떠나게 한다. 희망은 이런 것들을 버리고 새로운 것을 찾도록 한다. 내가 말하려는 뜻은 다음과 같다. 대안적인 미래를 향한 희망은 우리로 하여금 현재와 갈등하게 하며, 현재에 집착하는 사람들과 충돌하게 한다. 신자들이 기독교적 희망 안에서 현존하는 현실과 빚는 갈등은 다름이 아니라 이러한 희망 그 자체를 잉태하는 갈등이다. 그것은 곧 부활의 세계가 십자가의 그림자 안에서 세상과 빚는 갈등이다. 만약 우리가 단지 우리의 눈에 보이는 것만을 바라본다면, 즐겁거나 불쾌하거나 현존하는 현실에 만족하게 될 것이다. 하지만 우리는 현존하는 현실에 만족하지 못한다. 우리는 우리 자신과 현존하는 현실 사이에서 다정하거나 지루한 조화를 이루지 못한다. 이러한 사실 때문에 충만한 생명, 새 땅과 하나님의 나라에서 누릴 정의를 향한 꺼지지 않는 희망의 불꽃이 일어난다. 희망은 우리로 하여금 만족하지 않게 하고, 불안하게 하며, 하나님의 구원의 날을 향해 마음을 열게 한다.(149~151)

3) 인간의 역사를 하나님 나라의 선교로 이해하기

몰트만에 따르면 십자가에 못 박힌 그리스도의 부활의 지평 안에서 역사 속의 삶은 하나의 위임, 곧 선교가 된다. 약속은 우리로 하여금 역

사의 가능성과 우리가 실현해야 할 목표를 바라보게 한다. 오직 종말론
적인 희망의 지평 안에서만 세계는 우리에게 역사로서 나타난다. 하지
만 역사는 단지 모든 가능성으로, 선과 악으로 가득한 것만은 아니다.
왜냐하면 이러한 미래는 가능한 변화의 공허한 목표가 아니기 때문이
다. 하나님의 미래가 우리에게 열어 보이는 약속(promissio)은 이러한
미래를 최대한 선취하기 위해 역사 속으로 들어가는 선교(missio)를 낳
는다. 세계 안에는 하나님의 나라와 하나님의 정의에 저항하는 역사적
인 상태가 존재한다. 이러한 상태를 변혁하기 위해 우리는 이에 저항해
야 한다.

종말론적인 하나님의 나라는 역사의 미래이기 때문에 자신의 모든
역사적 시작들을 초월한다. 바로 그렇기 때문에 하나님의 나라는 역사
속에서 미래의 힘이 되고, 이러한 시작의 원천이 된다. 우리는 다가오
는 하나님의 나라 안에서 살아가며, 오시는 분의 길을 준비한다. 희망
의 토대는 유토피아가 아니며, 알려지지 않은 미래의 가능성에 대한 탐
색이 아니다. 그것은 지금 여기서 일어나는 새로운 시작이고 새로운 것
의 시작, 곧 새로운 생명의 탄생이다. 그러므로 희망의 원형은 먼 미래
가 아니라 생명의 탄생이다.(151~153)

5. 평가

스위스의 무명의 시골 목사 칼 바르트를 일약 세계적으로 유명한 신
학자로 만든 책이 『로마서 강해』(1921년)라고 한다면, 38세의 새파란
독일 신학자 위르겐 몰트만에게 세계적인 명성을 안겨준 책은 『희망의
신학』(1964)이다. 이 책은 양대 세계대전 이후에 풍미하던 실존주의 신

학과 세속화 신학에 종지부를 찍었다. 1967년에 『희망의 신학』이 미국에 출간되었을 때, 뉴욕 타임즈(New York Times)는 "하나님의 죽음의 신학은 희망의 신학 때문에 기반을 잃어버렸다"고 논평했다. 1967년에 독일의 유명한 잡지 슈피겔(Der Speigel)은 "그리스도인의 창백한 피 속에 철분을 공급하였다"고 논평했다. 비록 몰트만은 그리스도교 신학에서 역사와 종말론이 차지하는 중심적인 비중을 처음으로 발견한 사람은 아니지만, 이를 가장 분명하고 효과적으로 대변한 신학자로서 세계적인 주목을 받게 되었다.

『희망의 신학』은 세계의 신학계에 큰 공감과 반향을 불러 일으켰다. 몰트만 이전에도 이런 방향을 주도한 신학자들이 없지는 않았다. 블룸하르트(Blumhardt) 부자(父子)의 '하나님의 나라' 운동과 신학이 희망의 폭탄처럼 떨어졌지만, 종교사회주의 운동을 거쳐 가는 동안 그 힘이 서서히 소진되고 있었다. 바이스와 슈바이처가 자유주의 신학의 둑을 무너뜨리고 묵시적 종말론의 태풍을 몰고 왔지만, 결국 자유주의적 그리스도교 이해로 되돌아갔다. 실존주의 신학이 다시금 종말론을 신학의 중심으로 내세우는 일에는 성공했지만, 인류와 교회에게 희망의 위로를 주기에는 매우 미약했다. 몰트만은 이러한 신학의 터전 위에서 온 인류의 가슴을 적시는 희망의 물꼬를 터놓았다. 이리하여 그는 하나의 놀라운 신학적 전환을 이룩했다.

비록 몰트만이 미리 의도한 것은 아니었지만, 1964년에 『희망의 신학』은 분명히 결정적인 때를 맞이했다. 희망이라는 주제는 유행을 타기 시작했다. 제2차 바티칸 공의회에서 로마 가톨릭교회는 현대 세계의 문제들을 향해 문호를 개방했다. 미국에서는 인종차별에 저항하는 민권운동이 절정에 달했다. 동유럽의 프라하에서는 "인간의 얼굴을 지닌 사회주의"라고 일컬어진 마르크스 사상의 개혁운동이 생겨났다. 라틴 아메리카에서는 성공한 쿠바 혁명이 곳곳에서 가난한 사람들과 지성인들의 희망을 일으켰다.

서독에서는 더 많은 민주주의와 더 나은 사회 정의를 향한 의지와 핵무기에 대한 투쟁이 침체되어가던 전후(戰後) 시기의 상황을 극복했다. 1960년대는 실로 미래를 향한 출발과 전향의 시대였으며, 희망을 통해 거듭난 시대였다. 다른 한편으로 그 당시에 매우 보편적으로 받아들여졌던 위대한 희망은 작고 제한된 많은 활동들, 즉 환경 운동, 평화 운동, 여성 운동과 다른 운동들 속에서 구체적으로 전개되었다. 그리고 메츠(J. B. Metz)의 "정치신학", 콘(J. Cone)의 "흑인신학", 구티에레즈(G. Gutiérrez) 등의 "해방신학", "제3세계의 신학", "민중신학", "여성신학" 등은 직접-간접적으로 역사적, 종말론적 전망을 갖춘 실천적 신학으로서 『희망의 신학』의 영향을 받았다고 할 수 있다.

한스 큉(H. Küng)에 따르면 그리스도교 신학은 지금까지 여러 차례 패러다임 전환을 경험하는 가운데서 형성되어 왔다. 그런데 흥미로운 점은 다음과 같다. 고대교회-헬레니즘 패러다임, 중세-로마 가톨릭 패러다임, 종교개혁-개신교 패러다임, 근대-계몽주의 패러다임은 제각기 정교회, 로마 가톨릭, 개신교, 자유주의 속에서 계승되거나 보존되어 있다면, "그리스도교의 어머니"(에른스트 케제만)라고 할 수 있는 원시 그리스도교-묵시문학 패러다임은 이슬람 속에서만 보존되어 있다. 그렇다면 그리스도교는 원래의 모판으로부터 떠나 다른 모판 위에서 기생하고 있지 않은가? 오늘날 누가 그리스도교의 진정한 후계자라고 자처할 수 있는가? 몰트만이 물었듯이, 초대 그리스도교의 희망의 영은 오늘날 어디에 살아서 움직이고 있는가? 이러한 질문을 받을 때마다 우리는 그리스도교적 종말론의 근거와 의미를 탁월하게 규명함으로써 인류의 참된 희망을 증언한 몰트만의 노고를 결코 잊어서는 안 된다.

다만 개인의 실존에 지나치게 관심을 기울임으로써 세계와 역사의 미래에 주목하지 않았던 실존주의 신학을 비판하고 이를 극복하려던 나머지, 몰트만의 『희망의 신학』이 개인의 실존, 개인의 구원, 개인의 희망에 대해서는 너무 무관심하지 않았는지 종종 학자들은 질문하고, 바로 이 점에서 몰트만 신학의 한계성이나 협소함을 지적한다. 하지만 실존주의가 개별 실존을 위한 세계와 역사의 의미를 인정하지 않으려고 했다면, 몰트만의 『희망의 신학』은 분명히 세계와 역사의 구원을 위한 개별 실존의 의미를 부정하거나 축소하려고 하지는 않았다. 다행히도 개인의 구원, 곧 인간의 죽음과 부활, 영생 등에 관한 몰트만의 관심은 후기로 갈수록 왕성하게 되살아났으며, 이런 관심은 비교적 후기에 나온 또 한권의 종말론 저서 『오시는 하나님』(1995)에서 매우 뚜렷하게 드러났다.

6. 토의 주제

1) 하나님의 계시가 하나님의 약속과 결부되어 있는 성경 구절은 어떤 것인가?
2) 하나님의 약속이 확장되거나 변화를 겪어온 과정과 이유가 무엇인가?
3) 하나님이 가져오시고 성취하시는 희망은 인간이 기대하고 성취하는 희망과 무슨 관계를 맺고 있는가?
4) 한국의 신학과 설교에서 종말론이 어느 정도의 의미와 비중을 차지하고 있으며, 그 이유는 무엇인가?

5) 몰트만의 종말론과 한국성결교회의 종말론의 일치점과 차이점이
   무엇인가?

신학고전 20선
서울신학대학교 신학과 편

2016년 4월 12일 초판발행

발행처: 서울신학대학교 출판부
발행인: 유석성

등 록 : 1988년 5월 9일 제388-2003-00049호
주 소 : 경기도 부천시 소사구 호현로 489번길 52(소사본동)서울신학대학교
전 화 : (032)340-9106
팩 스 : (032)349-9634
홈페이지 : http://www.stu.ac.kr
편집·인쇄 : 종문화사 (02)735-6893
정 가 : 16,000원
©2016, Seoul Theological University Press Printed in Korea
 ISBN: 978-89-92934-75-6 93230

「이 도서의 국립중앙도서관 출판예정도서목록(CIP)은 서지정보유통지원시스템 홈페이지
(http://seoji.nl.go.kr)와 국가자료공동목록시스템(http://www.nl.go.kr/kolisnet)에서
이용하실 수 있습니다.(CIP제어번호: CIP2016007363)」